21世纪经济管理类精品教材

第2版

管理心理学

陈国海/编著

Introduction to Managerial Psychology, 2nd

清华大学出版社
北京

内容简介

“管理心理学”是经济管理专业和应用心理学专业的一门核心课程。本书研究并回答了管理对象中的个体、群体和组织行为模式是怎样的，它们之间如何互动，感知规律如何影响管理，个性如何与职业相匹配并影响工作绩效，如何激励员工，如何建设高绩效的团队，如何塑造完善的组织文化，如何改善管理沟通，如何运用权术和领导的权力，如何为员工提供援助计划，如何培育和开发员工的心理资本等。全书详细论述并分析了管理对象中的各种现象，其内容共包括12章，分别为管理心理学概述，知觉、归因理论与个人决策，个性与心理测验，价值观与态度，激励理论，群体心理与行为，管理沟通，权力与政治，领导理论，组织文化，员工援助计划，职业生涯规划与管理。

本书适合作为全日制普通院校和职业院校经济管理专业和应用心理学专业的本专科教材，也可作为管理心理学选修课的教材。

图书在版编目（CIP）数据

管理心理学/陈国海编著. —2版. 北京：清华大学出版社，2012.10（2016.8重印）
21世纪经济管理类精品教材

ISBN 978-7-302-29118-3

I. ①管…　II. ①陈…　III. ①管理心理学-高等学校-教材　IV. ①C93-05

中国版本图书馆CIP数据核字（2012）第132034号

责任编辑：王　威
封面设计：康飞龙
版式设计：文森时代
责任校对：张彩凤
责任印制：何　芊

出版发行：清华大学出版社
网　　址：http://www.tup.com.cn，http://www.wqbook.com
地　　址：北京清华大学学研大厦A座　　**邮　　编：**100084
社 总 机：010-62770175　　**邮　　购：**010-62786544
投稿与读者服务：010-62776969，c-service@tup.tsinghua.edu.cn
质 量 反 馈：010-62772015，zhiliang@tup.tsinghua.edu.cn
课 件 下 载：http://www.tup.com.cn，010-62788951-223
印 刷 者：北京密云胶印厂
装 订 者：北京市密云县京文制本装订厂
经　　销：全国新华书店
开　　本：185mm×230mm　　**印　张：**28　　**字　　数：**564千字
版　　次：2008年6月第1版　　2012年10月第2版　　**印　　次：**2016年8月第10次印刷
印　　数：28001～31000
定　　价：43.00元

产品编号：041722-01

第2版前言

自2008年本书第1版出版以来，深受广大教师和学员的厚爱，迄今已经印刷九次，发行量达三万余册。本教材结构完整、逻辑严密、内容新颖、例证丰富、体例活泼，力图做到每章正文内容少而精、科学严谨，用丰富的例证来说明相应的概念、原理和结论，每章末附加思考练习题、心理测试、管理游戏（拓展训练）以及案例分析，并配备相应的教学参考资料。本教材的内容设计和编排为教师提供了形式多样的课堂教学形式和方法，只要教师课前结合教材适当设计教学活动，就可使师生互动性明显增强，让学生喜欢该课程并给予较高的评分。许多教师特别是年轻、经验尚浅者明显感受到了这个优点。根据许多高校教师反馈回来的信息，本教材十分适合用作全日制普通院校和职业院校经济管理专业、应用心理学专业以及《管理心理学》全校性选修课、考研和自考的教材，也可用于心理学爱好者和员工自学。

为了帮助教师们更好地使用本教材，特提出如下五点建议，仅供参考。

1．坚持少而精的教学原则

本课程教学安排一般为每周2～4学时，总课时为36～72学时。教材共有12章，内容比较充实和丰富，要在有限的课时内将教材的全部内容讲完，确实很难做到。因此，教学时要明确每章的重点和难点，根据这些重点和难点，坚持少而精的教学原则开展教学。按照1∶1的课外学时要求，安排学生课后阅读、做作业、讨论和拓展训练。本教材的某些内容与其他课程（如人力资源管理、管理学原理）的内容有所重复，但侧重点有所不同。比如，谈到激励时，该章的重点在于激励理论和实践对于员工心理动机和需求、心理感受（如公平感）、心理期望、行为改变和塑造等的探究。谈到组织文化时，组织文化的心理功能、组织社会化过程和组织公民行为是该章的重点内容。谈到领导理论时，基于行为科学的领导理论是该章的重点内容。为督促和检查学员阅读和自学教材，可采用单元测验（如每三章为一个单元）。

2．平衡使用多种教学方法

本教材的一大特色就是提供了多种教学方法，包括讲授、课堂讨论和辩论、案例分析、心理测验、管理游戏（拓展训练）、抽查提问、单元测验、录像教学。一些教学方法本身也有选择性，比如每章提供两则案例分析。由于专业背景和经验不同，每位教师均有自己独特的教学风格和偏好。比如，心理学专业出身的教师可能偏好使用心理测验，而管理学专业出身的教师偏好使用案例分析。为达到较好的教学效果，建议教师平衡使用多种教学方法，而不要过多地使用某一种教学方法。

3．认真做好案例分析

本教材选用的案例主要根据国际企业和国内知名企业的案例改编而成，力求简洁短小，每个案例尽量不超过2000字。案例可供课堂或者课后讨论。如在课堂讨论，可要求学生课前预习，使学生熟悉案例内容，这样有利于节约课堂讨论时间，提高课堂教学效率。课堂上可让学生自由组合进行讨论，最好每组都有不同个性的同学，并将每组人数限定为5～6人为宜，讨论后每组需推选至少1名代表发言。对案例分析，建议要求学生做到：（1）理论联系案例，运用所学理论分析案例；（2）紧扣所讨论的问题和案例实际，避免泛泛而谈；（3）自圆其说，逻辑条理清晰。教师要积极引导学生由脑力激荡（即大家出点子），到评估选择（对各种观点、想法和方案进行评估、批判，选出其中较好的），再到延伸提升（即通过进一步查阅图书馆和数据库、访谈、讨论和交流等中获取的新的资料和信息，达到对问题的认识螺旋式提升的目的）。教师就每个案例分析题制作相应的 PPT，补充案例描述缺失的信息，提出解答和分析的主要思路和方法，提出案例分析的基本观点，鼓励学员的创新，提出延伸的问题引导学员进一步思考，以供课堂上使用。

4．开展小组演讲和调研

小组演讲（group presentation）是一种很好的教学形式。当采用小组演讲的形式进行教学时，可以将班级分为若干小组，演讲题目由教师拟定或者由小组自行选定，内容和形式根据教学目的的不同可以采用不同的形式，比如案例讲解、专题内容（如心理契约）讲解、拓展训练等，小组成员分工协作，每组的演讲时间限定在20～30分钟。它有助于培养学生团队合作精神以及口头表达能力，也有助于对组织行为学领域的某些问题作更深入的了解和探讨，因此特别适合本科生或者硕士研究生的课程教学。

到企事业单位、政府进行调研是将管理心理学课程理论联系实际的重要环节，它有助于学员了解各种组织丰富多彩的管理现状和实际，弥补课堂上感性材料的不足，并深化对管理心理学理论的认识。可以采用个人或者小组的形式开展调研，提交调研报告或者案例研究报告。调研的选题可以选择管理心理学领域一贯的核心问题，比如激励机制和方法、领导风格、人与组织的匹配、组织沟通等，也可以选择一些热点问题，比如金融危机下的裁员心理辅导、雇主品牌危机等。

5．厘清课程思维方式和课程学习地图

管理心理学课程有自身独特的思维方式，这就是管理心理学的一般模型（包括自变量、因变量和协变量之间的关系），它可以帮助我们有效地探讨和构建实际案例问题的解决思路和方法。这种思维方式可以贯穿于各章节的教学之中，引发学员的思考，比如，领导要提高其行为有效性，应当表现出什么样的行为才是恰当的？

此外，有一些主线贯穿于各个章节中，因此每个章节并不是孤立的。比如，知觉

（个性知觉、人际知觉、团体知觉、政治知觉、领导知觉、组织知觉）、管理制度和行为的心理效应都以感知规律为基础；又比如，个性基本上也可以贯穿后面的各章，这是因为个性是个体的核心特征，而群体和组织离不开个体，如不同个性的个体的激励、不同的个性在群体和组织中的作用、不同的个性在权力与政治中的作用、领导特质理论、个性作为组织变革和发展的阻力和助力。

本教材由陈国海教授/博士撰写和统稿，广东省电力学校信晓宁老师专门设计了若干个拓展训练活动，陈国海教授的研究生和科研助手黄雯、赵明盟、陈振禄、潘涛、陈思璇、陈新禄、潘丽英、陈顺禄、郭璨等人参与了其中部分章节的编写，在此对他们的热心帮助和工作表示衷心的感谢。本教材配备了 PPT 教学演示文稿、考试题和习题解答，供有需要的教师参考使用。

虽然这是第 2 版，笔者和助手们也花了大量时间对第 1 版的内容进行补充修订，但书中难免会有疏漏和不完善之处，欢迎读者对本教材提出批评与意见。若读者在使用本教材的过程中需要寻求笔者的帮助，请联系笔者，电子邮件地址为 mypeer2002@hotmail.com。另外，欢迎教师加入管理心理学教学交流 QQ 群 71243840，以便分享和交流，也欢迎浏览精品资源共享课程网站 http://www2.gdufs.edu.cn/zzxw。

陈国海
广东外语外贸大学教授
香港大学博士

目　　录

第一章　管理心理学概述

【学习目标】

① 了解管理心理学的发展历史
② 掌握管理心理学的概念
③ 了解管理心理学与组织行为学的联系与区别
④ 掌握学习管理心理学的作用
⑤ 掌握管理心理学的研究方法和模型
⑥ 了解积极管理心理学和心理资本的概念和作用

引例：福特的积极心理管理法[1]

福特汽车公司的创始人老亨利的儿子亨利·福特二世对于职工的心理状况十分重视。他曾经在大会上发表了有关此项内容的讲演："我们应该像过去重视机械要素取得的成功那样重视人性要素、重视员工的心理状况，让员工以积极的心态面对工作，这样才能解决战后的工业问题。"他说到做到，任命贝克为总经理，以改变公司职员消极怠工的局面；还亲自听取员工的意见，并积极、耐心地着手解决存在的每一个问题，让员工感到企业的温暖，同时也给予员工袒露心声的机会。亨利二世还和工会主席一起制定了"雇员参与计划"，在各车间成立由工人组成的"解决问题小组"，并鼓励员工共同解决问题，以激发员工的智力和自我效能感。工人们有了发言权，不但解决了他们自己的问题，更重要的是对工厂的整个生产工作起到了积极的推动作用。

从这个案例，我们可以看到，员工的积极心态对于企业的发展有着举足轻重的作用。那么，企业应该如何衡量员工的心理状况并采取相应措施来培养员工的积极心态呢？

管理心理学的发展有近百年的历史，可以追溯到早期的工业心理学。人际关系理论及行为科学的发展奠定了管理心理学学科形成的基础。从 20 世纪 60 年代作为独立的学科，到 80 年代逐步分化，至今其关注的重点问题既有一贯的核心问题，也有一些

热点问题。从20世纪70年代末期到现在，管理心理学在中国得到了一定程度的发展，但与西方发达国家的研究水平相比仍存在一定的差距。管理心理学与组织行为学既有联系，又有区别。对管理心理学的教学和实际应用，应首先掌握其基本的研究方法和模型；其次，我们还要掌握积极管理心理学以及心理资本的概念和作用，从而将其更好地运用在企业的管理中。

第一节 管理心理学的发展

西方管理心理学家把自20世纪初以来管理心理学的发展划分为三个阶段：以泰勒为代表的经典科学管理理论阶段（1900—1927）；以霍桑实验开始的人际关系理论以及后来的 X—Y 理论阶段（1927—1965）；以权变态度和方法来看待人及其管理心理与行为的现阶段（1965至今）。

一、管理心理学的早期研究

管理心理学得以发展的一个重要原因是心理学在工商业的应用能够有效地提高生产效率。在19世纪末和20世纪初，提高生产效率成为一个非常突出的社会问题，它主要表现为以下两个方面：

第一，提高劳动生产率有助于缓解早期工业社会劳资关系的矛盾。在早期的工业社会，成本最小化、利润最大化是资方的目标，而改善工作条件以及提高工资福利待遇是劳方的要求。资方追求效益，劳方期待公平、满足生活和人性方面的需求。劳资矛盾的加剧，比如引发的大规模罢工、关闭工厂甚至流血冲突等，使得劳资双方两败俱伤。在资本主义发展的早期特别是资本的原始积累阶段，劳资矛盾非常突出。解决劳资矛盾的一个重要方法是提高劳动生产效率。劳资双方不应为争夺少得可怜的一小块利益而喋喋不休，而应设法提高生产效率，进而提高产出和利润，提高工资和改善条件。只有这样，劳资双方的日子才会都好过。

第二，第一次世界大战期间，提高劳动生产率有助于满足军需物质生产的需要。当时各交战国的男性青壮年大量应征入伍，工厂由于缺乏熟练工人，除雇佣大量妇女外，还不得不采取加班加点、延长劳动时间等办法来增加生产。但延长劳动时间，增加了工人的疲劳度，因而还是达不到提高工作效率的目的。这就引起了对疲劳的研究，如英国就专门设立了疲劳研究所。

“科学管理”之父泰勒（F. W. Taylor，1856—1915）最早采用科学方法研究工人的工作效率问题。他在美国伯利恒钢铁厂对工人实行严格管理，并用计件奖励工资的方式激励工人努力生产。他运用“时间—动作分析”的方法进行了大量的试验，提出了“劳动定额”、“工时定额”、“工作流程图”、“计件工资制”等一系列科学管理制度和方法，工人按他设计的工具和操作方法进行劳动，工作效率成倍提高。[2]

雨果·芒斯特伯格（Hugo Münsterberg，1863—1916）被人们称为“工业心理学之父”，他首次在英国伦敦出版的具有里程碑意义的名为《心理学和工业效率》一书中，明确提出，他的目标在于去发现：（1）如何使人们的智能与其所从事的工作最适合；（2）在什么样的心理条件下，才能从每个人的工作中获得最大和最令人满意的产出；（3）企业如何去影响工人，以便从他们那里获得最好的结果。[3]

芒斯特伯格的著作得到莉莲·吉尔布里斯（L. M. Gilbreth，1878—1972）创新思想的补充。在 1914 年出版的《管理心理学》一书中，吉尔布里斯就想把早期的心理学概念应用到科学管理实践中去。她关心工作中人的因素。[4]她强调，在应用科学管理原理时，必须首先看到工人，并且要了解他们的个性和需要。工人很多的不满，并不是因为工作的单调，而是因为管理人员对工人的关心不够。她首次提出“管理心理学”的概念，力图把早期心理学的概念应用到管理实践中去，但在当时并未引起人们足够的重视。

把心理学应用到管理方面的另一位重要的早期管理心理学家是沃尔特·斯科特（W. D. Scott，1869—1955），他于 1900 年获得了心理学博士学位，写过许多关于把心理学概念应用于广告和市场销售方面的书，还写了一些关于有效地选拔人才等人事管理实务方面的著作。[5-6]

第一次世界大战期间，兵员选拔上的需要也推动了管理心理学的发展。各交战国为了有效地使用兵员资源，需要对应征入伍的大量兵员进行甄别和选拔。这有力地推动了心理学的人员测评研究。如第一次世界大战期间，美国就有很多心理学家被征召从事兵员的选拔工作。一战后，心理学家设计的人事测评方法和技术很快就被应用于工业界，成为选拔工人的重要手段。此外，从 20 世纪 20 年代起，人们开始逐步认识到心理学在工作环境研究中的作用越来越重要，工业心理学开始兴起。这里所说的工业心理学是指以企业中的人—机关系、人际关系和人—工作环境关系为研究对象的学科。[7]管理心理学被看作是工业心理学的一个分支。

二、霍桑实验的影响

1927—1932 年间，在西方电气公司的霍桑工厂从事著名试验的埃尔顿·梅奥（Elton Mayo，1880—1949）、罗特利斯伯格（F. J. Roethlisberger，1898—1974）和其他一些人对管理心理学的发展具有巨大影响。早在 1924—1927 年间，美国国家研究委员会就与西方电气公司合作开展了一项研究，以确定照明和其他条件对工人和生产率的影响。

他们发现，改变试验小组的照明度，无论是增强还是减弱，生产率都有提高。在研究人员打算宣布整个试验失败之际，哈佛大学的埃尔顿·梅奥却看出了某些不寻常的东西，便和罗特利斯伯格以及其他一些人继续进行研究。可是，改变试验小组照明度、改善休息时间、缩短工作日和变换有鼓励性的工资制度，似乎都不能解释生产率变化的原因。于是梅奥和他的研究人员得出结论，必定有其他因素在起作用。他们认为，生产率的提高是一些社会因素在起作用，如士气、劳动集体成员之间满意的相互关系（一种归属感）以及有效的管理。这一类的管理工作，要求了解人的行为，特别是集体行为，并且通过这样一些人际之间的处事方法，如激励、劝导、领导和信息交流等方式开展管理工作。上述试验小组所出现的现象，基本上是由于试验小组受人“注意了”而引起的，这一现象被统称为“霍桑效应”。[8-11]

霍桑实验及早期人际关系学家提出了许多关于组织中人的行为的概念，其中引人注目之处包括如下七个方面：（1）企业组织不仅是一个技术—经济系统，而且是个社会系统；（2）个体不仅受经济奖励的激励，而且受各种不同的社会和心理的影响；（3）企业中存在着“非正式组织”；（4）强调“民主”而不是“独裁”的领导模式；（5）强调参与管理，重视在组织等级中各层次之间建立有效的沟通渠道；（6）管理者不仅需要有效的技术才能，而且需要有效的社会才能；（7）组织成员都可以通过满足某种社会—心理需要来调动工作的积极性。

例证 1-1：霍桑实验中的电话线圈装配工试验

这是霍桑实验中最主要的一项，是为了研究非正式组织的行为、规范及其奖惩对工人生产率的影响而设计出来的一组试验，于1931年11月到1932年5月间进行。这次实验选了14名男工在一间单独的观察室中进行。通过实验，研究者注意到的第一件事情是，工人们对“合理的日工作量”有明确的概念。而他们认为的“合理的日工作量”低于企业管理当局拟订的产量标准。工人们认为，如果他们的产量超过了那个非正式的定额，工资率就会降低，或者产量定额就会提高；如果他们的产量低于那个非正式定额，又会引起企业管理当局的不满，所以他们就制定了这个非正式的定额，并运用群体的压力使每个工人遵循这个定额。对电话线圈装配工中的社会关系分析的结果表明，在组织中存在着两个非正式群体。非正式群体有下面四条不成文的纪律：（1）你不应该干活过多；（2）你不应该干活过少；（3）你不应该向监工报告任何有损于同伴的事；（4）你不应该对同伴保持疏远的态度或者好管闲事。

三、管理心理学在中国的发展

中国古代就有丰富的管理心理学思想。例如，春秋末年，军事家孙武在《孙子兵法》一书中就写道：“道者，令民与上同意也，故可与之死，可以与之生，而不畏危。”孙武强调领导与下属之间意愿协调一致的重要性，这在今天看来也是十分重要的管理心理学原则。中国古代的管理哲学思想充分反映在关于人性的争论上。荀子认为“今主人性，饥而欲饱，寒而欲暖，劳而欲休，此人之性情也”（《荀子·性恶》）。孟子则认为，“人之善也，如水之下也。”中国古代管理心理学思想已经受到管理心理学家的广泛重视，中国的有关古籍也成了一些国家培养管理人员的必读书目。虽然我国传统文化蕴含着丰富的管理心理学思想，但这些思想基本上停留在经验和朴素的认识上。

管理心理学作为一门独立的学科，是从西方引进的。1935—1937 年，周先庚在中央研究院心理研究所与陈立合作，在北平南口机车厂进行了关于职工提合理化建议的调查研究，试图从心理学的角度摸索调动职工积极性的途径。这是中国最早的工业心理实验研究。1935 年，我国著名心理学家陈立撰写并出版了《工业心理学概观》一书，第一次从环境、疲劳、休息、工作方法、事故与效率，以及工业组织、激励与动机等重要方面，系统论述了中国工业心理学和管理心理学的基本问题。从 20 世纪 50 年代开始，我国已逐步开展工程心理学和劳动心理学的研究，但管理心理学的起步较晚。由于“文化大革命”的影响，在 20 世纪 60 年代，我国学术界对西方正在迅速发展的工业与组织心理学知之甚少。直到 20 世纪 70 年代末，我国转向以经济建设为中心，工业部门感到需要运用心理学的知识调动企业管理者和职工的积极性，心理学界也感到需要开展有关生产管理中的心理学问题的研究，正是在这种改革和开放的形势下，管理心理学才逐步得到发展。1980 年中国心理学会工业心理专业委员会的成立，标志着中国管理心理学的起步。1985 年成立中国行为科学学会，实际上是管理心理学会。迄今为止各省市基本上都成立了行为科学学会。

从 20 世纪 80 年代开始，我国有两个工业心理学的专门研究机构从事管理心理学的研究。一个是中国科学院心理研究所社会经济与心理行为研究中心（原名工业心理研究室），另一个是浙江大学的工程心理学（原杭州大学的工业心理专业）。它们均为博士学位授予单位。20 世纪 90 年代之后，随着我国人力资源管理热的兴起，全国许多高校的管理学院的教师开始从事管理心理学的教学和研究，一批硕士生和博士生也以管理心理学领域作为学位论文的课题。从 20 世纪 80 年代起，我国翻译出版了一批国外较有影响的著作，如薛恩（Shein）的《组织心理学》[12]、马斯洛（Maslow）的《动机与人格》[13]、麦考密克（McCormick）和伊尔根（Ilgen）的《工业与组织心理学》[14]、罗宾斯的《组织行为学》[15]以及一些以“管理心理学”和“组织行为学”命名的其他著作。1985年，卢盛忠编写的《管理心理学》[16]教材出版了，这是第一部由我国学者编写的管理心理学著作。随后，又出版了许多管理心理学和组织行为学的著作。其中，比较有影响的有俞文钊的《管理心理学》[17]、陈立的《工业管理心理学》[18]、徐联仓和陈龙的《管理心理学》[19]和王重鸣的《劳动人事心理学》[20]等。据不完全统计，目前以“管理心理学”冠名的著作逾百种。在这个领域内，也开展了多方面的研究，包括激励、人员测评、岗位胜任特征、工作业绩评价、管理培训与发展、领导的CPM理论、变革型领导、管理决策、跨文化研究、组织气氛和组织文化、组织公民行为等，取得了可喜的成绩。但是，与西方发达国家特别是美国相比，我国在研究和从业人员数量、成果的数量和创新性、社会影响等方面仍存在一定的差距。

第二节　管理心理学的概念、作用、研究方法与模型

管理心理学的新发展是组织行为学，它们既有一致性，也存在一定的差别。

一、什么是管理心理学

关于管理心理学的定义很多，本书采用美国学者罗宾斯（1997）的定义。[15]他认为，管理心理学是一个研究领域，它探讨个体、群体以及结构对组织内部行为的影响，以便应用这些知识来改善组织的有效性。与管理心理学密切相关的学科有管理学（包括人力资源管理学、组织管理学）、行为科学（包括心理学、社会学、人类学）、社会科学（包括政治学、经济学、伦理学），如表1-1所示。

表1-1　与管理心理学密切相关的学科

学　科	具体学科	主要涉及研究领域
管理学	人力资源管理学	培训与开发、绩效管理、员工招聘与选拔、薪酬管理、劳资关系
	组织管理学	组织理论、组织技术、组织变革、组织文化
行为科学	心理学	激励、领导、知觉、个性、个体决策、工作满意度、态度、工作压力、工作设计
	社会学	群体动力、群体行为、团队建设、沟通、行为改变、态度改变、群体决策
	人类学	价值观比较、态度比较、跨文化研究、组织文化、组织环境
社会科学	政治学	冲突、组织内权力与政治
	经济学	消费者心理、外部性问题内部化
	伦理学	激励、领导、沟通的伦理问题

管理心理学研究的问题既有一贯的核心问题，也有一些热点问题，在21世纪的今天，管理心理学研究需要应对经济社会转型中的组织变革与发展、人力资源开发与管理、经济心理与国家金融安全、组织文化与学习模式、工作方式变化等问题[21]。以下三个问题一直是管理心理学研究的核心问题。

（1）人与工作、组织和环境的匹配问题。早期的管理心理学家主要研究人与工作、职业的匹配，管理心理学的研究已从过去的人如何适应机器向机器怎样适合于人转变。近年来管理心理学家开始注意研究人与组织、环境的匹配问题。其研究结论为人力资源的招聘和选拔、绩效管理提供了有力的理论基础。

（2）激励问题。过去曾产生了内容学派、过程学派和强化学派等有关激励的理论。此外，与激励问题密切相关的研究是有关工作承诺的研究，主要从工作价值观、职业发展、工作责任心、组织认同和对社会的态度等方面进行研究。

（3）领导科学问题。领导科学主要研究了领导者的个体素质、领导行为、思维方式、实践经验以及领导方法等与领导力和领导效能相关的问题。领导在组织变革和发展中的作用日益受到重视。

近十年来，中国学者对管理心理学的研究比较集中在激励、领导行为、管理决策、团队心理、个体心理等问题上[22]。近年来，国际心理学界开辟了心理学研究的新领域——积极心理学，该学科主要研究人类心理的积极状态和良好品质对行为和工作效率的影响等，研究成果可用于员工的心理管理、心理激励，也可用于人类的自我激励。本书将在本章第三节对积极心理学在管理中的应用即积极管理心理学作进一步的介绍。

二、管理心理学与组织行为学的联系与区别

（一）管理心理学与组织行为学的联系

从组织行为学的发展来看，组织行为学可以看作是管理心理学的新发展。管理心理学与组织行为学在研究的目的、对象、内容和理论来源方面是一致的。具体表现在如下四个方面。

（1）研究的目的相同。即通过对组织中人的心理与行为的研究，揭示其规律，并以此规律指导个体、群体或组织的行为，达到组织的预期目标。

（2）研究的对象一致。管理心理学和组织行为学都把心理与行为作为自己的研究对象。当管理心理学研究管理过程中人的心理特点及其规律时，不可能不涉及人的行为；当组织行为学研究一定组织中人的行为特点及其规律时，不可能不涉及人的心理。

（3）研究的内容大同小异。管理心理学与组织行为学的内容构架基本相同，比如个体问题、群体问题、激励问题、领导问题、组织文化与变革问题等。

（4）很多理论来源相同。虽然组织行为学的理论来源比较宽广，但很多理论来源与管理心理学的理论来源相同，如心理学、社会学、人类学、教育学、生理学。其中，心理学是一门主要学科。

（二）管理心理学与组织行为学的区别

虽说管理心理学与组织行为学在诸多方面相一致，都是边缘学科和应用学科，很多学者也容易将两者混同起来，但它们还存在一些差别。表1-2对这些差别作出了比较。管理心理学与组织行为学的主要区别在于研究对象的不同，前者的研究对象是指组织中人的心理（包括外在、可观测、可变的行为，也包括内在的、甚至是不可观测、不可变的行为，如思维、本能），而后者的研究对象是指组织中人的外在、可观测、可变的行为。由此决定了管理心理学的研究成果显得比较抽象、隐晦和理论化，而组织行为学的研究成果更为具体、直观、实用。

表1-2　管理心理学与组织行为学的比较

	管理心理学	组织行为学
研究对象	管理过程中各层次人员的心理（感觉、知觉、记忆、思维、情绪、意志、气质、性格等心理现象的总称）	一定组织中人的行为（指外观的活动、动作、运动、反应或行动）
理论基础	心理学、社会学、经济学、教育学、管理学、生理学等	社会科学、行为科学、管理科学、自然科学等
学科性质	心理科学	行为科学
形成背景	莉莲·吉尔布里斯《管理心理学》（1914）首次使用“管理心理学”一词 20世纪20年代和30年代，工业心理学与人际关系学说的发展 莱维特出版专著《管理心理学》（Leavitt，1958），管理心理学成为独立学科	1949年“行为科学”一词出现，1953年正式命名 20世纪60年代末，开始形成组织行为学 20世纪80年代，组织行为学分为宏观组织行为学和微观组织行为学

三、学习和研究管理心理学的作用

学习和研究管理心理学主要有如下六个方面的作用。

（一）有助于强化人性化管理意识，充分调动人的工作积极性

霍桑实验是管理心理学发展史上的一个经典实验，它告诉我们，员工除了物质需

求外，还有社会、心理和精神需求，而后者对提高生产效率的作用更为显著。管理心理学的研究正是沿着这种理念和思路，重视对员工工作积极性即激励问题的研究，以充分调动员工的积极性、主动性和创造性的。通过学习和研究管理心理学，能够增进我们对人类本性和行为的了解，认识到通过人性化管理满足员工的社会、心理和精神需求的重要性；能够帮助我们掌握相关的激励理论并灵活运用到实际生活、学习、家庭教育和工作中，以调动自己以及周边人的积极性。

（二）有助于合理选拔和使用人才，做好职业生涯规划

达到知己知彼和掌握相应的方法是学习和研究管理心理学的重要目标。通过学习和研究相关的人格心理学理论和心理测试，能够帮助自己和他人更好地了解需要、动机、兴趣、理想、信念、世界观、气质、性格和能力。同时通过学习和研究管理心理学，能够帮助我们掌握"人—工作—组织匹配"的理念和方法，有助于我们合理地选拔和使用人才，也有助于我们能够根据组织需要做好个人的职业生涯规划。

（三）有助于改善管理沟通，增强团队的凝聚力

通过学习和研究管理心理学，能够增进我们对个体、群体、团队的性质和特点的认识，帮助我们了解和掌握人际沟通和组织沟通的理论和技能，帮助我们掌握人际冲突处理的策略和方法，运用正式和非正式渠道改善管理沟通。同时通过学习和研究管理心理学，能够帮助我们了解和掌握高绩效团队的特点和建设方法，以增强团队的凝聚力和战斗力。

（四）有助于提高领导能力和水平

通过学习和研究管理心理学，能够增进我们对领导素质的了解，提高对领导力和领导理论的认识，运用科学的领导理论和方法，指导对领导风格和行为的选取和改进，进而提高领导能力和水平。同时通过学习和研究管理心理学，能够增进我们对领导者和被领导者的互动关系的认识，可以利用这些知识（如心理契约）来改善领导者和被领导者之间的关系。

（五）有助于促进组织变革和发展

通过学习和研究管理心理学，能够增进我们对组织、组织设计、组织文化、组织政治、组织变革与发展的特点和规律的认识，这些知识可以帮助我们在组织变革中寻求助力，克服阻力，面对组织变革和发展中的问题，运用组织发展的方法和技术，促进组织的发展。

（六）有助于积极心理品质和能力的开发和有效管理

通过学习和研究管理心理学，能够增进我们对积极心理品质（如责任心、乐观、恢复力）的认识和辨别能力，有效地对这些积极心理品质进行测量、开发和管理。这些积极心理品质的开发和提升有助于提高员工的工作绩效，促进他们的身心健康。

例证 1-2：瑞士联邦工业大学为毕业生开设应急的管理心理学课程

在大部分专业中，学生几乎都没有接触过管理方面的课程。然而，当他们走上工作岗位后，就会立即面临人际关系、集体协作、交流技巧、处理压力等诸多问题。为了给学生们提供最低限度的“进入准备”，瑞士联邦工业大学开设了一系列管理心理学方面的强化、应急课程。其主要内容涉及时间及压力管理，不同的管理风格，交际技巧，有感召力的公开演讲，顾客关注焦点及高质量服务，谈判技巧和艺术，冲突处理等方面。这些专题强化教学班，每班人数不超过 12 人，除要求学生了解重要的原理外，特别强调能够立刻应用。为此他们设计了大量的实践练习、情景练习，并配有相应的教材。这一短期应急课程对所有专业即将毕业的学生开放。多年来的实践证明，这一做法的确是行之有效的。

四、管理心理学的研究方法与模型

（一）研究方法

传统管理心理学家关心的是组织理论内部的逻辑一致性，即设法保证得出的结论是从一系列数据中合乎逻辑地推衍出来的，在大多数情况下，这些数据来自实验室实验，而不是来自现实的组织及其行为。20 世纪 30 年代至 70 年代末，这种实验室研究方法在管理心理研究中颇为盛行。但到了 70 年代末和 80 年代初，管理心理学以实验室实验为基础的传统方法论体系受到质疑和挑战，人们认为这种方法得出的结论并不适合现实的组织，理论脱离实际。由此引发管理心理学研究方法转向了外部有用性的体系。这种以现实有效性为基础的研究方法面向现实的组织，强调研究的现实意义，发展一种直接与现实组织相联系的概念模型和研究方法。具体研究方法除了实验室实验或现场实验等传统方法外，还包括经验总结法、观察法、测验法、研究者与实践者相互参与的准实验方法、案例比较法、现场研究法等。下面对它们分别加以介绍。

1．实验法

这是研究者有目的地在严格控制的环境中或创造一定条件的环境中，诱发被试者产生某种心理现象或行为，以研究人的心理活动规律和行为规律的一种方法。按实验地点的性质可分为实验室实验法和现场实验法。以前，管理心理学中的一些研究采用实验室实验法。但目前比较多地使用现场实验法。现场实验法主要有如下三个步骤：（1）进行实验设计，主要包括明确研究目的和假设，确定研究对象，并将其分为实验组和控制组，拟订实验程序；（2）进行实验，主要观察和收集由自变量引发的心理现象（因变量）等方面的数据；（3）对从实验组和控制组获得的有关数据进行统计分析，得出结论，并写出实验报告。

2．经验总结法

这是研究者根据实际工作者的经验，用管理心理学的理论和知识，进行归纳、总结的一种研究方法。优秀企业家和管理者在实践中积累了丰富的管理经验，他们的管理经验在媒体上发表后产生了很大的社会影响，但由于他们可能缺乏管理理论包括管理心理学的知识，其经验具有一定的局限性，有时缺乏普遍意义和推广价值。这就需要管理心理学家与他们合作，开展咨询活动，从理论上提高他们的经验，使之科学化，总结后再加以推广。

3．现场研究法

现场研究是在现有组织的环境范围之内进行的研究，通常与实际工作者合作共同完成。现场研究所用资料包括观察者记录的组织成员的行为、组织成员填写的问卷、谈话记录或录音、书面文件、各种有关产量和质量的报表等。

现场研究也包括研究者出于研究目的的挂职行为。研究者以某一层次的真正管理者的身份出现，参与企业的某些实际管理过程，从而在管理一线获得机会超前识别并解决管理过程中的管理心理问题。

4．案例比较法

案例研究是对一个组织进行的详尽分析。案例比较法是将若干案例比较后得出一般性的结论。这种方法在于认识和描述不同组织结构中的基本相同点。对这些相同点的收集和分析可以产生一些能够作为预测未来发展的工具而应用于其他类似的或可比较情景的一般结论。可见，案例比较法有其广泛的实用价值。

5．测验法

上述各种方法都有可能要结合使用测验法，测验法即采用标准化的心理量表或精密的测量仪器测量被试者有关心理品质的一种方法。运用测验法需要用标准化的测验工具，这些用文字或图形等表达内容的测验工具称为“量表”。在管理心理学研究中，许多心理学量表被采用。测验法在时间和经济上都比较经济，通常情况下测试结果还可用它探求个体、群体和组织心理之间的关系。从目前国际流行的实证研究方法来看，许多变量需要通过具有一定信度和效度的量表加以测量。

例证 1-3：Diener 的生活满意度量表[23]

Diener 的生活满意度量表是在 1980 年设计的，被全世界研究人员广泛使用。该表的 Cronbach 信度为 0.87。表中有以下五项，被试者通过对以下五点陈述进行自我评估，可以得出个人的生活满意度水平。每项分值为 1 分（完全不同意）到 7 分（完全同意）：

（1）在多数情况下，我觉得我的生活和我理想的状况是一样的。

（2）我的生活状况太完美了。

（3）我对我的生活很满意。

（4）迄今为止，我已经得到我在生活中想要得到的最重要的东西。

（5）如果我的生命可以重新来过，我什么都不想改变。

如前所述，管理心理学研究的主导方法是量的研究，包括实验法、问卷调查法、测量法、统计模型法等，并长期处于统治地位。近年来，管理心理学研究方法的发展出现两个重要变化：一是随着对人类心理活动脑机制研究的进展，采用神经科学的 PET、MEG、SPECT 等技术来阐释人类管理心理活动神经机制；二是质的研究方法开始引起管理心理学家的兴趣。质的研究主要包括非反应性研究、观察研究、鉴赏学研究、社区研究、民族学研究、人类种族学研究、人类学生活史研究、微观民族志、交流民族志、常人方法学、谈话分析、现象学、后结构主义、新闻调查、传记研究、历史研究、口语史研究、文学批评、哲学研究、内容分析等。[24]

（二）一般模型

管理心理学在三个层面上研究一定组织中人的心理和行为：（1）个体水平，主要研究个性特征、知觉、价值观和态度以及能力对个体行为的影响；（2）群体水平，主要研究沟通模式、领导方式、权力和政治、群体间关系和冲突水平如何影响个体和群体行为；（3）组织水平，主要从正式组织的设计、技术和工作过程、组织文化、工作压力水平等对个体、群体和管理心理的影响。个体、群体和组织的心理和行为的结果总是通过特定的外部有效性表现出来，从而显示出心理和行为（自变量）与行为有效性（因变量）之间的某种因果关系。自变量有时通过中间/中介变量影响因变量。根据哈克曼对行为有效性的研究[25]，如果以下三个标准得到满足，就可以说个体、群体或组织在有效地从事工作：（1）组织的产出（产品或服务）超过那些接受、评价或使用这种产出的个体或群体所需要的最低质量或数量标准；（2）从事目前工作的经历有助于提高组织进一步完成新工作的能力；（3）组织中的人在本组织中工作所获得的经验，有利于他们自身的成长和满足程度的提高。

表现上述行为有效性的指标比较常见的有：（1）效果（effectiveness）；（2）效

率（efficiency）；（3）缺勤（absenteeism）；（4）离职（turnover）；（5）工作满意度（job satisfaction）。效果和效率是两个不同的概念，前者是指方向、目标正确，做正确的事；后者是指快速地实现目标，正确地做事，少走弯路。管理心理学模型的作用就在于通过定量的数学方法揭示个体、群体或组织的心理和行为及其行为有效性之间的相互关系（如相关关系或者因果关系）。

第三节　积极管理心理学

积极心理学是20世纪末在西方心理学界兴起的一股重要的心理学力量。它最早是由美国的心理学家塞利格曼和希克珍特米哈伊（Seligman & Csikszentmihalyi，2000）提出来的[26]，主张心理学研究的重点要从人们的实际的、潜在的、具有建设性的力量和美德出发，倡导用一种积极的方式来对人的心理现象做出新的诠释，从而激发人内在的积极的力量和优秀的品质，并在这个过程中寻求帮助人们最大限度地挖掘自身的潜力并获得幸福的途径。

一、积极管理心理学概述

（一）积极心理学的基本概念

1．什么是积极心理学

“积极”一词源于拉丁语“positum”，含有实际的和潜在的意义。在心理学中，它是指每个人实际的和潜在的能力。希顿（K. M. Sheldon）和劳拉·金（Laura King）对积极心理学的定义如下：积极心理学是致力于研究人的发展潜力和美德等积极品质的一门科学[27-28]。换句话说，积极心理学就是利用心理学目前已经比较完善和有效的实验方法与测量手段来研究人类力量和美德等积极品质的一个心理学思潮。

2．积极心理学的研究领域

目前积极心理学的研究领域主要集中在三大方向：主观层面上的积极情绪体验研究、个人层面上的积极的人格特质研究以及群体层面上的积极的社会支持系统研究。

（1）积极情绪体验。这个层面主要研究人的积极情绪体验对自身情绪以及行为的影响。B. L. Fredick 提出了“拓展—建构”（Broaden-and-Build）理论，其研究表明，人类的各种积极情绪并不是截然分开的，而是具有高度的相关性和一致性，往往在体验到一种积极情绪的同时也会体验到其他的积极情绪[29]。看起来相对离散的积极情绪会增强个体瞬间的思想和行动能力，并对指导自己思想和行动的心理资源有长远的影响。

（2）积极的人格特质。人格是一个复杂组织，人格的形成受遗传因素和后天的各种生活经验的影响，它在日常生活中支持着个体的认知、情感和行为。积极心理学的人格理论被称为积极人格理论，积极人格理论认为个体没有心理疾病或任何人格问题并不一定意味着就具有良好人格。所谓积极人格是指个体能在生活中不断地主动追求幸福并时时体验到这种幸福，同时又能使自己的能力和潜力得到充分的发挥。

例证1-4：杰克·韦尔奇的积极人格特质[30]

被人们称为“全球第一CEO”的美国通用电气公司前首席执行官杰克·韦尔奇曾有句名言：“所有的管理都是围绕‘自信’展开的。”韦尔奇的积极人格特质——自信，与他所受的家庭教育是分不开的。韦尔奇的母亲对他的关心主要体现在培养他的自信心上。韦尔奇从小就患有口吃症，说话口齿不清，因此经常闹笑话。韦尔奇的母亲想方设法将儿子的这个缺陷转变为一种对他的激励。她常对韦尔奇说：“这是因为你太聪明，没有任何一个人的舌头可以跟得上你这样聪明的脑袋。”于是从小到大，韦尔奇从未对自己的口吃有过丝毫的忧虑。因为他从心底相信母亲的话：他的大脑比别人的舌头转得快。在母亲的鼓励下，口吃的毛病并没有阻碍韦尔奇的学业与事业的发展。而且注意到他这个缺陷的人大都对他产生了某种敬意，因为他竟能克服这个缺陷，在商界出类拔萃。美国全国广播公司新闻部总裁迈克尔就十分敬佩韦尔奇，他甚至开玩笑说：“杰克真有力量，真有效率，我恨不得自己也口吃。”

（3）积极的社会支持系统。从积极心理学主要的三个研究内容来看，个体增加自身的积极体验会有利于其形成积极人格，而积极人格一旦形成，个体也将有可能体验到更多的积极体验。而在这一过程中，外在的环境系统也是一个不可缺少的必要条件。因此，创造一个积极的社会支持系统对个体获得积极体验和形成积极人格也十分重要。积极心理学把那种能够促使个体获得更多积极体验并易于形成积极人格的环境系统称为积极的社会支持系统。

（二）积极管理心理学的概念

管理心理学研究早在霍桑实验时代就认识到员工的积极感受与绩效之间的关系。多年来，管理心理学家发现积极的帮助、正面的影响、员工积极的态度、幽默感均对绩效有显著影响。但尽管如此，管理心理学的研究重点仍然放在对员工的负面障碍的问题解决上，如研究如何更有效地解决冲突、压力和工作倦怠的问题；如何改进不良的态度对组织变革的抵制；如何激励那些处于边缘状态的、缺乏工作动力的员工等。

美国前心理学会主席 Seligman 在 1998 年美国心理学会年会上明确提出，过去心理学研究对人的积极品质和积极力量重视不够，积极心理学应该成为 21 世纪心理学研究的重点。自此拉开了积极心理学运动的序幕。受积极心理学理论的影响，路桑斯（Luthans，2002）提出了积极管理心理学的概念。[7-8]

路桑斯将积极管理心理学定义为：为提高工作绩效，对心智、能力进行测量、开发及有效的管理，并以员工的积极活力为导向的应用学科。

积极管理心理学主要关注那些导向积极的，能够被有效测量、开发和管理并与高绩效相关的心理资源或要素的研究和应用。它强调对人类心理优势的开发与管理，将研究重点放在如何采取积极的方法和怎样发挥组织成员优势以提高组织的绩效水平上。

在积极管理心理学研究实践中，自我效能感（自信）、希望、乐观、主观幸福感和韧性（复原与超越）等积极心理要素的研究最具有代表性，如表 1-3 所示。

表 1-3　典型的五种积极心理要素

积极心理要素	内　涵	名 人 名 言
自我效能感	在特定情境下，为有效执行任务，个体对调动积极性、认知资源和开展行动方案的能力的信心	在真实的生命里，每桩伟业都由信心开始，并由信心跨出第一步——奥格斯特·冯·史勒格
希望	个体相信自己能够设置目标，想出实现目标的途径，并激励自己去实现目标的一种信念	这世上的一切都是借希望而完成的，农夫不会播下一粒玉米，如果他不曾希望它长成种籽——马丁·路德·金
乐观	一种倾向于做积极结果预期和积极因果归因的认知特性	快乐不在于事情，而在于我们自己——理查德·瓦格纳
主观幸福感	人们关于自己生活的情感性和认知性的评价	幸福并不在于外在的原因，而是以我们对外界原因的态度为转移——列夫·托尔斯泰
韧性（复原与超越）	面对失去、困难或者逆境时的有效应对和适应能力	有了坚定的意志，就等于给双脚添了一对翅膀——乔·贝利

二、心理资本与积极心理品质提升

（一）心理资本的概念和维度

心理资本的概念最早出现在经济学、投资学和社会学等文献中。1997 年，经济学家 Goldsmith，Veum 和 Darity 给心理资本下的定义是一些能够影响个体生产率的个性特征。之后，越来越多的心理学家从不同角度来定义心理资本，本书采用路桑斯

（Luthans）等人（2004）的定义。[7-8]他们认为，心理资本是个体积极的心理发展状态，这种状态符合积极管理心理学的标准，能够通过有针对性地投入和开发而使个体获得竞争优势。与一般特质不同，心理资本是一种重要的个人积极心理能量，是个体在特定的情境下对待任务、绩效和成功的一种积极状态，对个体的认知过程、工作满意度和绩效均能产生显著的正向影响。心理资本强调个体的积极性和优点，关注的重点是个体的心理状态。另外，心理资本还具有投资和收益特性，可以通过对它的投资和开发来改善绩效，进而提升组织的竞争优势。

根据以上的定义和特点，路桑斯等人（2004）在对积极管理心理学研究成果进行归纳总结的基础上，提出心理资本的五个维度，即自我效能感、希望、乐观、主观幸福感和韧性（复原与超越）。[31-32]

（二）心理资本的测量

目前，国外学者对于心理资本的测量研究较多，但由于对心理资本的内涵和结构的理解不同，各测量工具的开发也各有差异。国内对于心理资本的测量研究主要集中在修订国外心理资本量表上，使之向本土化靠拢。如温磊和张玉柱等人（2009）对路桑斯的心理资本问卷（PCQ-24）进行了修订。[33]真正的本土化心理资本问卷的开发很少，目前主要有柯江林和孙健敏等人（2009）以组织雇员为测量对象的《本土心理资本量表》[34]，研究表明此量表具有良好的信度和效度，且与西方心理资本量表相比，本土量表的信度和效度更好。总体而言，心理资本作为优势心理能力的核心体，不仅应该加强本土化问卷的开发研究，而且也要扩展其研究领域，开发出不同人群的心理资本量表。

目前，适合心理资本的测量方式主要有以下三种：

（1）自我报告法：主要通过心理资本测量问卷来收集心理资本方面的资料，也可以采用实验法进行数据采集；

（2）观察法或专家评价法：通过第三方获得被评价者个体心理资本方面的资料。

（3）结果变量的测量：通过测量与心理资本相关的结果变量间接了解心理资本的状况。

（三）关键积极心理品质的提升

1．提升自我效能感

从企业的角度来讲，一方面，企业应该提供一切有利于员工工作成功的环境，使员工自我效能感的提升成为可能；另一方面，企业可以通过开展内部培训会等形式请受人尊敬的和有能力的人对员工进行暗示、评价或劝说，鼓励员工探索应对挑战的方式，使每个员工相信只要计划得当、时间安排合理，就一定能够实现目标，从而提高员工的自我效能感和必胜的信心。从员工的角度来讲，员工可以积累成功，也可以通过交流的方式分享他人的成功经验，主要是观察或观摩与自己背景和情形相似的人通过持续努力而获得的成功。

2．树立希望

从企业的角度来讲，企业应该建立目标导向的绩效管理。具体的、富有挑战性的、可衡量的组织目标和个人目标，有利于员工主动将目标分解为容易管理和实现的阶段目标。而这种目标容易获得阶段性成功，从而有利于培育员工的希望水平。从员工的角度来讲，应该扩大与增强方法的思维与策略，确定实现工作目标的途径，明确在完成目标的过程中可能遇到的困难与障碍，并制定消除障碍的计划。在实施过程中，每个员工都会得到他人关于如何消除障碍或实现目标的建议，所以可以用这些信息来进一步完善其目标计划。通过这种树立希望的练习，员工实现目标的途径能在很大程度上得到扩展，这将有利于削弱障碍对员工心理造成的负面影响，从而保证员工在工作过程中具有明确的目标和较强的意志力。

3．培养乐观精神

从企业的角度来讲，企业应建立一种和谐、宽容的文化与氛围，时刻鼓励员工积极进取、不怕失败。同时，加强对员工的及时激励，让员工感受到自己的努力得到了承认与重视。另外，企业还应注重对员工职业生涯规划的培训，帮助员工更好地规划其职业生涯。从员工的角度来讲，一些研究学者归纳出三种培养乐观精神的方法：（1）宽容过去，即学会重新组织和接受自己过去的失败、错误和挫折；（2）欣赏现在，即感激和满足于当前生活中积极的一面；（3）为将来的进步和发展寻找机会，即将未来的不确定性视为发展和取得进步的机会，并以积极、自信和欢迎的态度来应对。

例证 1-5：丰田公司的“内幕”：文武之道，一张一弛[35]

丰田汽车工业公司在短短十几年的时间里，就从一个名不见经传的小企业成长为世界汽车行业的一大霸主。丰田的秘密是什么呢？它具有被别人形容为“把干毛巾再拧出一把水来”的企业精神，但丰田公司的每位员工，都把企业当作自己的家。员工之所以能全身心地投入，是因为丰富多彩的公司活动培育出了员工乐观敬业的精神。有人说：“丰田在两年内天天开运动会都不成问题。”“单是体育设施，就足够供召开全国性的运动会之用”，其规模之大，让人羡慕。丰田公司积极号召职工参加运动部、会（25 个部、8 个同一爱好者会）和文化教育部、会（13 个部、32 个同一爱好者会）。除活跃在日本联赛中的足球部外，橄榄球、排球、垒球、游泳、滑雪等部约有 1000 名会员；围棋、日本象棋、纸牌、吹奏乐团、日本式古筝、吟诗和占卜学等文化教育部等约有 1800 名会员。丰田的员工在体育娱乐之中放松了自我，培养了乐观、自信的精神，并在不知不觉中产生了强烈的工作动机。正所谓“文武之道，一张一弛。”

4．提升幸福感

从企业的角度来讲，企业应该做到以人为本，实行情感管理。管理者必须尊重、理解和关心员工，充分信任员工，相信员工有能力、潜力走向成功，给每一个员工提供发展的机会，充分发挥员工的潜能、发展员工的个性，真正体现员工在工作中的“主人”地位。积极心理学认为，只有当员工得到尊重、理解、关心和信任的时候，他们才能真正体验到工作的快乐，从而产生幸福感和满足感，最终实现企业的绩效目标。另外，管理者也应加强对员工日常生活和工作的关心，加强企业的内部沟通，建立一个和谐、温暖的工作氛围，满足员工职业归属的需要和自我实现的需要，从而提升员工的主观幸福感。从员工的角度来讲，员工应主动与他人建立和谐的人际关系，加强与他人的沟通，并积极主动地与他人交流自己工作上的问题，逐渐在企业中寻找到归属感和幸福感。

例证 1-6：西南航空公司 CEO 凯莱赫的人性化管理[36]

1973 年，凯莱赫在达拉斯组建了西南航空公司。凯莱赫一直注重对员工进行人性化管理。他认为管理者应对员工抱有积极、热情的态度。公司提出了很多创新方案，使员工与管理者融洽相处。例如，公司总部每周都组织郊外野餐，员工与凯莱赫一起庆祝公司取得的成就，还经常举行聚会，纪念公司历史上的标志性事件，祝贺某员工晋升等。凯莱赫的幽默感也是人尽皆知的，实际上，他坚持员工也应该有幽默感。在他的影响下，员工都会在飞行中穿着别出心裁的服装，给乘客讲笑话。对于凯莱赫的这种人性化管理，员工们也给予回报，他们高度热情地工作，参与加班飞行，超时超额地工作，以支持公司实现目标。

5．增强复原力

从企业的角度来讲，企业可以让导师引导员工进行增强复原力的训练。首先，由导师要求员工将可利用的资源尽量完整地列举出来，同时及时补充其没有列出的资源，并要求员工尽可能地利用这些资源。然后，让员工尽可能地预测实现目标的过程中可能会遇到的障碍，并制定规避障碍的计划。最后，让员工对自己在面对逆境时可能产生的想法和情感进行批判性反思，并思考如何基于多种资源和选择，采取最合理的方法来克服逆境，最终达到目标。

从员工的角度来讲，员工也可以通过“增加资源、规避风险、干预影响过程”的思路来提高自身的复原力。员工一方面要做好资源准备，并预测将会遇到的障碍，做好规避障碍的计划；另一方面要做好思想准备，培养不怕困难的精神，以积极的心态对待工作上的挑战。

本章小结

- 管理心理学的发展历史共分为三个阶段：以泰勒为代表的经典科学管理理论阶段（1900—1927）；以霍桑实验开始的人际关系理论以及后来的 X—Y 理论阶段（1927—1965）；以权变态度和方法来看待人及其管理心理与行为的现阶段（1965 至今）。
- 管理心理学是一个研究领域，它探讨个体、群体以及结构对组织内部行为的影响，以便应用这些知识来改善组织的有效性。
- 管理心理学与组织行为学既有联系，又有区别。
- 管理心理学有助于：（1）强化人性化管理意识，充分调动人的工作积极性；（2）合理选拔和使用人才，做好职业生涯规划；（3）改善管理沟通，增强团队的凝聚力；（4）提高领导能力和水平；（5）促进组织变革和发展；（6）积极心理品质和能力的开发和有效管理。
- 管理心理学的一般模型是指个体、群体和组织心理和行为的结果总是通过特定的外部有效性表现出来，从而显示出心理和行为（自变量）与行为有效性（因变量）之间的某种因果关系。
- 管理心理学的研究方法包括实验法、经验总结法、现场研究法、案例比较法和测验法。近年来神经科学技术和质的研究方法开始得到了应用。
- 路桑斯将积极管理心理学定义为：为提高工作绩效，对心智、能力进行测量、开发及有效的管理，并以员工的积极活力为导向的应用学科。
- 心理资本是指个体积极的心理发展状态，这种状态符合积极管理心理学的标准，能够通过有针对性地投入和开发而使个体获得竞争优势。
- 心理资本的五个维度：自我效能感、希望、乐观、主观幸福感和韧性（复原与超越）。

思考练习题 1-1：简答题

1．简述管理心理学的基本概念。
2．什么是管理心理学的一般模型？
3．什么是积极管理心理学？

思考练习题1-2：单项选择题

1．霍桑实验中的访谈试验是为了研究（　　）。

（1）员工满意度对生产效率的影响

（2）访谈和关注对生产效率的影响

（3）非正式群体对生产效率的影响

（4）正式群体对生产效率的影响

2．工作满意度常常成为组织行为学一般模型中的因变量（行为有效性）。

（1）是　　　　　（2）否

3．主观幸福感是一种典型的心理资本。

（1）是　　　　　（2）否

思考练习题1-3：是非判断题

目的：本练习在于帮助学生认识管理心理学知识如何促进其对组织生活的理解。

指示：阅读下面每句陈述，并根据学生的看法对其正确与否划圈。全班讨论后，再由老师解释。

1．是　　否　　快乐的员工的生产效率高。

2．是　　否　　即使有迹象表明决策无效，但决策仍会继续支持决策的实施。

3．是　　否　　能够防止员工发生冲突的组织比较有效。

4．是　　否　　个人谈判比小组谈判更好。

5．是　　否　　有很强文化的公司是最有效的。

6．是　　否　　未经受压力的员工的工作绩效更佳。

7．是　　否　　与男性领导相比，女性领导在作出决策时更喜欢其他员工的参与。

8．是　　否　　大多数高层领导是A型行为类型者（即态度强硬，缺乏耐心，爱竞争，好发脾气，具有很强的时间紧迫感，说话很快）。

9．是　　否　　当获得的报酬比与自己干活差不多的其他员工多时，员工通常会感到占了便宜，感到内疚。

心理测试1-1：PCQ心理资本问卷

下面有一些句子，它们描述了你目前是如何看待自己的。对于这些描述，请采用下面的量表判断你同意或者不同意的程度。

1 非常不同意	2 不同意	3 有点不同意	4 有点同意	5 同意	6 非常同意

1. 我相信自己能分析长远的问题，并找到解决方案。
2. 与管理层开会时，在陈述自己工作范围之内的事情方面我很自信。
3. 我相信自己对公司战略的讨论有贡献。
4. 在我的工作范围内，我相信自己能够帮助公司设定目标/目的。
5. 我相信自己能够与公司外部的人（比如供应商、客户）联系，并讨论问题。
6. 我相信自己能够向一群同事陈述信息。
7. 如果我发现自己在工作中陷入了困境，我能想出很多办法从中摆脱出来。
8. 目前，我在精力饱满地完成自己的工作目标。
9. 任何问题都有很多解决方法。
10. 目前，我认为自己在工作上相当成功。
11. 我能想出很多办法来实现我目前的工作目标。
12. 目前，我正在实现我为自己设定的工作目标。
13. 在工作中遇到挫折时，我很难从中恢复过来，并继续前进。（R）
14. 在工作中，我无论如何都会去解决遇到的难题。
15. 在工作中如果不得不去做，我也能独立应战。
16. 我通常能对工作中的压力泰然处之。
17. 因为以前经历过很多磨难，所以我现在能挺过工作上的困难时期。
18. 在我目前的工作中，我感觉自己能同时处理很多事情。
19. 在工作中，当遇到不确定的事情时，我通常期盼最好的结果。
20. 如果某件事情会出错，即使我认真地工作，它也会出错。（R）
21. 对于自己的工作，我总是看到事情光明的一面。
22. 对于我的工作未来会发生什么，我是乐观的。
23. 在我目前的工作中，事情从来没有像我希望的那样发展过。（R）
24. 工作时，我总相信“黑暗的背后就是光明，不用悲观。”

注释：R 代表该题需要反向计分，即 7 分减去原得分。

该问卷为路桑斯开发的 PCQ 问卷[32]，此问卷每题最高值 6 分，共 24 道题。整体问卷总评最高值 144 分，问卷值越高代表被访者的心理资本越高，越有助于其发挥工作上的主观积极性，更好地完成工作绩效，创造更多的工作价值。

此问卷在中国某大学的教师中做过测试[37]，样本数为 322 份，样本群体的平均心理资本值为107.25，最低值为51，最高值为137，总体数据的众数是117，中位数是108。

管理游戏1-1：我的期望

在任何时候，只有知道对方到底想要什么，才能很好地做到有的放矢，更好地满足对方的需要，这个游戏就通过教师与学生之间的沟通说明了这一点。

参与人数：集体参与

时间：10分钟

场地：室内

道具：纸笔，“我的期望”卡

应用：教学刚开始前的沟通与交流

游戏规则和程序：

1．给每一个学生发一张“我的期望”卡，给他们两分钟时间，让他们讲今天来这里上课的目的是什么，他们想要从这个课程里面得到什么。

2．接下来让大家分享一下他们来这里的目的，选出最有代表性的问题等。

相关讨论：

1．大家分享一下彼此来此学习的目的，这个游戏对于以后的教学有什么好处？

2．这种方式还可以用在什么地方？

“我的期望”卡

姓名：________ 学号：________ 我的期望：
1. ________ 2. ________ 3. ________ 4. ________ 5. ________ 6. ________ 7. ________ 8. ________

管理游戏1-2：宏伟蓝图

游戏目的：团队协调、分工合作、激发潜能

游戏人数：不限

游戏工具：白纸 50×60cm、彩笔 12 色，根据人数设定，以不等着用为宜。

游戏规则和程序：

1．将全体学员按每组 5～8 人分成若干组。每组一张白纸。

2．每组将对未来的想象用笔画在纸上，未来都用完整河流及其地带的一部分表示。画画过程中，每组可派人适当沟通。

3．所有组的画拼在一起，要构成一条完整的河流及其地带。

相关讨论：

1．分享活动中团队的合作过程（如解决冲突、协调、合作）。

2．宏伟蓝图如何实现？

案例分析 1-1：创新玩具公司

创新玩具公司是一家生产小型木制玩具的企业，是由李军开办的。李军是一个木工爱好者，他曾为他的孩子们制作了大量的木制玩具。李军发现市场上充斥着大量的塑料玩具，而这类玩具由电池驱动，容易毁损，他断定木制玩具会大有市场，于是创立了创新玩具公司。由于公司的工资和福利非常优厚，员工离职率很低，公司亦以其在行业内的稳定和高增长率而自豪。

公司的一个生产汽车玩具的部门的生产率尤其高。曾经，它 12 个月的产量都超过了其他所有部门。它成功的原因之一就是员工离职率低，部门有 8 个员工，每人在目前的岗位上都至少干了两年。

在公司的产品系列中，该部门负责生产所有的卡车和轿车玩具。每个员工在自己的岗位上都有全套的工具和设备，可以独立生产完整的玩具。为避免单调，他们通常上午 4 个人生产轿车而另外 4 个人生产卡车，下午再换过来。

过去，只要能按时完成订单，高级管理层便让每个部门自行决定其生产程序和方法，正是这种部门自主权使得汽车玩具生产部能够按环行方式安排八个员工的工作区域（见图 1-1），这种结构使得员工们能相互交谈，每人都能知道别人的工作习惯和生产进度。所以，在工作之外，他们相处也非常融洽。

最近，由于市场需求已超过了公司的生产能力，生产经理决定聘请咨询人员，看看能否不增加硬件而提高生产效率。咨询人员给出的建议中有一条就涉及到汽车玩具部门。汽车玩具部位于油漆部和积木部之间，公司的原料和产成品都堆放在收发部的仓库里，因此部门间的运输量很大，一个运输工驾驶铲车给各个部门运来原料的同时运走成品。他们认为该部门的平面规划不利于其他部门的有效运输。

咨询人员建议，汽车玩具部应重新调整它的工作区间布局，分成八个独立的单元，以方便部门间的运输（见图 1-2）。在报告中，他们认为该部门的生产极具潜力，可以有很大提高。生产经理认同了他们的意见，就在下一个周末重新安排了汽车玩具部门的布局。

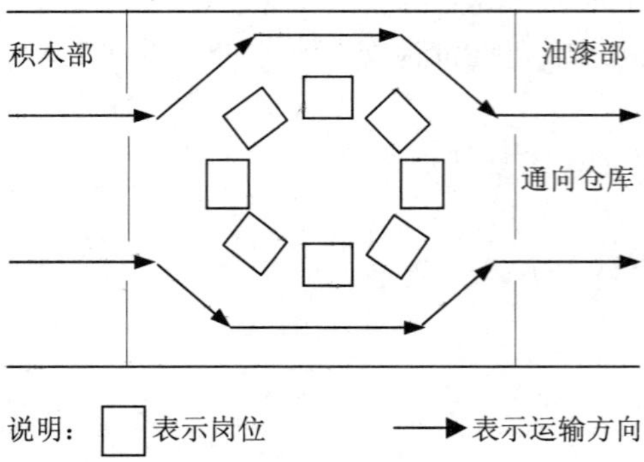

图 1-1　以前的工作平面图

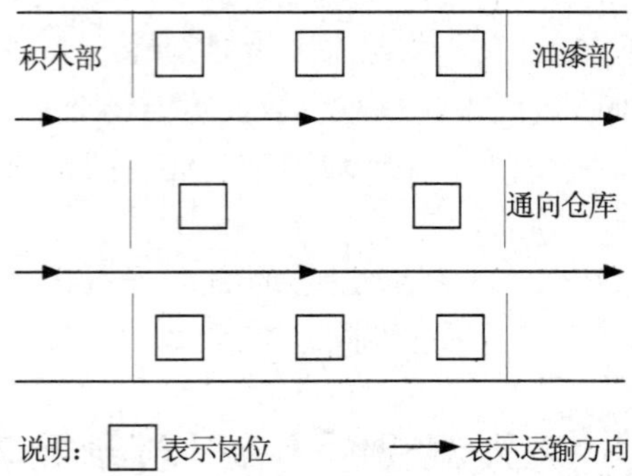

图 1-2　重组后的工作平面图

两个月后，汽车玩具部门的生产率出现明显的下滑。生产经理找所有员工谈话，希望能找出问题所在。然而，员工们谁也不清楚是怎么回事，他们只是觉得除了位置上的变动之外，另外还有一些其他东西也发生了变化。

李军找来生产经理，要求他对生产率的下降做出解释。

生产经理："我也不知道为什么下降。部门内还是同样的员工，做同样的工作，唯一的变化是调整了岗位的平面布局，而员工们看来也已经适应了。也许应该给他们加薪，过去该部门的产出要比其他部门的多得多，看来应该给予他们物质上的承认。"

李军："我们在其他不太稳定的部门也作了调整，而他们确实提高了生产率，这说明这次调整并不存在问题。我认为他们是有意松懈，以引起我们的注意，从而达到加薪的目的。我不能容忍这样的勒索！除非他们达到以前的业绩，否则我不会给他们加薪。"

散会时，生产经理觉得他们只是绕过了问题，而并没有解决实际问题，但他也不知道问题到底出在哪里。

问题讨论：

1．请你用组织行为学的基本模型解释汽车玩具部门的生产率下降的原因。

2．请你为生产经理设计一套解决问题的对策。

参考文献

[1] 李小勇．100 个成功的人力资源管理[M]．北京：机械工业出版社，2004.

[2] F. W. Taylor. *Scientific Management: Comprising Shop Management; The Principles of Scientific Management; Testimony before the Special House Committee* [M]. New York: Harper & Row, 1964.

[3] H. Münsterberg.*Psychology and industrial efficiency*[M]. London: Constable, 1913.

[4] L. M. Gilbert. *The psychology of management: The function of the mind in determining, teaching, and installing methods of least waste*[M]. Easton: Hive Pub. Co, 1980.

[5] W. D. Scott. *The Psychology of Advertising: A Simple Exposition of the Principles of Psychology in Their Relation to Successful Advertising*[M]. Boston: Small, Maynard, 1908.

[6] W. D. Scott. *Personnel management: Principles, Practices, and Point of View*[M]. 6th ed. New York: McGraw-Hill, 1961.

[7] 朱祖祥．工业心理学[M]．杭州：浙江教育出版社，2001．

[8] E. Mayo. *The human problems of an industrial civilization*[M]. New York: Viking Press, 1960.

[9] F. J. Roethlisberger. *Management and morale*[M]. Cambridge, Mass.: Harvard University Press, 1941.

[10] F. J. Roethlisberger, J. D. William. *Management and the Worker: An Account of A Research Program Conducted by the Western Electric Company. Hawthorne Works, Chicago*[M]. Cambridge (Mass.): Harvard University Press, 1966.

[11] H. J. Leavitt. *Managerial psychology: An introduction to individuals, pairs, and groups in organizations*[M]. Chicago: University of Chicago Press, 1958.

[12]（美）薛恩．组织心理学[M]．余凯成，译．北京：经济管理出版社，1987．

[13]（美）马斯洛．动机与人格[M]．许金声，等，译．北京：中国人民大学出版社，2005．

[14]（美）麦考密克，伊尔根．工业与组织行为学[M]．北京：科学出版社，1991．

[15]（美）斯帝芬·P．罗宾斯．组织行为学[M]．孙建敏，等，译．北京：中国人民大学出版社，1997．

[16] 卢盛忠．管理心理学[M]．杭州：浙江教育出版社，1985．

[17] 俞文钊．管理心理学[M]．兰州：甘肃人民出版社，1988．

[18] 陈立．工业管理心理学[M]．上海：上海人民出版社，1988．

[19] 徐联仓，陈龙．管理心理学[M]．北京：光明日报出版社，1988．

[20] 王重鸣．劳动人事心理学[M]．杭州：浙江教育出版社，1988．

[21] 李永鑫．中国管理心理学 25 年发展回顾与展望[J]．华北水利水电学院学报（社

科版），2006，22（01）：10~15.

[22] 龚彬彬. 近十年中国管理心理学应用研究进展[J]. 经济研究导刊，2011（19）：205~206.

[23] E. Diener, R. A. Emmos, R. J. Larsen, S. Griffin. *The Satisfaction With Life Scale* [J]. Journal of Personality Assessment, 1985, 49(01): 71~75.

[24] 王建新. 当代西方心理学研究新进展对我国管理心理学发展的影响[J]. 甘肃社会科学，2009（06）：245~248.

[25] J. R. Hackman. Doing research that makes a difference. In: Edward, L.(Ed.). *Doing Research That Is Useful for Theory and Practice*[M]. San Francisco: Tossey—Bass, 1983.

[26] M.E.P. Seligman, M. Csikszentmihalyi. *Positive psychology：An introduction*[J]. American Psychologist, 2000, 55(01): 5~14.

[27] 马甜语. 积极心理学：理念、视野及动向[J]. 赣南师范学院学报，2006，27（01）：30~34.

[28] 马甜语. 积极心理学及其应用的理论研究[D]. 长春：吉林大学，2009.

[29] B. L. Fredrick. *The Role of Positive Emotions in Positive Psychology: The broaden and build theory of Positive Emotions*[J]. American Psychologist, 2001, 56（03）：218~226.

[30]（美）杰克·韦尔奇. 杰克·韦尔奇自传[M]. 曹彦博，译. 北京：中信出版社，2010.

[31] F. Luthans. *Psychological capital: Developing the human competitive edge*[M]. New York: Oxford University Press, 2007.

[32] （美）路桑斯. 心理资本[M]. 李超平，译. 北京：中国轻工业出版社，2008.

[33] 温磊，七十三，张玉柱. 心理资本问卷的初步修订[J]. 中国临床心理学杂志，2009，（02）：148~145.

[34] 柯江林，孙健敏. 心理资本：本土量表的开发及中西比较[J]. 心理学报，2009，41（09）：875~888.

[35] 代凯军. 管理案例博士点评[M]. 北京：中华工商联合出版社，2000.

[36] 王建华. 在欢声笑语中赚钱：美国西南航空公司总裁赫布·凯莱赫[J]. 思维与智慧，2001（10）：23~25.

[37] 赵正艳，臧维. BG大学教师心理资本调查研究[J]. 商业时代，2005（27）：106~110.

第二章　知觉、归因理论与个人决策

【学习目标】

① 了解知觉、知觉防御和错觉
② 掌握常见的人际知觉偏差
③ 了解归因理论及归因分析
④ 了解个人决策模型与风格

引例：人物印象

照片上的这个人（见图 2-1）留给你的是什么印象？先自己想一想，然后看看其他人的评价。

图 2-1　人物印象

一位研究者曾经做过这样一项研究：分别让两组大学生看完这张照片后，用文字写下他们各自的印象。其中一组被试学生的大体描述是自负、凶残、工于心计。从深陷的双眼可以看出其内心充满仇恨和性格冷酷无情，突出的下巴表明了他不达目的、决不罢休的决心……另一组被试学生的描述是坚毅、智慧、进取、百折不挠，深陷的双眼表明他的思想具有深度和对探索未知世界充满热忱，突出的下巴表明他具有克服困难和无畏而前的决心……

你一定觉得奇怪，为什么针对同一张照片形成的印象差异竟会如此大呢？原来，在试验之前，研究者向第一组被试学生介绍说，这是一名制造了多起恐怖活动的恐怖组织头目；而向第二组被试学生介绍说，这是20世纪一位伟大的心理学家。仅仅因为一句不同的介绍，却导致人们对同一个人的印象产生如此大的差异！究竟人们在作出判断和个人决策时受到哪些因素的影响？是否存在一些特定的机制和规律？本章将对这些问题进行探讨。

人的行为的产生有赖于个体对他所在环境的理解和判断，而这种理解和判断是通过知觉作用产生的。人的知觉直接影响人的心理状态和行为。因此，在管理中要研究和预测人的行为，必须了解人的一般知觉过程及其规律，尤其是知觉在社会交往、归因和个人决策中的作用。

第一节　知觉

知觉必须建立在感觉的基础之上，但又与感觉不同，它是对事物各种属性的综合反映。

一、知觉的概念和特征

知觉（perception）是个体为了对自己所在的环境赋予意义而解释感觉印象的过程。知觉和感觉的区别在于感觉是对于对象个别属性的反映（如颜色、气味、外观等），而知觉则是对于对象的各种不同属性的总和以及它们之间相互联系的反映。感觉是知觉的基础。

知觉有如下四个基本特征。

1．整体性

知觉的整体性是指根据知觉对象的特点将其知觉为具有一定结构的整体形象。就对象的特点来说，制约知觉整体性的因素有连续、接近、封闭、相似等。

（1）连续性规律：将对象看成是有连续性的事物的倾向。如将图2-2看成是一条婉转的连续曲线。

（2）接近性规律：空间上彼此接近的部分易被作为整体来感知。如将图2-3看成是由（a）和（b）两部分组成。

（3）封闭性规律：视野中封闭的曲线容易组成图形。如将图 2-4 看成是封闭的区域。

（4）相似性规律：视野中相似的部分容易组成图形。如将图2-5中“×”归为一类，将“○”归为另一类，竖着往下看比横着看觉得舒服一些。

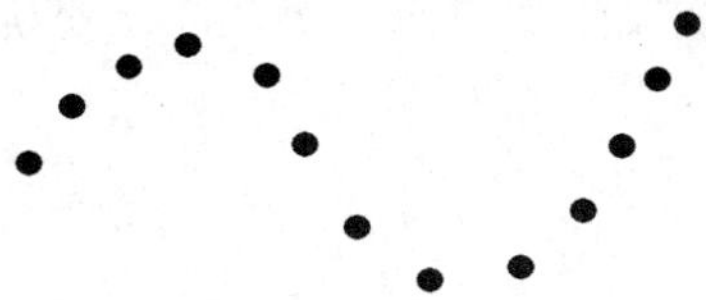

图 2-2　知觉连续性

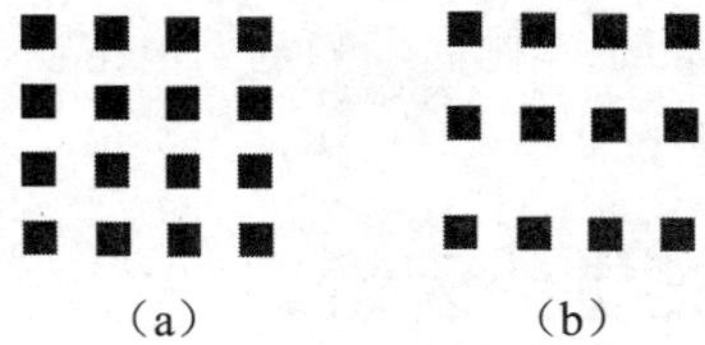

图 2-3　知觉接近性

图 2-4　知觉封闭性

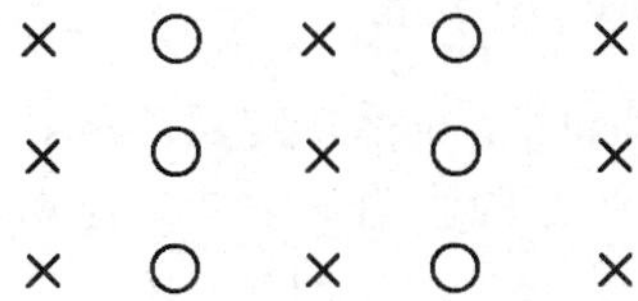

图 2-5　知觉相似性

2．相对性

知觉的相对性是指根据事物之间的相对关系进行反映。图形与背景之间的关系就是知觉的相对性的典型表现。如图 2-6 所示，当将白色当图形、黑色当背景时，我们看到一个花瓶；当将黑色当图形、白色当背景时，则可看到两个人头。

图 2-6　图形与背景的关系

3．理解性

知觉的理解性是指以过去的知识经验为依据，力求对知觉对象作出某种解释使它具有某种意义。“人脸—花瓶”双关图（见图 2-6）中，大脑或将其解释为黑色背景上的白色花瓶，或解释为白色背景上的两个侧面人像。这种理解随时存在，但又不能同时获得。

4．恒常性

知觉的恒常性是指知觉条件发生变化时，知觉映像仍保持不变，包括对知觉对象的亮度、形体、大小、颜色等方面的恒常性。如无论是强光下还是阴暗处，我们总是把煤看成黑色、把雪看成白色，实际上强光下煤的反映光亮远远大于暗光下雪的反映光亮，这就是亮度恒常性。人的听知觉、味知觉、嗅知觉、触知觉，也有凭经验保持相对不变的心理倾向。知觉的恒常性，使人们在环境发生变化时，仍然能够正确认识客观世界。

二、影响知觉的因素

影响知觉的因素包括知觉者、知觉对象和情景因素。

（一）知觉者

知觉者因素包括知觉者态度、价值观、动机、需要、兴趣、经验、期望、个性特点。有不少实验表明知觉结果受知觉者生理、需要、动机和过去经验的影响。

例证 2-1：关注点

让23个经理人员（财务、销售、技术人员、后勤等）阅读一份介绍一家钢铁厂全面情况的材料，阅读后要求他们写出各自认为最主要的问题。这23个经理人员中，有6个负责销售，5个负责生产，4个负责财务，8个负责其他部门。结果每个人所写的主要问题都是与自己业务有关的问题，而不反映这家工厂的全貌。这种只见树木不见森林的现象常常导致不同部门之间相互指责。[1]

一家皮具生产企业出了问题，要寻找问题的根源，要求各部门的主管参加诊断：问题到底出在哪里？开发、销售、财务、生产、行政、人力资源的管理人员各有说法，开发部主管说生产部门不按设计的样品来做，生产出来的产品达不到设计要求标准的50%；采购部主管说开发部开发的新产品的材料很难找，只能将就改换别的替换；销售部主管说生产出来的产品品质不那么好；生产部主管说采购部供给材料不及时，弄得生产工人有时无法开工，有时又要加班，诸如此类，结果搞得大家相互指责，相互推卸责任。

（二）知觉对象

知觉对象因素包括大小、强度、对比、运动、重复、新颖等。以下是相应的一些规律。

（1）大小法则：尺寸、空间越大，则越容易引起注意、重视。比方说，一个高大醒目的广告比普通小广告更引人注意。

（2）强度法则：强度越高，则越容易被感知。

（3）对比法则：与背景相反和出乎人们意料之外的事物最容易被感知。

（4）动感法则：活动的事物比静止的事物更易于被感知。

（5）重复法则：经常重复的事物比只出现一次的事物更容易被感知。

（6）新颖法则：新颖的事物容易被感知。

（三）情景

情景因素包括时间、工作环境和社会环境。人的知觉总离不开一定的情景，也离不开对当时情景的分析。

例证 2-2：情景对自我知觉的影响

曾经在企业中做过这样一个实验，设计了四种情景，让工人们解释在每种情景下积极工作或者能够坚持工作的动机。第一种情景是给予很高的报酬，但工作比较单调乏味。第二种情景是报酬并不很高，但工作很有趣。第三种情景是报酬不高，工作也很乏味。第四种情景是报酬很高，工作也很有趣。在第一和第二种情景中，绝大多数工人都能够解释自己积极工作的原因，指出在第一种情景中之所以积极工作，是因为有很高的报酬，在第二种情景中是因为工作很引人入胜。但在第三和第四种情况下，对于自己仍能够坚持或者积极工作的原因往往不能作出正确的解释。

三、知觉防御和错觉

（一）知觉防御

知觉防御是指为了防止自己受到威胁性刺激或不利于自己的信息的侵扰，人们自动地抑制自己对它们的知觉和反应的倾向，对其或视而不见或加以歪曲。如果某些刺激对我们有很大的精神压力，我们就会将它们从大脑中排除出去，或者延迟对它们的识别。有实验表明，人们对“跳舞”、“儿童”、“火炉”、“音乐”等中性词的识别时间比较短，而对“强奸”、“淫妇”等“猥亵”的词的识别时间比较长。[2]

例证 2-3：推销员的自我防御

销售经理经常抱怨推销员不愿打“对方反应冷淡的”电话，推销员不是说自己工作太忙，就是说还有更好的生意，或者还需赶做一些报告。这样的推销员是懒惰，还是只是为了逃避，还是无意识地进行自我防御？如果推销员这样做是为了自卫，经理可采用两种方法来改变这种情况。经理可以教导推销员不要惧怕这类电话，要学会应对；或者经理可以对推销员施加压力，使推销员无法逃避这类电话。

（二）错觉

错觉是指一种不正确、被歪曲了的知觉。产生错觉的原因主要有知觉者生理和心理的状况以及知觉对象和背景的特点。知觉者在过度疲劳、饮酒过度、幻觉、气功或催眠等状态下容易产生错觉。当知觉对象和背景的特殊性作用于正常人时，因感知能力有限也可能导致错觉的产生。错觉的种类很多，常见的有大小错觉、形状错觉、方向错觉、承重错觉、倾斜错觉、运动错觉、时间错觉等。图2-7画出了一些常见的错觉情形。

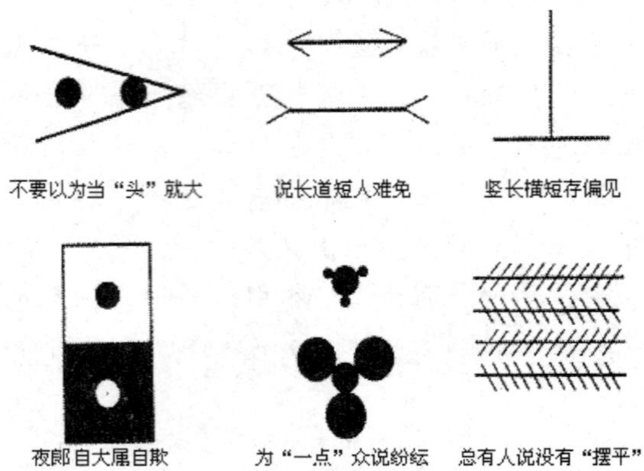

图2-7　常见的错觉

在管理和产品设计中，可以巧妙地利用错觉以达到预期的目的。比如，Apple公司推出的iPhone通过有意地缩小边缘部件的尺寸来突出屏幕尺寸的大小，这便是采用了大小对比有意营造出面积大小的错觉。又如，在水果、糕点柜台上斜置镜子，可以使商品显得丰满；在设计化妆品瓶时，可设计成圆形、扇形、葫芦形、梯形等，尽管瓶内容量相当，消费者却认为有的装得多，有的装得少。再如，在制定商品价格时，日用品可采用小数定价法，宁可定价9.98元，而不定价10元，这样可以让消费者觉得便宜、实惠；为高档商品定价则可采取整数定价法，如定价5 000元，而不定价4 998.97元，可使消费者觉得商品高档、贵重。

第二节　人际知觉

人际知觉由美国心理学家布鲁纳1947年首次提出。即认为对人、对群体的知觉不仅取决于被感知的人、群体本身，也取决于感知者的目的、态度、价值观和过去的经验。人际知觉可分为社会知觉和自我知觉。社会知觉是指个体对社会环境中有关个人和团体特性的知觉。自我知觉是指个体通过对自己行为的观察而对自己心理状态的认识。在任何组织和机构中，人际知觉对个体判断和决策都具有至关重要的作用。

例证 2-4：人际敏感性

有时问题很简单，作出错误的判断只是缺乏对他人的敏感。有位工头曾向笔者抱怨他手下的行为如何古怪。一次工头对他的一个手下说："嘿，小伙子，过去把它抬起来！"这位雇员竟然恼怒地嚷道："不要叫我'小伙子'，我有名字！"工头无法理解。一位年纪轻轻的雇员怎么会对这样一个合理的称呼发火呢？

人际知觉有一个规律，叫做一致性规律。具体表述如下：当获得关于某个人的少量的信息资料后，就力图对他的大量特性作出判断，形成一致的印象。对物的认知允许事物的各种特性不协调一致，而对人的认知通常不允许人的各种特性不协调一致。

社会知觉中存在各种偏见，主要有首因效应、晕轮效应、近因效应、定型效应、投射等五种。

（一）首因效应

首因效应（First Impression Effect）是指最先的印象或第一印象对人的认知具有强烈的影响。它一般发生在陌生人之间。例如，招聘面试、新官上任等的第一印象都至关重要。若第一印象良好，就会从好的方面影响到人们今后对他的行为的看法，即使他后来表现得相对差一点，也容易取得人们的谅解；若第一印象不好，要改变就相当费力了。

管理者在看待员工时，要尽量避免受第一印象的影响而产生错误看法。新上任的领导者宜注意给员工留下良好的第一印象，若一开始就留下一个坏印象，以后通过长期交流也许会有所转变，不过仍会造成一些损失，从而影响上下级关系和工作的正常开展。

例证 2-5：巧用首因效应

一个新闻系的毕业生正急于找工作。一天，他到某报社对总编说："你们需要一个编辑吗？""不需要！""那么记者呢？""不需要！""那么排字工人、校对呢？""不，我们现在什么空缺也没有了。""那么，你们一定需要这个东西。"说着他从公文包中拿出一块精致的小牌子，上面写着"额满，暂不雇佣"。总编看了看牌子，微笑着点了点头，说："如果你愿意，可以到我们广告部工作。"这个大学生通过自己制作的牌子表达了自己的机智和乐观，给总编留下了美好的第一印象，引起其极大的兴趣，从而为自己赢得了一份满意的工作。

（二）晕轮效应

晕轮效应（Halo Effect）是指对一个人的某种特性形成好或坏的印象之后，人们倾向于据此推论其他方面的特性，即“抓住一点，不顾其余”，如“一白遮百丑”。

美国心理学家阿希曾做过一个实验：他给被试者一张列有五种品质的表格（聪明、灵巧、勤奋、坚定、热情）要求被试者想象一个具有这五种品质的人，结果被试者普遍把具有这五种品质的人想象为一个友善的人。然而，他把这张表格中的“热情”换为“冷酷”，再要求被试者根据这五种品质（聪明、灵巧、勤奋、坚定、冷酷），想象出一个合适的人时，却发现被试者普遍推翻了原来的形象，而产生了一个否定的、完全不同的形象。

表2-1列出了根据相片上人的相貌的美丑，人们对他们相应特性的评估，说明了人们受晕轮效应的影响，一般认为“漂亮的就是好的”、“丑的就是不好的”。

表2-1　相貌的美丑对认知产生的晕轮效应[3]

刺激人具备的特性 / 特性的评定	相貌丑者	相貌一般	相貌漂亮
人格的社会合意性	56.31	62.42	65.30
刺激人的婚姻能力	0.37	0.71	1.70
刺激人的职业地位	1.70	2.02	2.25
刺激人做父母的能力	3.91	4.55	3.54
刺激人社会和职业上的幸福	5.28	6.34	6.37
刺激人总的幸福状况	8.83	11.60	11.60
结婚的可能性	1.52	1.82	2.17

注：数值越高，刺激人就越具备表中的特性。

（三）近因效应

近因效应（Recency Effect）是指最后给人留下的印象有强烈的影响。它一般产生于熟悉者之间。例如，当发现一个平时表现不错的人犯了某种错误后，人们往往会把问题看得比较严重，甚至夸大错误，并否定他以往的一贯表现。又如一个平时表现一般的人，突然做了一件好事，人们往往会对其刮目相看，并肯定他以往的一贯表现。近因效应掩盖甚至否定对一个人的一贯印象，从而影响对人的全面认识。

（四）定型效应

定型效应（Stereotype Effect）是指对某个群体形成的一种概括而固定的看法，又称刻板印象。人们头脑里存在的“定型效应”是多种多样的，按年龄、性别、职业、国籍等划分可以形成不同的“定型效应”。例如按年龄归类，认为年轻人总是举止轻浮、“嘴上没毛，办事不牢”，而老年人则是墨守成规，缺乏进取心；按性别归类，认为男性总是独立性强、果断勇敢、自信和有抱负，而女性则是“头发长，见识短”、依赖性强、起居洁净、讲究容貌、细心、软弱；按国籍归类，认为日本人总是精明、勤奋、进取、狡猾，而美国人则是有雄心、天真开朗、不拘小节等。

定型效应有时是人们认识某一交往对象的捷径，不失为人的一种智慧的表现，但也可能使人们看不到人的复杂性，以致对人的行为品质作出错误的评价和判断。

性别角色刻板印象（Gender-role Stereotype）是指人们对于男人和女人在行为、人格特征等方面的期望、要求和一般看法。在一项调查结果中，所有被试者对男人和女人的正负刻板印象按选出形容词次数的百分比由高到低的前五位排序，如表 2-2 所示。[4]

表 2-2　对男人和女人正负刻板印象的前五位人格特征形容词

排序	对男人的刻板印象				对女人的刻板印象			
	重要的人格特征	百分比/%	不应有的人格特征	百分比/%	重要的人格特征	百分比/%	不应有的人格特征	百分比/%
1	有创造力的	78.01	斤斤计较的	18.24	自立的	46.04	见钱眼开的	27.15
2	有幽默感的	61.54	目光短浅的	16.90	善良的	42.71	依赖性强的	20.72
3	自立的	46.39	欺软怕硬的	16.12	娴淑的	36.07	斤斤计较的	18.64
4	乐观的	37.83	优柔寡断的	14.70	温柔的	33.14	自卑的	15.09
5	精干的	31.68	自卑的	14.70	文雅的	32.57	挥霍的	10.72

例证 2-6：韦尔奇刻板印象用人

韦尔奇是一位管理大师。他曾自称，他在通用的最大贡献就在于他为通用招了一批精兵强将。所以在我们的印象中，韦尔奇是一位“看相”大师，无论什么样的人他只需瞄一眼就能猜测出十之八九。但事实绝非如此。他经常凭应聘者的外表、学历、掌握的语言种类等外观条件来决定是否聘用。比如，他招营销人员十分看中应聘者的容貌、口才等指标。他十分偏爱有多个学位的员工，因为他认为有多个学位的人学习能力强，却忽视了这类人往往对一件事不够专心的缺点；他还总是凭着自己的偏好来选择他所用的人。为此他犯下的最大错误——让一个曾在通用电气做业务的“外人”来做集团的副董事长，理由仅是他曾在一次部长级会议上被这位员工的演讲技巧所折服。但是韦尔奇后来发现此人并不适合他的职位，最后不得不解雇他。

（五）投射

投射（Projection）是指由于自己具有某种特性，因而判断他人也一定会有与自己相同的特性。在现实生活中，投射有两种既典型又对立的表现形式：（1）有些人总是从好的方面来解释别人的言行及需要，认为世上尽是好人；（2）有些人总是从坏的方面来解释别人的言行及需要，认为世上尽是坏人。当一个人知觉他人时，如果受到投射的干扰，其认识、判断和看法往往从“是这样”、“一定会这样”等心理倾向出发，把他人的特性强行纳入自己既定的框框中，按照自己的思维方式加以理解，从而导致主观臆断并陷入偏见的泥潭。

在谈论别人或与自身无关的事情的时候，更乐于说出自己的真实想法，推测别人这样做的原因。其实，通过投射效应，个人很多的真实想法都可以表露出来，许多心理测验正是运用了这个原理。

第三节　归因理论

社会知觉和自我知觉都涉及解释行为的原因和意义的问题。自20世纪60年代以来，许多人致力于探讨行为的因果关系，进行行为原因的归属即归因理论（Attribution Theory）的研究。

一、归因的概念

归因就是指人们对别人或自己的行为进行分析，解释和推测其原因或者动机的过程。海德（Fritz Heider，1896—1988）是第一位提出归因理论的学者。他认为归因理论包括三个步骤：（1）对行为的知觉；（2）对行为意图的判断；（3）对个性的归因。[5] 事实上，在现实生活中人们经常在做各种归因的工作。人们对周围发生的一些事情，总要问“为什么会这样”，以探究其原因。例如，总经理在会议上大发雷霆的主要原因是什么？通过推测和查找原因，分析其影响及意义，判断行为的性质，进而预测将来的发展。这种通过对因果关系的认知，解释各种行为和现象，分析人的动机与行为的归因过程，对于认识他人、认识自我、改善管理、教育职工等都具有重要的应用价值。

归因理论研究的基本问题主要有三个：（1）因果关系归属，即对人的心理活动以及行为的原因进行归属；（2）社会推论问题，即对行为者的心理特征和个性差异作出推论；（3）未来行为预测，即根据人们过去的行为，预测在今后有关情境中比较有可能表现出来的行为。

例证 2-7：你为什么要打工

在企业培训的课堂上，当我们问员工为什么要出来打工的时候，员工的回答五花八门。有回答“为了生活”、“为了挣钱养家”、“为了学点知识和技术”、“为了更好的明天”、“为了结识朋友”的，也有回答“在家里无聊，出来走走”、“父母逼迫”、“为今后创业做好准备”、“锻炼身体”的等。

二、归因的类别

人们行为产生的原因很多。海德把行为的原因基本上划分为两大类，即内因和外因。内因又称为个人倾向归因，即归于主观条件，如个体的人格、道德品质、态度、动机、能力、努力程度等；外因又称为情境归因，即归于环境因素，如宏观的大势、社会舆论、奖惩、运气、工作难度等。

例证 2-8：斯奈德的实验[6]

斯奈德邀请一部分被试者参加赛跑，另一部分被试者观看赛跑。赛后请参加赛跑的被试者解释自己成败的原因。结果，胜利者把自己的成功归因于内在因素，诸如赛跑的技术等；失败者则把自己的失败归因于外部因素，如运气不好等；而观看赛跑的人则认为，胜利者的成功是由于运气等外在因素，失败者则是败于技术差等内在因素。

凯利（H. H. Kelly）发展了海德的理论，把归因的类别分为三种。他认为说明行为的原因可以使用如下三种不同的解释：（1）归因于从事该行为的人；（2）归因于行为者的对手；（3）归因于行为产生的情境。[7] 例如主管甲批评了下属乙，就可以进行三种归因：（1）归因于下属乙本人责任心不强、懒惰；（2）归因于主管甲平时对人刻薄，爱批评人；（3）归因于情境因素（如任务难度较大）使主管甲误解了员工乙。这三种可能性都存在，问题在于找出哪个是真正的原因。

三、归因的参照点

凯利认为，要找出真正的原因，可使用下面三个方面的信息作为归因的参照点，即一致性、一贯性和特殊性：（1）一致性，是指行为者的行为是否与其他人的行为相一致。如果每一位主管都批评下属乙，则主管甲的行为是一致性高的；如果只有主管甲一个人批评了下属乙，则为一致性低；（2）一贯性，是指行为者的行为表现是否与平时的行为相一贯。如主管甲总是批评下属乙，则为一贯性高；反之，则为一贯性低。（3）特殊性，是指行为者的行为指向是否具有持续性。如果主管甲每次批评人总是针对下属乙进行，则认为特殊性高；如果主管甲不只批评下属乙一人，且经常批评别的下属，则为特殊性低。如此根据这三个参照标准的不同组合，则可以作出判断，如表2-3所示。因为凯利强调了上述三种信息的重要性，所以他的理论又被称为三度理论。

表2-3 主管甲批评下属乙的归因

组合情况	提供的信息			归因类别	判断结论
	一致性	一贯性	特殊性		
1	低	高	低	归于行为者本身	主管甲爱批评人
2	高	高	高	归于行为对象	下属乙表现不好
3	低	低	高	归于情境	具体情境使主管甲误解了下属乙

四、对成功与失败的归因

维纳（B. Weiner）等人运用海德的归因理论对成功与失败的归因问题进行了研究。他们认为成功或失败可以归因于下述四个方面的因素，即努力、能力、任务难度和机遇。这四个因素又可按照三个维度即内因—外因、稳定—不稳定、可控—不可控进行归类，如表2-4所示。[8]

表2-4 成败归因的三个维度

三个维度	因素归类	
内外因	内因 -- 外因	
	努力、能力	任务难度、机遇
稳定性	稳定 -- 不稳定	
	能力、任务难度	努力、机遇
可控性	可控 -- 不可控	
	努力	任务难度、机遇、能力

对成功与失败的原因作不同的归因判断，可能产生不同的结果和影响。如果把成功归结为内部因素（努力、能力强），则很有可能使人感到满意和自豪；而把成功归结于外部因素（任务容易、机遇好），则可能使人产生惊奇和感激的心情。如果把失败归结于内因（努力不够、能力不足），可能使人产生内疚和无助感；而把失败归结

于外因（任务困难、运气不好），则可能使人气愤、产生敌意。如果把成功归结于稳定性因素（任务容易、个人能力强），则可能提高今后工作成功的信心；把成功归结于可控性因素（努力），则可能使人更加努力；而把成功归于不稳定且不可控的因素（运气好），则可能使人产生侥幸心理，对提高积极性没有多大作用。把失败归于稳定性因素（任务难、能力差），则可能降低以后工作的积极性；而归因于不稳定因素（运气不好、努力不够），可能减少失败带来的挫折感，提高以后工作的积极性。

综上所述，了解人的归因倾向和规律，正确地进行归因，有助于人们对成功的经验和失败的教训进行合理的分析和总结，从而达到增强自信心、激发努力动机、提高工作积极性的目的。

例证 2-9：领导归因模型

米切尔等人的领导归因模型（Leadership Attributional Model）指出，领导者对下属行为原因的解释，尤其是对下属工作绩效的归因影响着管理措施的采用[9]。例如，归因时，领导者会先观察下属的绩效，然后试图理解为什么下属的绩效符合、超过或低于期望和要求。由于低绩效是管理控制的比较敏感的问题，领导者会格外认真地进行归因分析。领导者将根据一致性、一贯性和特殊性等三类信息对低绩效进行内因和外因的区分，并根据区分的结果采取相应对策。领导者对下属的归因经常犯基本归因错误（Fundamental Attribution Error），即个体在对他人的行为进行归因时，倾向于低估外在因素的影响，高估内部因素的影响。

他们曾经研究了护理主管对护士工作差错的归因过程，指出如果护理主管认为护士的工作差错或事故源于缺乏努力与责任感，将会采取斥责和惩罚措施；如果认为差错源于能力不够，将会对其提供更多的详细指导。相反，如果认为护士的工作差错是由于外在因素，如工作条件太差、劳动设备陈旧等造成的，将会采取其他的应对措施，如改善工作环境，增添新的工具、设备，改变工作日程等。[10]

第四节　个人决策

在有效地达到组织目标的过程中，决策居于十分重要的地位。西蒙（Herbert Simon）曾指出：“管理就是决策。”管理的一个重要职能就是决策。本节主要探讨个人决策的过程模型、影响个人决策的因素以及如何避免个人决策的失误。

一、个人决策

（一）什么是个人决策

所谓个人决策，就是指在面临某种问题的情况下，个人为了实现某种目标，在两个以上的备选方案中，选择一个方案的分析判断过程。组织中的个体都要作出决策。高层管理者要决定设置什么样的组织目标，提供什么样的产品或服务，如何建构最佳的公司总部，在哪里建一个新厂等；中低层管理者要决定生产日程的安排，新员工的选择，如何合理分配增长的薪水。非管理层的员工所作出的决策同样影响到他们的工作和他们为之工作的组织。近年来，越来越多的组织把工作相关的决策权授予非管理层的员工，这些权力在过去只有管理者才拥有。因此，个人决策成为组织行为中非常重要的内容。

（二）影响个人决策的因素

影响个人决策的因素比较多，主要有知觉、思维方式、气质与性格、情绪与情感、情景以及周边群体（如家庭、朋友、组织）。

1．知觉

决策方案的制定、选择及实施过程均受到决策者知觉过程的影响。首先，是否存在问题和是否有决策的需要是一个知觉问题。例如，一个管理者可能认为他的工厂年生产能力提高了8%是一个严重的问题，需要采取行动解决该问题；而另一名管理者面对同样的情况，可能觉得很满意。其次，决策者的知觉过程，会影响他对信息的获取、解释和评估，因此，不恰当的知觉可能使决策者错失与问题有关的信息而影响方案的制定。同时，由于对信息的过滤、加工和解释的不同，知觉还会影响决策者对方案的评价与选择。

2．思维方式

思维贯穿于决策的整个过程，对决策有着最直接的影响，而且决策本身也是一个思维过程，良好的决策思维是进行有效决策的前提和关键。决策思维主要表现为对问题认识的全面性、客观性，对信息掌握和判断的正确性与深刻性以及思维的系统性等，它们都直接关系到决策的正确性。思维方式或偏好影响个人决策。具有全局思维方式的人适合做战略性决策，而具有分析思维方式的人适合做战术性决策；具有发散性思维方式的人适合做非程序性决策，而具有聚合性思维方式的人适合做程序性决策。

3．气质与性格

个人的决策行为往往与其气质和性格相联系。首先，个人的决策行为受气质的影响。胆汁质者决策时容易冲动，盲目，大胆冒险，比较快；抑郁质者决策过程较慢，一般选取风险较小的决策，但一旦作出决策，便很难改变；多血质者决策时能够吸收多方面意见，使决策比较有效，但容易受他人影响而轻易改变决策。其次，个人的决策行为受性格的影响。意志坚强的人能够果断地作出决策，而意志薄弱的人，往往优柔寡断，而迟迟作不出决策，甚至在目标确定后，还可能轻易地改变；自信心强者容易独立作出决策，而自卑者决策时容易受他人影响；自尊心强者不轻易改变决策，自尊心低者容易改变决策。

4．情绪和情感

决策还受到决策者情绪和情感的影响。情绪和情感作为心理活动的组织者，影响着其他的心理过程，包括促成知觉选择、监视信息的变化、影响工作记忆和思维活动等。沉稳、愉快的情感会使决策者思维敏捷，抑郁的情绪会降低大脑的兴奋性，而使思维迟钝，阻碍问题的顺利解决，但是过度兴奋、情绪高涨也会妨碍决策者进行合理的分析推理；暴躁的情绪、情感往往会使所作的决策草率而冲动，忧郁苦闷、悲观失望，又可能使所作的决策消极、怠惰。因此，决策者应努力克服消极的情绪，培养和激发良好的情绪。

此外，个体的决策还受到群体压力、朋辈压力、家庭压力和组织压力、榜样等他人因素和情景因素的影响。

二、决策过程模型

（一）基本假设Ⅰ——纯理性人

自亚里士多德时期开始，哲学家就认为人是理性动物，其行为是由理性驱使的，只有在特殊情况下，如疲劳、醉酒和愤怒时，人们的决策和思维才会是非理性的。该模型认为正常的人具有合理的推理能力，掌握了规范化的理智和决策原则。这些理性的决策原则表现在人们的思想和行动上。传统经济学秉承理性人的学说，承认“经济人”的假设，认为人类为个人利益所驱使，决策者基于所掌握的信息作出全面的权衡，作出最优的抉择。

纯理性人的基本假设如下。

（1）决策者是追求最大限度的组织目标的完美、有理性的人。

（2）决策者拥有作出最好决策所必需的全部正确信息。

（3）决策者只找出那些能写成线性形式的、具有一个或一组目标的问题的最佳值。

（4）所有决策者在作出决策时，能够以相同的态度来运用信息。

在企业中，早期的决策主要凭管理者直觉的常识进行判断。一个理性决策者的决策过程模型如图 2-8 所示：在识别某一问题时，开始寻找信息；这类信息说明了问题的性质，据此提出选择方案；通过对这些选择方案进行认真评价，选出最佳方案贯彻执行；然后对实施过程进行监控、评价、纠偏，以保证决策目标的实现。如果在实施过程中任何一个环节出现困难，就应及时反馈有关信息，必要时需重新开始或再循环。

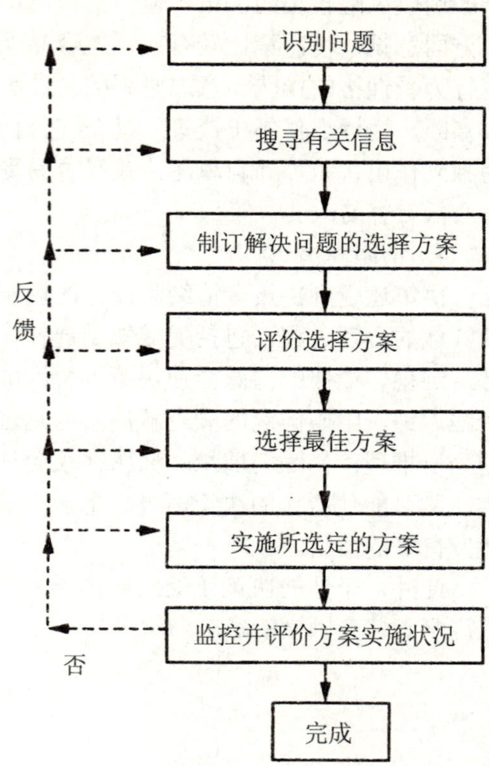

图 2-8　理性决策过程模型

然而，认为决策者是纯理性人的假设存在很大的缺陷。纯理性人的原型是经济人，经济人在现实生活中是不存在的。纯理性人的基本假设具有以下明显的局限性：第一，不考虑决策者个人的知觉、个性差别、动机和学习等心理因素对决策的影响；第二，人在客观上存在着有限合理性，以及个人认识上和客观条件的限制。

（二）基本假设 II——有限理性人

诺贝尔经济学奖获得者赫伯特·西蒙（Herbert Simon）考虑到人的心理因素在经济行为中的作用，提出“有限理性”理论。他曾指出，经营者表现出有限理性而非纯理性。换句话说，当他们试图理性地行动时，他们受到获得信息和加工信息的能力方面的限制。另外，时间限制和政治考虑（如需要取悦于组织中的其他人）也会束缚人按理性行动。

心理学家丹尼尔·卡纳曼（Daniel Kahneman）获得了 2002 年诺贝尔经济学奖。他遵循 1978 年诺贝尔经济学奖获得者赫伯特·西蒙的有限理性理论和启发式的思想，提出了三种常见的启发式：代表性、可得性以及锚定和调整。卡纳曼发现人类的决策行为常常是非理性和有偏差的，这与传统经济学理论（期望效用理论）的预期不符，而且这种偏差是有规律的。他提出前景理论以解释人类在不确定条件下的判断和决策行为。他获得诺贝尔经济学奖是因为他“把心理学的，特别是关于不确定条件下人的判断和决策的研究思想，应用到了经济科学中”。

1. 不确定性判断：启发式与偏见

遵循西蒙的有限理性学说，卡纳曼指出，人们在不确定性世界中作判断依赖于有限的启发式。其中有三种最重要的启发式：代表性、可得性以及锚定和调整。

（1）代表性启发式。代表性启发式是指人们倾向于根据样本是否能代表（或类似）

总体来判断其出现的概率，对于代表性越高的样本，就判断其出现的概率越高。

例证 2-10：取球的概率

人们一般认为从A盒子（70个红球、30个白球）中取出4白2红的概率小于从B盒子（70个白球、30个红球）中取的概率。这可以看作是代表性启发的作用：4白2红的样本与B盒子中白多红少的构成更类似。

（2）可得性启发式。可得性启发式是指人们倾向于根据客体或事件在知觉或记忆中的可得性程度来评估其相对频率，容易知觉到的或容易回想起的客体或事件被判定为更常出现。

例证 2-11：英文单词中的字母 k

对于下面这个问题，“字母 k 常出现在英文单词的第一个字母位置还是第三个字母位置？”绝大多数人认为字母 k 常出现于英文单词的开头。但实际上，在英文里，第三个字母是 k 的单词数是以 k 字母开头的单词数的三倍。人们之所以认为字母 k 常出现于英文单词的开头，显然是由于人们更容易回忆出以某个特定字母开头的单词，而不容易回忆出有特定的第三个字母的单词。

（3）锚定和调整启发式。锚定和调整启发式是指在判断过程中，人们最初得到的信息会产生“锚定效应”，人们会以最初的信息为参照来调整对事件的估计。

例证 2-12：乘积估计

对两组被试者分别提出下列两个问题：（1）8×7×6×5×4×3×2×1=？（2）1×2×3×4×5×6×7×8=？要求被试者在5秒内估计出其乘积。结果发现，被试者对第一道题的估计的中数是2 250，对第二道题的估计的中数是512。两者的差别很大，并都远远小于正确答案40 320。可以设想，被试者在对问题做了最初的几步运算以后，产生“锚定效应”，就以获得的初步结果为参照来调整对整个乘积的估计。由于两道题的乘数数字排列不同，第一道题的最初几步的运算结果大于第二道题的，因而其整个乘积估计也较大。

与丹尼尔·卡纳曼同一时期的另一位心理学家斯洛维克·菲纽肯（Slovic P. Finucane）提出了情绪启发式。菲纽肯认为个体的头脑中有一个情绪库（Affect Pool）里面存有各种各样的正性的或负性的情绪标签，所有进入到人们头脑中的表征都会被赋予一个情绪的标签，情绪标签的强度因头脑中的表征的不同而各有不同。在决策过程中，情绪标签可以作为许多重要的判断的线索。相比较去权衡每一个选项的正反两面，或者从记忆中提取相关的例子的方式，运用一个整体的、更容易获得的情绪标签可能会更容易或更有效率，尤其是当所要作的判断是复杂的，或者是心智资源受到限制的时候。研究者把大脑的这种抄捷径的活动方式称为情感启发式。[11]

许多研究表明，积极情绪和消极情绪所对应的判断方式是不一样的：在积极情绪下，人们采用启发式加工策略；而在消极情绪下，人们则采用精细加工策略。在积极情绪下，个体更依赖于内部思考、偏好、观点而非外部刺激信息这样的认知风格。在这种模式下，个体倾向于把外部的信息同化到他们已有的知识之中。Schwarz（1990）则假设消极情绪是当前环境存在问题的信号，告知个体应该采用精细、系统的加工策略；积极情绪是环境安全与良好的信号，个体可以采用启发式的简单加工策略。[12]

2．前景理论的主要假设

（1）回避损失。回避损失（Loss Aversion）是指损失的效用要比等量收益的效用得到更大的权重。

例证 2-13：计划选择

由于受市场变化和金融海啸的威胁，某 CEO 面对一个两难问题。他的财政顾问告诉他得采取行动，否则公司的三个制造厂就得倒闭，6 000 名雇员失业，并提交了两个计划：

计划 A：执行该计划必定可以保存一个工厂，保留 2 000 名雇员。

计划 B：执行该计划有 1/3 的概率可以保留全部三个工厂和 6 000 名雇员，但是有 2/3 概率使全部工厂倒闭以及全部雇员失业。

上述两个计划可以从损失的角度改写为：

计划 C：执行该计划必定损失两个工厂，损失 4 000 名雇员。

计划 D：执行该计划则有 2/3 的概率损失全部三个工厂和 6 000 名雇员，但是另外 1/3 概率则没有任何工厂倒闭，也没有任何雇员失业。

从客观的以及传统的期望效用理论的观点来看，这四个计划可以导致相似的结果。

但实验结果表明，在计划 A 和 B 中，大多数人倾向选 A，表现出为获益而回避风险；而对于计划 C 和 D，大多数人倾向选 D，表现出为回避损失而冒风险。可见，从收益和损失两种不同的角度提出问题，可以使人们作出很不相同的选择。人们对损失更关注，以至于宁愿冒险去回避损失。

（2）参照依赖。参照依赖（Reference Dependence）是指人们对资产的变化比对净资产更敏感，因此人们根据参照点来定义价值，而不是根据净资产本身。

例证 2-14：依赖参照的选择

让两组不同的被试者分别回答下列两组问题。

第一组：假设你现在已经有 1 000 美元，除了你所拥有的之外，现在你可以在下面两项中选择一项。

A：必定获得 500 美元；

B：50%的可能获得 1 000 美元，50%一无所得。

第二组：假设你现在已经有 2 000 美元，除了你所拥有的之外，现在你可以在下面两项中选择一项。

A：必定获得 500 美元；

B：50%的可能获得 1 000 美元，50%一无所得。

在第一组中，84%的被试者选 A；第二组中，69%的被试者选 B。对于被试者可以获得的净收益来说，两个问题都是一样的。然而由于两组被试者的参照点不同，被试者的选择也会不同。第一组被试者以已拥有的 1 000 美元为参照，选择比较保守；而第二组被试者以 2 000 美元为参照，倾向于选择冒险。可见，可以通过改变人们的参照点来改变其行为。

（3）捐赠效应。捐赠效应（Endowment Effect）是指对于获得的自己财产之外的东西，人们倾向于给予更高的评价。

例证 2-15：试用期

许多商家都提供产品的“试用期”。比如顾客可以先免费试用该产品 90 天，试用期满后如果顾客不满意可以选择退回该产品。然而，到那时该产品已经像是家中财产的一部分了，捐赠效应使得人们不愿意归还而更愿意购买该产品。

例证 2-16：买卖杯子

将被试者分为三组，假如给第一组被试者每人一个杯子，第二组被试者则什么都不给，第三组被试者可以选择要杯子还是要等量的钱。结果发现，第一组拥有杯子的被试者期望以不低于 7.12 美元的价格卖出杯子，而第二组被试者则期望以不高于 2.87 美元的价格得到杯子，第三组被试者对杯子的估价是 3.12 美元。对此结果的解释是，拥有杯子的被试者，因为对于获得的本来非自己财产的杯子的评价更高，不想放弃，所以对杯子的估价更高。

三、个人决策风格

如前所述，个性心理特征影响个人决策行为。库柳特金将个人决策划分为均衡型决策、冲动型决策、怠惰型决策、风险型决策和谨慎型决策五种，不同风格的决策表现出了决策者不同的心理特征。

1．均衡型决策

习惯于作出均衡型决策的人，其决策过程严密而果断，事先就对任务的条件和要求做充分的分析，广泛地收集和处理各种信息。这种风格的人一般具有深思熟虑和稳健的特点，他们往往能够迅速抓住问题的本质，并提出方案，善于深入地分析各种现象的因果联系。在出现难以解决的问题时，他们能够灵活地改变、探索决策的策略，情感稳定，意志坚强，在困难面前能够泰然自若，能够对自己的推测和行为作出批判性的评价，并能统观全局。

2．冲动型决策

习惯于作出冲动型决策的人，在面对决策任务时，反应时间短，这种人比较容易发表各种想法，但很少对它们加以鉴别，提的方案多，而检验和修订方案的行动少。他们往往会使决策过程避开论证和检验阶段，跳跃式地进行。在实际工作中，这种冲动性可能导致管理者竭力去贯彻没有经过充分思考和论证的决策。冲动型的人往往只着眼于成绩，而很少看到挫折；其缺点是精确度较差，失误较多。

3．怠惰型决策

习惯于作出怠惰型决策的人，面对问题往往犹豫不决、小心谨慎，在作出初步的假设后，对假设的评价过于谨慎。这种人对自己的一举一动都要反复进行检验，监督和修改的行动多，而形成的想法少，因而往往会拖延决策的时间。这一类型决策风格的不足之处是，在情况紧急、要求迅速决策的情况下，由于优柔寡断、瞻前顾后，容易错失良机，延误决策，效率较低。

4．风险型决策

习惯于作出风险型决策的人，类似于冲动型决策者，在考虑问题时若遇到障碍，会生硬地去排除障碍，并按照自己的臆测立即作出最后的决策，所作出的决策又会立刻被新的推测取而代之。冲动型决策会越过对假设的论证阶段，而风险型决策并不回避这个阶段，但只是在发现有不当之处时，才会对假设进行评价。因此，相对于冲动型决策，它尽管会延误一些时间，但最终提出的方案会得到较好的修正。

5．谨慎型决策

习惯于作出谨慎型决策的人的特点是，在决策过程中，力求“稳扎稳打”，习惯于“三思而后行”，富有分析性，在作出结论之前，要进行多种多样的准备活动，慎重地权衡各种决策方案以及其实施后果的利弊得失。其优点是精确度较高，失误较少。他们对自己的行动的消极后果比对自己行动的积极后果更为敏感，避免错误是谨慎型决策者的策略方针。这种决策风格的不足之处是，在时间有限并要求迅速作出决策的情况下，由于反应时间较长，可能显得稳健有余而果断不足，从而延误决策。

例证 2-17：中澳企业管理者决策风格比较

王媛，赵苹（2003）对中国国营企业的管理者和澳大利亚股份制企业的管理者的决策风格进行了比较研究。[13]结果发现，澳大利亚管理者倾向于与一些值得信任的人共同处理决策问题，而中国管理者则倾向于在正式的群体会议上确定决策目标。与澳大利亚管理者相比较，中国管理者在收集信息过程中具有更多地正式参与系统的特点。澳大利亚管理者倾向于与雇员共享决策权力，在决策过程中更愿意进行双向沟通，中国管理者关注更多的是正式的决策过程。当管理者与下属出现意见分歧时，澳大利亚管理者更愿意听取下属的意见与观点。当需要对决策实施承担责任时，中国管理者明显地倾向于由更高的管理层承担责任，而澳大利亚的管理者则倾向于要么与上级共同承担责任，要么承担个人的责任。

本章小结

- 知觉是个体为了对自己所在的环境赋予意义而解释感觉印象的过程。它具有整体性、相对性、理解性和恒常性四个基本特征。
- 常见的社会知觉偏见有首因效应、晕轮效应、近因效应、定型效应和投射等五种。
- 归因就是指人们对别人或自己的行为进行分析，解释和推测其原因或者动机的过程。
- 行为的原因基本上可划分为两大类，即内因和外因。
- 归因的参照点包括一致性、一贯性和特殊性。
- 影响个人决策的因素比较多，主要有知觉、思维方式、气质与性格、情绪与情感、情景以及周边群体（如家庭、朋友、组织）。
- 有限理性个人决策理论中三种常见的启发式是代表性、可得性以及锚定和调整。
- 个人决策划分为均衡型决策、冲动型决策、怠惰型决策、风险型决策和谨慎型决策等五种类型。

思考练习题 2-1：简答题

1. 什么是知觉？感觉和知觉有何区别？
2. 什么是晕轮效应？
3. 什么是归因理论？
4. 什么是个人决策？

思考练习题 2-2：单项选择题

1. 军事上的伪装是利用知觉的（　　）。
   （1）整体性　　（2）选择性
   （3）理解性　　（4）恒常性
2. 社会知觉中，对人认知的以偏概全或以点概面的倾向属于（　　）。
   （1）首因效应　　（2）晕轮效应
   （3）知觉防卫　　（4）刻板印象
3. 在决策过程中，力求“稳扎稳打”属于（　　）。
   （1）均衡型决策　　（2）冲动型决策
   （3）风险型决策　　（4）谨慎型决策

心理测试 2-1：归因方式测验

请回答以下每个陈述在多大程度上符合你的情况：1=非常不符合；2=不符合；3=有点不符合；4=介于符合与不符合之间；5=有点符合；6=符合；7=非常符合。本测试所需时间约10分钟。

1. 能够得到想要的东西是因为自己的努力。
2. 制订计划的时候，相信自己能够让它发挥作用。
3. 喜欢带有运气的游戏，而不是纯粹需要技术的游戏。
4. 只要下定决心，就能学会几乎所有的东西。
5. 自己的专业成就完全取决于努力工作和能力。
6. 通常不设定目标，因为自己很难最终实现它们。
7. 竞争不能使人变得优秀。
8. 人们通常靠运气获得成功。

9．在所有的考试或竞争中，想知道自己比别人做得怎样。

10．干一些对于自己来说太难的事情，没有意义。

记分：

将第 3、6、7、8、10 题进行反向记分（即 1=7，2=6，3=5，4=4，5=3，6=2，7=1），然后将所有陈述的分数相加，得到一个总分。

解释：

研究者选取了一个大学生样本，平均分是：男生 51.8 分、女生 52.2 分，标准差均为 6.58 分。59 分以上者为得分高者，得分高者是内控的，得分越高，表明越相信自己能够把握自己的成功。如果得分远远高于平均值，说明你会奖励自己的成功，并为自己的失败负责。46 分以下者为得分低者，得低分者是外控的，表明你倾向于相信外在因素决定你的成功，比如更强有力的人或者机遇决定着在你身上发生的事情。

（资料来源：你的自控能力如何[J]．人力资源，2003（12）：63．）

相关讨论：

举一个在自己身上发生的亲身经历（成功或失败），谈谈你是如何对成败进行归因总结的。与其他同学分享。

管理游戏 2-1：九点问题

由个人独立完成。假如某学生已了解如何完成该活动，请暂不作声。

图 2-9 是九点。只用四条连续相接的直线（每条直线之间必须相连，而且不能重叠），将这九个点连接起来，画的时候笔不能离开纸面。参考答案见本书末。

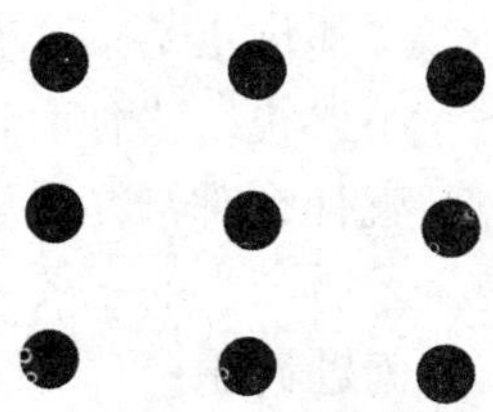

图 2-9 九点问题

相关讨论：

1．是什么让你找不到问题的答案？

2．是什么妨碍你更快地解决问题？

案例分析 2-1：游客拍桌子的原因

小康向小梁请教如何分析旅游团客人早餐时拍桌子的原因。

小梁说：“这样吧，假设是我的客人在吃早餐的时候拍桌子、发脾气，我会这么做。第一，要看有多少客人在发脾气；第二，要看发脾气的客人是不是经常这样发脾气；第三，是不是总在同一个地方发脾气；第四，是在对着谁发脾气；第五，是不是经常对着同一个对象发脾气。这样才能缩小范围，找到真正的原因。现在我们再来看看有哪几种可能性。”

“如果全团只有一位游客拍桌子，而且他一路上经常拍桌子，也不管是在什么场合，如果是这样的情况，你说，原因在哪儿呢？”

小康说：“那当然应该从那位发脾气的游客身上找原因。”

小梁接着说：“如果全团只有一位游客拍桌子骂人，骂的是餐厅的一位服务员，但是他以前并没有这样骂过人。你说，会是什么原因呢？”

小康说：“应该是那位服务员的服务没有针对性，他没有把服务工作做好。”

“如果全团只有这位游客拍桌子骂人，他以前也没有这样骂过人，但是他骂的不是某一位服务员，而是无论见到哪一位服务员他都骂。那会是什么原因呢？”

“我想，那就是这个餐厅的服务没有针对性，没有把服务工作做好，比如，这位游客是个少数民族，却发现所有的菜都不适合。”

“如果全团的游客都拍桌子，而且是在整个旅途中经常拍桌子。看不出有特定的对象。那会是什么原因呢？”

“那大概就是这个团里的游客都对旅游计划不满了。”

“对。不过也可能是游客拉帮结派，帮派之间的矛盾扩大化了。好，我们再接着往下说。如果全团的游客都拍桌子，但以前并没有这样，只是在今天早晨才这样，而且大家是冲着同一位服务员。那会是什么原因呢？”

“是这位服务员的服务态度出了问题。”

“如果全团的游客都拍桌子，也只是在今天早晨才这样，但并不是都冲着同一位服务员。那会是什么原因呢？”

“那肯定是这个餐厅出了严重的差错，比如，把自助餐改成了桌餐。”

小梁说：“你看，这样来找原因，思路就清晰多了。不过，也不能说只要这样一想，就什么都清楚了，有些情况还需要再进一步去了解。但是，这样可以分清哪一方是‘矛盾产生的主要方面’，避免在处理问题时‘不分青红皂白，各打五十大板’。”

问题讨论：

1．请用凯利的归因理论对小梁分析客人早餐时拍桌子的原因的针对性进行评判。

2．对游客行为的归因分析对导游解决或者缓和游客的不满和怨气有何帮助？

案例分析 2-2：你继续投资吗[14]

假如你是一家医药公司的总裁，正在进行一个止痛药的开发项目，项目启动了很久，已经投入了500万元，若再投资50万元，产品就可以正式上市了。这时，你突然获悉，另外一家医药公司刚刚开发并生产出了性质功能和你的计划产品几乎完全一样的新止痛药，现正在做市场宣传。因此，不考虑已有的投入，如果继续进行这个项目，公司有很大的可能性（如约为90%）会再损失500万元，有很小的可能性（如约为10%）

会盈利 2 500 万元。你会继续投资该项目还是现在放弃？

问题讨论：

1．请问你是“继续投资”还是“不继续投资”？为什么？

2．请用前景理论对小组成员的个人决策做分析。

参考文献

[1] 苏水东．管理心理学[M]．上海：复旦大学出版社，2004.

[2] 郑雪．生态文化与感知觉[J]．前沿，1995（05）：15~20.

[3] K. B. Dion, E. Walster. *What is beautiful is good*[J]. Journal of Personality and Social Psychology, 1972, 24(3)：285~290.

[4] 秦启文，余华．性别角色刻板印象的调查[J]．心理科学，2001（05）：593~594.

[5] F. Heider. *The psychology of interpersonal relations*[M]. New York: John Wiley & Sons, 1958.

[6] 刘玉梅．管理心理学理论与实践[M]．上海：复旦大学出版社，2011.

[7] H. H. Kelly. *Attribution theory in social psychology*[M]. In D. Levine (ed.), *Nebraska Symposium on Motivation*. Lincoln: University of Nebraska Press, 1967.

[8] B. Weiner. *Achievement motivation and attribution theory*[M]. Morristown, N. J.: General Learning Press, 1967.

[9] T. R. Mitchell, S. G. Green, R. E. Wood. *An attributional model of leadership and the poor performing subordinate: Development and validation*[M]. In B. Staw & L. L. Cummings (Eds.), *Research in Organizational Behavior*, New York: JAI Press, 1981, 3: 197~234.

[10] T. R. Mitchell, R.E. Wood. *Supervisors' responses to subordinate poor performance: A test of an attributional model*[J]. Organizational Behavior and Human Performance, 1980, 25: 123~138.

[11] 李爱梅，高训浦，田婕．生态理性视角下风险决策的情绪机制研究[J]．统计与决策，2009（03）：63~65.

[12] 李爱梅，梁颖，田婕．情绪与决策研究的心理学和经济学视角[J]．经济问题探索，2009（07）：87~92.

[13] 王媛，赵苹．中澳企业管理者决策风格比较研究[J]．宏观经济研究，2003（04）：62~63.

[14] 邵希娟，黎嘉平．决策中的非理性行为[J]．企业管理，2005（12）：30~32.

第三章　个性与心理测验

【学习目标】

① 了解个性的概念

② 掌握四种气质类型及 AB 型性格理论

③ 了解个性与职业匹配的理论

④ 了解常见的心理测验

引例：瑞格航空设计公司的困惑[1]

瑞格航空设计公司是一家专门从事飞机座舱控制盘仪器制造的小公司，它在美国西南部的三个地方雇佣了几百人。航空设计公司的资方总是对使用先进管理技术和拥有先进意识引以为豪。最近，该公司已采取措施创造出一种“高业绩”的工作文化，强调团队合作，公司的任何人都不能随意说“这不是我的工作”——每个人的责任都扩张到要帮助他人完成任务，无论任务是什么。团队合作概念和责任的扩大对雇员的态度和行为产生了有趣的影响。我们来听听两名团队领导人安娜和戴维关于他们团队成员身上的变化的议论。

安娜说：“今天又有麻烦了，埃米发了脾气，并在本周第四次扬言要辞职。自从我们重新策划工作方案之后，她简直就是格格不入。”

“我明白你的意思，”戴维回答说，“特里也一直如此，一点点小事就会使他变得神经兮兮，这使我很困惑。他以前是我最好的团队队员，但现在他已经不能与任何人相处了。”

“真是困惑不解，”安娜说，“这还有一个例子。凯特在我们最新计划实施之前表现得相当一般，但现在已成为一名真正的明星了。这些变化究竟是为什么？是什么驱使某些人的行为朝不同的方向发展？”“对啊，新措施引发的各种反应，使我想知道我是否真的了解他们。我们处境相同，但是为什么在行为上有如此大的差异呢？”

了解员工的个性心理特征（包括气质、性格、能力）是安排岗位和工作、说服教

育和调动员工积极性的基础。迄今为止的标准化和本土化的一些心理测验可用于诊断和测查员工的个性心理特征。心理测验在管理中的应用越来越广。

第一节　个性

个性与日常生活中所谈的性格有所不同，性格只是个性的一个组成部分。个性的心理结构主要由个性倾向性与个性心理特征组成。个性倾向性主要包括需要、动机、兴趣、理想、信念和世界观等，这些都是人进行活动的基本动力。个性心理特征主要包括气质、性格、能力等。本章主要探讨个性心理特征，个性倾向性将在第四章和第五章加以探讨。

一、个性的概念

个性是指个体的比较稳定的、经常影响个体的行为并使个体和其他个体有所区别的心理特点的总和。影响个性形成的因素，主要包括遗传、环境和情景。个性受基因的影响很大。有人天生开朗，有人生来忧郁。这些说法有一定的科学依据。基因学家在实验中取得大量的证据证明：人体有特定的基因控制着像焦虑和抑郁这些情绪。此外，脾气好坏在很大程度上也是由遗传基因决定的。表 3-1 列出了常见的一些性格表现与基因之间的关系。

表 3-1　性格与基因关系

性 格 表 现	受基因影响程度/%
外向（急躁、和蔼、喜欢引人注目）	61
保守（尊敬传统和权威、守纪律）	60
忧郁（易忧伤、灰心、感情脆弱、敏感）	55
创新（喜欢在更高的层次思考问题）	65
孤僻（爱独处、总感到被人利用和被生活抛弃）	55
乐观（自信、愉快、快乐）	54
谨慎（逃避风险、宁可费事也求平安）	51
好斗（爱实施暴力、爱报复）	48
事业心强	46
条理性强	43
热情好客	33

环境对性格形成的影响很大。比如饮食对人的性格就有影响，如湖南人好吃辣，所以湖南妹子又称辣妹子，与海南、广东、福建的女孩相比，遇事比较有主见，性格比较刚烈，就可能跟她们长期吃辣的食物有关，表 3-2 列出了一些食物与性格之间的关系。

表 3-2　食物与性格的关系

喜欢的食物	性格特点
大米	自得其乐，但不太爱帮助别人
面食	能说会道，对事物容易渲染
辣椒	遇事有主见，吃软不吃硬，性格坚强
糖	脾气较暴躁
桃子	与周围的人关系非常协调，是个善于交际的人
草莓	乐观、热情，懂得与人相处，缺点是少些进取心
西瓜	脾气好，善于忍耐，关心、体贴别人，缺点是缺乏自己的原则
酱菜	较稳重，善于埋头苦干，做事有计划
油炸	勇于冒险，有干一番事业的愿望
煮、炖食	性格温和，和谁都谈得来，常富于幻想，但不愿表现自己
烤制品	上进心强，性情急躁，欠温和，爱出主意但缺乏当机立断的气魄
生冷食物	对大自然有浓厚的兴趣，性格坚强、冷酷，有暴力倾向

此外，情景因素对性格表现也有一定的影响。比如，性格内向的人在安全、愉快、轻松、热闹的气氛下有时也会变得开朗、爱笑、外向。

例证 3-1：马云的个性气质[2]

马云从小性格坚强、勇敢、不服输。虽然自己个头小，但打起架来却不看对方块头大小，从不怕个头大的，“因为你个头小，所以人家不防你。所以你进攻速度一定快。”这些打架的经历和学问形成了马云性格中争强好胜、不惧怕强者的特点，这些在马云以后的企业经营中都可以看出来。在创办中国黄页时，不怕和电信公司的直接竞争；在创办阿里巴巴时，不怕已有的竞争者，最后做到全球最大的 B2B 网站；在创办淘宝时，C2C 市场已经有了一个绝对的强者易趣，但淘宝依然强势进入，用了不到两年的时间成为易趣势均力敌的市场对手。

二、个性的理论

个性的理论有两类：一类是个性的类型理论；另一类是个性的特质理论。

（一）个性的类型理论

个性的类型理论即将人的个性加以类型化。四种气质类型以及 AB 型性格就是典型的个性的类型理论，下面对它们分别加以介绍。

1．四种气质类型

沿用古希腊医生希波克拉底（Hippocrates，460-377 BC）的划分方法，可将气质分为多血质、胆汁质、粘液质和抑郁质四种基本类型。它们的具体特点如下。

（1）多血质：感受性低而耐受性较高，不随意的反应性强；具有可塑性和外倾性；情绪兴奋性高，外部表露明显；反应速度快而灵活。

（2）胆汁质：感受性低而耐受性较高，不随意的反应性高，反应的不随意性占优势；外倾性明显；情绪兴奋性高，抑制能力差；反应速度快，但不灵活。

（3）粘液质：感受性低而耐受性高，不随意的反应性和情绪兴奋性均低；内倾性明显，外部表现少；反应速度慢，具有稳定性。

（4）抑郁质：感受性高而耐受性低，不随意的反应性低；严重内倾；情绪兴奋性高而体验深，反应速度慢；具有刻板性，不灵活。

表 3-3 列出了上述四种气质类型的区别。

表 3-3　气质与神经类型的行为特点

气质与神经类型	内、外向	情绪稳定性	行为特点
胆汁质（兴奋型）	外向	不稳定	暴躁、好动、攻击、兴奋、善于社交、冲动、乐观、积极
多血质（活泼型）	外向	稳定	有领导能力、无忧无虑、灵活、活泼、逍遥自在、敏感、健谈、开朗、社交型的
粘液质（安静型）	内向	稳定	被动、谨慎、有思想、温和、能控制、可信赖、脾气好、安静
抑郁质（抑制型）	内向	不稳定	寂静、不善社交、保守、悲观、严肃、刻板、焦虑、忧虑

日常生活中通常采用性格内向与外向（社交态度）、情绪稳定和不稳定（神经质、情绪状况）两个维度来分辨一个人的气质。四种典型气质类型的人在遇到放在凳子上的帽子被他人坐扁的情况时，会出现不同的反应和表现。第一种情形，受损害者大发雷霆，属于外向与不稳定性格，这种人有攻击性，表现出不安和暴躁，属于胆汁质类型；第二种情形，若无其事，属于内向与稳定性格，表现出小心、镇定、有控制力，属于粘液质类型；第三种情形，伤心、沮丧，属于内向与不稳定性格，表现出易怒、严厉、悲观，属于抑郁质类型；第四种情形，一笑置之，属于外向与稳定性格，表现出随便、活泼、健谈，属于多血质类型。此外，四种典型气质类型的人在遇到迟到 10 分钟，电影院的门卫拒绝其入内的情况时也会有不同反应和表现。

2．A 型性格和 B 型性格

有些人总愿意从事高强度的竞争活动，并长期有时间紧迫感，这些人就拥有 A 型性格（Type A Personality，见心理测试 3-1）。A 型性格者总是不断驱动自己要在最短的时间里做最多的事，并对阻碍自己努力的其他人或事进行攻击。在竞争日趋激烈的社会，这种特点被高度推崇，直接影响到个体的物质利益的获得。

A 型性格表现为如下五个方面。

（1）运动、走路和吃饭的节奏很快；

（2）对很多事情的进展速度感到不耐烦；

（3）总是试图同时做两件以上的事情；

（4）无法处理休闲时光；

（5）着迷于数字，他们的成功是以每件事中自己获益多少来衡量的。

例证 3-2：A 型驾驶员的事故倾向性[3]

有冲动、好斗、攻击性的人在驾驶过程中容易被激怒，并采用攻击性方式驾驶。这类驾驶员在行车过程中表现出易急躁、违章、超速和应急能力差等，容易成为交通事故的肇事者。

A 型人常处于中度至高度的焦虑状态中，他们不断地给自己施加时间压力，总为自己制定最后期限。这些特点导致了一些具体的行为结果。比如，A 型人是速度很快的工人，他们对数量的要求高于对质量的要求，从管理角度来看，A 型人表现为愿意长时间从事工作，但他们的决策欠佳也绝非偶然，因为他们做得太快了。因为 A 型人关注的是数量和速度，常常依赖过去的经验解决自己当前面对的问题，因此很少有创造性。对于一项新工作或项目，需要专门的时间来开发解决它的具体办法，但 A 型人却很少分配出这种时间。他们很少根据环境的各种挑战改变自己的应对方式，因而他们的行为比 B 型人更易于预测。

与 A 型性格相对的是 B 型性格（Type B Personality），B 型性格的人很少因为要从事不断增多的工作或要无休止地提高工作效率而感到焦虑。B 型性格表现为如下四个方面。

（1）从来不曾有时间紧迫感以及其他类似的不适感；

（2）认为没有必要表现或讨论自己的成就和业绩，除非环境要求如此；

（3）充分享受娱乐和休闲，而不是不惜一切代价实现自己的最佳水平；

（4）充分放松而不感到内疚。

例证 3-3：皮尔·卡丹的果断性格[4]

服装设计师皮尔·卡丹认为自己个性中的“当机立断，迅速决定”是他取得成功的重要本钱。他说：“请不要这样浪费自己的时间。”凡是接触过卡丹的人都不难发现，他的工作始终是以快速、便捷的步伐进行，从不吞吞吐吐、优柔寡断，但又绝非草率行事。深思熟虑与当机立断被他运用得是那样协调与完美，皮尔·卡丹的性格体现了 A、B 型性格的完美结合。在几乎所有国家和地区，皮尔·卡丹都有一家分公司，在全球超过 10 000 家，仅巴黎一个城市就有 300 多家，雇员超过 20 万人。他拥有 6 座陈列馆，还拥有一个私人码头。他的职业生涯被称为“皮尔卡丹帝国”，而他就是这“帝国”里的君王。

（二）个性的特质理论

个性的特质理论即认为人的行为不受自己的类型制约，而是由个人在一定程度上都有的种种稳定的特质决定的。特质是指个人有别于他人的特性，这些特性是较为永久一致的。这里以卡特尔 16 种个性特质为例加以说明。

由美国心理学教授卡特尔（Raymond Bernard Cattell，1905—1998）编制的卡特尔 16 种个性因素问卷（The Sixteen Personality Factor Questionnaire，16PF）被认为是最典型的因素分析个性问卷，在临床、工商业、政府部门及教育方面有着广泛的应用，特别是在人才选拔、就业指导及心理咨询方面具有较高的使用价值。

卡特尔 16 种个性特质包括以下内容。

A．乐群性　B．聪慧性　C．稳定性　E．恃强性
F．兴奋性　G．有恒性　H．敢为性　I．敏感性
L．怀疑性　M．幻想性　N．世故性　O．忧虑性
Q1．实验性　Q2．独立性　Q3．自律性　Q4．紧张性

各项心理特质高、低分者呈现的特征，如表 3-4 所示。

表 3-4　卡特尔 16 种心理特质的特征

心理特质	低分者特征	高分者特征
A．乐群性	缄默、孤独	乐群、外向
B．聪慧性	迟钝、学识浅薄	聪慧、富有才识
C．稳定性	情绪激动	情绪稳定
E．恃强性	谦虚、顺从	好强、固执
F．兴奋性	严肃、审慎	轻松、兴奋
G．有恒性	权宜、敷衍	有恒、负责
H．敢为性	畏缩、退怯	冒险、敢为

续表

心 理 特 质	低分者特征	高分者特征
I. 敏感性	理智、着重实际	敏感、感情用事
L. 怀疑性	信赖、随和	怀疑、刚愎
M. 幻想性	现实、合乎成规	幻想、狂放
N. 世故性	坦白、直率、天真	精明能干、世故
O. 忧虑性	安详、沉着、有自信心	忧虑、抑郁、烦恼多端
Q1. 实验性	保守、服膺传统	自由、批评激进
Q2. 独立性	依赖、随群附众	自主、果断
Q3. 自律性	矛盾冲突、不明大体	知己知彼、自律严谨
Q4. 紧张性	心平气和	紧张困扰

三、个性与职业匹配的理论

个性与职业的匹配问题是早期管理心理学家研究的一个重要课题。20世纪60年代霍兰德（John L. Holland）提出的个性与工作匹配理论极大地影响了职业指导运动、人才招聘与选拔的实践。自20世纪80年代以来，研究者们开始由原来的个性与职业的匹配问题研究逐步拓展到个性与组织类型、环境的匹配问题研究。

工作效率与人的个性特点是密切相关的。在一项对800名男性的追踪研究中发现，其中160名成就最大与160名成就最小的人相比，在智力方面没有什么差距，而他们的个性特点却有很大差异。成就大者有理想、有强烈的进取心，表现出自信、不屈不挠、谨慎、认真的性格特点。美国学者的另一项研究的结论则是，个人的工作效率与其毕业学校的名望并无相关，而他的心理特点（如信念、态度与个性等）对工作效率的作用却重要得多。

正是因为个性在预测工作效率、缺勤、离职等个体和群体行为方面的重要性，有关个体、个性与工作、职业、组织、环境之间的匹配问题和理论研究才得到了管理心理学家的关注。

例证3-5：容易妥协的人平均薪水较低

据新加坡《联合早报》援引美国《人格与社会心理学期刊》的一篇研究报道指出，北美一项研究发现：容易妥协的人的平均薪水比据理力争的人的要低。

由美国康乃尔大学利文斯顿、圣母大学贾吉与加拿大西安大略大学贺斯特共同主持的这项研究项目的采访对象是近10年来进入劳动市场的9 000人。研究人员在测试受访者人格特质后，比对他们的收入情况，结果发现：容易妥协的男性比起不轻易退让的男性，平均少赚 7 000 美元（约合人民币 44 450 元）；女性的处境更糟，无论是否坚持升迁加薪，收入都比男人少了约 14%。该研究团队一名成员说："据理力争并不是指很难跟人相处，而是指你愿不愿意为自己的权利奋战到底。"

容易妥协的人的人格特质包含顺从、谦逊、为他人着想，这些特点可能带来好人缘，却不利于增加收入。研究发现，公司管理阶层更愿意为主动争取更上层楼的员工升迁与加薪。

（一）气质与职业的匹配

根据各种气质的特点以及职业要求，可以找到气质与职业之间的匹配关系。表 3-5 列出了气质与职业之间的匹配关系。

表 3-5　气质与职业选择

类别＼气质	多血质	胆汁质	粘液质	抑郁质
气质特点	活泼、好动、敏感	热情、直率、外露、急躁	稳重、自制、内向	安静、情绪不易外露、办事认真
适合的职业	政府及企事业管理者、外事人员、公关人员、驾驶员、医生、律师、运动员、公安、服务员等	导游、推销员、勘探工作者、节目主持人、外事接待人员、演员等	外科医生、法官、财会人员、统计员、播音员等	机要员、秘书、人事、编辑、档案管理员、化验员、保管员等
不适合的职业	单调或过于细致的职业	长期安坐的细致工作		热闹、繁杂环境下的职业

对广东省 80 多家公司 225 名企业管理者（其中男 132 人，女 93 人）进行了问卷调查，结果表明：管理者气质类型主要分布在略偏多血质（占 27.1%）、多血—粘液混合（占 23.1%）、胆汁—多血混合（占 10.2%）、略偏粘液质（占 9.3%），上述这几种气质类型的管理者占了总人数的 69.7%。没有一个典型抑郁质的管理者。男女管理者气质类型分布的总体差异不大。具体结果如表 3-6 所示。[5]

表 3-6　管理者气质类型分布（N=225）

气 质 类 型	总人数	占总数的比例/%	男性	占男性总数的比例/%	女性	占女性总数的比例/%
典型胆汁质	1	0.4	1	0.8	0	0
典型多血质	8	3.6	5	3.8	3	3.2
典型粘液质	3	1.3	2	1.5	1	1.1

续表

气质类型	总人数	占总数的比例/%	男性	占男性总数的比例/%	女性	占女性总数的比例/%
典型抑郁质	0	0	0	0	0	0
略偏胆汁质	7	3.1	5	3.8	2	2.2
略偏多血质	61	27.1	39	29.5	22	23.7
略偏粘液质	21	9.3	15	11.4	6	6.5
略偏抑郁质	5	2.2	1	0.8	4	4.3
胆汁—粘液混合	7	3.1	5	3.8	2	2.2
胆汁—多血混合	23	10.2	9	6.8	14	15.1
胆汁—抑郁混合	3	1.3	2	1.5	1	1.1
多血—粘液混合	52	23.1	32	24.2	20	21.5
多血—抑郁混合	5	2.2	4	3.0	1	1.1
粘液—抑郁混合	11	4.9	4	3.0	7	7.5
胆汁—多血—粘液混合	8	3.6	4	3.0	4	4.3
胆汁—多血—抑郁混合	5	2.2	2	1.5	3	3.2
多血—胆汁—粘液—抑郁混合	2	0.9	1	0.8	1	1.1
多血—粘液—抑郁混合	3	1.3	1	0.8	2	2.2
合　　计	225	100	132	100	93	100

根据表3-6，可以得出如下三个结论。

（1）典型胆汁质和抑郁质气质类型的人不适宜做管理者。这是因为前者表现为鲁莽、易激动、脾气急躁、不能控制自己等；后者表现为沮丧、抑郁、孤僻、行动迟缓等。

（2）多血质、粘液质，或多血—粘液混合、胆汁—多血混合气质类型的人比较适合做管理者。这是因为，多血质类型者兴奋占优势，对外反应快，能控制自己，具有平衡外向性，其机敏而均衡的气质特点有利于生产经营管理。粘液质类型者具有平衡内倾性，这种气质也是管理者所不可缺少的。多血—粘液混合气质类型的管理者兼有多血质和粘液质气质类型的优势，胆汁—多血混合气质类型的管理者区别于胆汁质类型的管理者，其热情的性格和脾气能够得到有效地控制而保持适当的均衡，活跃务实，有助于他们成为有效的管理者。

（3）现实中还是存在极少数典型胆汁质和抑郁质类型的管理者的。这部分管理者对自己是否胜任目前的管理工作，基本上持否定的态度。他们走到管理岗位可能是因为任人唯亲或受资历、机遇等因素的影响。

（二）管理者的性格类型

采用卡特尔16种人格因素量表的结果表明，企业中层管理者与一般工人在以下四种特质方面存在显著差异：（1）缄默孤独与乐群外向；（2）情绪激动与情绪稳定；（3）权宜敷衍与有恒负责；（4）专业而有成就。自律性是选拔管理人员的重要个性特征，而且管理人员的级别越高，自律性越强。管理人员必须善于控制自己的情绪和行为。[6]

有学者曾采用卡特尔 16 种人格因素问卷对北京市各类企业中从事组织人事工作、营销管理工作和财务工作的 248 位人员进行了个性测查，结果表明[7]：上述三个职业群体的个性结构有许多共同之处，如都有较高的稳定性、有恒性和自律性。但他们之间的差异也是显而易见的。人事管理者和营销管理人员更加外向、开朗，而财会人员则比较内向、严谨，这明显反映了职业特点，即人事工作和营销工作更多的是以人为对象，而财会人员每天面对的更多的是数据。另外，测验结果还反映了人事管理者讲实际、工作原则性强而不留情面，有保守倾向，营销人员冒险敢为，有广泛的社会联系，而财会人员则有细心敏感、独立性较高的个性特征。

有关性格和能力与职业的匹配将在第十二章中介绍。

第二节　心理测验

近年来，随着个性特征的信息在员工招聘、选拔、工作绩效预测等方面的广泛应用，管理心理学对于个性模型的研究自 20 世纪 90 年代以来又趋于活跃。国家人事部有关部门已在公务员考试和企业咨询中采用了心理测验。据对广东省 80 多家企业的调查，有时或经常采用心理测验的企业有 18 家，占被调查企业总数的 22%，采用的心理测验主要有加州心理测验、团队角色自测问卷、卡特尔 16PF、瑞文智力测试、MBTI、Y-G 性格测验等。[8]随着国内心理测验工具的成熟和管理的日益规范，越来越多的企业将会使用心理测验，而且网上测验已经随网络技术和人员招聘中的网上申请的发展而得到快速发展。

一、常用心理测验

常见心理测验包括麦尔斯—吉尔斯类型指标测验、“大五”个性因素模型、加州心理测验、投射测验、韦氏智力量表、创造力测验、卡特尔 16 种人格因素测验、霍兰德职业人格测验等。

1．麦尔斯—吉尔斯类型指标测验

MBTI 量表（Myers-Briggs Type Indicators，MBTI）是目前世界上应用最为普遍的个性评价工具，在国外，每年有几百万人都在接受 MBTI 测验。该测验是在荣格分析心理学内外倾向性格和思想上发展起来，包括以下四个双极维度。

（1）外向型（E）——内向型（I）：表示获得与运用能量的方式。

（2）感知型（S）——直觉型（N）：表示收集与获取信息的方式。

（3）思考型（T）——感觉型（F）：表示作出决策的方式。

（4）判断型（J）——认知型（P）：表示组织生活的方式。

四个维度，两两组合，共有16种类型。比如说：直觉思维型（NT）的人有着天生的好奇心，喜欢梦想，有独创性、创造力和洞察力，有兴趣获得新知识，有较强的分析问题、解决问题的能力。他们是独立的、理性的、有能力的人。大多数NT类型的人喜欢物理、研究、管理、计算机、法律、金融、工程等理论性和技术性强的工作。有研究表明，成功企业家的特征之一是直觉思维型（NT）的个性。对苹果电脑公司、联邦快递公司、本田汽车公司、微软公司和索尼公司等13位企业家（创始人）的调查表明，他们全部为直觉思维型（NT）。这一结果十分有趣，因为直觉思维型人仅占总人数的5%。“外向—直觉—思考—认知”（ENTP）类型和“外向—感知—思考—认知”（ESTP）类型的管理者的工作绩效比较高。

例证3-6：IBM公司的说服游戏[9]

IBM公司曾经要派一批人去印度开展工作，由于对印度缺乏了解和存在文化上的偏见，几乎没有人愿意去。于是，相关部门就对候选人性格类型进行了针对性研究，对不同类型的候选人制定了不同的说服方案。比如，对于ENTJ（外向思考带内向直觉型）的人就用晋升、加薪和新工作富于挑战性来吸引他；对于ISFP（内向情感带外向实感型）的人就动之以情，晓之以理，向他们表明印度的工作将在最大程度上体现出他们的价值，并许诺提供最自由的工作空间让他们充分发挥，同时暗示他们有机会领略印度灿烂的古代文明是一次难得的人生体验。由于充分研究了候选人的性格特质，说服工作进展得非常顺利，人事部门也就出色地完成了这次原本被认为不可能完成的任务。而且，被派往印度的人，大部分在到达印度之后，不仅在工作上有很大的进步，而且也庆幸地认为，前往印度是自己人生中最为成功的决定之一。

2．“大五”个性因素模型

“大五”个性因素模型（Big Five Factor Model）最初由突普斯和克里斯特（Tupes & Christal，1961）提出，该模型认为任何个体都存在着五个相对显著、独立而且稳定的个性因素。这五个因素包括：精力充沛、情绪稳定、相容协同、责任意识和文化修养。[10]后来的学者们一般将个性的五大因素命名为：

（1）外向。该因素既包括个体爱交际、乐群、武断这一极端到安静、保守、谦恭、退让的另一极端，也包括友善、社会化、支配、权力欲、社会能力。

（2）情绪稳定性。该因素既包括个体的坚定、稳健、冷静这一极端到焦虑不安、担心、情绪化的另一极端，也包括神经过敏。

（3）随和。该因素既包括同情、合作、好脾气、热情这一极端到坏脾气、不高兴、不愉快、冷淡的另一极端，也包括信任、攻击性、喜欢、友好的顺从。

（4）责任心。该因素既包括努力工作、勤劳、负责这一极端到任性、不负责和懒惰的另一极端，也包括可信赖、成就欲、自我控制与冲动、野心与慎重、约束和工作。

（5）开明性。该因素的最显著的特征是创造力、想象力、广泛的兴趣和勇敢。

“大五”性格因素可用图 3-1 表示。1990 年以来，“大五”个性因素模型在我国也得到了验证，成为得到普遍认可的一种个性结构理论。研究表明，“大五”个性因素与工作绩效有着较为密切的关系。

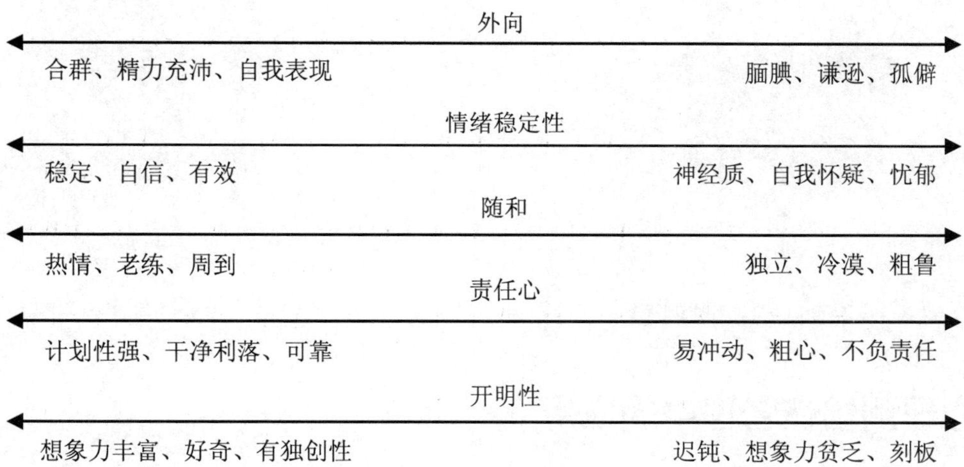

图 3-1 “大五”性格因素

3．加州心理测验

加州心理测验量表（California Psychological Inventory，CPI；Gough，1987）由美国加州大学的心理学教授高夫（H. G. Gough）编制，共包括 480 个是否型的问题，由 18 个分量表构成。[11]18 个分量表按所测查的个性心理特征又可分为四大类：（1）考察人际关系适应能力；（2）涉及社会化、成熟度、责任心及价值观念的测量；（3）考察成就能力与智能效率；（4）涉及个人的生活态度和倾向。该测验主要考察人与社会相关的各个方面，从人与社会的交往中了解个体的特点。

4．投射测验

投射测验（Projective Tests）是给被试者呈现一种模棱两可的情景、图片或陈述，要求其尽快作出解释反应，被试者在回答或解释反应的过程中往往会置入自己的思想、态度、愿望、价值观和情感，测试者据此分析了解被试者的个性特征。目前应用比较广泛的投射测验有罗夏克墨迹测验和主题统觉测验。下面对它们分别加以介绍。

（1）罗夏克墨迹测验（Rorschach Inblot Technique）。该测验由瑞士精神病学家罗夏克（Hermann Rorschach，1884—1922）于 1921 年提出。[12]通过让被试者解释一套用墨迹组成的图形，进而推论被试者的个性特征，如图 3-2 所示。

（2）主题统觉测验（Thematic Apperception Test）。又称 TAT 测验，是由美国心理学家于 1930 年提出的个性测量方法。测验时，向被试者呈现一套反映不同情景的图片，要求他用五分钟看完一张图片并讲出一个故事或发表自己的意见。测试者运用一定技术分析故事或见解，推论其个性特点，如图 3-3 所示。[13]

图 3-2　罗夏克墨迹测验例图

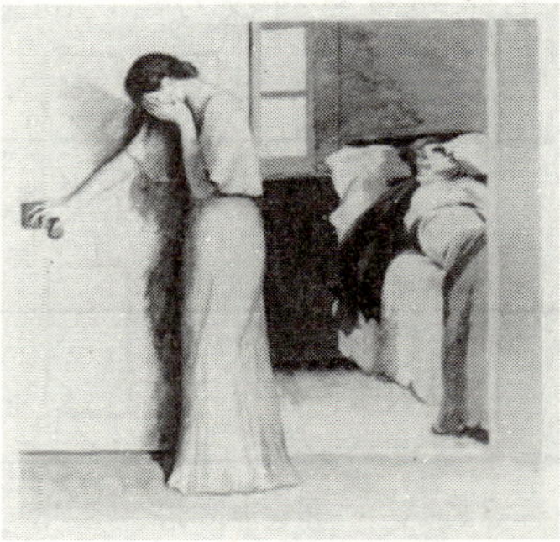

图 3-3　主题统觉测验例图

二、心理测验在管理中的应用

心理测验在管理中的应用主要表现在员工的招聘、选拔、心理健康测查以及潜能开发上。下面对公务员考试和企业网上申请中的心理测验以及笔迹分析分别加以介绍。

（一）心理测验在公务员考试中的应用

现行录用国家公务员考试通过笔试（行政职业能力测验和申论）和面试等对应试者的知识素质、能力素质和综合素质进行全面考核。心理测验在公务员考试中的应用主要有三个特征，一是其信度和效度都比较高。目前，一些省份在公务员录用考试的心理测验中使用的量表都是世界上长期使用后得出明确结论的著名量表。二是采取的手段比较新颖。目前心理素质测验主要采取心理问卷的方法，既便于操作又有固定的标准。三是测验的标准化较高，心理测验与物理测量一样，都是根据一定的法则将某种物质属性表示成数字，同时又都有严格标准的测试方案，从而最大限度地排除无关因素的干扰，使测试结果准确、标准而且可以相互比较。[14]

（二）心理测验在企业网上申请中的应用

随着国内心理测验工具的成熟和管理的日益规范，越来越多的企业开始使用心理测验，而且在线心理测验已经随网络技术和人员招聘中的网上申请的发展而得到快速发展。目前有许多国际知名企业宝洁、联合利华、KPMG、IBM 等把心理测试放入网上申请这个环节中。心理测试结果将作为他们筛选应聘者的一个重要参考因素。

（三）笔迹分析在招聘中的应用

笔迹分析假定在不同的情况和环境下，人们的笔迹有一个可靠的模型。笔迹分析的基本内容主要包括以下 7 个方面：书面整洁、字体大小、字体结构、笔压轻重、书写速度、字行平直、通篇布局。在招聘方面，笔迹分析在一些国家特别是法国得到了大范围的应用。关于笔迹分析对未来绩效预测的效果还存在很多怀疑，事实表明通过分析一个人的笔迹来确定他的职业并不比机遇有更好的效果。

据 1998—1999 年期间对 837 家法国企业和咨询中心招聘人员进行的调查，在人才招聘或选拔中使用笔迹学的企业达 93%，仅次于使用面试的 99%的比例，高于使用智力测验的 63%和使用人格测验的 61%的比例。目前，75%以上的法国公司把笔迹学作为人员选拔的基本方法，而在瑞士，该比例还要高一些。笔迹学还在德国、奥地利、比利时、荷兰和意大利等国得到常规的应用。欧洲大陆的报纸招聘广告中常常指明申请者要递交手写应聘书，而申请者也希望进行笔迹测试。应该指出的是，与其他欧洲大陆国家相比，英国人对笔迹学的使用比较谨慎，但据国际笔迹分析学会（International Graphoanalysis Society，IGAS）的调查，有 3%的英国公司出于人员选聘的目的采用了笔迹学，而且这些公司多属于美国《时代》杂志评出的 100 强。

笔迹分析技术在我国的发展相对比较晚，直到 20 世纪 80 年代以后，有关笔迹学的报道才逐渐地出现在报刊杂志上。1999 年，国家人事部人事与人才研究所正式立项，将“笔迹分析技术在人才招聘中的应用研究”正式作为科研课题进行研究和开发，之后，一套建立在欧洲笔迹学理论基础之上并与中国实践经验相结合的笔迹分析技术作为一项人事技术被广泛应用于机关企事业单位的人才招聘和人才选拔中。例如华糖洋华堂商业有限公司、国家外汇管理局、空间技术研究院、北京石油规划院、环京联合物流有限公司等单位先后在人才招聘、选拔中使用笔迹分析测试，并对笔迹分析技术给予了较高的评价。

三、使用心理测验应注意的问题及对策

为准确地了解个体的个性特点，必须正确地使用心理测验，否则，不仅不能有效地了解个体的个性特点，相反还可能造成不良的后果。为使心理测验能够最大限度地发挥其功效，使用心理测验时宜注意以下四个问题并且采取相应的对策。[15]

（1）心理测验存在局限性

心理测验是了解个体个性特点的重要手段，是诊断、招聘和选拔、决策的重要工具。但是，心理测验的信度和效度始终存在一些令人不满意的地方，存在不可忽视的局限性，因此必须科学、严肃、慎重、谦虚地对待心理测验，不能把心理测验当作唯一准确可靠的工具。心理测验可信，但不能全信；心理测验可用，但不能完全依靠它。

（2）心理测验不够科学

心理测验有优劣之分。目前许多报刊杂志为吸引读者登载了不少游戏性心理测验，这些心理测验不够科学，不能拿来使用。我们必须采用按照科学方法编制的，经过标准化程序处理的心理测验。心理测验软件必须通过专家鉴定、科学有效并配有使用手册，方可使用。

（3）心理测验被非专业人士使用

心理测验是一项专业技术很强的工作，测验人员必须是经过专门的心理测验训练，具备相应资格的人。测验的选择、施测、结果解释，只有训练有素的专业工作者才能担任。在我国有很多非测验专业的人士也大量使用心理测验，而不考虑自己是否具有相关心理学理论的知识背景，也不考虑心理测验编制的原理。只有由专业人士施测，才能把误差控制在最小的范围内，才能提高测试结果的可靠性和有效性。

（4）心理测验结果的解释不当

在心理测试结果解释的过程中，主试有时候会忽略实测过程中可能产生误差，有的人可能还会存在主观因素而曲解分数，从而对被试者产生不好的影响。在解释结果时，宜十分慎重，避免感情用事，无中生有，无端推测，或者曲解分数；更应防止被试者因分数低而悲观失望，或因分数高而骄傲自满。宜尊重被试者的个人资料，对测验结果加以保密。

本章小结

- 个性是指个体的比较稳定的、经常影响个体的行为并使个体和其他个体有所区别的心理特点的总和。
- 个性的理论可分为个性的类型理论和个性的特质理论。
- 气质分为多血质、胆汁质、粘液质和抑郁质四种基本类型。
- 个性与职业的匹配问题研究逐步扩展到个性与组织类型、环境的匹配问题研究。
- 心理测验是了解个体个性特点的重要手段，是诊断、招聘和选拔、决策的重要工具。
- 心理测验已被应用到公务员考试、企业网上申请中，笔迹分析也被应用到机关企事业单位的招聘等实际领域中。在实际应用中主要存在四个方面的问题，我们应当注意并解决。

思考练习题 3-1：简答题

1．什么是个性？个性心理特征包括哪些内容？个性倾向性包括哪些内容？

2．何谓个性与职业的匹配？

3．心理测验应注意哪些具体事项？

思考练习题 3-2：是非判断题

1．性格类型不能够做好坏评价。　　（1）是　　（2）否

2．智力是一种特殊能力。　　（1）是　　（2）否

3．抑郁质气质类型的人思想刻板、内向、孤僻，因此是一种不好的气质类型。

（1）是　　（2）否

心理测试 3-1：你是 A 型人格吗？

在下面各特质中，你认为哪个数字最符合你的行为特点？本测验约需五分钟。

1．不在意约会时间　1　2　3　4　5　6　7　8　从不迟到

2．无争强好胜心　1　2　3　4　5　6　7　8　争强好胜

3．从不感觉仓促　1　2　3　4　5　6　7　8　总是匆匆忙忙

4．一时只做一事　1　2　3　4　5　6　7　8　同时要做好多事

5．做事节奏平缓　1　2　3　4　5　6　7　8　节奏极快（吃饭、走路等）

6．表达情感　1　2　3　4　5　6　7　8　压抑情感

7．有许多爱好　1　2　3　4　5　6　7　8　除工作之外没有其他爱好

记分：累加 7 个问题的总分，然后乘以 3。分数高于 120 分，表明你是极端的 A 型人格；分数低于 90 分，表明你是极端的 B 型人格。分数对应的人格类型如表 3-7 所示。

表 3-7　分数对应的人格类型

分　数	人 格 类 型
120 以上	A+
106～119	A
100～105	A-

续表

分　数	人格类型
90～99	B
90以下	B+

心理测试3-2：60道题“大五”人格问卷

下面列出了一些描述您在日常中的生活行为和态度的说法，请认真阅读每一句话，并表明您对该说法的赞同或不赞同的程度。请尽可能根据您的实际情况对它们作出诚实、客观的回答。使用下面的量表，并在相应的数字上画圈。时间约需15～25分钟。

	1 完全不同意	2 不太同意	3 有些同意	4 同意	5 完全同意
1．我无忧无虑	1	2	3	4	5
2．我喜欢周围人多	1	2	3	4	5
3．我不喜欢想入非非	1	2	3	4	5
4．我尽量对我所遇到的任何人以礼相待	1	2	3	4	5
5．我将自己的物品保持得干干净净且井井有条	1	2	3	4	5
6．我常常感到不如别人	1	2	3	4	5
7．我很容易大笑	1	2	3	4	5
8．我发现哲学争论很无聊	1	2	3	4	5
9．我经常同我的家人和同事争吵	1	2	3	4	5
10．我比较善于安排将事情按时做完	1	2	3	4	5
11．当我压力重重时，有时就会感到要身心崩溃	1	2	3	4	5
12．我并不认为自己的心情非常愉快	1	2	3	4	5
13．艺术和自然界的各种状态常激起我的好奇心	1	2	3	4	5
14．有人认为我自私且以自我为中心	1	2	3	4	5
15．我并不是一个做事很有条理的人	1	2	3	4	5
16．我很少感到孤独或愁闷	1	2	3	4	5
17．我的确喜欢与人交谈	1	2	3	4	5
18．我认为，让学生听一些有争议的演讲只会使他们迷惑不解或产生误导	1	2	3	4	5
19．我宁愿与他人合作，也不与他们竞争	1	2	3	4	5

续表

	1 完全 不同意	2 不太 同意	3 有些 同意	4 同意	5 完全 同意
20．我努力把分给我的任务尽心尽职地去做好	1	2	3	4	5
21．我经常感到紧张而且神经过敏	1	2	3	4	5
22．我喜欢付诸行动的过程	1	2	3	4	5
23．诗歌对我的影响很少或者根本没有什么影响	1	2	3	4	5
24．我常会怀疑别人的用意	1	2	3	4	5
25．我有明确的目标，并且按部就班地朝着它们努力	1	2	3	4	5
26．我有时感到自己毫无价值	1	2	3	4	5
27．我往往喜欢单独做事情	1	2	3	4	5
28．我经常品尝一些新的外来食品	1	2	3	4	5
29．我认为，如果你不防备，大多数人就会利用你	1	2	3	4	5
30．在静下来工作之前，我会浪费很多时间	1	2	3	4	5
31．我很少感到惧怕或焦虑不安	1	2	3	4	5
32．我常常感到自己精力充沛无比	1	2	3	4	5
33．我极少注意到不同的环境所引起的情绪或感觉上的变化	1	2	3	4	5
34．我认识的大多数人都喜欢我	1	2	3	4	5
35．我为达到自己的目标做不懈的努力	1	2	3	4	5
36．我常常为人们对待我的方式而感到气愤	1	2	3	4	5
37．我是一个快活、充满激情的人	1	2	3	4	5
38．某些音乐能够引发我无限的想象	1	2	3	4	5
39．有些人认为我冷漠无情且斤斤计较	1	2	3	4	5
40．一旦我开始从事某件事，我一定坚持把这件事情做完	1	2	3	4	5
41．一旦事情变糟，我常常会失去信心并且想放弃	1	2	3	4	5
42．我并不是一个乐观派人物	1	2	3	4	5
43．有时候当我在阅读诗歌或欣赏文艺作品时，我会激动不已	1	2	3	4	5
44．我这人任性，不轻易改变自己的态度	1	2	3	4	5
45．有时候，我不能做一个像我应该做到的那样可靠的人	1	2	3	4	5
46．我很少感到悲伤或沮丧	1	2	3	4	5
47．我的生活节奏很快	1	2	3	4	5
48．我对探索宇宙或人类的本质根本没有多大的兴趣	1	2	3	4	5
49．我一般情况下会周密思考并为他人着想	1	2	3	4	5

续表

	1 完全 不同意	2 不太 同意	3 有些 同意	4 同意	5 完全 同意
50．我是一个办事效率高并且总把自己的工作完成的人	1	2	3	4	5
51．我常常感到孤立无援，并且希望有其他人来解决我面临的问题	1	2	3	4	5
52．我是一个很活跃的人	1	2	3	4	5
53．我的求知欲望十分强烈	1	2	3	4	5
54．如果我不喜欢别人，我就会让他们知道	1	2	3	4	5
55．我从不感到自己做事有头绪	1	2	3	4	5
56．有时我感到难为情，以至于自己想躲起来	1	2	3	4	5
57．与其领导别人，不如走我自己的路	1	2	3	4	5
58．我很喜欢理论或抽象的概念	1	2	3	4	5
59．如果需要的话，我会利用别人来达到自己的目的	1	2	3	4	5
60．我力求使自己做的每一件事情精益求精	1	2	3	4	5

记分：

神经质（12 题）：1*，6，11，16*，21，26，31*，36，41，46*，51，56。分数越高，情绪越不稳定。

外向性（12 题）：2，7，12*，17，22，27*，32，37，42*，47，52，57*。分数越高，性格越外向。

经验开放性（12 题）：3*，8*，13，18*，23*，28，33*，38，43，48*，53，58。分数越高，性格越开明，态度开放，容易接受新事物。

宜人性（12 题）：4，9*，14*，19，24*，29*，34，39*，44*，49，54*，59*。分数越高，性格越随和。

责任意识（12 题）：5，10，15*，20，25，30*，35，40，45*，50，55*，60。分数越高，责任意识越强。

有关上述五个维度内容的详细解释见正文。其中带“*”号的题为反向记分题，即 6 减去所圈到的数字。将各子量表相应题目的得分相加即为该子量表的得分。笔者对 397 名大学教师的测试结果表明，各子量表的项目内部一致性系数（Cronbach alpha）介于 0.67～0.83 之间，说明这些子量表的信度可以接受。对 283 名大学生的测试结果表明，各子量表的项目内部一致性系数介于 0.64～0.85 之间；五大人格的均值和方差为：神经质 29.6±4.6 （20.4 以下为典型低分，38.8 以上为典型高分），外向性 34.9±4.0 （26.9 以下为典型低分，42.9 以上为典型高分），经验开放性 40.1±3.7（32.7 以下为典型低分，47.5 以上为典型高分），宜人性 39.4±4.5（30.4 以下为典型低分，48.4 以上为典型高分），责任意识 36.4±3.9（28.6 以下为典型低分，44.2 以上为典型高分）。在各个子量表上，男女不存在显著的性别差异。[16]

案例分析 3-1：史玉柱：追求梦想的巨人[17-18]

1．第一桶金

史玉柱第一桶金的淘得，完全和他的特性——天生好赌分不开，这也注定他后面要经历几起几落。

1989 年夏天，史玉柱感觉自己开发的 M-6401 桌面文字处理系统作为产品已经成熟，便决定用 4 000 元承包天津大学深圳科技工贸发展公司电脑部。该部虽名为电脑部却没有一台电脑，仅有一张营业执照。当时深圳电脑价格最便宜一台也要 8500 元。史玉柱以加价 1 000 元的代价获得推迟半个月付款的"优惠"，赊得一台电脑。

史玉柱以软件版权作抵押，在《计算机世界》上先做广告后付款，推广预算共计 17 550 元。1989 年 8 月 2 日，他在《计算机世界》上打出半个版的广告——"M-6401，历史性的突破"。到第 13 天，史玉柱收到汇款单数笔。至当年 9 月中旬，史玉柱的销售额就已突破 10 万元。史玉柱付清欠账，将余钱全部投向广告，4 个月后，M-6401 销售额突破 100 万元。这是目前大家公认的史玉柱淘得第一桶金的过程。

2．倒塌的巨人大厦

之后的几年里史玉柱一路高歌，满怀信心，自我膨胀，他曾这样解释巨人集团："我用'巨人'命名公司，就是要做中国的 IBM，东方的巨人！"1992 年通过会议讨论的 19 层巨人大厦，变成了 70 层。史玉柱说："那时候头脑发昏了，都不知道自己叫什么名字了。""那时候，头脑发热，做过十几个行业，全失败了。"1992 年，巨人集团可用于大厦建设的资金不到需求的 1/10，为了筹集巨人大厦的盖楼资金，史玉柱和巨人集团可谓殚精竭力，从"三大战役"到"秋季战役"，再到"巨不肥战役"，这其中，史玉柱一次次寄希望于其设想的军事化管理思想，却终究逃不过资金断链的危机。1997 年初，巨人大厦未按期完工，国内购楼花者天天上门要求退款。此时的巨人集团因财务状况不良，无法退赔而陷入破产的危机。此时史玉柱负债两亿多元。

3．第二次创业

盖巨人大厦的失败让史玉柱一夜从天堂降到地狱，但是上天从来都不会辜负一个有梦想并为之努力奋斗的人。这次，史玉柱又重新站了起来，源于他精心策划的保健品。而此时的史玉柱是一个负债数亿的创业者，就像负案潜逃的罪犯。如果大张旗鼓地进行"第二次创业"，媒体必然会进行"追踪报道"，史玉柱失败者的形象势必会影响产品的销售和商务合作。更为严重的是，他稍有起色，甚至他还没开始干，债权人就会蜂拥而至。因此，为了保护自己，史玉柱必须采取隐姓埋名的策略。于是，喜欢模仿革命领袖和战时行为方式的史玉柱收拾“残部”，开始了新的“长征”。他切断与巨人集团的一切联系，从珠江三角洲转战长江三角洲，隐姓埋名，卧薪尝胆，开辟新的“根据地”。他将“脑黄金”的名字改成了“脑白金”，并从一个朋友处获得50万元资助，在上海注册了健特公司，在珠海注册了康奇公司和士安公司。

为了掩人耳目，躲避债权人和媒体的追击，史玉柱这次彻底从台前退到了幕后，把自己神秘地隐藏了起来。在这些公司当中，史玉柱都不是法人代表，甚至连史玉柱的大本营上海健特公司，法人代表也是由他的一名部下担任，史玉柱本人的公开身份则是“策划总监”，而双方私下签订秘密协议，史玉柱才是事实上的老板。“脑白金”出来之后，通过大规模、密集性的广告攻势，迅速填补了国内保健品行业低迷期过后的市场空当，风靡全国。到2000年，公司销售额超过10亿元，员工数千人，并在全国建立了拥有200多个销售点的庞大销售网络，规模超过了鼎盛时期的巨人集团。

2000年，史玉柱开始正式复出，第一句话就是“借老百姓的钱，我一定要还。”他还了1.5亿元的债。

4．“趴在银行”和进军网游

经历了大起大落、大落大起之后，与其说史玉柱害怕了，不如说他更清楚地了解了自己。他想成为巨人，但又要保护自己不被攻击，因此史玉柱选择了有重点、阶段性的投资赚钱方式。他给自己定了这样一个纪律：宁可错过100个机会，绝不投错一个项目。

为了消除对企业说没就没的担心，史玉柱决定考察一些行业以便选择进入从而分散风险。2002年，他先后购买了1.68亿股的华夏银行股份，成为该行的第六大股东。2003年，他购买了1.43亿股民生银行股票，成为该行的第六大股东。经过巨人集团的失败后，史玉柱特别害怕公司现金流断开，所以账上始终趴着5亿多元的现金。

在进军网游之前，史玉柱曾经找来专家咨询，也曾专门拜会过一些行业的主管领导，目的就是弄清楚网络游戏市场究竟会不会萎缩。最后的结论是，至少在8年或者更长的时间里，网络游戏的增长速度会保持在30%以上。而在史玉柱看来，国人对娱乐的需求日益增长，中国游戏玩家的比例相对较低，所以网络游戏的增长潜力巨大。因此，史玉柱断言：现在的网游市场肯定是一个朝阳产业。

游戏同行的分析，加上史玉柱的营销策划能力，如果再辅之以国外跨国公司的游戏制作能力，应当是一个绝佳的搭配。表面上，史玉柱也没有把话说满，表示不排除进军网游的可能性，但是现在还没考虑过代理国外游戏。但私下里，史玉柱却直截了当地说，自己不喜欢玩国外的游戏。

史玉柱是自诩为“骨灰级”玩家的老板，花十几个小时打游戏是家常便饭，可以想象，一个手握重金的玩家老板来搞网游，是不会被以前任何一款游戏所左右的。史玉柱觉得一直点鼠标打怪太累，就设置自动打怪功能让玩家端着咖啡打怪；他觉得看地图找坐标太累，就设置自动寻路功能，让玩家点一下就到目的地；他看到其他游戏里玩家之间买卖装备金额越来越大，就提出不如官方来出售材料，玩家自己打装备……正因为这种从玩家需求出发的策划理念，《征途》迅速被市场认同，一跃成为中国市场的主流网游之一。

5．成功就是这么简单

史玉柱给外界“商业奇才”印象的最大原因，一是他选择了最好的两个行业：保健品和网络游戏；二是他是天才的营销大师。

但了解史玉柱的人并不这样认为。史玉柱的营销理念很大程度上源于他的最初经历。20 世纪 80 年代，史玉柱就读于浙江大学数学系，毕业后分配到安徽省统计局，做过三年的农村调查。学数学的人往往逻辑性强，也很认真，而统计工作锻炼人吃苦耐劳、不怕繁琐的调查精神，这些都为他以后的创业打下了坚实的基础。

史玉柱说，他曾经一次又一次地跑去商场，问那些买脑白金的人为什么要买脑白金；在脑白金最早起家的江苏江阴市场，他甚至挨家挨户去问农村老太太，怎么才会买保健品，最终得出的结论是，很多老人想吃保健品，但不舍得自己买。著名的一句广告词就在这种上千次的调查中得出：“收礼要收脑白金。”

作为公司老总，到处宣扬、夸赞自家公司还来不及，竟然伪装成客户，一起骂起公司来，这是否不可理解呢？其实，这正是史玉柱成功的重要原因。史玉柱说：“如果我们自己都看不到自己的缺陷，那么我们就真的完了！”在日常管理中，史玉柱不止一次对员工强调，游戏里没有任何一件事儿是小事，要将所有玩家的感受汇总，进行筛选，并融入产品框架制定，不断对产品内容进行修改和补充。有着这样对顾客负责的态度，也难怪推出第一款网游产品，净利润就达到国内第二名。史玉柱作为公司最高管理层，能够不惜以“骂”自己公司的方式，深入到普通顾客当中，收集产品的改进意见，体现了一种难能可贵的经营理念。这种做法值得所有企业家深思。

工欲善其事，必先利其器。人永远都是制胜的唯一决定者，在告别一个战斗后，真正的上规模作战，团队作用日益明显。当然，真正的赌徒不会有永远的追随者，史玉柱在总结自己能够东山再起的原因时表示，一个原因是他这些年经受的挫折和教训；另外就是他的核心团队，能和他一样去拼杀的团队。

如果说史玉柱的第一次成功，源于他的“本我”——对成功的强烈渴望和敢闯敢拼的赌徒天性；那么，他的第二次成功，源于他的“超自我”——高度的理性对“本我”的克制，他改变了自己。成功不是空想出来的，而是做出来的。只要选定的目标具有充分的证据和逻辑性，并为此不懈努力，就一定有收获，成功其实就这么简单。

问题讨论：

1．请你简要概括史玉柱的性格特征。

2．请问倒塌的巨人大厦对史玉柱的性格和行为产生何种影响？

3．为什么史玉柱能够在失败之后重新站起来？

案例分析 3-2：乔布斯——有缺口的完美人生[19]

完美，是乔布斯喜欢的词汇，是他毕生的追求、成功的秘诀。在产品设计上，乔布斯精确到每一个细节，甚至要求工程师把没人会拆看的机箱电路板设计得也非常漂亮、吸引人；研发 iPhone 时，设计团队尝试过数百种不同的手机外壳；而研发“侵略了整个地球”的 iPhone 4 时，乔布斯更是规定，主要零件间距不能大于 0.1 毫米，这是为了避免打电话时夹到头发。心理学家说，每个锱铢必较的完美主义者都有一颗充满控制欲的心，每个控制狂都有一个自恋的灵魂。

1．一切从被收养开始

乔布斯从没说过，他具体在哪年哪月哪天，以怎样一种方式知道了自己的身世。乔布斯的亲生父母在即将读研时，生下了他却无力抚养。一对蓝领夫妻收养了这个男婴，并给他取名为史蒂夫·乔布斯。

在乔布斯还不知道自己是个养子时，收养的心理印记就早已烙印在他的身上。童年时，他是个爱哭、孤僻的孩子，被同学欺负了，就躲在角落里悄悄地流眼泪。直到乔布斯成为了叱咤风云的苹果帮主，他的不少工作伙伴仍然用“少言寡语、孤僻”来评价他。但成年的乔布斯不再相信眼泪，他选择了一条更为坎坷的逃避之路。

1977 年，乔布斯 22 岁，苹果公司正式成立。就在这一年，乔布斯的女友布里南怀孕了。乔布斯不怎么喜欢这个“惊喜”，建议布里南堕胎，但布里南不同意。1978 年，乔布斯的第一个女儿丽莎诞生，但他拒绝承认。即使亲子鉴定显示他的确是丽莎的亲生父亲，乔布斯仍然奋力否认，甚至不惜牺牲自己的名誉和尊严，在法庭上说：“我没有生育能力，不可能生出这个孩子。”直到 1980 年，乔布斯才承认了丽莎的身份。

那两年，没人明白乔布斯究竟在想什么。他不承认丽莎，却又把新研发的电脑命名为“丽莎”。或许，曾被亲生父母遗弃的乔布斯在用这种方式拒绝长大，他拒绝的不是丽莎，而是成为父亲的事实。

接下来的 10 年里，乔布斯继续保持着混乱的男女关系，直到 1991 年，36 岁的他才算真正拥有了家庭。

2．“我最重要”的感觉

乔布斯也许永远也不会忘记，自己是个养子。终其一生，这个出生就被抛弃的男人都像个孩子一样，追求着“我最重要”的感觉。

苹果公司成立的那天，斯蒂夫·沃兹被推选为 1 号员工，乔布斯是 2 号员工。沃兹是乔布斯的多年合作伙伴，更是苹果电脑的设计者。即使如此，“2”的感觉仍让乔布斯不爽，于是他抗议了一番，然后给了自己一个让人无奈又好笑的称呼：0 号员工。

乔布斯喜欢车，但从不上牌照。他“拉风”地对警察强调：“我是名人，每天都会被人偷掉车牌，还不如不装。”一度，乔布斯爱上一款保时捷表，一旦有人夸他的表好看，他就当场送给对方，过一会儿又“变”出一块戴在手上。原来，这块价值 2000 美金的手表他一买就是一箱，送一块，再戴一块。金钱是粪土，只要能引人关注。

所有老板都热衷于经营形象，乔布斯却说：“让慈善见鬼去。”熟悉乔布斯的人这样说道：“乔布斯把主要的精力都放在提高自己的生活质量上，以便让自己潜心研究、发明创新，然后直接（通过雇佣员工）或间接（用产品改善大众的生活质量）地影响更多人。”这就是乔布斯的慈善逻辑：我不给你钱，我用我的重要性来改变你。

3．改变与控制

乔布斯说，活着就是为了改变世界。

1978 年，在苹果公司首次举办的化妆晚会上，23 岁的乔布斯扮演了基督耶稣，或许这就像个人生预言：我是最重要的上帝，我可以改变世界，也可以控制世界。

他做到了。他改变了全世界对科技的认知与审美，没人能跟得上他超前的眼光和步伐。但前提是：一切尽在掌握。

乔布斯严格地控制着他创造的世界。他是个只吃鱼肉和素食的人，于是苹果的食堂里就弥漫着豆腐的味道。保密，是苹果最苛刻、甚至带有侮辱性的公司政策：员工一旦泄密必遭解雇，哪怕是无心说漏嘴；公司内有无数摄像头监控员工的工作情况；新产品必须蒙上黑布，揭开黑布的时候必须打开红色警示灯；甚至，高管会故意在公司内散布错误信息，测试泄密可能。

控制，在苹果的产品上展露无遗。苹果的产品缺少开放性和兼容性，永远是完美而封闭的：不开放的系统、没有兼容性的蓝牙设备、用户甚至不能更换电池。乔布斯用他的产品告诉你：我可以给你最好的世界，但你必须放弃其他的一切。

乔布斯对自己的舆论形象也严加控制。他曾亲自打电话给坚持发稿的记者：“夜里别自己骑自行车出门，小心被撞死！”对于报道了自己诸多私生活的八卦记者，他禁止苹果员工与其说话；未经他“官方授权”的写乔布斯传记的作者被他“封杀”。2008 年起，乔布斯的癌症恶化，他终于“授权”了“官方”自传的采访和出版，这或许是他对死后舆论的最后一次有效控制。

4．粗暴与善解人意

乔布斯是全世界最善解人意的产品设计者。数十年来，“用户体验”一直是苹果最重要的追求目标。但乔布斯的这份善解人意，却很少能惠及身边的人。生活中，他经常漠视他人感受，是个粗暴的自恋者。

他亲生父母所生、27 岁时相认的胞妹莫娜在第三部小说《一个凡人》中，描写了一个抛弃女儿的自恋狂企业家，他对他人的愿望和想法都丝毫不予考虑，人生目标是“这个星球因为他的诞生而从此改变”。大家都知道这位主人公的原型是谁。

乔布斯是个爱用“咆哮体”的老板。在公司里，他动辄怒吼：“你们这群笨蛋！”“废物、饭桶”都是他经常用的词汇。曾有一次商务会谈，乔布斯对其中一个人不满，就脱掉鞋，把没穿袜子的脚伸上桌面，当然，正对着那人的脸。

面试时，乔布斯也不肯当个绅士。他曾经在面试女性时赤裸下身，只穿一件松垮的短裤，交叉双腿，引诱完全不知情的应征者。“你是几岁失去童贞的？”“你是处男吗？”“你嗑过几次迷幻药？”都曾是他的面试问题。问完以上问题后，他还不耐烦地学了学火鸡叫。

乔布斯的合作伙伴曾这样评价他：“在他的世界里，只有黑与白。”终其一生，乔布斯都像个孩子，二元地分化着世界。被他“鉴定”为“坏人”的人，只有被他羞辱、鄙视的份儿。

问题讨论：

1．请你简要概括乔布斯的性格特征。

2．乔布斯的性格特征对他的管理风格有何影响？

3．为什么乔布斯能够让苹果手机风靡全球？

讨论题 3-1：社交风格分析

社交风格（Social Types）是指一个人在别人面前所表现的一贯的行为模式。它是由两个主要的行为维度即果断性与反应性决定的一种很有价值的模型。果断性（assertiveness）是指在别人眼中，一个人的行为态度所表现出来的强硬与明确的程度。行为态度越是强硬与明确则表示果断性越强，否则果断性越弱。反应性（responsiveness）是指在别人眼中，一个人所表现出来的情绪化反应，或者控制情绪的程度。情绪化反应越是明显则表示反应性越强，而反应性越强则表现为控制情绪的能力越弱。由此根据上述两个维度可以将人分为四种类型，即分析型、驾驭型、表现型和温和型。这四种类型的人所采用的沟通取向很不相同，其中，分析型以过程为导向，驾驭型以行动为导向，表现型以念头为导向，温和型以人为导向。人们很容易就能判别自己和他人的社交风格。根据你的实际情况，在图 3-4 所示的坐标图水平轴（x）和垂直轴（y）各选取一点，然后画出由它们所组成的象限点（x，y），根据象限点判断自己社交风格的大体类型。

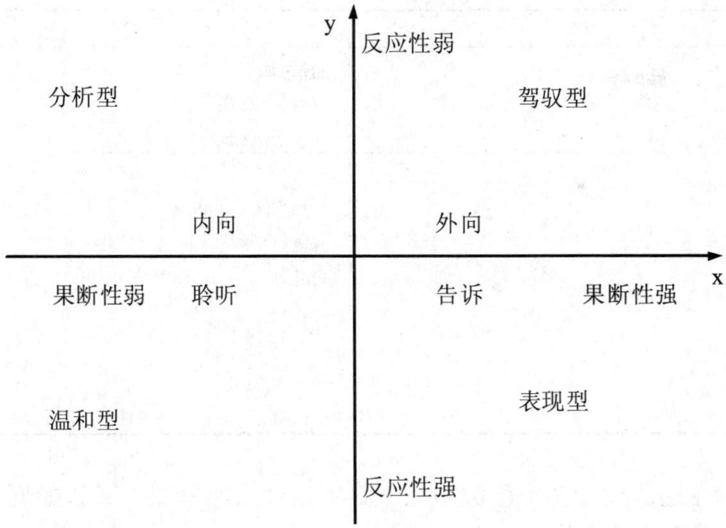

图 3-4　社交风格坐标图

详细阅读表 3-8 关于四种社交风格的说明。

表 3-8　社交风格特征

类　型	特　征
分析型	从容 有判断力 以逻辑思维贯穿 严厉、苛刻、一丝不苟精确而富有逻辑性 以数据为基础 善于合作而不具有决断性
驾驭型	以行为和结果为导向 苛刻 迅速 有决断力、冷酷无情 情绪化 坚持原则和底线 缺乏耐心
温和型	支持 友善 沉默 服从团队 友善且乐于助人

续表

类　型	特　征
温和型	合作 反应迟缓 不构成威胁
表现型	外向 热情、有活力 善于表达 冲动 善变 有风度 有同情心 模仿

那么，你在这四种社交风格类型的人眼中是什么形象呢？又该如何与他们更好地进行合作呢？下面将逐个进行介绍。

形象一：如果你被其他人描述成分析型，你在他们眼中的形象和如何与他们合作的建议，如表3-9所示。

表3-9　对分析型的评价及其合作

类　型	评价与看法	分析型如何更好地与各个风格合作
分析型	认为你：理智，要求更多事实依据，保守，沉默，苛刻，有逻辑性，为人冷淡，透彻 质疑你：不合作，疏远，有保留，严厉苛刻，一丝不苟，值得信赖	更好地与分析型合作： 认识到他们需要确定的时间表和最终的决定。这是由于分析型的人过分需要事实和资料，结果花费太多时间和精力，最终无法取得成效
驾驭型	认为你：逻辑性强，以事实为依据，精确，可信赖 质疑你：对事实的过多要求，缺乏决断性和冒险精神	更好地与驾驭型合作： （1）概述事实的各种结果，然后由他们来决断 （2）靠自我约束，而不是过分的报告和精确的指示 （3）用金钱报酬来奖赏成果
温和型	认为你：合作，精确，保守，有耐心 质疑你：缺乏热情，疏远他人，过分依赖数据	更好地与温和型合作： （1）表现出你的兴趣更多的是他们本人而不是他们提供的数据 （2）通过发挥他们协调的能力和技巧来建立在组织内部的和谐关系 （3）帮助他们取得更多的支持从而提升他们的声望

续表

类　型	评价与看法	分析型如何更好地与各个风格合作
表现型	认为你：可信赖，合作 质疑你：对数据的依赖，苛刻，古板的天性，没有个性，乏味	更好地与表现型合作： （1）与他们在非正式时间相处，如喝咖啡、吃午饭和饮啤酒 （2）认识到他们需要突出个性，爱表现，接受竞争 （3）在不挑剔、尊重对方的前提下，询问他们的观点 （4）培养多方面的兴趣和爱好，以便很好地与他们沟通

形象二：如果你被其他人描述成驾驭型，你在他们眼中的形象和如何与他们合作的建议，如表 3-10 所示。

表 3-10　对驾驭型的评价及其合作

类　型	评价与看法	驾驭型如何更好地与各个风格合作
分析型	认为你：效率高，逻辑性强，按数据和任务来支配行动 质疑你：仓促，跋扈，专断，竞争，冒险行动	更好地与分析型合作： （1）提供给他们具体的数据和逻辑性的文字表述 （2）在他们评价和审核资料的精确性时要给予耐心 （3）通过确定最后期限来帮助他们达成最终结果
驾驭型	认为你：身体力行，快速，摆架子，命令式，有效率，固执 质疑你：苛刻，隐隐藏藏，不善于倾听，冷漠	更好地与驾驭型合作： （1）事前征得他们的同意 （2）确立具体目标，并提供自由的工作资源，太多的控制而不允许独立自主将导致没有收获的僵局
温和型	认为你：效率高，守纪律，冷漠 质疑你：苛刻，缺乏思考，没耐心，隐隐藏藏	更好地与温和型合作： （1）表现出你对他及他们家庭的关心 （2）逐渐向他们提供具体的明确的完成目标的方法 （3）用个人的关心、努力和成果来支持他们
表现型	认为你：有成就，独立，果断 质疑你：冷酷，缺乏幽默感，挑剔的天性，刻板	更好地与表现型合作： （1）与他们分享更多自己的感受、观点、个人情况 （2）鼓励他们工作之余消遣、休闲 （3）对他们的成就提供公开的奖励——让他们在其他人面前赢得认可和尊重

形象三：如果你被其他人描述成温和型，你在他们眼中的形象和如何与他们合作的建议，如表 3-11 所示。

表3-11　对温和型的评价及其合作

类　型	评价与看法	温和型如何更好地与各个风格合作
分析型	认为你：合作，细心，沉默，考虑全面而积极肯干 质疑你：过于软弱，随意，感性化，对别人过于顺从	更好地与分析型合作： （1）强调对事实和数据作为依据的需要而不是感性地去完成一个任务，但是允许他们在时间限制内进行检查 （2）提供更多的学习机会作为完成活动目标的回报 （3）让对方表现并证明自己的技术能力
驾驭型	认为你：支持，帮助，有合作精神，体贴 质疑你：缺乏创造力，对细节的过分要求，观念狭隘，有偏见	更好地与驾驭型合作： （1）表现出你的高效率，让他们告诉你应该如何去帮助他们以及他们需要什么，不要试图去建立一种伙伴关系 （2）恪守时间及日程安排，提供具有事实根据的概况给他们 （3）让他们在你所提供的建议的基础上做决定
温和型	认为你：支持，友善，内向，与世无争，有团队精神，帮助，善良体贴，容易相处，顺从，开放，积极肯干，细心，合作 质疑你：反应迟钝，不构成威胁，心软，沉默	更好地与温和型合作： 表现出冷静、踏实。在这种情况下，固执和坚持，虽然不是一个令人愉快的角色，但却是必需的。否则，很有可能会导致没有人能够提供必要的创意，最终导致无法达成令人满意的结果
表现型	认为你：支持，友善，乐于助人，易受影响 质疑你：行动迟缓，过度细心和顺从，没有竞争力	更好地与表现型合作： （1）提供给他们明确的选择，毫不犹豫地去寻求第三方有力的支持 （2）在公众面前，奖励、奖赏他们的成就 （3）当事先建立好的原则遭到挑衅的时候要坚持你的立场

形象四：如果你被其他人描述成表现型，你在他们眼中的形象和如何与他们合作的建议，如表3-12所示。

表3-12　对表现型的评价及其合作

类　型	评价与看法	表现型如何更好地与各个风格合作
分析型	认为你：富于想象，有煽动性，创新 质疑你：不具有完成允诺的能力，暴躁，有偏见	更好地与分析型合作： （1）讲事实而不仅仅是想法，将工作分解，最好用书面的形式 （2）用权威的资料来支持你的观点 （3）当他们发现了一些你已经知道的事实以后，要表现出非常有耐心

续表

类 型	评价与看法	表现型如何更好地与各个风格合作
驾驭型	认为你：外向，有想象力，有竞争力，具有个人风度 质疑你：狂热，躁动，爱炫耀，冲动，有偏见	更好地与驾驭型合作： （1）用事实的成效来支持你的热情，从而证明你的设想 （2）准时地遵照事先预定好的限制，提供事实材料 （3）提供各种活动的选择，让驾驭型的人去挑选他们行动的方式
温和型	认为你：热情，热心，有煽动性，具有个人魅力 质疑你：好表现，吵闹，善变，有偏见，冲动	更好地与温和型合作： （1）将工作的节奏放慢，降低你的音量，用一段很长的时间来培养与他们的人际关系 （2）一次只干一件事，允许由于工作过多和想法各异而造成一些混乱 （3）鼓励他们多提建议，倾听并欣赏他们提供的建议和创意
表现型	认为你：外向，热情，热心，善于表达，直觉，感性，有煽动性，有想象力，活泼，善变，有魅力，竞争，体贴 质疑你：冲动，吵闹，暴躁	更好地与表现型合作： （1）对于相互之间的关系要用纪律来约束，否则的话，所有的创造和乐趣最终将一事无成。有原则地遵守规定 （2）作为一个倾听者和思考者，允许他们进行细心而有限制的尝试

按社交风格分组（四种风格共四组，还可将人数较多的某种风格再分为两组或三组），讨论问题（时间约需要 60～90 分钟），然后：

1．与小组其他成员分享自己对自己和小组所属社交风格的认识。

2．如何与其他小组（不同社交风格）的人友好相处？结合自己与同学交往的经验加以说明。假如今后在工作中，自己作为其他社交风格的人的上级、同事或者下级，应当如何分别应对？

3．总结与自己小组社交风格类型比较难以相处的类型，提出应对策略，并在小组之间展开对话。

参考文献

[1] 范逢春．管理心理学[M]．成都：四川大学出版社，2009.

[2] 刘世英，彭征．谁认识马云[M]．北京：中信出版社，2006.

[3] 张长军，李冲，范茂林.机动车肇事驾驶员人格特征的对照研究[J]．中华行为医学与脑外科学杂志，2009，18（1）：63~65.

[4] 邱男．血型特质决定一生[M]．北京：新世界出版社，2010.

[5] 陈国海. 企业管理者气质类型分布调查[J]. 中国人力资源开发，2002（10）：61~64.

[6] 翟洪昌，许铎. 管理人员个性的因子分析及其科学评价问题的研究[J]. 心理科学，2000，23（02）：211~213.

[7] 晁连生. 山西省国有大中型企业高中层管理者基本素质分析与对策研究（三）[R]. 太原：山西省科委软科学研究项目组，2002.

[8] 陈国海. 广东省企业人才招聘现状调查[J]. 中国人力资源开发，2004（10）：91~94.

[9] 袁希. 从 MBTI 看 IBM 管理实践[J]. IT 时代周刊，2004（14）：77~78.

[10] E. C. Tupes, R. E. Christal. *Recurrent personality factors based on trait ratings* [R]. Lackland Air Force Base, Texas: Personnel Laboratory, Aeronautical Systems Division, 1961.

[11] H. G. Gough. *CPI，California Psychological Inventory [kit]*[M]. Palo Alto, California: Consulting Psychologists Press, 1987.

[12] H. Rorschach. *Rorschach Test-Psychodiagnostic Plates*[M]. Cambridge, MA.: Hogrefe Publishing Corp, 1927.

[13] P. Cramer. *Storytelling, narrative, and the Thematic Apperception Test*[M]. New York: Guilford Press, 2004.

[14] 杨光，陈相元，于清磊，等. 心理测试在公务员考录中的应用[J]. 中国公务员，2003（12）：47~48.

[15] 田禾，廖倩倩. 人力资源管理中心理测验技术应用的思考[J]. 华中农业大学，2009（03）：45~48.

[16] P. T. Costa, Jr., R. R. McCrae. *The NEO-PI-R: Professional manua*[M]. Odessa, F. L.: Psychological Assessment Resources, 1992.

[17] 许倩. 史玉柱：追逐梦想的巨人[J]. 新财经，2011（11）：94~97.

[18] 刘艳静. 江湖商人史玉柱[M]. 北京：现代出版社，2009.

[19] 李小昼. 乔布斯——有缺口的完美人生[J]. 婚姻与家庭，2011（12）：26~27.

第四章　价值观与态度

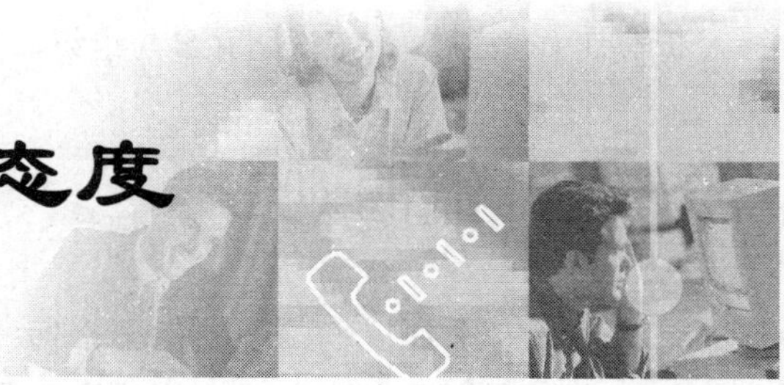

【学习目标】

① 了解价值观和态度的概念
② 掌握常见的态度转变的理论
③ 掌握态度调查的方法
④ 掌握工作满意度的概念和内容
⑤ 了解提升员工工作满意度的方法
⑥ 了解组织承诺的概念和作用

引例：宜家用价值观与员工“联姻”[1]

宜家是一家有鲜明价值观的公司，同时也是一家创业型公司，其创始人英格瓦·坎普拉德（Ingvar Kamprad）的印记镌刻在公司的每个角落。以成本主义为例，虽然坎普拉德荣列《商业周刊》评出的全球首富，但他70多岁高龄时坐飞机仍然选择经济舱。在宜家，成本概念深入到经营方式、产品生产等各个方面。比如大部分家居产品都需要顾客手工组装以节省成本，顾客要自行开车运送家具等。

宜家的这种风格吸引了同样有“成本主义”情结的人。在宜家，即使是管理层员工，也鲜有开着奔驰、宝马和穿着昂贵服装上班的。创始人—公司—员工，让他们表现一致的纽带就是价值观。他们都强调自我意识和团队合作，成本意识强烈，并极具亲民性。

就像以相同的价值观为基础建立起来的婚姻比较稳定一样，在宜家，企业与员工一旦因为共同的价值观而走到一起，这种关系就很难破裂。近年来宜家中国的员工流失率一直维持在10%，远低于26%的行业平均水平。

对企业来说，员工的价值观和态度决定他/她愿意在多大程度上向顾客介绍企业和推荐企业的产品；决定他/她是否愿意融入企业文化，从而为企业多付出一些；决定他/她是否愿意和企业一起成长和发展；决定他/她是否愿意留下来。总之，员工的价值观和态度在很大程度上决定一切。企业宜定期开展调查以了解员工的价值观和态度（包括工作满意度），以便整合组织价值观和员工价值观，提高员工的工作满意度，进而

提高工作效率。员工认同并参与组织，是组织发展的关键。

第一节 价值观

个体对客观事物，如工作、金钱、感情，有自己的衡量标准。这些客观事物对个体而言，有轻重主次之分。价值观不是与生俱来的，而是在后天生活、工作的环境中逐步形成的，一旦形成，就具有相对稳定和持久的特点。

一、什么是价值观

价值观代表一系列基本信念和看法：从个体或社会的角度来看，某种具体的行为类型或存在状态比与之相反或不同的行为类型或存在状态更可取。[2]价值观是个体对客观事物的综合态度，能够直接影响个体对事物的看法和行为。价值观如同一个总指挥，支配着个体的需要、动机乃至行为。价值观影响个体的人际关系，影响个体的决策，影响对个体及组织的成功的看法。

二、价值观类型

价值观按内容、表现形态可分为不同的类别，奥尔波特、罗克奇等学者对价值观分别进行了分类。

（一）奥尔波特的价值观分类

心理学家奥尔波特将事物的价值分为六种，即经济的价值、理论的价值、审美的价值、社会的价值、政治的价值和宗教的价值。[3]相应地，人们的价值观也可分为六种，如表4-1所示。

表4-1 奥尔波特的六种价值观

类　型	价值观特点
经济型	强调有效和实用
理论型	重视以批判和理性的方法寻求真理
审美型	重视外形与和谐均称的价值
社会型	强调对人的热爱
政治型	重视拥有权力和影响力
宗教型	关心对宇宙整体的理解和体验的融合

（二）罗克奇价值观调查

罗克奇设计了罗克奇价值观调查问卷，将价值观分为两种价值观类型，每一种类型有 18 项具体内容，如表 4-2 所示。第一种类型，称为目的价值观，指的是一种期望存在的最终目的，它是一个人希望通过一生而实现的目标；另一类称为工具价值观，这种价值观指的是偏爱的行为方式或实现目的价值观的手段，主要表现在道德和能力两个方面。[4-5]

表 4-2　罗克奇价值观

目的价值观	工具价值观
舒适的生活（富足的生活）	雄心勃勃（辛勤工作、奋发向上）
振奋的生活（刺激的、积极的生活）	心胸开阔（开放）
成就感（持续的贡献）	能干（有能力、有效率）
和平的世界（没有冲突和战争）	欢乐（轻松愉快）
美丽的世界（艺术与自然的爱）	清洁（卫生、整洁）
平等（兄弟情谊、机会均等）	勇敢（坚持自己的信仰）
家庭安全（照顾自己所爱的人）	宽容（谅解他人）
自由（独立、自主选择）	助人为乐（为他人的福利工作）
幸福（满足）	正直（真挚、诚实）
内在和谐（没有内心冲突）	富于想象（大胆、有创造性）
成熟的爱（性和精神上的亲密）	独立（自力更生、自给自足）
国家的安全（免遭攻击）	智慧（有知识的、善思考的）
快乐（快乐的、闲暇的生活）	符合逻辑（理性的）
救世（救世的、永恒的生活）	博爱（温情的、温柔的）
自尊（自重）	顺从（有责任感、尊重的）
社会承认（尊重、赞赏）	礼貌（有礼貌的、性情好）
真挚的友谊（亲密关系）	负责（可靠的）
睿智（对生活有成熟的理解）	自我控制（自律的、约束的）

三、中国当今劳动力中占主导地位的价值观

对当今劳动力中占主导地位的价值观的了解，有助于改善管理活动。比如说，随着我国经济水平的提高和人民生活条件的改善，人们更加关注对身心健康的投资。考虑到这方面的价值观，某些经营管理者就可以开设一些健身活动场所，以满足人们的需求，同时也为企业增加效益提供了可能性。表 4-3 列出了我国不同时期劳动力的一些

主要价值观。

表 4-3　中国不同时期劳动力中占主导地位的价值观

阶　段	进入劳动力领域的时间	现在大概年龄	占主导地位的价值观
崇拜主义	解放初期	65～80 岁	忠诚、爱国、热情、服从、崇拜、勤劳刻苦、诚实、节省
文化革命主义	文革时期	50～65 岁	猜疑、知识系统性不够、明哲保身、压抑、稳重、谨慎、踏实
文化精英主义	20 世纪 80 年代	35～50 岁	好学、忠诚、诚实、传统、成功、负责、健康
物质主义	20 世纪 90 年代	小于 35 岁	灵活、对组织忠诚度减弱、享受、竞争、思考、好学、成就、独立

四、三种经营价值观

经营管理价值观是对经营管理好坏的总的看法和评价。作为企业对某种特定的行为方式所存在的基本信念，企业价值观在整个企业运作中起着至关重要的作用。企业主要有三种经营管理价值观，即最大利润价值观、企业价值最大化价值观和企业价值—社会效益最优价值观。表 4-4 对上述三种经营管理价值观作了比较。

表 4-4　三种经营管理价值观的比较

比较方面	最大利润	企业价值最大化	企业价值—社会效益最优
一般目标	最大利润	令人满意的利润水平加上其他集团的满意	利润只是一般手段，只具有第二位的重要性
指导思想	个人主义、竞争、野心勃勃	混合的，既有个人主义，又有合作	合作
政府的作用	越少越好	虽然不好，但不可避免，有时是必要的	企业的合作者
对职工的看法	只是一种手段，只有经济的需要	既是手段，也是目的	本身就是目的
领导方式	专权方式	开明、专制和民主混合	民主、高度的参与式
股东的作用	头等重要	主要的，但其他集团也要考虑	并不比其他集团更重要

企业经营管理价值观与企业经营行为有着直接关系，它决定着企业行为的选择和结果。两名研究者对美国、日本、印度、澳大利亚的 2 000 多名经理的价值观进行评估

的结果表明，高盈利者一般都重视生产率、能力、进取心、创造性、竞争和变革等观念；低盈利者则重视服从、安排、信任、遵从、社会福利等观念。研究结果反映出价值差异是成功的原因，而不是成功造成了价值差异，并且这一点在各个国家都相当类似。企业不断盈利是企业生存和发展的基础，因此任何企业都必须重视企业利润。

随着企业内外经营环境的变化，企业经营价值观也发生了相应的变化。根据罗伯特·海和爱德·格雷的研究，美国企业的经营价值观是从 20 世纪初的追求利润最大化，发展到 20 世纪 30 年代起追求满意的利润水平，再发展到 70 年代兴起的生活质量哲学的。生活质量经营哲学对员工的基本看法是企业员工的利益与企业的利益是一致的。企业的人比金钱和技术更为重要，员工的尊严应受到保护。这也就是说，美国企业经营价值观经历了由利润最大化，到利润—价值最大化，再到价值最大化的发展过程。

例证 4-1：松下幸之助“服务社会”的经营价值观[6]

松下幸之助（1894—1989）是享誉世界的松下电器的创始人。他的成功，与其服务社会的经营价值观分不开。松下认为，经营者成功与失败的分水岭在于，是否能最大限度地做到无私，乃至以公利之心观察和处理事情。他一再强调松下电器的真正使命是“以生产再生产，无穷无尽地供应物质产品和建设乐土作为终结的”。

松下说：“所谓的企业经营或者国家经营，归根结底是人们为了共同的幸福而进行的活动。”在松下看来，经营企业如同经营人生，二者在本质上是一致的。他把事业报国作为松下七大精神的首要精神，并以此衡量经营行为。以大众为服务对象的理念是松下毕生的经营理念。

松下说：“我的任务就是制造像自来水一样的电器用具，这是我的生产使命，尽管实际上不容易办到，但我仍要尽力使物品的价格降低到最便宜的水准。”这就是松下的“自来水哲学”。松下认为，企业经营者应对国家和国民负责，企业要以光明正大的态度缴纳税金。缴纳税金是企业贡献社会的重要途径。企业离不开社会，社会离不开企业，社会与企业是共存共荣的关系。

第二节 态度及其改变

员工会自觉地在态度之间以及态度与行为之间寻求一致性，这就是态度的一致性规律。如出现失调的情况，员工会采取一定措施和方法使之重新趋于平衡，减少内心冲突。员工态度调查是管理者为了掌握员工具体的态度的资料，以便可以预测员工的行为；态度调查结果可能常常在管理者的意料之外。

例证 4-2：在默克公司建立承诺

罗斯·阿南是默克公司的一名研究管理者，她拼命地工作，每个月 1/3 的时间出差，包括周末。以前，当她不得不在星期一早晨 8 点去办公室报到时，她常常对前任上司愤怒至极。那位上司（他后来离开了默克公司）期望雇员延长工作时间，而不管他们的睡眠是否充足。阿南坚持她的工作表现，但是她的态度突然变坏，她心里想："好吧，我将尽最大努力，但是你不会从我这里得到什么。"作为一种象征性的姿态，她办公室的房门多半时间紧闭。

相比之下，她的继任上司在明确了目标之后说："我信任你们能做好工作。"结果是，阿南完全忠于上司，对于自己的工作更加有热情。她开始敞开她办公室的门。

一、什么是态度

态度是指主体对特定对象作出价值判断后的反应倾向——要么喜欢，要么不喜欢。态度包括认知、情感、行为等三种成分。"老板很有魄力，非常随和"是某员工对老板态度的认知成分；"我很钦佩我的老板"是该员工对老板态度的情感成分；"我愿意与我的老板一起讨论事情，有时也偶尔开开玩笑"是该员工对老板态度的行为成分。

与工作相联系的态度主要有三种，即工作满意度、工作参与和组织承诺。工作满意度是指个人对他所从事工作的一般态度。工作参与是指个体在心理上对他的工作的认同程度，认为他的绩效水平对自我价值的重要程度。组织承诺是指员工对于特定组织及其目标的认同，并且希望维持组织成员身份的一种状态。

二、态度改变的理论

态度改变的理论主要包括费斯汀格的认知失调理论、海德的认知平衡理论、凯尔曼的态度转变与形成三阶段论、墨菲的沟通改变态度理论和预言实现改变态度理论。

（一）费斯汀格的认知失调理论

认知失调理论是社会心理学家费斯汀格（Leon Festinger，1919—1989）提出的。[7] 认知失调是指一个人的态度和行为等的认知成分相互矛盾，从一个认知推断出另一个对立的认知时而产生的不舒适感、不愉快的情绪。认知失调理论认为：一般情况下，个体的态度与行为是相协调的，因此不需要改变态度或行为。假如两者出现了不一致，如做了与态度相违背的事，或没做想做的事，这时就产生了认知失调。认知失调会产生一种心理紧张，个体会力图解除这种紧张，以重新恢复平衡。费斯汀格将认知元素间的关系划分为三种：（1）不相关。此时两种认知元素间没有联系，例如“我每天早上七点钟吃早饭”与“我对足球不感兴趣”。（2）协调。此时两种元素的含义一致，彼此不矛盾，如“我是一个品德高尚的人”与“我做了一件帮助他人的事情”。（3）不协调。此时“如果考虑到这两个认知元素单独存在的情况 ，那么一个认知元素将由其反面而产生出它的正面……假如从 y 产出非 x，那么 x 和 y 就是不协调的”，例如“我是一个品德高尚的人”与“我做了一件损人利己的事”，这两者就是不协调的。

费斯汀格认为，不协调在程度上是有区别的。具体地说，它取决于两个方面：（1）不协调的程度同某一认知元素对个人生活的重要性成正比，比如丢掉一元钱与丢掉一份满意的工作造成的不协调程度是不同的；（2）不协调的程度取决于一个人所具有的不协调认知的数目与协调认知数目的相对比例，可用公式表示：

$$\text{不协调程度}=\frac{\text{不协调认知项目的数量}\times\text{认知项目的重要性}}{\text{协调认知项目的数量}\times\text{认知项目的重要性}}$$

在解决认知不协调的问题上，费斯汀格提出了三种途径：（1）改变行为，使对行为的认知符合态度的认知。（2）改变态度，使其符合行为。如认为“自己比别人都聪明”，而期终考试时“两门功课不及格”的人，改变对自己原先的评价，认知到自己不过是个中等或者中等偏下的学生，这样认知达到协调。（3）引进新的认知元素，改变不协调的状况。如为了缓解吸烟问题上出现的认知不协调和心理紧张，可以寻找有关吸烟不会致癌，甚至反而对身体有些益处的事例知识。比如，某人想得到一等奖金（原来的态度），自己付出了很大的努力（原来的行为），但未能达到目的。在这种情况下，主体可能引进某种新的认知元素，如强调客观条件不佳、工作难度太大、有新的竞争力量等，尽可能使原来的态度与行为相协调。这样，两个认知元素便协调起来了。

由上可见，费斯汀格的认知不协调理论同海德的平衡理论的基本假设是一致的。但是，前者强调了个体通过自我意识调节达到认知平衡，而后者更着重于人际关系对认知平衡的影响。两者各有特点，可以相互补充，都有参考和应用的价值。

例证 4-3：认知协调理论的实验[8]

E·阿伦森和贾德森·米尔斯进行过这样的实验：让女大学生自愿参加一个讨论性心理的团体。让 1/3 的女生经历一个漫长而严格的争取入会的检测选拔程序，1/3 的人经历一个缓和的程序，另 1/3 的人则未经任何程序就允许其加入该团体。然后让所有人听同样的“讨论会发言”（一段录音），其结果是经历严格考验的一组女生认为这一讨论是有价值和有趣的，而另外两组的女生则认为该讨论浪费时间、枯燥乏味。这是因为付出努力者在心理上要为自己付出的努力辩解，否则就会产生认知失调。

企业有时开展提高员工技能和生活素质的讲座和培训，是自愿参加和免费的。在这种前提下，通常情况是报了名，但后来因各种原因未到场的人往往很多。所以一些企业就采用先报名和交押金的做法。如果报了名，不来或中途退场的话，则押金充公，或者捐赠给希望工程。这是管理自愿参加培训的好办法。

（二）海德的认知平衡理论

这是海德（Fritz Heider，1896—1988）提出的。海德认为，我们的认知对象包括世界上各种人、物、事、概念等，这些对象有的互不相关，有的互相联结。海德将构成一体的两个对象的关系称为单元（Unit）；对于每种认知对象的感情和评价（喜恶、赞成、反对）称为情绪。当对一个单元内两个对象的看法一致时，其认知体系呈现平衡状态；当两个对象有相反看法时，就产生不平衡状态。海德强调一个人（P）对某一认知对象（X）的态度，常受他人（O）对该对象态度的影响，即海德十分重视人际关系对态度的影响力。[9]

海德认为若P、O、X三者关系相一致，则P、O、X体系呈均衡状态。由此海德根据P、O、X三者的情感关系推导出八种模式，如图4-1所示。其中，四种是平衡的，四种是不平衡的。海德认为，人类普遍地有一种平衡、和谐的需要。一旦人们在认识上有了不平衡和不和谐性，就会在心理上产生紧张和焦虑，从而促使他们的认知结构向平衡与和谐的方向转化。

由图4-1可以看出：处于平衡状态的三角形三边符号相乘必为正，而处于不平衡状态的三角形三边符号相乘必为负。例如，P为职工，O为受尊敬的领导，X为拟开发的新项目。P主张开发新项目X，听到O赞同，则其认知体系为平衡状态；若听到O表示不赞成开发新的项目X，则其认知体系呈现不均衡状态。解除不均衡状态的方法有以下三种：（1）接受领导的劝说，改变态度（如P—X关系变为“－”）；（2）坚持己见，改变对领导的评价，不再尊敬领导（P—O关系变为“－”）；（3）认为领导的反对态度只是一种假象，实际上领导还是持赞成态度的（擅自将O—X关系变为“＋”）。

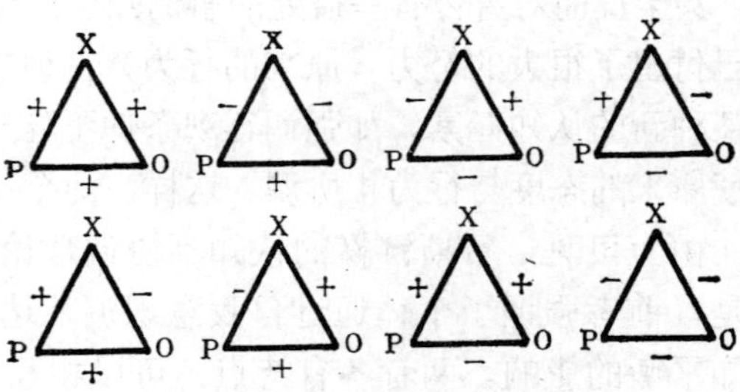
图4-1　海德平衡理论示意图

平衡理论的作用在于使人们以“最小努力原则”来预计不平衡所产生的效应，使个体尽可能少地改变情感关系，以恢复平衡结构。

（三）凯尔曼的态度转变与形成三阶段论

心理学家凯尔曼（H. C. Kellmen，1927—）通过研究，提出态度的形成过程主要经历了三个阶段：服从、同化和内化。[10] 服从又称为顺从，这是态度转化的第一阶段，即一个人从表面上转变了自己的观点。这是个体在遭受外部压力的情况下造成的。同化则是自愿地接受他人的观点、信念、态度与行为，使自己的态度与他人的态度相接近。内化是一个人从内心深处相信和接受他人的新观点，而彻底转变自己的态度。这意味着把他人的新观点、新思想接纳入自己的价值体系，使之成为自己态度体系中的一个有机组成部分。

（四）墨菲的沟通改变态度理论

沟通改变态度理论起源于心理学家墨菲关于对黑人态度的研究。他选择了一批白人作为被试者，随机把他们分为两个组：实验组和控制组，并用瑟斯顿量表法对他们进行态度测量，证实他们对种族歧视的态度大体相同。随后，让实验组看宣传黑人成熟的电影、电视和画报，控制组则不参加这种活动。结果发现，实验组对黑人的态度发生显著的改变，而控制组的态度则没有变化。

（五）预言实现改变态度理论

别人的预见以及由此而采取的对待方式会影响个体的心理。称赞和鼓励会诱发个体上进的动机；经常遭受指责、歧视，会导致个体消极、自暴自弃。用模式表示：

$$员工的行为=f(管理者的期望\times 对待方式)$$

例证 4-4：罗森塔尔效应[11]

1968 年，美国心理学家罗森塔尔（R. Rosenthal）在加利福尼亚的一所小学做了一个著名实验。他先故意对 1～6 年级的学生做了一次智力测验，然后随意地从每班抽 3 名学生共 18 人写在一张表格上，交给校长，极为认真地说：“这 18 名学生经过科学测定智商很高。”事过半年，罗氏又来到该校，发现这 18 名学生的确表现超常。这就是自我预言的实现。原本可能智力平平的学生，由于教师受到心理学家的有意影响，对那些学生产生了积极良好的期望，而这种良好期望会促使教师对他们做出更积极的教育行为，自然有利于学生的发展，最终结果是心理学家罗森塔尔预言的实现。

三、如何转变员工的态度

转变员工态度是指管理人员把员工消极的态度转变成积极的态度，把员工较弱的积极态度转变为较强的积极态度，或者把员工较强的消极态度转变为较弱的消极态度的过程。转变员工的态度是人力资源管理的有效途径，它对提高人力资源管理的效率具有重要的意义，同时也有助于企业建立良好的企业文化，建立企业内部和谐的人际关系。为了有效地转变员工的态度，不但需要了解影响员工态度转变的因素，而且要掌握转变员工态度的方法。

（一）影响员工态度转变的因素

影响员工态度转变有两方面的因素，即外部因素和内部因素。外部因素主要包括人际影响、企业内部的信息沟通、企业文化等因素；内部因素主要包括员工的认知、需要、个性心理特征等因素。

1．外部因素

外部因素主要包括如下三个方面。

（1）人际影响。员工在企业中工作和生活，其上级、下级、同级、客户以及与之交往的其他人员的观点、意见、态度，对员工态度的转变有重要的影响，尤其是具有权威的上级、关系密切的同事及企业中非正式组织的领导。苏联著名的心理学家维果茨基认为人之所以会改变他自己，是因为以他人作为参照系来对照自己的行为。

（2）企业内部的信息沟通。企业内部的信息沟通是影响员工态度转变的一个重要因素。信息沟通包括对每一个员工进行信息传递和对所有的员工进行信息传递，其目的都是为了转变员工的态度。企业内部的信息沟通对改变员工态度结构中的认知成分具有重要的影响。

（3）企业文化的影响。企业文化是指一个企业内形成的独特的文化现象、价值观念、历史传统、习惯、作风、价值准则、道德观念和生产观念，通过这些文化，企业内部各种力量统一于共同的指导思想和经营哲学。员工的态度要受到企业文化的影响和制约，作为企业的一员他必须维护和遵守企业的规章制度、价值观念、道德观念等企业文化。可以通过培育企业文化来转变员工的态度。

2．内部因素

内部因素主要包括如下三个方面。

（1）员工的认知。员工对原先的态度对象认知得越深刻，员工态度的转变就越困难。一个人对某事所持有的信念与态度会影响到态度改变的进程。若员工只有意念而未采取行动，则较容易改变；而既有意念又有行动，则较难改变；若不仅有意念而且又做公开表态，则有更大的抗拒性，特难改变。因此，要针对员工的原有态度强度，采取适当的方法来改变它。

（2）员工的需要。如果新的态度对象能够满足员工的需要，并能消除由行为的内驱力而引起的紧张状态，员工在情感上就比较容易接受，便会形成积极的态度，从而使原有的态度得到转变；反之，员工便会形成消极的态度，不利于原有态度的转变。

（3）员工的个性心理特征。员工的气质和性格对员工态度的转变有着重要的影响。

一般认为气质为胆汁质、多血质的员工态度转变比较容易，而粘液质、抑郁质的员工态度转变比较难；性格外向的员工比性格内向的员工态度转变更容易些。一般情况下，低自尊、低智力、低自信者，易被说服。高智力者易受强调理解的信息的影响，低智力者则易受强调顺从的信息的影响。就自尊而言，人们普遍认为，低自尊者比高自尊者易被说服，因为高自尊者很看中自己的观点和意见，自信心很强，对外来的说服和冲击会强烈地加以抑制；而低自尊者则相反，不大在乎自己的看法和意见，当遇到外在压力或强大的说服者时，很容易放弃自己的观点和态度。年轻人刚从学校毕业，充满热情，求知欲很强，也容易改变自己的态度和观点。

例证 4-5：有培训能力的公司只招应届优秀毕业生

保洁公司、世界四大会计师事务所和北京港澳中心瑞士酒店等这样的企业每年都喜欢从刚毕业的大学生中招聘员工。因为这些企业有一套属于自己的完善的培训机制和方法，会对这些毕业生们进行完善的入职培训。年轻人刚从学校毕业，充满热情，求知欲很强，很容易改变自己的观点和态度。这些企业认为他们如同一张白纸，要比已经有过一段工作经历的人易于培训，能够将他们培训成为与自身企业文化相适应的人才。对于期待应聘加盟的应届毕业生，这些公司通常启动了“实习生计划”。

（二）转变员工态度的方法

员工态度的转变需要一个过程。在管理中，要使员工的态度发生转变，我们要有耐心，不能有一蹴而就的思想。与员工建立和保持沟通是成功改变员工态度的关键。

例证 4-6：“低价引诱”

在商业经营中，我们经常以极优惠的价格诱导顾客同意交易，然后再慢慢改变交易条件，结果使顾客付出比最初所同意价格更高的价格达成了交易，这种方法称为“低价引诱”。这种控制手法也同样适用于改变员工的态度上。例如，当管理者要与某位员工进行沟通，最初只要求占用其五分钟时间，结果后来却谈了半个小时。假如管理者最初就要求与他进行半小时的沟通谈话，员工很有可能以有要事在身而拒绝，从而导致上下级缺乏沟通。

此外，还必须注意转变员工态度的方式、方法。这里介绍宣传法、员工参与法、组织规范法。

1．宣传法

宣传法就是借助于一定的手段（如简报、局域网、广播、讲座等），把信息传递给员工，改变他们的原有态度以形成新态度的方法。宣传分为单向宣传和双向宣传。单向宣传是由管理者向员工讲事情的有利（或不利）的一面。双向宣传是管理者与员工相互沟通，既讲事情有利的一面，也讲事情不利的一面。双向宣传往往被人看作是更公正、偏见更少的讲评，会减少人们的对抗心理或防御心理，从而更易于说服员工；而单面论证往往会被看作是有偏见的，所以会增强员工的抵制心理。因此，同时提出正反两种观点，而后强调自己见解的正确性和重要性，则更具有影响力。对于文化程度高者而言，双向宣传有效；对于文化程度低者而言，单面宣传容易改变其态度。另外，当员工与管理层的观点一致或对问题不熟悉时，单面宣传效果更好；如果员工与管理层的观点不同，对问题又较为熟悉，那么双向宣传要比单向宣传更有效。

此外，适当的恐惧唤起有助于改变员工的态度。在进行宣传而运用恐惧唤起手段时，一般可采用中等强度的恐惧。

例证 4-7：恐吓戒烟法

国外一家公司考虑到员工健康和预防火灾，用各种形式宣传吸烟的害处，劝员工不要吸烟。半年后，收效甚微。后来董事会开会决定，准备采用惊吓手法，即到处张贴血淋淋的脑部照片和展示血管内脂肪累积及肺内癌肿瘤的图片，让烟民亲眼目睹吸烟对身体带来的伤害。半年后，火灾事故数量明显下降，员工的健康水平有了一定的提高，许多员工对戒烟也开始持积极态度。

在宣传的过程中，既可以借助理性说服，也可以借助感情的唤起来影响员工，做到晓之以理，动之以情。一般地说，可以唤起人们感情的宣传能够更好地改变员工的态度。管理者的权力和威望对员工态度的转变有着重要的影响。

宣传过程中常见的心理效应有如下三种。

（1）权威效应。所谓权威效应是指因宣传者的威望而产生的使宣传对象无保留地接受宣传信息及观点的影响力与效果。哈夫兰德（C. I. Hovland）曾经以大学生为实验对象，将其分为两组，施以同样的宣传。但对一组大学生说宣传者是一位威望很高、受到人们崇敬的人，而对另一组则说宣传者是一个普通的人。实验结果显示，前者有23%的人转变了态度，后者转变态度的人数不足 7%。这说明有崇高威望的宣传者发出的信息具有强烈的心理影响力。[12]

（2）名片效应。所谓名片效应是指宣传者在论述自己的基本观点前，先表明自己在许多问题上与宣传对象有一致的意见，造成宣传的观点与宣传对象已有的态度相近、有共同之处的印象，从而使宣传对象更容易接受所宣传的观点。这是因为事先已有共同见解，可以减少对立情绪，削弱受宣传者对宣传观点的挑剔态度，便于求同存异。

（3）“自己人”效应。不仅宣传者与宣传对象间的观点一致，而且他们之间的任何相似之处（职业、民族、籍贯、经历、学历、研究领域等）都会增强宣传的效果。因为相似之处会使人产生认同的趋向，把对方看作“自己人”，从而缩短了心理距离，这就是“自己人”效应。

2．员工参与法

员工通过参与活动与他人进行交往并在交往中得到别人的启发和教育从而转变自己的态度。因此，我们宜注意通过员工参与活动来转变员工的态度。沟通对员工态度转变的影响起着重要的作用。

在现实管理工作中，许多人应用“角色扮演法”。如一些工厂让工人轮流担任质量督导员，或开展“一日厂长”等活动，对于强化职工的质量意识，引导职工关心企业，积极参与企业的管理活动起到了很好的作用。

3．组织规范法

每个人都处于一定的组织中，组织的准则、价值、规范化的规则都可以有效地影响人的态度。组织规范法就是利用群体规范的强制力、约束力，或者采用一定的行政手段、经济手段和规章制度，迫使员工了解管理者发出的信息，促使其逐步改变态度的一种方法。员工开始可能是在压力强制下被迫地去接受规定，随着时间的推移，变得越来越习惯，进而越来越自觉，以致最后改变原来的态度。这种方法一般运用在管理层与员工的态度立场严重对立，采取一般的宣传说服难以奏效的时候。

管理中一些重大问题的决策可适当采用讨论的方法形成决议，充分运用团体对个人的影响作用，并通过在企业中形成独特的团体精神、企业风气来有效地影响员工的态度。

例证 4-8：通用电气公司“大家出主意”会议[13]

世界著名的通用电气公司在各工厂车间召开“大家出主意”会议，公司成立“大家出主意”领导班子，并聘用了一些大学教授参加，对预定作为讨论重点的业务问题，邀请熟悉情况的各级员工来参加这一会议，每年全公司有 2 万～2.5 万名员工参加“大家出主意”会议，在群策群力基础上形成的领导决策，贯彻执行起来的阻力就小了。

四、员工态度的调查

员工态度调查就是管理者为了解员工对与工作有关的变量的态度，所作的认真的、有系统的调查。员工态度调查具有如下三种作用：（1）测量，即帮助管理者客观准确地了解员工工作动机和士气以及关于企业发展、工作本身及工作效率等的关键性问题；（2）沟通，即员工态度调查表是管理者与员工沟通的重要渠道，它为员工提供了沟通个人情感、信仰和观念的机会，使员工可以利用这样的机会建立他们的工作世界，同时也为管理者提供了向员工表达他们对员工的关心的机会；（3）管理过程，即调查结果可以帮助企业发现问题，纠正失误。

经常调查的问题是对工作的满意度、工资和福利、主管的工作和对企业整体的态度。态度的测量和调查方法主要有问卷法（量表法）、面谈法、行为观察法。量表法通常采用标准的量表进行。员工态度调查以纸笔问卷调查最为普遍，随着互联网技术的发展，网上调查正在逐步兴起。

（一）问卷法

员工态度问卷调查通常有五个步骤。

（1）准备阶段：调查者确定要调查的问题并设计问卷。

（2）问卷填写阶段：调查者发放问卷并回收问卷。

（3）问卷分析阶段：调查者分析数据，得出结论，写出结果报告。

（4）追踪阶段：调查者组织员工分析数据和调查结果并作出相应的改革建议。

（5）庆祝阶段：调查者报告调查工作的情况和根据建议所作的相应改革的结果。

下面介绍两种问卷法，即坐标法和句子完成法。

1．坐标法

坐标法，主要用来测量人们对某一问题赞成或反对的程度。程度可以分为三等到十一等（奇数），常用的是五等。

例如，有人提议本厂与××厂联营，你认为如何？

a．坚决支持　　b．支持　　c．无所谓

d．反对　　e．坚决反对

把收集的信息进行处理，填入表4-5中。

表4-5　态度坐标测量处理表

项　　目	有人提议本厂马上与××厂联营，你认为如何	人　　数	所占比例/%
反应	坚决支持		
	支持		
	无所谓		
	反对		
	坚决反对		
合　　计			

据此可以立刻看到，对这个建议持积极态度的有多少人，持消极态度的有多少人。这对于了解员工的态度并作出正确的决策是十分有意义的。

2．句子完成法

句子完成法，是事先准备好一些与你想了解的内容有关的未完成句子，让员工把句子写完，从中反映出员工对某一事物的态度。

这种方法的主要优点是：员工不易隐瞒自己的真实态度；缺点是：分析有一定困难。

下面是一些未完成句子的例子：

（1）工作意味着……

（2）如果工厂倒闭，我……

（3）我一个人工作时，……

（4）大家认为我……

（5）我在厂里感到……

（6）领导待我……

（7）我们厂的产品……

（8）我的工作环境……

（9）家庭对我来说……

（10）工厂对我来说……

（二）面谈法

面谈法是了解员工态度的主要方法，采用的方式主要有各种会议、座谈会、现场谈话、离职面谈。面谈要长期坚持，必要时形成制度，要虚心听取员工的建议和意见，并反映在决策上。企业要客观评价员工“离职”、“跳槽”行为，由此引起对自身不足的警觉，通过恳请批评寻找缺点。

例证 4-9：松下对离职员工的态度[14]

日本松下公司的电器产品以精工制作、品质优良而行销于世界各地，公司总经理松下幸之助却冷静地把注意力集中在听取逆耳之言上，他对待“跳槽”员工的态度就表现了这种愿望。松下认为“跳槽”的员工总是希望到更高更强的企业就职，是有进取心的优秀员工，他们往往已经发现了松下公司的某些弊端。为此，松下幸之助对主动脱离该公司另有高就的员工不仅一律热忱欢送并表示祝贺，还十分诚恳地请求他们留下批评意见。在曾经跟随他26年的后藤清一离开公司时，他以一个多小时的时间认真倾听后藤的见解。松下公司的许多决策就是根据“跳槽”员工临别时留下的意见重新修正的。

（三）行为观察法

观察法是指调查者深入现场观察员工的行为，根据员工的言语、表情及行为表现来推断其对某事物的态度。由于这种方法在使用时不会被员工发现，故可以比较准确地收集资料。

近年来随着科技的发展，许多企业使用新技术和新方法进行员工问卷调查，表4-6对多种员工态度调查方法作了比较。

表4-6 员工态度调查方法比较

方法	特点	优点	缺点
小组面谈	员工用自己的话表达感觉，调查者通过提问了解员工要表达的意思	尤其适用于探测性地了解问题的深度和广度，对问题的感觉及其强度；也用于问卷设计的初稿阶段和为了澄清某些问题而进行的问卷调查结果的追踪	所获信息可能不能准确地反映被调查群的整体态度；如果被调查群差异较大，需要组织数个面谈小组
电脑调查	员工使用计算机或网络回答问题	有趣，高参与率，可查出员工回答的自相矛盾的问题并加以解决	只能调查那些能接触并使用计算机或网络的人
内向电话调查	员工拨通一个800号码，由一个问讯者回答电话，提问调查问题，并将数据输入计算机	速度快，准确度高	无法控制员工拨打电话的次数；需要足够的问讯者；数据收集的人力成本高
外向电话调查	问讯者给员工打电话进行调查	高参与率；可以控制被调查者的参与次数；能够测量特殊的员工群体；效率高，准确度高	有些员工不接电话或不能接电话；保密度低；数据收集的人力成本高
观察法	调查者深入现场观察	准确度高	有些态度和行为难于观察；速度慢，数据收集的人力成本高；行为与态度并非一对一关系，有效性比较差

第三节 工作满意度

一、工作满意度的概念与内容

工作满意度是指个人对他所从事工作的一般态度。这种态度影响管理心理与行为，甚至身体健康。塞尔斯（Sales，1969）曾做过一项研究，使员工完成 1 小时的实验工作，发现其血液中胆固醇的含量与其对任务的喜爱程序呈负相关趋势。[15] 一些跨国公司在他们的顾客服务研究中，已渐渐从研究外部顾客满意转向研究内部顾客满意，也即员工的满意。联邦快递公司认为"无法想象一个连内部顾客都不满意的企业，能够提供令人满意的服务给顾客"。当其内部顾客满意度达到 85%的时候，他们发现公司的外部顾客满意度达 95%。

一般认为，工作满意实际上是几种相关的态度。所以，当我们说满意时，我们必须明确"对什么满意"。研究表明有五个方面的内容是工作中最重要的特征，人们会对之有情感上的反应，它们是：

（1）工作本身，是指员工所从事的工作有趣的程度，提供进一步学习的机会和承担更多的责任。

（2）报酬，是指所得到的报酬多少、报酬的公平性和支付报酬的方式。

（3）升职机会，是指升职的现实可能性。

（4）上司，是指上司的技术和管理能力，上司对员工及其利益关心的程度。

（5）同事，是指同事友善、有技术能力和支持合作的程度。

尽管工作的其他方面也很重要，但上述五个内容在评价组织中工作态度时却最为常用。

二、影响工作满意度的因素

影响工作满意度的因素比较多，既包括员工自身的因素，如员工的年龄、职业阶层、教育程度，也包括工作和环境因素，如组织规模、领导风格和工作性质。下面分别介绍员工的年龄、职业阶层、受教育年限以及组织规模、领导风格和工作的丰富程度对工作满意度的影响。

1．年龄

年长的员工有较高的工作满意度，如表 4-7 所示。

表 4-7　年龄与工作满意度（N=4 000）

年　龄	一种满意度指数
30 岁以下	3.41
30～40 岁	3.42
41～55 岁	3.57
55 岁以上	3.62

上述结果的产生原因可能是青年人对工作有更多的期望，而当一个人逐渐长大，社会经验变得丰富起来，对环境的评价逐渐现实后，满足感便会提高。此外，随着年龄的增长，人们社会地位的提高也是满意度增加的一个重要因素。

2．职业阶层

员工的职业阶层越高，满足感越强，如表4-8所示。“假如有机会让你重新选择职业，你还会选择现在所从事的职业吗？”当被问及这一问题时，人们仍然计划选择同类工作的比例如表4-9所示。可见，白领员工更多地选择同类工作，而蓝领员工则较少选择同类工作。造成此类现象的主要原因在于工作条件随着阶层提升而得到改善，与此同时，工资福利都会有所提高，从而增加了满意程度。更重要的是，高职业阶层的工作能够充分发挥人的才能，使人得到自我实现的机会。

表4-8 职业阶层与工作满意度

职业团体	样本人数	平均满意度
专业技术人员	323	25
管理者、官员、店主	319	19
推销人员	112	11
工匠、班组长	270	8
服务工人	238	−11
事务人员	364	−14
作业员	379	−35
非农业工人	72	−42

表4-9 在选择职业时，人们仍然计划选择同类工作的比例

层次	职业团体	比例/%
白领	公立大学教授	93
	数学家	91
	物理学家	89
	生物学家	89
	化学家	86
	公司律师	85
	学校负责人	85
	律师	83
	新闻工作者	82
	教会大学教授	77
	私人律师	75
	白领工人	43

续表

层　次	职 业 团 体	比例/%
蓝领	熟练的印刷工人	52
	报社工人	42
	熟练的汽车工人	41
	熟练的钢铁工人	41
	纺织工人	31
	蓝领工人	24
	不熟练的钢铁工人	21
	不熟练的汽车工人	16

3．受教育年限

一些调查发现，受教育年限与工作满意度有很大关系，这个关系如图 4-2 所示，其走向比较复杂。受教育年限少时工作满意度一般，受教育年限中等时工作满意度较低，受教育年限多时随着年限的增多，工作满意度越来越大。

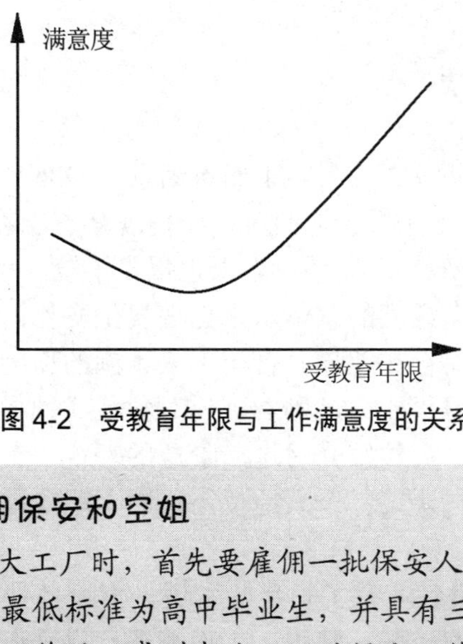

图 4-2　受教育年限与工作满意度的关系

例证 4-10：雇佣保安和空姐

美国建立第一个农业大工厂时，首先要雇佣一批保安人员。因为当时劳动力过剩，工厂制定雇佣保安人员的最低标准为高中毕业生，并具有三年工厂保卫的经验。但按这个标准雇佣的保安人员工作后，感到农业工厂的保安工作（只检查进出门的证件）单调、乏味，表示无法容忍，因而对工作漠不关心、不负责任，而且离职率很高。后来工厂雇佣只受过四五年初等教育的人来担任这个工作，他们对工作满意、责任心强、工作负责，缺勤率、离职率很低，保卫工作做得很出色。

无独有偶，台湾长荣航空公司只招收应届高中毕业生当空姐。为什么不招收本科毕业生呢？这是因为本科毕业生志向比较高，难服侍，在空中“端盘子”服侍人，怕她们做不好。所以就改招应届高中毕业生。长荣航空公司开风气之先，将航空服务人员交由日本航空公司代为培训，并招募被称为“养成宝宝”的高中应届毕业生为空中服务人员，她们需要接受六个月的养成教育。这一措施大大提高了公司的服务品质。年轻漂亮的空服人员在飞机将要着陆时，向乘客鞠 90 度躬致意，亲切的笑容和认真的态度，赢得了广大乘客的称赞。

4. 组织规模

组织规模越大，员工满意度越低。组织规模增加后满意感降低的原因是，在规模较大的单位，人员较多，许多活动被肢解。由于沟通协调不畅，一般职工很难参与到最高决策中去。人和人之间人情味也有大幅度地减少，解决问题层次太多太繁杂。

5. 领导风格

专制型领导下的员工满足感低，民主型领导下的员工满意度高。

6. 工作的丰富程度

单调、简单、日常性、重复性的工作会降低工作满意度。新颖、复杂、创造性及有挑战性的工作通常会提高工作满意度。

三、工作满意度的现状

1935 年，美国工人有近 1/3 的人对工作不满意。1986 年，不满率只有 10%～20%的水平，70%～80%的美国工人报告他们对工作是满意的，老工人则表现出了最高的满意度（65 岁以上的人为 92%），即使年轻人也报告了较高程度的满意度（73%）。可见，随着时代发展，工作满意度的总体水平也在发生变化。有调查表明，不满的来源因工作性质、年龄等不同而存在差异。青年工人不满的原因主要是个人期望不符合现实、受过太高的教育而显得“能力过剩”、反对独裁式领导。蓝领工人不满的主要原因是无法改变目前的地位、宣传媒介对这一阶层的轻视、工作乏味和工资下降。而对中层管理者而言，缺乏参与决策、个人地位不稳固、职业缺乏保障及权力减少是最为不满的因素。

改革开放以来，我国服务业有了长足的发展，但服务业员工并没有因此而感到满意，他们的工作满意度普遍较低。其中，工作待遇、提升机会及进修机会是工作满意度较低的主要影响因素。[16] 调查表明，农民工的工作满意度高于城镇工人。影响农民工工作满意的因素主要是就业特性中的企业所有制、是否工会会员、行业与个体特性中的年龄。农民工和城镇工人的工作满意度存在差异的主要原因是其各自的参照群体不同，由此形成了不同的“相对满意”。[17]

国内学者对教师和医护人员的工作满意度现状调查得比较多。新课程改革后，初中教师的工作满意度处于中等水平，其中满意度排前三位的是师生关系、同事关系和教学工作，而对工作报酬的满意度最低。男教师和副科教师在工作的各个方面都显示出低满意度[18]。高校教师工作满意度各项指标满意状况得分由低到高依次是：人际关系、环境条件、政策措施、工作报酬。各项得分一般，没有非常满意的。高校教师最不满意的是工作报酬（含住房待遇）。[19]收入低是医务人员对工作不满意的首要因素；医务人员的合理利益被忽略以及医务人员试图通过其他途径寻求经济上的补偿。[20]护士工作总体满意度水平较低，对专业发展机会的满意度最低。[21]

四、员工如何表达他们的不满

员工可以通过各种方式来表达他们的不满。按建设性和积极性两个维度将员工表达不满的方式分为四种，即退出、建议、忠诚、忽略，如图 4-3 所示。

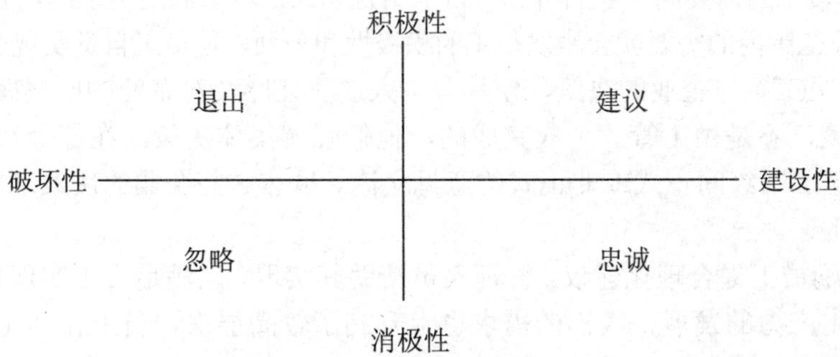

图 4-3　对工作不满意的反应

（1）退出：调动、离职或辞职。调动和离职使组织遭受经济损失，增加人事成本，还会引起各种影响，比如造成士气低落，使工作绩效水平下降。

（2）建议：采取积极性和建设性的态度试图改善目前的环境。包括表白不满，提出改善工作的建议，与上级讨论问题和组织某些形式的工会活动。

（3）忠诚：消极、但乐观地期待环境的改善。面临外部压力时为组织说好话，相信组织和管理层会作出正确的决策和事情，组织环境会逐步改善。

（4）忽略：消极地听任事态发展，结果是问题得不到解决，甚至更坏。包括长期缺勤和迟到，降低努力程度，增加错误率，消极怠工，甚至出现偷盗的行为。缺勤是工作不满意的突出表现。美国每年因为缺勤损失大约 260 亿美元，加拿大因为缺勤而产生的经济损失也在 60 亿美元。缺勤和工作满意度之间的相关系数常在 0.3～0.5 之间。在恶劣环境（如暴风雪）下仍坚持出勤的职工的工作满意度很高，相关系数在 0.8～0.9 之间。

五、如何提高员工满意度

一些企业已经认识到员工工作满意度的重要性，甚至把提高员工满意度当作一种战略来看待。所谓员工满意战略是指以员工满意为核心，最大程度地满足员工的合理需要，激发员工的积极主动性和能动性，提高全员的运作能力，从而推动企业发展的战略。企业的灵魂是员工，员工的需要得到了满足，将促使员工形成强烈的工作意愿从而充分发挥工作能力；员工出色的工作促成企业的良好运作，企业才具有足够的竞争力立足于市场，才能得以长足发展。员工满意战略的实质就是通过企业自身建设满足员工的需要。要满足员工的需要必须树立“以人为本”的企业文化价值观。其基本要义是企业从基本理念到具体的管理原则和方法，都是从人出发、以人为核心和以人为目的的。具体要做到以下七个方面。

（1）把员工的需要同企业的目标有机地结合起来，尽量满足员工的需要。企业满足了员工在企业范围内的需要就会激发员工的积极性和干劲，使员工自觉实现企业的目标。

（2）让员工参与企业的决策，使其有主人翁责任感及对企业的归属感。如日本一些公司的决策，不是由主管一个人完成的，他们强调集体决策。在整个决策过程中，日本人都注意上下级间正式或非正式的意见交流。虽然这些企业的决策形成的周期长，但贯彻执行迅速。

（3）鼓励员工提合理化建议，管理人员帮助其实现，以满足员工实现自我成就感。随着科技和生产力的发展，人们的需求也上升到了较高层次，员工作为企业的主人有自我实现的需要，重视并鼓励员工提合理化建议，不仅有利于企业改造和创新，更可以让职工有满足感，激发其劳动和创新的积极性。

（4）为员工营造一个良好的工作环境。良好的工作环境分为两个方面：一方面是硬环境，主要是指功能全面、用途专门、安全性好、风格新颖的工作和休息环境；另一方面是软环境，主要是指文化环境、人际环境等。积极向上的文化环境可以激励职工忠于本职工作并不断创新，良好的人际环境是企业运作的润滑剂。管理人员的一个主要任务就是在企业内建立良好的职工关系。工作变换和工作扩大化会使员工的工作朝着提高工作满意度的方面发展。

例证 4-11：Google 中国的办公环境[22]

Google（谷歌）素以为员工提供良好工作环境而著称。

1. Googler 的标准配备

Google 技术人员标准桌面：宽屏 20 英寸 LCD × 2 + 人体工程学键盘&鼠标 +

ThinkPad × 1 + 各种各样贴纸和私人物品（如布娃娃）。

2. Googler 的娱乐环境

劳逸结合才是提高效率的正解，Google 亦深谙这一道理。比如在北京工程院并不富裕的空间中决不会对休息、娱乐空间缩水。首先是 Googler 的休息空间：零食、咖啡、饮料、水果按需自取，还可以聚在桌前闲聊，当然，也少不了那个经典的“Google 冰箱 Tips”。娱乐空间里有乒乓球台和美式桌面足球，有时乒乓球台无处安放，也可能被搬到前台门口。

3. Googler 的个人空间

每个 Googler 都有 30 美元预算来点缀自己的私人工作空间，除了各种毛绒玩具、模型、照片以外，甚至有 Googler 将帐篷放在自己的“办公领域”，午休也很惬意。

（5）管理人员实行走动管理（Management By Walking Around，MBWA），经常与职工自由交谈，保持上下级沟通，促进了解，消除误解。所谓走动管理是指高层管理人员走出办公室，通过直接的面对面谈话，向组织中的其他人学习。

（6）重视员工培训。提高人的素质是“以人为本”的核心内容，现代企业只有不断提高人的素质，企业才能不断发展；只有具有高素质的人，才能有一流的技术、一流的质量和一流的产品。

例证 4-12：福特公司员工培训

福特公司每年要拿出相当于全体员工工资额 2.5%的经费对职工进行培训。当一种新车研制出来进入装配车间之前，每个装配车间的员工必须接受 80～120 小时的理论和操作培训。福特公司每个工厂和办公室都配套有学习中心，中心内设备齐全，装有计算机、学习软件及录像设备。

（7）建立精神的激励机制。员工是“社会人”而不是“经济人”，因此对员工的激励应既有物质上的奖励，同时又要给员工精神上的荣誉感。

第四节 组织承诺

组织承诺通常是指员工对组织及其目标的认同感，以及对组织的归属感。组织承诺代表了员工对组织的忠诚度。高组织承诺意味着员工希望保持组织成员的身份；低组织承诺的员工则倾向于与组织隔离。组织必须采取一定的措施提高员工的组织承诺。

一、组织承诺的概念和内容

阿伦和梅耶（Allen & Meyer，1991）认为，组织承诺（Organizational Commitment）是个体体现出的一种对组织的感情倾向，以及对离开组织造成损失的认知和对组织应负的道德责任。他们将组织承诺划分为三个维度，即感情承诺（Affective Commitment）、规范承诺（Normative Commitment）、继续承诺（Continuance Commitment）。[23]

1．感情承诺

感情承诺是指个体对其所在组织的感情依恋、认同和投入度，是指个体对组织的积极情感，包括认同组织的价值和目标、为自己是组织的一员而感到自豪、愿意为组织利益做出牺牲等。个体对组织所表现的忠诚和为组织努力工作，主要是由于对所在组织有深厚的感情，而非物质利益。

2．规范承诺

规范承诺是指个体基于义务和社会责任而继续留在组织内工作的认知。个体在社会化的过程中，不断地被灌输和强调这样一种观念或规范，即忠诚于组织是会得到赞赏和鼓励的一种恰当行为，以至于在个体内心产生顺从这种规范的倾向。

3．继续承诺

继续承诺是指个体对离开组织所导致损失的认知而不得不继续留在该组织内的一种意愿。这种承诺建立在物质利益基础之上，具有浓厚的交易色彩。员工进入一个组织，有着维持生活、提升自我、获取成就等方面的期望和需要。员工通过为组织努力工作，满足这些需要。比如，获得良好的报酬和退休金，掌握专门的技术和技巧，在组织中形成的人际关系和所具有的资历、地位。如果员工离职，所有这一切都将丧失，员工为了保持住这一切而愿意留在组织中。

近20年来，又出现了一个与组织承诺有关的概念——职业承诺（Professional Commitment）。职业承诺（又称专业承诺）是指由于个体对特定职业或专业的认同和情感依赖，对职业或专业的投入和对社会规范的内化而导致的不愿变更职业或专业的程度。简单地说，职业承诺是个体对职业的忠诚，组织承诺是个体对组织的忠诚。

通过对中国企业员工的组织承诺进行研究，我国学者凌文辁，张治灿，方俐（2001）发现，我国员工的组织承诺包括五个维度的内容，形成一个五因素模型，见表4-10。[24]五因素模型表明，员工之所以会留在组织中，是因为感情承诺、经济承诺、理想承诺、机会承诺和规范承诺等五个因素的作用，即因为他们对组织有心理上的依附感、经济上的依赖、期望的满足、其他机会的缺失以及他们觉得应该留在组织中。

表 4-10　中国员工组织承诺的五因素模型

因　素	包含内容	影响因素
感情承诺	·对组织认同，感情深厚 ·愿意为组织的生存与发展做奉献，甚至不计较报酬 ·在任何诱惑下都不会离职跳槽	·对领导的信任度 ·来自组织的生活支持 ·领导的团体维系行为 ·组织的可依赖性
理想承诺	·重视个人的成长，追求理想的实现 ·关注个人的专长在该组织中能否得到发挥 ·组织能否提供各项工作条件和学习提高及晋升机会，以利于实现理想	·员工的社会公平交换水平 ·员工对同事的满意程度 ·员工所处团体的集体工作精神
规范承诺	·对组织的态度和行为表现均以社会规范、职业道德标准为准则 ·对组织有责任感，对工作、对组织尽自己应尽的责任和义务	·对领导的信任度 ·来自组织的工作支持 ·受教育程度 ·职位 ·领导的工作向导行为 ·对工作的满意度
经济承诺	·因担心离开组织会蒙受经济损失，所以才留在该单位	·工龄 ·对领导的信任度 ·员工的社会公平交换水平
机会承诺	·留在这个组织的根本原因是找不到其他更满意的组织 ·因自己技术水平低，没有另找工作的机会	·对报酬的满意度 ·来自组织的生活支持 ·组织的可依赖性 ·员工的社会公平交换水平 ·对组织的总体满意度 ·受教育程度 ·年龄 ·改行的可能性

例证 4-13：河北省高校教师组织承诺现状[25]

调查表明，河北省高校教师组织承诺总体水平基本处于中等，组织承诺各因素中，规范承诺水平最高，其次为情感承诺，经济承诺水平最低。高校教师作为具有较高学历层次、拥有一技之长的专业人才，有较多的“跳槽”机会，所以表现出组织承诺水平中等的状态。受中国传统文化和教师这一特殊职业的影响，高校教师规范承诺、情感承诺水平较高。河北省大多数高校属于教学型大学，普遍存在“论资排辈”的现象，导致河北省的高校教师理想承诺水平偏低。虽然高校教师的收入有了一定程度的增长，但从高校教师所处的学历层次来看，这个阶层的群体对工资收入有较高的期望值，导致高校教师经济承诺水平在所有因素中最低。

二、影响组织承诺的主要因素

根据组织承诺水平的因素来源，国内外学者将影响组织承诺的主要因素分为三类，即环境因素、组织和工作因素、个体因素。[26]

（一）环境因素

员工及其所在组织所处的环境状况对员工的组织承诺水平存在如下三个方面的影响：① 从劳动力市场看，失业率的高低决定了个人就业机会的多少，失业率与员工的组织承诺水平正相关；② 从社会文化角度看，在主张创业、冒险、单干的社会文化中，员工的组织承诺水平较低；③ 从行业性质看，人才竞争激烈的行业中，员工的组织承诺较低，这是因为同行之间的人才争夺使得员工更换工作后的收益提高，推动员工在行业内部流动。

（二）组织和工作因素

1．组织变革

在组织变革的环境中（如公司合并、裁员），员工通常会担心自己的发展前途以及是否会被解雇，其组织承诺较低。

2．组织特性

企业效益和发展前景、薪酬福利、企业领导的能力和素质、组织文化、管理运行机制、组织中的公平性和支持性，直接影响到员工的组织承诺。薪酬公平（特别是分配公平）对知识型员工的组织承诺（特别是情感承诺和继续承诺）的影响较大。[27]

3．职业工种

相对稳定、没有多大风险、劳动负荷不是很大的工作，而且有愉快的工作经历，员工的组织承诺较高；相反，工作环境恶劣、风险较大的工作，其组织承诺较低。

4．人际关系

组织中员工之间合作非常愉快、气氛融洽，员工之间的沟通无障碍，员工的组织承诺较高。

5．工作投入

工作投入程度高的员工对他们所做的工作有强烈的认同感，并且真的很在意他们所做的工作类型，工作积极主动，甚至热爱、迷恋自己的工作，他们的组织承诺较高。

（三）个体因素

根据影响组织承诺水平的个体特征的来源，可以分为三类：

1．年龄和工作年限

工作年限越短，年纪越轻，员工的继续承诺越低，而流动率越高。工作年限长的员工倾向于有更高的组织承诺。

例证 4-14：80 后和 80 前组织承诺的比较[28]

调查表明，80 后一代比其他年代的员工对于企业薪资福利的牢骚更多，一旦这种不满情绪得不到缓解，他们就会动摇而选择离开，另谋高就，具体表现为 80 后的跳槽、辞职率高。80 前员工因工作时间长、资历老，对组织的投入明显多于 80 后员工，因而他们就比较不愿意离开该组织，也希望维持成员身份，表现为组织承诺较高。80 后员工正是由于工作时间短，对工作投入少而组织承诺低，所以才频繁地跳槽；而跳槽越频繁，他们对一个组织的投入就越少，组织承诺就越低。于是，组织承诺低与跳槽频繁之间就形成了一个恶性循环。

2．性别

女性比男性的组织承诺水平高。

3．婚姻

一般地说，已婚员工的组织承诺明显高于未婚员工，离职率也低于未婚员工。

三、组织承诺的作用

组织承诺对组织的重要性日益显著。在某种意义上，组织成员的组织承诺水平代表了组织的凝聚力和竞争力。其作用主要表现在如下三个方面。[29]

（一）组织承诺对降低员工离职率的作用

研究者们越来越认同用组织承诺描述员工的工作态度，并将它作为联结工作满意度和离职行为的中介变量，组织承诺被认为是离职率的良好预测指标。

要降低员工的离职率，基于组织承诺，至少有如下三种主要措施可以采用：① 加强员工与企业匹配来提高员工的感情承诺水平；② 强化企业薪酬激励来提高员工的继续承诺水平；③ 倡导员工遵守企业职业规范来提高员工的规范承诺水平。

（二）组织承诺对组织公民行为的促进作用

组织公民行为是员工在自己的角色之外对组织额外的贡献，因此，只有更高组织承诺（特别是情感承诺）的员工才会有更多的组织公民行为。组织中感情承诺高的员工在心理上会觉得应该完成的任务更多，更容易主动接受指派的工作，而且对他们来说，投入地去完成工作基本上是无须考虑的，例如主动帮助新员工和同事，对顾客更加热情负责。以规范承诺为主的员工会花一些时间考虑完成这项工作能在多大程度上回报组织曾给予的恩惠。以继续承诺为主的员工会花较多的时间去计算完成工作的得与失，从而采取自己认为最经济的方法去完成工作。

（三）组织承诺对工作绩效的影响

感情承诺对工作绩效表现出显著的影响，但继续承诺和规范承诺对员工的工作绩效并没有影响。

四、增强组织承诺的方法

Dessler（1999）提出如下五条具体的办法以提高员工的组织承诺。[30]

（1）严守员工第一的价值观。聘用合适类型的管理者，实践员工第一的价值观。

（2）明确你的任务并传达任务。明确自己的任务和思想体系，使这些任务和思想体系具有魅力；实行基于价值观的雇佣政策；着重以价值观为基础的指导和培训；建立传统。

（3）确保组织公正。建立全面的投诉程序；提供广泛的双向沟通。

（4）营造一种社区感。建立起以价值观为基础的同一性；达成分享和类似分享的其他方式；重视互助作用、交叉利用和团队合作；把上述几个部分结合起来。

（5）支持员工发展。坚持付诸实践；提供第一年的工作挑战；丰富化和授权；内部晋升；提供发展活动；提供给员工股票而不需要抵押。

本章小结

- ◆ 价值观代表一系列基本信念和看法：从个体或社会的角度来看，某种具体的行为类型或存在状态比与之相反或不同的行为类型或存在状态更可取。
- ◆ 态度是指主体对特定对象作出价值判断后的反应倾向，包括认知、情感、行为等三种成分。
- ◆ 态度转变的理论主要包括费斯汀格的认知失调理论、海德的认知平衡理论、凯尔曼的态度转变与形成三阶段论、墨菲的沟通改变态度理论和预言实现改变态度理论。
- ◆ 工作满意度是指个人对他所从事工作的一般态度。这种态度影响管理心理与行为，甚至身体健康。
- ◆ 组织承诺是个体体现出的一种对组织的感情倾向，以及对离开组织造成损失的认知和对组织应负的道德责任。可以将组织承诺划分为三个维度，即感情承诺、规范承诺、继续承诺。

◆ 组织承诺的作用主要表现在如下三个方面：（1）有利于降低员工离职率；（2）促进组织公民行为；（3）提高工作绩效。

思考练习题 4-1：简答题

1．简述罗克奇价值观类型。

2．什么是工作满意度？

3．什么是组织承诺？

思考练习题 4-2：单项选择题

1．在宣传过程中采用恐惧性诉求时，何种程度的恐惧性唤起可以取得最佳效果（　　）。

（1）高　　（2）中　　（3）低

2．成就感属于罗克奇价值观中的（　　）。

（1）目的价值观　（2）工具价值观　（3）其他价值观

3．影响组织承诺水平的个体特征来源不包括（　　）。

（1）性别　　（2）婚姻　　（3）外貌

心理测试 4-1：价值观[31]

这份评估表可以帮助你更好地理解自己的重要的个人价值观。它应该由个人完成，其结果可作为开展团队/班级讨论的基础。本测试约需 30 分钟。

价值观：

价值观是我们去发现值得做和有意义的事情的原则，它能够指引我们该做什么，如何去做。看看以下的工作价值观和个人价值观列表，选出 10 种对你来说很重要的价值观。然后利用所提供的等级表，按照优先顺序对它们进行排列。

选择你的 10 种价值观。

从表 4-11 中选出 10 种对你最有意义的价值观。你也可以为列表添加其他价值观，并根据需要将其纳入你的选择之中。

表4-11　66种价值观

1．有职责		2．优秀	
3．成就		4．名声	
5．进步		6．家庭	
7．冒险		8．快节奏	
9．威信		10．经济回报	
11．人道主义		12．舒适	
13．环境保护		14．自由	
15．挑战		16．友谊	
17．变革		18．乐趣	
19．协作		20．健康	
21．共性		22．帮助他人	
23．能力		24．帮助社会	
25．竞争		26．诚实	
27．创造力		28．独立	
29．以顾客为导向		30．内部融洽	
31．果断		32．正直	
33．效率		34．智慧	
35．平等		36．参与	
37．道德		38．知识	
39．领导能力		40．信仰	
41．爱		42．名誉	
43．忠诚		44．责任心	
45．意义		46．安全	
47．开诚布公		48．服务	
49．和平精神		50．慢节奏	
51．个人发展		52．稳定性	
53．权力		54．地位	
55．压力		56．刺激	
57．私密		58．时间	
59．提拔		60．信任	
61．质量		62．多样性	
63．认可		64．独立工作	
65．人际关系		66．与他人合作	

注：如果你还有其他价值观，请写出。

将你选出的10种价值观填入表4-12第一栏“价值观”中，赋予每种价值一个编号。其他两列先空着（以后再处理），直接进入下一个等级表的操作。

表4-12 10种价值观

价值观（填入）	A栏 被选择的总次数	B栏 排序（1～10）
1		
2		
3		
4		
5		
6		
7		
8		
9		
10		

现在请你完成下面的等级表，如表4-13所示。你需要将每一种价值观和其他的9种价值观依次作比较，以决定在每两种价值观之间你更偏向于着重哪一种（在每一空格中圈出它的编号）。比如，第一个格是让你在价值观1和2之间做一个选择。

表4-13 等级表

1 2								
1 3	2 3							
1 4	2 4	3 4						
1 5	2 5	3 5	4 5					
1 6	2 6	3 6	4 6	5 6				
1 7	2 7	3 7	4 7	5 7	6 7			
1 8	2 8	3 8	4 8	5 8	6 8	7 8		
1 9	2 9	3 9	4 9	5 9	6 9	7 9	8 9	
1 10	2 10	3 10	4 10	5 10	6 10	7 10	8 10	9 10

当你完成选择后，统计一下你圈中每一种价值观的次数，这就是你给它分配的优先权值。将其填入表4-12的A栏中。

然后，在表4-12的B栏中安排各价值观的优先等级。

将优先权值最大的价值观（A栏中最高的数值对应的价值观）安排为1号，将优先权值最小的价值观（A栏中最低的数值对应的价值观）安排为10号。

与团队中其他成员讨论你的发现。

管理游戏4-1：价值观大拍卖

目的：协助学生澄清自己的价值观。

形式：全体参与

时间：50分钟

道具：价值观项目表，A4纸

场地：室内

程序：

1．活动前教师先制作“价值观项目表”，如表4-14所示，并将这些项目另书写于墙报纸上。

2．教师发给每位学生一张“价值观项目表”及一张A4纸。

（1）教师请学生将A4纸做成总金额为10 000元的纸钞，面额为5 000元、2 000元、1 000元及500元（亦可为其他面值，只是单位愈小，所花时间愈多），张数不限，但总金额须为10 000元。

（2）请学生预想：若10 000元代表人的一生的所有时间和精力，他会花多少钱来买“价值观项目表”的那些项目？教师可给5分钟时间，让学生在“价值观项目表”上进行估算。

3．教师的身份转成银行，担任拍卖的工作（亦可让学员轮流担任）。

（1）教师说明拍卖规则（如可不可以向银行借款、或可不可以将买到的“物品”转卖等）。

（2）进行拍卖。

分享：

1．拍卖完毕学生分组讨论，或在班级里分享自己在此活动中的心得。

2．教师说明价值观对个人的发展与人际关系有极大的影响。因此，认清自己的价值观，可增强自己对人、事的辨别与决策能力。而此活动也可使学生看到自己是属于敏锐果断、眼明手快类型还是优柔寡断、犹豫不决的类型。

3．你是否买到自己认为最重要的价值观项目？

（1）如果是，买到时的心情如何？

（2）如果不是，则因何故没有买到？没有买到的心情如何？

（3）你最想买的项目是什么？其背后隐含的价值观是什么？为什么它对你而言那么重要？

4．有些人什么都没有买到，为什么？

5．参与拍卖活动时，你的心态如何？

（1）你所买的项目是否都是你喜欢的？还是在赌气或不得已的情况下买的？

（2）在拍卖过程中，你的心情是紧张的？兴奋的？还是……？

表 4-14　价值观项目表

项　目	优　先　级	预 估 价 格	成 交 价 格
1．使世上的人对待他人正如个人希望的方式			
2．有 100 万元给世界上需要的人			
3．有机会成为你所喜欢的那个学科/专业最优秀的学生			
4．有 1 年可以尽量做个人爱做的事			
5．有 1 年做全世界最聪明的人			
6．有 1 粒使人说实话的药丸			
7．有机会完全自主			
8．有一屋子的钱			
9．有机会当地方行政长官（如某市市长）			
10．被班上每个人喜爱			
11．在世界上最美的地方有座房子			
12．有机会成为世界上最吸引人的人			
13．有机会健康地活到 100 岁			
14．有颗可以解决你担心的问题的药丸			
15．有座藏有你喜爱的书的图书馆			

案例分析 4-1：如何赢得员工的心[32]

赛仕公司（SAS Software）员工的工作环境是这样的：铺着大理石地面的豪华宾馆式大楼，大楼的四周是山峦、绿树与湖泊；每周工作 35 小时，休病假没有限制，还可以休假照顾患病的家人；使用让 NBA 教练都瞠目结舌的运动健身中心，定期参加高尔夫球、非洲舞蹈和太极拳学习班，每周按摩几次；享用免费洗衣房，孩子送到最好的幼儿园而费用却很低。

该公司在美国《财富》杂志评选的“全美国人最乐意为之工作的100家公司”中，1996年、1997年连续两年位居第三，在高科技公司中排名第一，超过了排名第27位的微软公司与第49位的英特尔公司。

大多数人会想，公司哪有这么多闲钱给员工谋福利？结论也许会令人吃惊：这样做反而节省了一大笔钱。

赛仕公司对员工的高度重视换取了员工对公司的忠诚，与赛仕公司规模相当的一家软件公司每年约有1 000名员工流动，而赛仕公司只有130人左右。这样，在招聘、面试、培训新人方面节省了大量开支，也大大减少了由于人才流失造成的职位空缺给公司带来的损失。据估计：重新雇一名新员工的成本是这份工作薪金的1～2.5倍。工作复杂性越高，成本也越高。公司员工的平均年薪是5万美元，仅此一项，赛仕公司一年就节省了6 750万美元，这意味着每人可以拿出额外的13 500美元来提高福利水平。用公司员工福利主管的话来说就是：“我们怎么也没法花掉我们节省下来的钱。”

赢得员工的心就等于留住了客户。1998年美国《财富》杂志评选的全球100家最大公司中有98家都在应用赛仕软件，而且它们大部分会长期稳定地使用它。

如果有人认为赛仕公司的制度宽松，那就错了。它有一套严密的管理体制，在产品、工作伦理、标准方面绝对没有任何松懈。听听员工福利主管说的话：“如果你连续生了6个月的病，你将会收到卡片和鲜花，就会有人来帮你做饭。如果你每一周的星期一都生病，你将会被公司解雇。”

问题讨论：

1．员工满意、忠诚与其工作绩效有何关系？

2．为什么说“赢得员工的心就等于留住了客户”？

案例分析4-2：惠普的管理之道[33]

惠普公司对员工尊重和信任的最突出表现是灵活的上班时间。根据惠普公司的做法，员工可以上午很早来上班，或者上午9点来上班，然后在干完了规定的工时后离去。惠普创始人之一戴维·帕卡德评价说：“在我看来，灵活工作时间是尊重人、信任人的精髓。它表明，我们既看到了我们的职员个人生活很繁忙，同时也相信他们能够同其上司和工作群体一起制订一个既方便个人、又公道合理的时间表。”这样做是为了让职工能按自己个人生活需要来调整工作时间，也表示了对职工的充分信任。

戴维·帕卡德还认为，容忍个人的不同需要是以人为本的“惠普之道”，也是表示对员工尊重和信任的另一个要素。多年来，惠普的员工中也有一些人因为其他地方似乎有更大的机会而离去。但是惠普始终认为，只要他们没有为一家直接的竞争对手工作，只要他们有良好的工作表现，就欢迎他们回来。因为他们了解公司，不需要再培训，而且通常由于有了这种额外的经历而有着更愉快、更好的动机。帕卡德还说，一些人离开惠普后成功地开办了他们自己的公司，而且这样的例子至少有十几个。这些公司雇佣的员工超过了 4 万人，他和惠普公司的缔造者威廉·休莱特两人并不因此而感到不快，相反，他们尊重这些人的创业精神，而且因曾经和这些人一起愉快地工作过而高兴和自豪，还因为这些人在建立自己的公司时采用了许多体现"惠普之道"的管理原则和做法而备感荣幸。

从内部提拔人员也是惠普对员工信任和尊重的一种表现。在刚刚进入计算机行业时，惠普曾经因为公司内部缺乏计算机专门人才而将目光转向公司外部，但是这些人同样很欣然地适应了惠普公司的文化。公司首席执行官普莱特曾说，由于公司内部人选不是很丰富，公司将首次从外部挑选最高领导者。但是，除此之外，惠普在大部分时间内还是喜欢从公司内部挑选人才，因为他们深信惠普公司能够培养出最优秀的经营者和管理者。

1999 年卸任的惠普公司总裁普莱特在接受采访时，没有提及公司近几年来的巨额盈利（1989 年以来，公司年度总收入增长率接近 30%），也没有提及公司产品在市场上一直畅销，只是谈了信任问题：他对手下工作人员非常信任，员工深受公司文化的熏陶，正是这种文化使惠普获得成功。普莱特还有一种让高层管理人员学会尊重别人的成果的方法：每年，他请经营单位的经理们就哪些公司部门增加了价值、哪些部门未能增加价值进行一次投票。他用这种方式来提醒员工，谦恭和贡献非常重要，即使是公司最高层也是如此。如果在其他公司，经理们不大可能赞同、更不用说去组织这样一个活动了。

惠普公司有这样一个用人政策：我们为你提供一个永久的工作，只要你表现良好，我们就雇佣你。早在 19 世纪 40 年代，普莱特和帕卡德就决定，他们的公司不能"用人时就雇佣，不用人时就辞退"。这是一项很有胆识的决策。

惠普公司履行不解雇一个人的承诺的保证措施之一，就是对员工不断进行培训，提高其适应环境和为公司做贡献的能力。惠普的创业人士大多出身于斯坦福大学的特曼实验室。公司和大学一直保持着密切的联系，从而保证了惠普产品和技术始终处于世界前列。1954 年，这种联系扩大成为惠普的"优秀人才合作计划"。惠普早已形成一套有效的培训制度（包括专业、技术、市场、管理等诸多方面，分为公共基础，员工及经理的初、高级课程）和鼓励创新人才机制。现在，惠普每年耗资数亿美元，用于员工在职培训，并支持员工的再教育。

问题讨论：

1．惠普用了哪些方法来提升员工的组织承诺（包括感情承诺、经济承诺、理想承诺、机会承诺和规范承诺）？

2．结合本案例，分析哪些因素会影响员工的组织承诺。

参考文献

[1] Jenny Ding．宜家用价值观与员工“联姻”[J]．人才资源开发，2008（05）：71~72．

[2] 斯蒂芬·P. 罗宾斯．组织行为学[M]．第 13 版．北京：清华大学出版社，2010．

[3] G. W. Allport. *Study of values: A scale of measuring the dominant interests in personality*[M]. Boston: Houghton Miffin, 1931.

[4] M. Rokeach. *The nature of human values*[M]. New York: Free Press, 1973.

[5] M. Rokeach. *Rokeach value survey*[M]. Palo Alto: Consulting Psychologists Press, 1983.

[6] 李雪青．松下幸之助“服务社会”的经营价值观[J]．中外企业文化，2000（11）：37~38．

[7] L. Festinger. *A theory of cognitive dissionance*[M]. Evanston, Illinois: Row, Peterson, 1957.

[8] 檀传宝．态度改变理论和德育的审美选择[J]．高等师范教育研究，1994（06）：31~37．

[9] F. Heider. *The psychology of interpersonal relations*[M]. New York: Wiley, 1958.

[10] H. C. Kelman. *Processes of opinion change*[J]. Public Opinion Quarterly, 1961(25): 57~78.

[11] 吴东林．略论罗森塔尔效应的价值及应用[J]．现代教育科学，2011（12）：7~8．

[12] M. J. Rosenberg, C. I. Hovland (eds.) *Attitude Organization and Change: An Analysis of Consistency among Attitude Components*[M]. New Haven: Yale University, 1960.

[13] 清华大学经济管理学院工商管理案例研究组．MBA 工商管理 800 案例——管理技巧兼并收购[M]．北京：世界图书出版公司，2012．

[14] 袁丁．从松下对“跳槽”员工的态度说起[J]．决策与信息，1995（10）：32．

[15] S. M. Sales. *Organizational Role as a Risk Factor in Coronary Disease*[J]. Administrative Science Quarterly, 1969(14): 25~336.

[16] 魏球，熊懿，张兴贵．国内外传统服务业员工工作满意度研究述评[J]．广东财经职业学院学报，2009，8（06）：24~28．

[17] 刘爱玉，陈彦勋．工作满意度：农民工与城镇工人的比较[J]．江苏行政学院学报，2010（02）：63~68．

[18] 申艳娥，董丽丽．新课程背景下初中教师工作满意度现状调查[J]．内蒙古师范大学学报（教育科学版），2009，22（06）：22~25．

[19] 倪晓红，吴远，王玲．高校教师工作满意度的现状调查分析[J]．江苏经贸职业技术学院学报，2008（04）：28~31．

[20] 孙忠河，曹长春．医务人员收入水平及工作满意度的现状分析[J]．西部医学，2012，24（01）：205~206．

[21] 蔡崔春，刘世晴，等．护士工作满意度现状调查[J]．江苏医药，2010，36（14）：1659~1660．

[22] 佚名．Google 员工的幸福生活[J]．新闻世界，2008（02）：24．

[23] J. P. Meyer, N. J. A. Allen. *A three-component conceptualization of organizational commitment*[J]. Human Resource Management Review, 1991(1): 61~89.

[24] 凌文辁，张治灿，方俐洛．中国职工组织承诺研究[J]．中国社会科学，2001（02）：90~102．

[25] 鲍琳，张贵炜．河北省高校教师组织承诺现状调查研究[J]．河北工程大学学报（社会科学版），2010，27（02）：70~71．

[26] 蓝红星，马玲．员工组织承诺及其人力资源提升策略探析[J]．经济研究导刊，2008，28（09）：106~107．

[27] 李钰卿，张小林．知识型员工薪酬公平、组织承诺和离职倾向间的关系[J]．2008，22（08）：134~138．

[28] 刘红霞．“80 后”与“80 前”员工组织承诺的比较研究[J]．中国青年研究，2010（05）：69~73．

[29] 王颖，张生太．组织承诺对个体行为、绩效和福利的影响研究[J]．科研管理，2008，29（02）：142~148．

[30] G. Dessler. *How to earn your employees' commitment*[J]. Academy of Management Executive, 1999, 13 (2), 58~67.

[31] （英）莎拉．库克．培训的 100 件工具——培训师、管理者的问卷与评估表[M]．吴咏蓓，等，译．上海：上海交通大学出版社，2004，415~418．

[32] 佚名．SAS 公司：寻求工作与生活的平衡点[J]．中国传媒科技，2006（07）：42．

[33] 向阳．以为人本惠普之道[J]．中国高新区，2008（06）：108~110．

第五章　激励理论

【学习目标】

① 了解激励的基本概念和重要性
② 掌握常见的内容型与过程型激励理论
③ 了解激励理论的运用方法
④ 掌握物质激励和精神激励的常见形式和方法

引例：联想集团的激励机制[1]

联想集团始终认为激励机制是一个永远开放的系统，要随着时代、环境、市场形势的变化而不断变化。这首先表现在联想在不同时期有不同的激励机制，对于20世纪80年代第一代联想人，公司主要注重培养他们的集体主义精神和基本满足他们的物质生活；而进入90年代以后，新一代的联想人对物质要求更为强烈，并有很强的自我意识，从这些特点出发，联想制定了新的、合理的、有效的激励方案，那就是多一点空间、多一点办法，根据高科技企业发展的特点激励多条跑道。例如让有突出业绩的业务人员和销售人员的工资和奖金比他们的上司还高许多，这样就使他们能安心现有的工作，而不是煞费苦心往领导岗位上发展，他们也不再认为只有做官才能体现价值，因为做一名成功的设计员和销售员一样可以体现出自己的价值，这样他们会就把所有的精力和才华都投入到最适合自己的工作中去，从而创造出最大的工作效益和业绩。联想集团始终认为只激励一条跑道一定会拥挤不堪，一定要激励多条跑道，这样才能使员工真正能安心在最适合他的岗位上工作。

其次是要想办法了解员工需要的是什么，分清哪些是合理的，哪些是不合理的；哪些是主要的，哪些是次要的；哪些是现在可以满足的，哪些是今后努力才能做到的，总之联想的激励机制主要是把激励的手段、方法与激励的目的相结合，从而达到激励手段和效果的一致性。而他们所采取的激励手段是灵活多样的，是根据不同的工作、不同的人、不同的情况制定出的不同的制度，而决不是一种制度从一而终。

激励就是激发员工的工作动机，调动其工作积极性，以促使他们有效地完成组织

目标和任务。内容型激励理论探讨“什么需要”能够调动人的积极性；过程型激励理论探讨在满足需要过程中应当怎样引导，发挥其最大效用。从 20 世纪 60 年代至今，激励问题一直是企业管理研究的热点。

第一节　内容型激励理论

内容型激励理论基本上是围绕如何满足员工的需要进而调动其工作积极性开展研究，也称为需要理论，这方面比较成熟的理论主要有马斯洛的需要层次论、赫兹伯格的双因素论和麦克利兰的成就需要理论。

一、马斯洛的需要层次论

马斯洛（Abraham H. Maslow，1908—1970）的“需要层次论”认为，员工是被一种想满足内在需要的愿望所驱使而行动的。马斯洛在其《人类动机理论》（1943）一书中提出了“需要等级”的概念并指出了五个需要等级[2]，如表 5-1 所示。

表 5-1　马斯洛的 5 个需要等级

需要层次	需要名称	基本因素	具体的组织因素
1	生理	空气 食物 房屋 性欲	保暖和空气调节 基本工资 食物 工作条件
2	安全	安全 保障 胜任 稳定	安全的工作条件 福利 普遍增薪 工作保障
3	归属	伙伴关系 感情 友谊	领导质量 和谐的工作团体 同事间的友谊
4	尊重	承认 地位 自尊 被尊敬	工作头衔 奖励工资的增加 同事/领导的认同 工作本身 负有责任
5	自我实现	成长 成就 晋升	有挑战性的工作 创造性 组织内晋升 工作中的成就

按对个体的重要程度，马斯洛的五个需要等级排列如下。

1．生理需要

它是人类维护自身生存的最基本要求，即原始需求，包括食物、水、住房、睡眠、走动、性生活等。

2．安全需要

它是人类要求保障自身安全，摆脱失业、财产损失、身体受伤等威胁的需要。

例证 5-1：日立公司的危机激励

危机激励是企业经营管理者有意识地制造“危机”，激发员工的某种安全需要，从而使他们加倍地努力工作。日本日立公司是世界最大的电器制造企业之一，其产品销售遍布世界各地，在世界电器器材市场上以其高质量而著称。但日立公司在一帆风顺中，仍然认为制造逆境来保持企业的危机感是必要的。1974年，该公司宣布因“经营状况不好”，有22 000多名员工需要减薪，20%的员工回家待业一个月，发给97%～98%的工资。这样做对公司来说，虽然节约不了多少经费，但它更使员工有种危机压力。1975年1月，又对其4 000多名管理人员实行创业后的第一次全面减薪，以加深他们的危机感。1975年4月，又将新录用的近千名员工的报到日期推迟20天，使新员工一开始就产生紧迫感。这些危机激励措施，将员工置于险境，使员工最大限度地发挥各自的作用，日立公司的产品增长不但没有下降，而且由于产品创新，增长速度遥遥领先于对手东芝和松下电器器材公司。

3．归属需要

它是指人们具有进行社会交往和归属某种群体的需要。例如情感（如友情、亲情、爱情）、人际交往、归属感等。当生理和安全需要相对满足后，这类需要就突现出来了。

例证 5-2：赛灵思：让员工有归属感[3]

在包括半导体在内的整个电子行业，人员流动率非常高。赛灵思（Xilinx）的人员流动率却在行业平均流动率一半以下，不到10%。主要有三个方面原因：一是管理者的管理理念，就像我们所说的，要相信员工过来是为了做好工作。二是给员工的工作，要有一个明确的定义，能够让他看到一个好的未来。如果你给员工不清不楚的定义，他做半天只会觉得浪费时间，不会觉得工作对他有什么意义。三是公司的团队、归属感，不是我的成功要取决于你的失败，而是大家都做好了，整个公司才能发展。套用一句广告词：大家好才是真的好。

4．尊重需要

它包括自尊和受人尊重两个方面。自尊意味着在现实环境中希望自己有实力、有成就、能胜任和有信心，以及“要求独立和自由”；受人尊重是指“要求有名誉或威望”，获得别人对自己的尊重、赏识、关心、重视或高度评价。

例证 5-3：把尊重雇员放在首位[4]

IBM 总是把尊重雇员放在首位。公司制定了职业保障政策，使其雇员深受其惠。公司尽量发挥雇员的才能，当工作要求改变时，仍然留用；当发现他们在现实工作中有困难时，便给予另一种工作机会。公司这种能够避免解雇和失业的政策，促使员工对企业更忠心、对工作更具献身精神。公司处理人事问题所花的时间比处理产品问题的时间还多。他们创立了“开门”政策，任何人都可以直接向公司最高层提出申述。多年来，公司的福利，对于服务期限（工龄）相同的雇员，不论职务高低都一视同仁。

5．自我实现需要

它指的就是促使个人的潜能得以发挥，希望自己越来越成为所期望的人物，完成与自己能力相称的一切事情。

例证 5-4：日本富士 Xerox 公司的内部创业制度[5]

日本富士 Xerox 公司从 1988 年就开始实施“关于事业风险投资与挑战者的纲领计划”。如果公司员工的新事业构思被公司采纳，则公司和提出人就共同出资创建新公司，并保证三年工资。假如失败了，仍可以回公司工作。对于新创立的公司，不但给予资金的支持，还给予经营与财务等必需的人才支持。

马斯洛认为上述五种需要基本上反映了在不同文化环境中人类共同的特点：人类的基本需要是由低级到高级，以层次形式出现的，当某一层次的需要得到相对满足时，其激发动机的作用随之减弱或消失。人们对已满足的需要，不会再起大的激励作用。组织应善于发现每个员工的优势需要，并随员工的需要结构的变化而采取相应的管理措施。

随着时代的发展，世界范围内企业员工的需要层次普遍提高。戴维斯（K. Davis）根据马斯洛的需要层次论，对美国工人优先需要变化的估计，如表 5-2 所示。

近年来随着中国经济的快速发展，中国职工正在由生存型需要向享受及发展型需要转化，与老一代员工（如 20 世纪 80 年代和 90 年代进入劳动力市场）相比，新一代员工（如 2000 年以后进入劳动力市场）更强调成长、享受和发展的需要。跟 60 后和

70 后员工相比，80 后员工从小处在相对优越的成长环境中，普遍接受过九年义务制教育甚至高等教育，且由于受到信息多元化因素的影响，其人生观、价值观、事业观也呈现出多元化的特征，他们对于工作本身的价值和意义具有较高的期望和追求，内心深处有着强烈的参与管理的愿望，希望自己能充分发挥所学的知识，以体现自我价值。[6]

表 5-2　对美国工人优先需要变化的估计

需要种类 / 年份	生理需要/%	安全需要/%	社会需要/%	尊重需要/%	自我实现需要/%
1935 年	35	45	10	7	3
1995 年	5	15	24	30	26

二、赫兹伯格的双因素论

“激励因素—保健因素”（Motivation-Hygiene Factors），即双因素理论是赫兹伯格（Frederick Herzberg，1923—2000）和他的助手们在匹兹堡心理研究中心的工作成果。20 世纪 50 年代后期，他们访谈了该地区 9 个企业的 200 多名工程师和会计师，采用“关键事件法”，要求被访者回答两个问题：（1）什么时候你对工作感到特别满意？（2）什么时候你对工作感到特别不满意？

赫兹伯格在《工作激励》一书中提出了“双因素理论”的基本观点，把能促使人们产生工作满意感的这类因素称为激励因素，把另一类促使人们产生不满意的因素称为保健因素。[7]激励因素是指与工作内容紧密相关的因素，这类因素的改善会使人们产生工作满意感，缺乏则使员工产生“没有满意”。保健因素指与工作环境相关的因素，这类因素的满足会使员工没有不满意，如得不到改善，则会引起员工对工作的不满。激励因素与保健因素的具体区别，如表 5-3 所示。

表 5-3　激励因素与保健因素的比较

项　目	激 励 因 素	保 健 因 素
起源	人类形成的趋向	动物生存的趋向
特征	性质上属于心理方面的 长期满足 满足或没有满足 重视目标	性质上属于生理方面的 短暂满足 不满足或没有不满足 重视任务

续表

项　　目	激 励 因 素	保 健 因 素
满足和不满足的源泉	工作性质（对个人来说主要是内部的） 工作本身 工作标准	工作条件（对个人来说主要是外部的） 工作环境 非个人标准
显示出来的需要	成就 成长 责任 赏识	物质 社交 身份地位 方向、安全 经济
具体内容	工作上的成就感 工作中得到认可和赞赏 工作本身的挑战意义和兴趣 工作职务上的责任感 工作的发展前途 个人成长、晋升的机会	公司（企业）的政策和行政管理 技术监督系统 与高级主管之间的人事关系 与同级之间的人事关系 与下级之间的人事关系 工作环境或条件 薪酬 个人的生活 职务、地位 工作的安全感

双因素激励理论实际上是说明了对员工的激励，可分为内在激励和外在激励。内在激励，是从工作本身得到的某种满足，如对工作的爱好、兴趣、责任感、成就感。这种满足能够促使员工努力工作，积极进取。外在激励，是指外部的奖酬或在工作以外获得的间接满足，如劳动保险、工资等。这种满足具有一定的局限性，它只能产生少量的激励作用。这是因为，人除了物质需要以外，还有精神需要，而外在激励或保健因素难以满足人的精神需要。管理者若想持久而高效地激励员工，必须注重工作本身对员工的激励。

科学管理的原则是提倡劳动分工，这种分工以系统的工作分析为基础，具有高度的控制性。它促进了专业化：你不会，我会；你不能，我能。但是，厌烦和工作的重复会使员工产生对工作的不满意。为使员工满意，双因素理论提倡工作扩大化和工作丰富化，对企业管理实践影响深远。所谓工作扩大化是指向员工提供更多的同样的工作。而工作丰富化是指通过“垂直”的工作扩展，员工控制更大范围的工作，意味着员工具有更多的技能、更大的自主性和更重要的意义。有时要做到工作丰富化，工人需要更多的技能，就必须给员工提供足够的培训。此外，很多企业实行工作轮换制。所谓工作轮换制主要是指员工在一定时间内轮换一项新工作，使其不会对工作产生厌倦感。通过工作扩大化、工作丰富化和工作轮换制的实行，员工的缺勤、早退及辞职现象大为减少。

例证 5-5：美国专业彩印公司的工作丰富化[8]

美国专业彩印公司的主要业务是冲印底片和印刷商业及工业照片。公司由 70 个雇员组成，有 10 个管理人员。艺术部（11 名女性雇员和 1 名女性管理人员）曾遇到过大量困难，包括人事变动频繁、产量少得可怜、质量低劣以及交货不及时等。人事变动频繁到该部门几乎一半以上的员工只工作了不到 3 个月的地步。

于是公司对艺术部的工作进行了重新设计。艺术部共分成三个组，即商业印刷组、工业印刷组和婚礼肖像组。每个组由一名熟练工人（即所谓技术专家）领导。组长负责分类和分派新工作以及训练新工人。对工人的监督大大减少了。除了刚来的新手，每个工人负责她自己的产品质量并纠正错误。返工的产品，不论好坏，都直接返给本人，修补中心不复存在。加工过程中出现问题时员工直接与顾客联系。每个工人自己订购所需原料。工资支付方式改为直接以小时工作率计算工资，产量增大了，工资也升高了。

这些改变使艺术部月产量增加了 35%。由于提高了质量（一次合格），工作也更令人满意了，人事变迁大大减少。在这个事例中，真正实现了工作内容丰富化。

三、麦克利兰的成就需要理论

麦克利兰（David McCllelland，1917—1998）于 1961 年将人的高级需要分为权力需要（need Power，n-Power）、归属需要（need Affiliation，n-Aff）和成就需要（need Achievement，n-Ach），并以成就需要为主导。[9]这三种需要的具体内容如下。

1. 权力需要

权力需要是影响和控制他人的欲望。具有较高权力需要的人对影响和控制别人表现出很大的兴趣，这种人总是追求领导者的地位。组织中管理者的权力可分为两种：（1）个人权力：追求个人权力的人表现出来的特征是围绕个人需要行使权力，在工作中需要及时的反馈和倾向于自己亲自操作；（2）职位权力：职位权力要求管理者与组织共同发展，自觉地接受约束，从体验行使权力的过程中得到一种满足。

2. 归属需要

归属需要是指建立友好和亲密的人际关系的欲望。具有高归属需要的人努力寻求友爱，喜欢合作性的而非竞争性的环境，渴望有高度相互理解的关系。高归属需要者具有如下七个特征：（1）喜欢被夸奖；（2）需要得到上级和下级两方面的肯定；（3）对他人非常敏感；（4）对可能的拒绝产生焦虑；（5）努力维护关系；（6）以牺牲工作为代价；（7）控制成员，而非提拔和促进他们的发展。波雅伊斯（Boyatzis，1973）进一步将归属需要划分为两种形式：归属信念即强调密切关系，由此产生安全感；归属兴趣即对别人的感觉产生兴趣，但不以完成工作为代价。由此他得出结论：归属信念较强的人，不适合做管理工作者。[10]

3．成就需要

成就需要是追求卓越以实现目标的内驱力。具有高成就需要的人，对工作的成功有强烈的要求，他们乐于接受挑战性的工作，善于表现自己。这种人喜欢长时间地工作，即使失败也不过分沮丧。具有高成就需要的人通常具有下列四个特点：（1）事业心强，比较实际，敢冒一定程度的风险；（2）有较高的实际工作绩效，要求及时得到工作的信息反馈；（3）一旦选定目标，就会全力以赴投入工作，直至成功地完成任务；（4）把个人成就看得比金钱更重要，从成就中得到的鼓励超过物质鼓励的作用，把报酬看作是对成就的一种肯定。

研究表明，成功的领导者具有较高权力的需要以及较低的归属需要。他们属于人际影响能力强，而不是支配能力强的人。一般人认为，地位高的领导对他的下级具有支配性，但麦克利兰的研究证明，事实并非如此。他分析了领导者的讲话录音，例如丘吉尔和肯尼迪对学生的讲话。他发现，这些人并不是去支配他人，而是在提高他们的听众对权力的感受，让听众也感到自己很有权力。在一家大规模的美国公司里，在对一些人进行持续 8～16 年的追踪研究后发现，具有这种领导激励模式的管理者，比其他管理者晋升的速度更快。[11]

四、如何运用内容型激励理论

前面已经介绍过需要层次论、双因素论和成就需要理论等内容型激励理论，但是在实际管理工作中应该如何应用这些理论，而不至于成为书呆子或者陷入理想主义的泥潭呢？

恰当地应用内容型激励理论至少包括如下四个步骤。

第一步，了解和调查员工的需要。途径包括平时的观察、谈话、座谈会、建议、问卷调查、培训、教练等。员工的需要是多方面的，要尽可能地做到比较全面、客观、深入的了解。必要时可以列出员工的需要清单。

第二步，分类整理员工的需要。员工的需要也许很多，但经过分析后可以归类。可以根据实际将需要分为普遍需要和个别需要，合理需要和不合理需要，能够满足的需要、暂时不能够满足的需要以及不能够满足的需要，以及内容型激励理论对需要的分类，比如马斯洛的五种需要层次。

第三步，对员工进行解释和说服教育。特别是当员工提出不合理需要、暂时不能够满足的需要以及不能够满足的需要时，必须结合企业实际和条件对员工进行必要的解释、引导和说服教育，讲明需要为什么不合理，需要为什么暂时无法满足，为什么要延迟对需要的满足以及有些需要永远不可能满足。

第四步，逐步满足员工的合理、可满足的需要。对合理、可满足的需要也要分类排序，分清轻重缓急，特别是对普遍需要、广大员工普遍关心的需要，可结合企业实际和条件逐步予以满足。

例证 5-6：海尔的激励措施[12]

在海尔的企业内部，将激励手段分为正激励（奖）和负激励（罚）两种。正激励是对员工符合组织目标期望的行为而进行奖励，使这种积极向上的行为更多地出现，即更好地调动员工的积极性。例如，海尔用工人的名字来命名他所改革的创新工具，这一措施大大激发了普通员工在本岗位创新的激情。负激励就是对员工违背组织目标期望的行为而进行惩罚，以使这种负面行为不再出现。处罚使人产生内疚感，使人头脑清醒，认识自己的错误或不足，从而修正自己的行为，使错误的倾向朝正确的方向转移。海尔每个月都对干部进行考评，考评档次分表扬与批评。表扬得 1 分，批评减 1 分，年底二者相抵，达到负 3 分的就要被淘汰。同时，通过制定制度让干部在多个岗位轮换任职，全面增长其才能，根据轮岗表现决定是否升迁。

第二节　过程型激励理论

过程型激励理论着重对行为目标的选择，即动机的形成过程进行研究，主要包括弗隆姆的期望理论与心理契约、亚当斯的公平理论和洛克的目标设置理论。强化理论属于调整型激励理论，着重对达到激励的目的，即调整和转化人的行为进行研究，也放在这一节加以讨论。

一、期望理论与心理契约

（一）期望理论

期望理论（Expectancy Theory）由弗鲁姆（Victor H. Vroom，1932—）提出。该理论认为，个体努力的程度取决于个体行为可能带来的工作绩效的期望程度以及因绩效而获得组织的奖赏对个体的吸引力。[13]

在任何组织中，员工会注意如下三个问题。

（1）如果我努力的话，我能不能达到组织要求的工作绩效水平？

（2）如果我尽力达到了这一绩效水平，组织会给我什么样的报酬或奖赏？

（3）我对这种报酬或奖赏有何感想，是不是我所迫切希望得到的？

员工所关心的上述三个问题，对应如下三种关系：

（1）努力—绩效的关系：个体认为通过一定努力会带来一定绩效的可能性。包括两个方面，即通过一定努力会带来的实际绩效的可能性以及绩效评估客观测量实际绩效的程度。

（2）绩效—奖励的关系：个体相信一定的绩效会带来组织给予自己报酬或奖励的程度。组织奖励包括加薪、晋升职务、带薪休假、免费旅游等。

（3）奖励—个体目标的关系：组织奖励满足个体目标或需要的程度以及组织奖励的意义被个体所理解的程度。

要运用好期望理论，就要好好研究上述三种关系。在运用该理论对员工进行激励时，管理者需要做好如下五项工作。

（1）发现员工重视的报酬或奖励是什么。

（2）根据组织目标，明确期望出现的员工行为（如让员工明白阿谀奉承是不受欢迎的，埋头苦干是会得到肯定的）。

（3）确保绩效目标可以达到，否则员工可能不愿意付出努力，这也要求管理者要为下属创造支持的环境；确保期望的绩效与报酬之间的联系是直接的、清晰的和明确的。如果员工重视内在的奖励，像有趣的工作，那么管理者要能够集中力量重新设计工作而不是提高报酬。

（4）确保对员工没有冲突的期望（如要求员工做出色的营销员的期望与要求员工做有效的管理者的期望之间可能存在冲突）。

（5）确保奖励或报酬的差距或变化幅度是巨大的。小的奖励只会产生小量的努力和因此而增加的小量绩效，大的奖励会产生较大的努力和因此而增加的大量绩效。这种报酬变化幅度与原有报酬的基数有关。另外，要确保奖励制度公平地对待每一个员工。

例证 5-7：我不要当主管

朱帅自大学毕业后在某跨国公司工作，至今已有六个年头。与他同一批来的大学生，很多已被提拔到主管或更高的职位。他也表现不错，组织有意提拔他为主管。在一个场合，人力资源部经理向他透露了这个意图。没想到第二天，他就约见人力资源部经理，一见面就眼睛湿润，感到很委屈的样子，说自己怎么都不愿意做主管。经询问才得知，他不想做主管的主要原因是家庭离不开他，妻子、孩子还有老人，如果有事，他都要抽出时间和精力悉心照料。如果自己当上了主管，便不能这样做了。

在运用该理论对员工进行激励时，组织需要。

（1）设置合理的、有一定难度且被员工认同的目标。

（2）设计有效的、公正的绩效评估系统，确保绩效评定结果与实际绩效之间的关系是一致的。

（3）设计薪酬支付制度以奖励期望的绩效，并确保绩效与奖励之间的关系是明确的。

（4）设计任务和工作以便员工通过工作满足自己的需要。

（5）将组织个性化，以反映不同个体的不同需要。这不仅包括工作本身，还包括员工获得的利益，还要制定自我选择利益的制度，如弹性奖励制度、弹性福利制度。其前提是建立一个内容和方式多样化的奖励体系。

（6）形成组织与员工之间的心理契约，建立员工对组织奖赏的正确预期。榜样、及时的口头承诺和兑现奖励的作用是显而易见的。

（二）心理契约

1．心理契约的概念

心理契约（Psychological Contract）的概念是在 20 世纪 60 年代正式被提出的，而有关心理契约问题的研究是在 20 世纪 80 年代中期以后才蓬勃兴起的。最早使用“心理契约”这一术语的是阿吉里斯（Argyris）。他在 1960 年所著的《理解组织行为》一书中用了“心理工作契约”一词来刻画工人与工长之间的一种关系状况。[14]1962 年，莱文森（Levinson）等人注意到“心理契约”这一概念，明确地把它界定为一种“没有成文的契约”。[15]1965 年，雪恩（Schein）也注意到了“心理契约”概念，并把它看作个体与组织之间每时每刻都存在的一组没有成文的期望。[16] Kotter（1973）认为，心理契约是个人与组织之间的一份内隐的协议，内容包括一方给另一方付出什么同时又得到什么。[17]

Rousseau（1989）认为心理契约是员工个人以雇佣关系为背景，以许诺、信任和知觉为基础而形成的关于个人与组织双方各种相互责任的信念，因此是一种单方契约。[18] Herriot 和 Pemberton（1995）不同意 Rousseau 的单方契约的观点，认为心理契约是定位在个人和组织两个方面的双方契约，是组织和个人在雇佣关系中彼此为对方提供的各种相互责任的知觉。这种知觉或来自对正式契约的感知，或隐蔽于各种期望之中。[19]

综上所述，心理契约是员工与组织双方在相互关系中己方要为对方担负什么责任义务，同时对方要为己方担负什么责任义务的主观约定，是雇佣双方或劳资双方关于双边关系中相互责任义务的主观信念。[20]

例证 5-8：陈总该怎么办？

某民营药业公司陈总正在攻读美国某知名大学的工商管理博士课程（DBA），但因为事务繁忙和英语功底一般，所以为应对博士课程对论文的要求，他经常请助理小张（刚从某名牌大学英语专业毕业半年左右）帮他查找、翻译、撰写一些资料。几个月之后，陈总忽然接到小张的电子邮件，邮件的内容大体是说，他可以在工作之余帮助陈总查找、翻译、撰写一些资料，但希望陈总能够在工资（每月 3500 元）之外给他 2000 元的额外报酬，工作时间在每周一、三晚上和周六白天，每周 10 小时，按每小时 50 元计算。最近几天，陈总一直在琢磨这件事情，还没有表态。陈总在想：“我招小张做总经理助理，是想把他当作核心骨干来培养，平时重大谈判和核心资料都让他接触，最近还带他到国外考察。可他为什么还要提这种要求呢？”你认为小张提出这样的要求合理吗？陈总究竟是要完全答应小张的要求，还是答应小张的部分要求，还是另请他人帮忙做有关论文的工作？假如你是陈总，你会怎么想，怎么办？

2．心理契约的内容和类型

（1）心理契约的内容

由于理论界定不同和雇佣关系的状况不同，心理契约的具体内容也有所不同。20 世纪 80 年代末之前对心理契约内容的探讨着重于对员工和组织的相互要求，比如组织对员工的理解、认同、工资保障和长期雇佣，以及员工对工作的胜任和忠诚等方面。而 20 世纪 80 年代末，Rousseau 的研究结果发现，员工心理契约中的雇主责任有：① 提升；② 高额报酬；③ 绩效奖励；④ 培训；⑤ 长期工作保障；⑥ 职业发展；⑦ 人事支持等七个方面。员工心理契约中的雇员责任有：① 加班工作；② 忠诚；③ 自愿从事职责外的工作；④ 离职前预先通知；⑤ 接受内部工作调整；⑥ 不帮助竞争对手；⑦ 保守公司商业秘密；⑧ 在公司至少工作两年等八个方面。[21]

Herriot 和 Manning 等人（1997）的研究结果发现，心理契约中的组织责任有：① 培训；② 公正；③ 关怀；④ 协商；⑤ 信任；⑥ 友善；⑦ 理解；⑧ 安全；⑨ 有恒一致；⑩ 薪资；⑪ 福利；⑫ 工作稳定等十二个方面。而员工责任有：① 守时；② 务业；③ 诚实；④ 忠诚；⑤ 爱护资产；⑥ 体现组织形象；⑦ 互助等七个方面。[19]

（2）心理契约的类型

Rousseau（1990）提出心理契约的两维结构：交易契约（Transactional Contract）和关系契约（Relational Contract）。交易契约是指雇员以加班、职责外工作为代价来换取组织提供的高额报酬、绩效奖励、培训和职业发展，是以经济交换为基础的契约关系；关系契约是指雇员以长期工作、忠诚和愿意接受内部工作调整为代价，来换取组织提供的长期工作保障，是以社会情感交换为基础的契约关系。[21]

除对心理契约进行交易契约和关系契约的区分外，Rousseau（1995）从雇员与雇主契约期限是“长期的”还是“短期的”，以及绩效要求是“明确界定的”还是“没明确界定的”两个角度、两个水平进行组合，把心理契约划分为交易型、关系型、平衡型和变动型四种契约类型，具体如表5-4所示。[22]

表5-4　Rousseau的心理契约四种类型及其特征

<table>
<tr><td colspan="2" rowspan="2"></td><td colspan="2">绩效要求</td></tr>
<tr><td>明确界定的</td><td>没明确界定的</td></tr>
<tr><td rowspan="4">契约期限</td><td rowspan="2">短期的</td><td>交易型</td><td>变动型</td></tr>
<tr><td>（如圣诞节、春节期间商店临时雇员的心理契约）
1．明确的和确定的契约条款
2．易离职或高离职
3．低成员承诺
4．自由达成新契约
5．完全用不着学习
6．高的整合或认同</td><td>（如机构精简期间或组织合并，重组期间雇员的心理契约）
1．模糊的和不确定的契约条款
2．高离职或易终止
3．不稳定</td></tr>
<tr><td rowspan="2">长期的</td><td>平衡型</td><td>关系型</td></tr>
<tr><td>（如高卷入度团队成员的心理契约）
1．高团队承诺
2．高的整合或认同
3．正进行开发活动
4．相互支持
5．有动力</td><td>（如家族企业成员的心理契约）
1．高团队承诺
2．高情感承诺
3．高的整合或认同
4．稳定</td></tr>
</table>

3．心理契约的作用

心理契约在组织中的作用主要有如下三个方面。

（1）有助于调动员工的工作积极性，提高员工的工作满意度

员工的工作积极性和工作满意度在很大程度上取决于组织与员工之间心理契约的实现程度。员工会从企业管理者的行为中感受是否得到了自己期望的，从而决定是否值得全力以赴或者适当付出努力。此外，心理契约的履行程度越高，员工的工作满意度也就越高。

（2）有助于提高雇佣双方的安全感和信任感，降低员工离职率

正式协议或者劳动合同是现实中员工与企业关系的直接规定和约束，但是它不可

能涉及雇佣双方关系的方方面面，而心理契约存在于雇佣双方的心目中，可以填补正式协议或劳动合同留下的空白，减少双方的不确定感。在中国文化中，人们普遍认为关系比书面契约更重要，心理契约的有效履行可以提高雇佣双方的安全感和信任感，进而降低员工的离职率。

（3）有助于员工和组织规范各自的行为

从契约的效力上看，心理契约不像劳动合同、正式协议那样，一经制定就受到法律强制力的约束和控制，它是由契约者自我约束、自我控制的。心理契约作为一个主观行为准则，对组织和员工的行为进行约束和调节。员工以组织对自己所负的责任为尺度来衡量和控制自己对待组织的行为，以此作为调节自己对组织行动的砝码。同样地，心理契约也可以使组织不断地审视自己对员工所承担的责任和义务以及组织满足员工需要的程度，从而更好地提高组织对员工的吸引力。

综上所述，心理契约在组织中的作用很重要，因此，通过恰当的心理契约管理达到组织与员工双赢的目标很有必要。

例证 5-9：新教师为何离职[23]

A 学校是某知名教育集团在广州办的一所分校。2002 年 5 月 A 学校聘到的 7 名新教师，到 2002 年 10 月就有 4 名一起离开了该校。据其中一位离职的王老师说，他们是从人才市场上递交个人简历给 A 学校的，许多人在被通知进行面试的时候都很激动，通过面试，并顺利办完相关手续，刚刚投入到工作岗位的时候也特别兴奋，都在想自己将怎样在 A 学校发展自己。可是两个星期过去了，学校许诺的相关培训却没有进行，只是把他和其他几位新教师随意地安排到几位老教师办公桌旁边，让他们自己先熟悉环境。然而，每位老教师每天都有自己的工作，他们大部分人自然也没有热情和时间来指导或帮助这些新教师。偶尔有些老教师觉得应该让这些新教师做点什么的时候，无非是帮忙整理过期的书刊或擦洗办公桌。转眼间两个多月过去了，等到第三个月月底的时候，王老师和其他新教师一样，都在猜测明天就应该有正式的工作或指导老师了吧。可是，眼看第四个月即将过去，学校还是没有任何反应，也没意识到这些新教师的情绪变化。实在忍无可忍了，王老师就主动去找学校人事主管询问有关情况。然而，人事主管给的答案却令王老师等人非常失望："你们不用干活还照样拿基本工资应该是很不错了！你们还有什么牢骚可言？"被主管奚落了一顿之后，王老师很不服气，就立马找招聘他们进来的学校副校长，副校长的解释是："当时我们招聘你们进来的时候是为了成立一个新部门。但现在广州这边的情况要受学校总部的管理，由于目前用来培训你们的专用软件和配套硬件还没有到位，所以只有让你们先耐心等待一下！说不定，下个月的某个时候你们就可以正常上班了！"听完学校副校长的解释后，这些教师都很气愤，用王教师的话说就是："我们感觉到我们好像是被这所学校给骗了！"充分权衡各种利弊之后，王老师等四名新教师没有给学校打任何招呼，仅仅给负责人力资源管理的副校长留下一封辞职信就走人了。

4．心理契约管理

心理契约管理至少从如下三个方面进行。[24]

（1）招聘过程中传递真实有效的信息

招聘过程中传递真实有效的信息是建立心理契约的基础。一些企业在招聘时为了吸引到更多的人才往往夸大薪酬福利、职业培训与发展机会，应聘者怀着美好的愿望与组织达成了心理契约。但是，当他们真的进入企业工作后，却发现实际情况与面试官的陈述和允诺不相符合，由此感到心理契约被破坏，从而对组织产生怀疑，甚至选择离开。

解决这个问题的方法是在招聘过程中给应聘者真实地介绍现有组织，包括优点和缺点，让员工对自己公司有个相对真实的总体印象。同时，在面试和雇佣的过程中，员工和组织之间应当摒弃那种口头的心理契约，以免使员工产生不切实际的期望，认为企业给了没有保障实现的承诺。

（2）通过不断沟通将心理契约明晰化

新员工工作一段时间之后，会对与组织之间的心理契约进行一个新的认识和评估。面对这样一种适应过程和心理契约变化，企业应该有所准备。新员工入职之后，管理者应该提供日常工作之外的交流的机会，比如一个部门内的人员的工作交流，或者是组织一次讲座；也可以是外出参观，小规模、小范围的出游等，让新老员工有私下交流的机会。通过这种沟通，新员工可以逐步明晰某些心理契约的内容。组织也可以考虑将一些比较明晰的心理契约内容转变为书面的协议或制度。除了尽力履行心理契约中那些明确的内容外，管理者还可以对契约中那些隐秘、微妙的危险因素施加影响力。

（3）在心理契约受到破坏时合理解释原因

员工觉察到心理契约的变化、破坏或违背，并不一定就会在情绪和行为方面发生变化。其中起关键作用的是员工对心理契约变化、破坏或违背所作出的解释。影响员工解释过程的因素主要有两个：一是员工对心理契约的变化、破坏或违背的归因；另一个是在这样一个心理契约的变化过程中，员工所感受的公平性。对于事件的归因是影响心理契约破坏后员工行为和情绪的一个重要因素。如果员工归因于企业故意违背契约，那么其随之的反应就会是负性的，员工会对企业管理者的所作所为进行谴责，并降低自己的工作表现甚至离职。而如果归因于双方理解上的不一致，这种反应就会好得多。因此，这一点也就成为管理者有所作为的契机。在管理实践中，由于一定的客观原因，员工心理契约被破坏的情况不可避免，此时如果管理者漠然处置，员工就会将心理契约的违背归因于企业未能实现当初的承诺；反之，如果企业管理者关心员工，并给他一个合理的解释，他就会将此事归因于客观原因而非企业。因此，恰当地运用管理技巧，在心理契约被破坏时给员工一个合理的解释是大有裨益的。

二、公平理论

（一）亚当斯的分配公平理论

公平理论（Equity Theory）是由美国学者亚当斯（J. Stacy Adams）在综合有关分配的公平概念与认知失调理论的基础上，于 20 世纪 60 年代提出的一种激励理论。该理论认为，对自己报酬的知觉和比较所引起的认知失调，会导致当事人的心理失衡，即产生不公平感和心理紧张。为减轻或消除这种心理紧张，当事人会采取某种行动，以恢复心理平衡。如果对报酬感到公平，当事人就会获得满足感，从而激励当事人的行为。[25]

员工的投入包括教育、技能、工作经验、努力程度和花费的时间；报酬包括薪酬、福利、成就感、认同感、工作的挑战性、工作体验、职业前程等外在和内在的报偿。当事人用来比较的对象主要有自己和他人两种。当事人将目前自己的报酬/投入与自己过去的报酬/投入相比较，称为自我比较，包括将目前自己的报酬/投入与过去在其他组织工作时的报酬/投入相比较，以及将目前自己的报酬/投入与过去在相同组织内不同职务工作时的报酬/投入相比较。当事人将目前自己的报酬/投入与他人（包括组织内或组织外的其他人）的报酬/投入相比较，称为社会比较。公平理论认为，人与人之间存在社会比较，且有就近比较的倾向。

例证 5-10：IBM 公司的全面报酬体系[26]

IBM 全面报酬体系已经在单纯的薪酬、福利的基础上引入了工作体验的概念。它认为，员工在一个组织中工作所获得的报酬，并不仅仅包括可以货币化的薪酬和福利，还有更重要的东西，那就是工作体验，即员工在工作过程中所体会到的尊重、快乐、幸福、价值以及进步。

通过自我比较或社会比较，会出现两种结果，即要么公平，要么不公平。不公平包括“吃亏”和“占便宜”两种情况。人们在感到不公平时，可能对如下六种行为加以选择并付诸行动。

（1）改变自己的投入（如不再那么努力）。

（2）改变自己的产出（如实行计件工资制的员工通过增加产量降低质量来增加自

己的工资）。

（3）改变自我认知（如夸大自己的贡献）。

（4）改变对他人的看法。

（5）选择另一个不同的比较对象。

（6）抱怨、情绪衰竭甚至离职。

如何在企业薪酬管理中运用公平理论？下面是相关的 12 点建议。

（1）建立按劳分配的报酬体系。

（2）确保薪酬政策的内部一致性。

（3）做到男女同工同酬，它也是薪酬政策内部一致性的表现。

（4）保持本组织薪酬水平与其他组织薪酬水平相比较时的竞争力。

（5）保证员工的薪酬逐年得到增长，特别是扣除物价指数增长之外，还略有增长。经济萧条时，如削减薪酬，一定要做好充分的论证和其他准备工作。

（6）在坚持公平原则的基础上，要坚持效率优先的原则。具体体现在分配，主要以绩效为基础。

（7）考虑合理的薪酬结构。

（8）增加其他形式（除了金钱之外）的报酬（如温暖、尊重、互助、信任、团结、认可的人际环境）。

（9）保证报酬的分配过程公平、公正。如规章制度制订过程中讨论、统计工作量和绩效考核的公开、透明。

（10）妥善运用发放薪酬的保密制度。

（11）依法治企，奖惩明确。不可因领导个人好恶随意变更管理规章制度。

（12）当员工产生不公平感的时候，有相应的机构或人员对其不满给予关注和受理，如平等机会委员会、总经理信箱。还要加以必要的疏导，如模拟发泄室、说服教育和心理辅导等。

例证 5-11：通用电气的公平薪酬奖励制度[27]

通用电气公司公平的薪金和奖励制度使员工们工作得更快、也更出色。薪酬制度的一个关键原则是，把薪酬中的一大部分与工作表现直接挂钩，公司按实际绩效付酬。他们有以下两项准则。

准则一：不要把报酬和权力绑在一起。这样，可以给员工们更多的机会，在不晋升的情况下提高工资级别。他们还大幅度地增加了可以获得认股权奖励的员工名额，并在尝试实施一项奖励管理人员的计划，鼓励他们更多地了解情况，而不是根据他们管理多少员工或者工作时间有多久发奖金。

准则二：让员工们更清楚地理解薪酬制度。假如给工人们讲薪酬制度用的都是深奥费解或者模棱两可的语言，那么工人们根本就弄不清楚他们的福利待遇的真正价值。所以通用电气公司却总是简明易懂地解释了各种额外收入。

（二）程序公平

公平除了考虑分配公平之外，也应考虑程序公平（Procedural Justice）。西波特和沃而克提出了程序公平的概念。[28]程序公平更强调分配资源时使用的程序、过程的公正性。他们发现，当人们得到了不理想的结果时，如果认为过程是公正的，也能接受这个结果。换句话说，如果人们认为自己能控制做决策的过程（如可以提出自己的证据、有机会表述自己的意见），那么他们的公平感就会提高。这种现象被称为“公平过程效应”或“发言权效应”。个体在过程上的不公平知觉，则会导致个体对过程的怨言，久而久之就出现个体不再关心过程甚至玩世不恭的现象。[29]

对于任何组织而言，制定分配程序时应注重吸收员工的参与。如奖励和惩罚标准的制定，应征求员工的意见，使员工知道奖励和惩罚的标准和原因，有利于政策的落实，达到激励效果。组织制定报酬、晋升和绩效评估等政策时应充分了解员工的意见，并建立正式的申诉渠道。

此外，比斯和莫克提出了互动公平（Interactional Justice）。[30]他们主要关注的是当执行程序时，人际处理方式的重要性。互动公平有两种：一种是人际公平，即在执行程序或决定结果时，权威或上司对待下属是否有礼貌，是否考虑到对方的尊严，是否尊重对方等；另一种是信息公平，主要指是否给当事人传达了应有的信息，即给当事人提供一些解释，如为什么要用某种形式的程序，或者要用特定的方式分配结果。

三、目标设置理论

洛克（Edwin A. Locke）于1967年提出目标设置理论。[31]该理论认为，设置达到目标是一种强有力的激励，是完成工作的最直接的动机，也是提高激励水平的重要过程。外来的刺激如奖励、工作反馈、监督的压力等都是通过目标来影响动机的。目标导致努力，努力创造工作绩效，绩效增强自尊心和责任心，从而产生更高的目标。另一管理学家休斯（C. L. Hughes）更认为成长、成就和责任感都要通过目标的达成而满足个人的需要。因此，重视目标和争取完成目标是激发动机的重要过程。

洛克等从实验中还发现，从激励的效果来说，有目标比没有目标好，有具体的目标比空泛的、号召性的目标好，有能被执行者接受而又有适当难度的目标比唾手可得的目标好。遇到难度很高、复杂的目标，可以把它划分为若干阶段性目标，通常称为“小步子”。通过“小步子”的逐一完成，最后达到总目标。这是完成艰巨目标的有效方法。

此外，目标按其性质可分为硬性目标和软性目标。硬性目标是指比较容易观测和衡量的目标，如销售额。软性目标是指比较难观测和衡量的目标，如团队协作。一般地说，硬性目标比较容易被员工知觉，而软性目标比较容易被员工忽视。随着组织的发展，组织可能会逐步地由原来的重视硬性目标，过渡到既重视硬性目标，又重视软性目标。如一些销售公司对营销员的报酬结构由原来的底薪加提成改为底薪加奖金的做法，就反映了这种考虑。

四、波特和劳勒的激励过程模型

波特和劳勒综合了以往的一些激励理论，提出了“激励过程模型”。[32]该模型是一种比较全面而又充分的理论。图 5-2 就是波特和劳勒的激励过程模型。

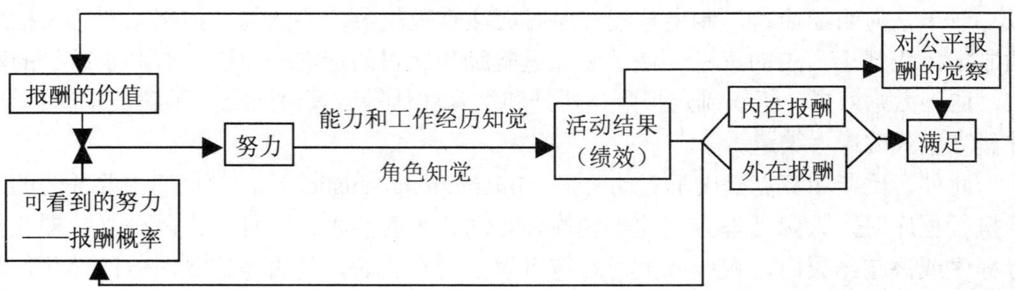

图 5-2　波特和劳勒的激励过程模型

从图 5-2 可以看出，直接决定员工“努力”（工作积极性）的因素是员工所得报酬的价值和通过努力工作能获得相当报酬的概率，这两个方面实际上就是报酬的适宜性和公平性。报酬的适宜性反映了报酬对员工需要的针对性。对员工来讲，报酬的针对性高，其价值就大，反之就小。报酬的公平性则反映了企业的报酬是否按劳分配。实行按劳分配，多劳者多得，员工可看到的努力——报酬概率就大，反之则小。

波特和劳勒将报酬分为外在报酬和内在报酬两种。外在报酬包括福利、晋升、授衔、表扬、嘉奖、认可等；内在报酬包括学习新知识和新技能、责任感、光荣感、胜任感、成就感等。员工的满足不仅在于获得外部报酬，也在于获得内部报酬，有时内部报酬比外部报酬更重要。

例证 5-12：摩托罗拉公司（天津）的激励措施[33]

设在天津经济开发区的摩托罗拉公司，为了使员工拥有责任感、光荣感，给每个员工都佩有一张胸卡，除相片、姓名外，不附加任何职务、职称，他们可以凭这张胸卡求医就餐、出入乘车。每个人还有一张 IDE 卡，列出与个人相关的工作、学习、满意度等六大问题，每月调查一次，一有问题，主管就会立即帮助解决。让每个人都感觉到“你得到了公司的器重”、“你有与总经理一样重要的责任”。他们除重视物质奖励外，更重视精神激励。如该公司常年开展的顾客完全满意小组活动，主要是为解决生产和服务中的某个问题而开展的，而取得成果的最高奖励只是一个奖杯，这样做的目的在于使员工有成就感。

五、强化理论

强化理论（Reinforcement Theory）主要是利用正性或负性的强化，来激励员工或创造激励的环境。个人之所以要努力工作，是基于桑代克所谓的效果率（Thordikes' Law of Effect），即某项特定刺激引发的行为反应，若得到奖赏，则该行为再出现的可能性较大；而若没有得到奖赏，甚至受到惩罚，则该行为重复出现的可能性极小，也叫操作条件反应（Principles of Operational Conditioning）。[34]行为修正就是将操作条件反应原理应用在管理员工的工作行为上。管理者可运用正强化，如赞赏、奖金或认同等手段，以增强员工对良好工作方法、习惯等的学习；也可运用负强化，革除员工的不良工作习惯和方法，并使员工避开不当的行为结果。卡兹丁对强化和惩罚做了分类，具体内容见表 5-5。[35]“正强化”就是组织给予令个体愉快或个体所希望的事件，个体得到好的事物，其某种行为就变得更加可能发生，如给予肯定和奖励。“负强化”是指组织取消令个体不愉快或个体不希望的事件，为个体去掉不好的事物，从而使个体的某种行为变得更加可能发生。“惩罚”就是给予个体令其不快或其不希望的事件，使个体的某种行为变得更不可能发生。“消退”就是取消或忽视采用令个体愉快或所希望的事物，使个体的某种行为变得更不可能发生。

表 5-5 强化的类型

事物 / 管理行为	好的	不好的
给予	正强化	惩罚
去掉	消退	负强化

例证 5-13：美味馅饼联号店[36]

美味馅饼（Perfect Pizzeria）联号店位于索塞尔，在依利诺斯州的南边，是美国第二大特许联号商店，虽然生意兴隆，但在员工和管理方面却存在很大问题。由于美味馅饼店位于工作机会很少的地区，满足其员工定额是一件容易的事，除了经理外，所有的员工都是非全日制工人。因此他们的工作报酬比最低工资还少。

美味馅饼店的奖励体系设计是：食品和饮料的成本及利润按百分率制定；若没有卖出去的食品或各种损失的百分率很低，经理就能得到奖金，反之，经理只能得到基本工资。百分率可以变动很大。经理们不可能24小时都在店里，一些员工可以趁机吃一点，一天下来，百分率也就上升了。有时调味瓶会被打翻，馅饼会烤糊，有时会做出大小不合适的馅饼没办法卖出去。虽然规定员工损坏店内物品或厨师把馅饼烤糊，费用由个人承担，但是碍于同事的面子，夜班经理很少管过，全由商店承担损失。所以往往到月底动用了储备时才发现问题，这时经理的奖金已经无望了。

为此经理采取报复性办法：以前每个员工每6小时可以吃一次免费馅饼、一份色拉，饮料随便喝；现在由6小时提高到12小时。但工人们的对策是利用一切经理或副经理不在店里的机会休息。虽然夜班经理在晚间拥有全部经营的控制权，但他不像经理或副经理那样关心商店。因为他得到的是和一般工人一样的工资，他不可能也没有权力惩罚其他员工。再加上他的年龄一般也与别的员工一样大，有时甚至比他们还小也难以惩罚其他员工。由此，馅饼店产生了冷漠的状况，经理与员工更疏远了。

日本一家公司对员工强化激励方法与效果曾作过分析（见表5-6），从中可以看出，对员工的表扬奖励，采取公开的方式效果较好，变好的要占87%，变差的只占1%；对员工的指责批评，采取个别的方式效果较好，变好66%，变差的只占11%。采取公开的方式体罚员工的效果明显不好。在提倡人性化管理的今天，企业宜逐步改变过去动辄惩罚、少奖励的局面，而代之以多奖励、适当惩罚的做法。[37]

表5-6 员工强化激励方法及其效果分析

效果 激励方法	行动变化的比重/%		
	变好	没有变	变差
公开表扬	87	12	1
个别指责	66	23	11
公开指责	35	27	38
个别体罚	28	28	44
公开体罚	12	23	65

例证5-14：美国施乐公司的“X”证书

美国施乐公司的人事部门采用了一个“X”证书可以兑换25美元的办法。该部门的每一位主管，都可以发给其他人一些“X”证书。这种授予可以针对任何与工作有关的行为，比如，优秀的出勤者和协作者。证书也可以发给其他部门的人。

强化必须要及时。现代心理学研究表明，及时强化的有效度为 80%，滞后激励的有效度为 20%。管理者必须充分注意激励的时效性，选择在员工激励需求边际效用最大时，及时满足并强化之，这样会起到事半功倍的效果。[38]

例证 5-15：美国福克斯波罗公司“金香蕉”奖[39]

及时激励即使是很小的表示，也能起到良好作用。当年，美国福克斯波罗公司为求生存，急需新的技术成果。一天，公司一位科研人员拿着一件自己研制的新产品样品来到总经理办公室。该样品构思精巧，设计新颖，总经理一下子惊呆了。惊喜之余，他忽然在自己的抽屉、橱柜中东翻西找起来。最后，终于找到一件“奖品”——一只香蕉。他兴冲冲地把香蕉递给对方说：“伙计，奖给你的！”这位科研人员十分感动，因为这只香蕉是当时总经理所能拿出来的唯一奖品。此后，福克斯波罗公司决定，用“金香蕉”奖章作为对本公司科研成果的最高奖励。

第三节 激励理论的应用

激励既要重视物质激励，又要重视精神激励；既要考虑激励对象的多样化，又要考虑激励方法的多样化。有调查表明，美国企业的平均寿命为 40 年，日本企业 13 年，中国企业约为 3 年。相比之下，中国企业寿命较短。因此，有人形容中国企业具有“流星效应”。造成这种现象的一个重要原因是企业特别是国有企业的激励制度不完善。年薪制、职工持股计划和股票期权制被认为是能够对员工起到重要激励作用的重要手段，本节将简单地做一些介绍和讨论。

一、激励的多样化

（一）激励对象的覆盖面广

激励并非是对少数人的激励。传统的激励方法多为奖励极少数有突出贡献者，旨在树立“典型”、“楷模”。然而，这种激励手段并不是最理想的，因为长期采用此法就会使大多数员工失去受奖励的机会，甚至觉得奖励是极少数人的事情而漠不关心。同时，长期以极少数人为对象的奖励还可能在员工中产生逆反心理，使“典型”、“楷模”在企业内部可能遭到孤立、嘲讽，甚至打击。因此，激励方法应充分照顾激励范围，不使其过于狭窄。在奖项设置上，应多设集体奖，少设个人奖；多设单项奖，少设综合奖。在奖金数额上，可考虑多设小奖，少设甚至不设大奖，要特别注意对每一个员工的小小进步都给予及时的肯定和强化，从而形成一个从小到大多层次、多种类的激励手段体系。激励理论告诉我们，每个人都有受到表扬和鼓励的心理需求，即使最落后的员工也一样。

例证 5-16：美国麦考密克公司[40]

因为公司创始人 W·麦考密克的经营方法落后于时代，所以尽管他苦心经营了许多年，但公司还是渐渐变得不景气，以至于几乎马上就要倒闭了。此时，W·麦考密克生病去世，由 C·麦考密克继任公司总裁。这位新总裁胸怀壮志，表示不把公司搞好决不罢休。所以，他一上任就向公司的全体员工宣布了一条与以前截然不同的措施：任何员工，只要工作达到了既定的要求，就可以拿到相当于工资 10%的奖金。而在以前，这笔奖金只是考核成绩排在前面的几位员工才能拿到。C·麦考密克还号召大家：“本公司生死存亡的重任落在了诸位的肩上，希望大家能够同舟共济，协力渡过难关。”

员工们听到这项新措施之后，开始都非常吃惊，但转而对年富力强的新总裁的做法表示由衷的感谢——这么一来，只要自己工作努力，就可以多拿薪水，而不像以前，只是少数几个人才能拿到奖金。从此，公司士气大振，上自总经理，下至普通员工，大家都努力工作。不到五年时间，公司就扭亏为盈了。

例证 5-17：日本电产公司形式多样的奖励[41]

日本电产公司老板永守重信先生，制定了多样化的公司奖励制度，每年除了有“公司英雄”奖励外，还设有“提前上班奖”、“合理建议奖”和“受训斥奖”等各种名目的奖励三十余种。他甚至还规定每年受到奖励的员工必须占到总职工人数的80%以上。特别是“受训斥奖”别出心裁，对受到一次严厉批评者奖励3 000日元，目的是既要使违纪者受到应有的“斥责”，又要通过奖励化解受训者的心理矛盾，防止出现对抗。

激励宜考虑不同类型员工的需要。比方说，对我国知识型员工主要激励因素调查中，位于前五位的分别是：工作报酬与奖励、个人的成长与发展、有挑战性的工作、公司的前途以及有保障和稳定的工作。[42]

此外，激励宜考虑每个员工各自不同的需要。在企业中，有的员工想成为技术专家；有的想到本公司的其他部门工作；有的想发展与现有工作岗位相关的技能；有的被提升到管理岗位而他本人并不想做一个管理人员；还有人认为他们的满足感主要来自群体中的合作精神。可见，员工的需要呈现多样化状态。激励要从员工的个性心理特征出发，通过研究个体心理的不同需要，做到对症下药，因人而异。某公司给一位设计人员很高的薪水，但其工作积极性并不高。后来一个偶然的机会，公司把一项与德国合资的项目交由此人负责设计，结果他加班加点，不计报酬，克服多项技术难关，按时完成了设计任务。显然，这位科技人员更需要的是马斯洛需要层次论所谓的自我实现的高层需要。

例证 5-18：日本电产公司对女性员工的激励[41]

对不同性别的员工也应采取不同的激励方式。日本电产公司老板永守先生对本公司的女工就采取了与男职工截然不同的激励方式，这就是表扬、表扬、再表扬。即便是一些微不足道的小优点也要给予及时表扬。永守认为，哪怕说一些无关紧要的好听的话，也要让所有女工感到机会均等，这应视为老板的一条铁的法则。怎样才能“一碗水端平”呢？永守先生认为，不能在大庭广众、众目睽睽之下公开表扬一名女工，要背着其他人，一对一地予以表扬，并且要说明“这话我只对你一个人讲了”，以增强激励效果。

（二）激励方法的多样化

物质激励是指通过物质刺激的手段，鼓励职工工作的积极性。它的主要表现形式有正激励，如发放工资、奖金、津贴、福利等；负激励，如罚款等。物质需要是人类的第一需要，是人们从事一切社会活动的基本动因。所以，物质激励是激励的主要模式，也是目前我国企业内部使用得非常普遍的一种激励模式。

但在实践中，不少单位在使用物质激励的过程中，虽耗费不少，但预期的目的并未达到，职工的积极性依然不高，反倒贻误了组织发展的契机。事实上，人类不但有物质上的需要，更有精神方面的需要，美国管理学家皮特就曾指出“重赏会带来副作用，因为高额的奖金会使大家彼此封锁消息，影响工作的正常开展，整个社会的风气就不会正。”因此企业单用物质激励不一定能起作用，必须把物质激励和精神激励结合起来，才能真正地调动广大员工的积极性。

1．运用工作激励

尽量把职工放在他所适合的位置上，并在可能的条件下轮换一下工作以增加职工的新鲜感，从而赋予工作更大的挑战性，培养职工对工作的热情和积极性。日本著名企业家稻山嘉宽在回答“工作的报酬是什么”时指出“工作的报酬就是工作本身”。可见工作激励在激发职工的积极性方面发挥着重要的作用。

2．运用参与激励

通过参与，形成职工对企业的归属感、认同感，可以进一步满足自尊和自我实现的需要。企业职工参与企业决策和企业管理的渠道有许多，其中，职工通过“职代会”

中的代表参与企业重大决策的模式较为普遍，但“职代会”目前流于形式的情况依然存在，仍有待进一步完善和健全。

3．运用荣誉激励

荣誉激励是物质激励的重要补充部分，具有物质奖励所达不到的功效，二者结合使用效果最佳。现在荣誉激励的方式在企业中采用得比较普遍，这是一种比较有效的方法，它正是有效地利用了员工的荣誉需求，才取得了良好的激励效果，这种方式在国有企业的实践中也是行之有效并被长期奉行的。

例证 5-19：流动锦旗

某工厂根据生产和品质的综合考核，为每条线最好的工人和最好的生产线颁发小锦旗，并给最好的工人发 100～200 元现金。另一家工厂奖励最有效率达成目标的小组，开展劳动竞赛，每月胜出的小组上浮整体的计件工资，第一名奖励 8%，第二名奖励 5%。

例证 5-20：美国同仁公司的评比竞赛[43]

在美国同仁公司，一进楼道，迎面一条大横幅，白底红字，中间画了一个四颗红星的士兵头盔，大意是开展争当“四星头盔士兵”活动。旁边墙上还办了贴着“四星头盔”标志的竞赛墙报。公司管理人员说：“这项活动本来只在美国军队进行，我们引入公司，是借其形式来开展‘先进工作者’评比竞赛。每月评比一次，评上的得一颗红星，一年中累计得了四颗红星的，就是先进工作者，有重奖。”更有意思的是，在计算机房门前还支着一块大白板，贴着当月已得星的职员的彩照，这不就是“光荣榜”么！

4．运用升迁激励

升迁激励的本质是通过自我价值的实现来激发人的能动性，每个人有各自不同价值观，有的人立志成为一名企业家，有的人则以钻研技术为人生的最大乐趣。因此，企业的升迁激励要因人而异，让有管理才能的人走行政职务升迁之路，有技术特长的人走技术职务升迁之路，二者要有相同的待遇。特别是要鼓励技术人员从事自己喜欢的职业，充分发挥自己的专长，术业有专攻，走专业化发展的道路，从而避免那种搞技术的硬着头皮搞管理，既耽误了管理工作，又浪费了技术人才的情况发生。

5．运用情感激励

现代企业已步入人本管理时代，企业与个人的关系由“契约型”向“盟约型”转变，企业与个人形成了利益共同体，也就是有了共同的价值取向。一个成功的企业在营造和谐的氛围、培养团队合作精神、增强企业的凝聚力方面一定有它独到之处，如松下公司采用终身雇佣制，林肯公司只减薪、不解雇的做法，大大提高了员工对企业的信任度，激发了员工为企业奉献的热情，这些都属于情感激励。此外，情感激励是一种领导艺术，应用得当可以增强凝聚力。比如，在员工遇到困难时，适时地给予精神鼓励和物质帮助；经常与员工谈心，加强思想沟通，消除隔阂；组织集体活动、赠送生日礼物、生病探望等。所有这些都会让职工感受到一种“家庭式”的关怀，从而增强其对企业的信任度和忠诚度。[44]

例证 5-21：美国 IBM 公司的“百分之百俱乐部”[45]

美国 IBM 公司每当有业务代表完成年度销售定额时，就被批准成为“百分之百俱乐部”的成员，他和他的家人被邀请参加隆重的集会。结果，力争获得“百分之百俱乐部”成员资格逐步成为 IBM 新雇员的第一目标。公司的销售业务也因此得到有力地推动。

（三）激励的文化适用性

随着跨国公司的飞速发展和美国文化对世界各地的冲击，几乎被作为永恒真理的美国管理理论也被跨国公司一成不变地带到了世界各地，而且各国本土公司也把这些理论作为指南针认真遵照执行。一段时间之后，这些跨国公司的各国分公司或者是本土企业都发现这些激励理论并没有起到预期的效果，甚至起了反作用。[46]

例如，一家美国公司在其墨西哥分公司也使用了经典的激励理论，他们给工人发放绩效工资，给有才能的人更多的机会。但是墨西哥工人对公司提供带家属参加的聚会和生活用品的福利远比公司所提供的东西的兴趣大得多。再如，一位加拿大的经理发现其一位日本女下属表现优异，想让她成为部门经理。但他很快发现整个工作团队的工作不再默契了，也没有人愿意配合这位女下属的领导工作，而且提升后的女下属也好像遇到了什么压力，工作热情反而不如以前了。一位英国管理人员想通过员工携带家属聚会的方式来促进员工努力工作，但他的法国员工却认为这干预了他们的私生活。因此，跨国公司的管理者明白了激励和领导处于不同文化背景并对工作怀有不同期望的各国员工并不是一个容易解决的问题。管理者需要采用不同的激励方式，这些激励方式应当同本土文化和员工需要相符，才能发挥出最大的效果。

例证 5-22：激励招术：让员工敲锣[47]

台湾有一家公司，在公司的大厅里，装置了一个大铜锣，只要业绩突破新台币 100 万元的人，就可以去敲它一下，突破 200 万元则敲两下，以此类推。该公司的办公室，就紧临着大厅，所以，只要这个铜锣被敲，它的声音马上会传入办公室内，也等于是告知全办公室内的人，有人的业绩突破百万大关了，当这位敲锣的同事步入办公室时，所有的人又都会起立鼓掌，给予他英雄式的欢呼。据该公司管理部门有关人员表示，这种被大家鼓掌欢呼的场面，是非常有面子的一件事，当然，谁都希望自己是下一个敲锣者，也可以接受大家的欢呼。不过，想要敲响它，首先是把业绩给做好，这正是该公司装置这个大铜锣的目的。企业的激励手法，是没有一定的标准模式可寻的，只要它能发挥鼓舞士气的作用，就是一种好的激励手法，像台湾这家公司的这种敲锣做法，是不是很有创意呢？

二、年薪制

年薪制是以年度为单位，依据企业的生产经营规模和经营业绩，确定并支付经营者年薪的分配方式。为探索和建立有效的激励与制约机制，使经营管理者获得与其责任和贡献相符的报酬，逐步实现企业经营管理者及其收入市场化，企业才制定了这种依据自身规模和经营业绩，以年度为单位支付经营管理者收入的分配制度。经营管理者年薪由基本年薪和风险年薪两部分组成。

年薪制改革的初衷是把经营者的利益与其经营业绩挂钩，提高经营者的积极性，保证国有资产的保值和增值。经营者利益和员工利益适当分离，使经营者与员工之间相互制衡，有利于建立企业内部自我约束机制，经营者年薪收入公开化、规范化，有利于减少经营者过高的在职消费，控制国有企业资产流失。但是，年薪制改革在推行过程中遇到了一些问题需要解决。比方说经营者的任用未形成竞争机制，经营者仍由上级主管部门任命，并非通过竞争上岗，因而经营者只对上级负责而不对企业负责的状况很难改变；企业经营指标难以严格考核，成为政府为之头疼的问题，也给年薪制的有效实施设置了障碍。虽说问题很多，但有关年薪制的理论探讨和试点工作仍令人满意。2003 年，国资委正式出台《中央企业负责人经营业绩考核暂行办法》（2009 年 12 月 28 日修订，2010 年 1 月 1 日施行），将其作为国有企业改革进程中的一个重要成果，年薪制终于成为了一项薪酬制度。尽管此种薪酬体制已在国外实行多年，连总统一级的薪酬也明码标价，透明度较高，但要在我国兴起生存，还需要有一个接受、认可的过程。目前，社会各界对年薪制的褒贬不一，在我国的实施过程中还存在许多问题有待解决。

三、员工持股计划

西方国家实行的员工持股制度，是在重振本国经济、改善劳资对立关系的大背景下提出并被逐渐广泛实施的，并且获得了成功。1952 年，美国辉瑞公司为了避税，第一个推出面向所有雇员的员工持股计划。近年来，员工持股计划风行美国，数以千计的公司，上千万的职工加入了这一计划。

例证 5-23：晋商的人力股制度[48]

以人力资本折算股份的做法是在明清时期称雄国内商界的晋商中曾被广泛采用。这种人力制度也称“身股”、“人身股”或“顶生意”。商号（企业）的主要员工或有突出贡献的员工一般可以顶零点几厘到几厘，以至一股的股份，股份的多少由财东，也就是真正出资的股东根据职工任职时间、能力、贡献大小来决定。

在一个账期（一般每三年为一个大账期）结束时，“人身股”与财东的资本股一起参加分红，一般资本股一万两白银为一股，而大掌柜（即总经理）一般能顶八到九厘，最高十厘（即一股）。每当遇到账期总结，都要评定职员功过，检查三年的成绩和问题，整顿人事，调整“身股”厘数，并记入“万金账”即股本账。银两股和人身股享用同等的分红权。

近十多年来，美国许多企业推行的员工持股计划的具体做法主要有两种：一是由公司提出一部分股份或拿出资金，提交给职工信托基金会，该基金会购买本公司的股票，然后根据职工工资水平分配这些股票，这种分配相当于公司给职工劳动股的投资凭证，职工以自己的劳动获得这种投资凭证，并根据这种凭证获取公司利润；另一种方式是由公司担保从银行借款购买本公司股票以分到个人名下，这两种方式都不需要员工个人掏腰包。员工持股计划的具体作用表现在以下四个方面。

1．有利于实施低成本激励在职员工

持股计划实施后，职工的收入不再是传统的工资加奖金，而是工资加股权收入，这就将公司对职工的激励由间接方式的奖金变成了直接方式的股权收入。如果公司经营状况好转，职工工资虽然不变，但是不仅股利增加可以使其收入增加，而且业绩的改善可使公司股票价格上涨，从而使职工受益，后者的变动往往比业绩和股利的改变大，而且也比间接激励方式的奖金高。同时，运用员工持股计划没有增加公司的支出，就可以使职工更具有工作积极性，从而实现了低成本激励。

2．有利于降低管理费用，减少管理环节

由于实施员工持股计划后，职工的收入与公司经营业绩更紧密地联系起来了，他们将更加自觉地工作，使一些管理部门的作用逐渐减小，以致有些部门失去了存在的意义而可以被撤销。所以实施员工持股计划有利于精简机构，减少管理的中间环节，从而降低管理费用，提高经营业绩。

3．促使职工参加公司日常管理，监督经理人员经营业绩

由于实施职工持股计划后，公司经营好坏与职工收入更加紧密相关，职工不仅将

更加积极地参加公司的日常管理，为公司发展出谋划策，而且可以监督企业的经营效率。由于他们对公司情况更加熟悉，这种监督的力度与效率都比外部监督更高，从而有利于管理绩效的提高，使企业经营效率得到改善。

4．提高职工的工作效率、创新精神，避免短期行为

与传统激励方法相比，实施员工持股计划可以使广大员工更富有创新精神，工作更有效率，能够有效克服其短期行为。因为职工的工作效率提高和创新行为如果产生效益，将使其股价提高更快，其自身获益更多；同时，损害企业长远利益而提高短期利益的行为，对持有股权的职工来说也是不经济的。

可见，实施员工持股计划不仅能解决企业普通员工的激励问题，使他们的利益与公司利益更紧密结合起来，提高其工作效率与积极性，而且还可以有效解决对公司经理人员的监督问题，有利于企业效率提高，也有利于企业改革的顺利进行。

例证 5-24：亚马逊公司的利润分享制度：低工资 + 一个承诺[49]

亚马逊网上书店（http://www.amazon.com）员工的收入比市场标准水平还要低，甚至连短期奖金也没有，并且要自己掏腰包负担大部分医疗保险费。可是为什么一批优秀的人才心甘情愿地留在亚马逊呢？这个诱惑就是股票！1997 年 5 月亚马逊股票上市，以每股 9 美元的价格开盘，1998 年底最高峰时突破 300 美元！每个员工的认股权是公司对他们的一个美好承诺。只要公司一开始盈利，立即会创造出一大批富翁来。这就是亚马逊的未来利润分享制。

和其他公司的利润分享制不同的是，亚马逊的所有员工，包括仓库员工、公司职员以及最高主管、行政经理，全部纳入公司的该项计划。在亚马逊，人人能感觉到自己的责任、自己的重要性。总裁贝索斯宣称，公司是大家的，是每一个人的，这个信念甚至连打扫卫生的老太太也深深铭记在心。

虽然员工持股计划可以解决普通员工激励与对经营人员的监督问题，但还不能有效解决对经营者的更高的激励问题，以及对吸引高级人才的监督问题，要有效解决这一问题，还有赖于实施股票期权计划。

四、股票期权制

（一）美国企业高级管理人员的股票期权制

近 20 年来，美国企业高级管理人员的薪酬总量激增，薪酬结构发生了重大变化：20 世纪 70 年代，绝大多数的高级管理人员的薪酬由现金构成，包括基本工资和年度奖

金；80 年代初期到中期，部分高级管理人员的薪酬由现金和股票构成，股票期权开始被越来越多的公司采用；80 年代中晚期，一些公司开始大量使用股票期权，另一些公司开始扩大股票授予范围；90 年代，更多的公司尤其是小规模的公司开始使用股票期权，股票期权占高级管理人员薪酬的比例不断上升，比例高达 20%～30%。

美国企业对高级管理人员一般采用激励合同约定报酬的方案和形式，报酬金额可达雇员平均收入的几十甚至几百倍，总经理的年收入常常是天文数字，其中固定年薪仅占较小的份额，而与公司经营效益挂钩的年薪奖励往往占了绝大部分。奖励形式一般是规定基本的利润额或资产盈利水平，业绩超过合同约定额时可按照一定比例提成公司利润。为防止经营者只追求短期利润或账面利润而忽视长期利益，或者只追求子公司局部经济效益而忽视集团整体经济效益，美国企业又在长期激励上创造了一套堪称典范的模式。主要思路是增大根据长期经营业绩而确定的年薪比重和绝对数额，形式有递延红利、股票期权和股票赠予等，其中最主要的是股票期权制度。近年来，这种长期报酬得到了越来越广泛的采用，平均占管理人员年收入的 1/3 左右。目前在美国 500 家大公司中，约 89%的公司在不同程度上采用各种长期激励模式，而在 250 家最富有成效的公司中，高级管理人员通过股票期权所获得的收益一般超过其通过固定薪金和奖金形式获得的现有收入的两倍以上，相当多的高级管理人员因此而成为新的富豪。不过，美国高级管理人员的天文年薪和风险亦是如影随形的，他们对公司的经营成果承担着直接责任，一旦公司经营不善，经营者就有被股东大会解聘的危险，董事会也要为其选择经营者的失误承担连带责任。20 世纪 90 年代，美国一些大公司纷纷解聘总经理，如 IBM、康柏等，就说明了这一点。

例证 5-25：安然公司的破产[50]

美国安然公司破产暴露出的财务和股票期权管理问题令投资者目瞪口呆。安然公司向本企业高层经理人员和职工授予的股票期权价值相当于数亿甚至数十亿欧元，但这笔潜在的资金并不记入公司账目，在安然公司股票上涨、业绩良好的背后隐藏着巨大的危机。安然公司破产，大多数职工所持股票变成一纸空文，多年的心血付诸东流，但少数领导人早已悄然行事，在股票处于高位时抛出股票，尽饱私囊。安然事件引起人们对股票期权管理等一系列问题的思考。2002 年 4 月初，美国联邦储备委员会主席格林斯潘在讲话中表示，安然公司出现巨大的财务黑洞，股票期权是漏洞之一。

（二）中国国有企业经营管理者股票期权制

为了加强对企业经营者的激励，国内一些企业开始增加经营者持有本企业股票的份额，以提高管理者利益与企业长期利益的一致性。目前在国内已开始进行一些经营者持股的试点，上海市、武汉市和深圳市已制定了对国有企业经营者实行股票期权制度的办法。率先实行股票期权制度的国有企业是上海仪电控股（集团）公司，采取期权形式的上市公司有浙江创业、武汉中商、上海金陵、泰达股份和上实联合等。

我国高级管理人员“股票期权”激励分配主要有两种形式：一种形式是在国有独资企业中，借用期权的概念，对经营者获得年薪以外的特别奖励实行延期兑现；另一种形式是在国有资产控股的股份有限公司和有限责任公司中，经股东大会或董事会批准，国企经营者在一定期限内，以优惠价购得或通过获奖方式取得适当比例的企业股份，并在任期届满后逐步兑现。

股票期权激励与单纯的年薪制和简单的现金奖励相比，能够把经营者的利益和企业的长远利益紧密结合在一起，在一定程度上能够激发经营者的积极性，是一种较为有效的长期激励手段。但是，对股票期权的尝试同样面临一些现实的障碍，比如：用来激励的股票来源存在限制和困难，利益兑现机制不健全，二级市场的不规范和非理性影响激励效果。鉴于中国上市公司股权激励存在的弊端，这种做法曾一度被证监会叫停，现又开始试行。《上市公司股权激励管理办法》（试行）明确了向激励对象发行股份、回购本公司股份和法律、行政法规允许的其他方式等三种方式。在股票数量方面，规定上市公司全部有效的股权激励计划所涉及的股票总数不得超过已发行股本总额的10%；其中个人获授部分原则上不得超过股本总额的1%，超过1%的需要获得股东大会特别批准。这些条款将防止个人持股比例过大而把公司变为个人公司。

例证5-26：冯根生难题

冯根生是中外合资“青春宝”集团董事长。他当了28年的厂长，带领杭州中药二厂从当年的37万元中药作坊发展为一个拥有30多家全资、合资及参股企业，净资产5.6亿元，总资产11亿多元，年利税2.6亿元，年利润1.5亿元的以中药生产为核心的综合性企业集团。1997年10月，正大青春宝董事会全票作出决定，从公司现有的净资产中划出20%，作为个人股卖给员工及经营者。同时决定，冯根生作为经营者需要认购其中的2%的股份，计人民币300万元。1998年6月，杭州市政府同意正大青春宝的“内部股份制”方案，可是冯根生在1992年合资前每月工资只有480元，合资以后才领数千元工资，认购资金从何而来？冯根生自筹30万元，银行贷款270万元才使这个问题得以解决。2000年3月24日，浙江浙经资产评估事务所组织专家通过对中国青春宝集团公司创建和发展历程中各项生产要素的综合评价，在充分肯定国家对国有企业发展积极扶持的前提下，经分析、比较、测算资本、劳动、技术、管理四大要素对企业经济效益价值的贡献率，冯根生管理效益贡献价值2.8亿元人民币。利润贡献价值为1.2亿元人民币，其管理要素对效益的综合贡献率在15%～20%之间，现阶段为18%。

资产评估所计算的只是“量”，但做不到“化”。国有企业的所有者——政府有时很难给予企业家人力资本产权相应的激励，给予相应的贡献回报。

五、构建有效的激励系统

前面我们介绍了许多激励的方式方法和例子，但是它们比较零散，并不构成一个激励系统。为使激励多样化，企业必须构建符合自身特点和历史文化的、行之有效的激励系统。那么企业究竟如何构建自己的激励系统呢？其中，基准学习（Benchmarking；可参阅网站 http://www.benchnet.com）是一种很好的方法。基准学习是指企业识别、理解其他公司和企业在激励方面的一些优良实践，并为我所用，以提高激励的有效性，包括如下六个步骤。

第一步，列举企业现有的各种激励方法。

第二步，对这些激励方法的有效性进行评估。比如进行成本效益分析。

第三步，根据评估结果将这些激励方法分为三类：可继续使用、须修订后继续使用、停止使用的激励方法。

第四步，对须修订后继续使用的激励方法进行讨论和修订，并重新公布使用。

第五步，从企业内部或者外部了解和学习一些先进的激励方法和手段，对它们进行讨论和评估，筛选出可以借鉴的激励方法。

第六步，新的激励方法试行一段时间后对其进行评估，重复前面的步骤。

本章小结

- 激励就是激发员工的工作动机，调动其工作积极性，以促使他们有效地完成组织目标和任务。
- 内容型激励理论基本上是围绕如何满足员工的需要进而调动其工作积极性开展研究，也称需要理论。主要有需要层次论、双因素论和成就需要理论。
- 过程型激励理论着重对行为目标的选择，即动机的形成过程进行研究，主要包括弗隆姆的期望理论与心理契约、亚当斯的公平理论和洛克的目标设置理论。
- 心理契约是员工与组织双方在相互关系中己方要为对方担负什么责任义务，同时对方要为己方担负什么责任义务的主观约定，是雇佣双方或劳资双方关于双边关系中相互责任义务的主观信念。通过恰当的心理契约管理达到组织与员工双赢的目标很有必要。
- 激励既要重视物质激励，又要重视精神激励；既要考虑激励对象的多样化，又要考虑激励方法的多样化，还要考虑到不同文化要采用不同的激励方法。

◆ 近年来企业常用的薪酬激励方法有年薪制、员工持股计划、股票期权制等。

思考练习题 5-1：简答题

1．什么是双因素激励理论？有时如何将保健因素转化为激励因素？

2．假如你是一位主管，在工作中你会如何去了解下属的需要？

3．什么是心理契约？

思考练习题 5-2：是非判断题

1．根据双因素激励理论，只有将奖金变为“保健因素”才能调动职工的工作积极性。

（1）是　　（2）否

2．“工作扩大化”是指增加同一或类似任务的数量，实现满负荷工作。

（1）是　　（2）否

3．心理契约有助于提高雇佣双方的安全感和信任感。

（1）是　　（2）否

心理测试 5-1：需要调查问卷[51]

这是一种可供实用的需要调查量表。它包含了与职务有关的 13 个方面，可测出被测者在每一方面的需要强度及各个方面在其心目中的相对重要性。每一方面都用一个 7 级标尺，测定其对该方面的现状、期望及重要性的判断。此问卷在计算分数时，又把 13 个方面归纳为安全、社交、荣誉、自主与自我实现 5 个维度。本测试约需 15 分钟。

（一）调查问卷

1．对于能担任此职，你有一种自尊感：

a．现在实际有多少？　（最少）1　2　3　4　5　6　7（最多）

b．应该有多少？　1　2　3　4　5　6　7

c．这对你有多重要？　1　2　3　4　5　6　7

2．你任此职有个人成长与提高的机会：

a．现在实际有多少？　（最少）1　2　3　4　5　6　7（最多）

b．应该有多少？　1　2　3　4　5　6　7

c．这对你有多重要？　1　2　3　4　5　6　7

3．此职务在本单位内的威望：

a．现在实际有多高？	（最少）	1	2	3	4	5	6	7（最多）
b．应该有多高？		1	2	3	4	5	6	7
c．这对你有多重要？		1	2	3	4	5	6	7

4．在此岗位上独立思考与自主行动的机会：

a．现在实际有多大？	（最少）	1	2	3	4	5	6	7（最多）
b．应该有多大？		1	2	3	4	5	6	7
c．这对你有多重要？		1	2	3	4	5	6	7

5．对现职的稳定感（“饭碗”的可靠性）：

a．现在实际有多大？	（最小）	1	2	3	4	5	6	7（最多）
b．应该有多大？		1	2	3	4	5	6	7
c．这对你有多重要？		1	2	3	4	5	6	7

6．你做这一工作，有能发挥自己才智的机会：

a．现在实际有多少？	（最少）	1	2	3	4	5	6	7（最多）
b．应该有多少？		1	2	3	4	5	6	7
c．这对你有多重要？		1	2	3	4	5	6	7

7．你这一职务在本单位之外受到的尊重：

a．现在实际有多大？	（最少）	1	2	3	4	5	6	7（最多）
b．应该有多大？		1	2	3	4	5	6	7
c．这对你有多重要？		1	2	3	4	5	6	7

8．在本岗位上觉得取得了有意义的成就：

a．现在实际有多大？	（最小）	1	2	3	4	5	6	7（最多）
b．应该有多大？		1	2	3	4	5	6	7
c．这对你有多重要？		1	2	3	4	5	6	7

9．这一职务是否有帮助别人的机会：

a．现在实际有多大？	（最小）	1	2	3	4	5	6	7（最多）
b．应该有多大？		1	2	3	4	5	6	7
c．这对你有多重要？		1	2	3	4	5	6	7

10．这一职务有参加设置自己工作目标的机会（即在确定分配给自己的任务时有发言权）：

a．现在实际有多大？	（最小）	1	2	3	4	5	6	7（最多）
b．应该有多大？		1	2	3	4	5	6	7
c．这对你有多重要？		1	2	3	4	5	6	7

11．这一职务有参与确定自己的工作方法和步骤的机会：

a．现在实际有多大？　（最小）1　2　3　4　5　6　7（最多）
b．应该有多大？　1　2　3　4　5　6　7
c．这对你有多重要？　1　2　3　4　5　6　7

12．这一职务所拥有的权力：
a．现在实际有多大？　（最小）1　2　3　4　5　6　7（最多）
b．应该有多大？　1　2　3　4　5　6　7
c．这对你有多重要？　1　2　3　4　5　6　7

13．这一职务有交上亲密好友的机会：
a．现在实际有多大？　（最小）1　2　3　4　5　6　7（最多）
b．应该有多大？　1　2　3　4　5　6　7
c．这对你有多重要？　1　2　3　4　5　6　7

（二）分数计算

1．需要强度计算：将代表被测者对所测方面的期望（b 项）及现状（a 项）判断所勾选的分数之差（b−a）算出，即是该方面的需要强度。但还请利用表 5-7 归纳到前述五个维度上去，这五个维度约与马斯洛的需要分类相当（考虑到职工已解决温饱问题，生存需要在此问题卷中被略去了）。

表 5-7　维度计算表

	安　全	社　交	荣　誉	自　主	自我实现
	5b−5a=	9b−9a= 13b−13a=	1b−1a= 3b−3a= 7b−7a=	4b−4a= 10b−10a= 11b−11a= 12b−12a=	2b−2a= 6b−6a= 8b−8a=
维度小计分					
所含项目数	1	2	3	4	3
维度强度分					

2．需要的重要性分计算：请利用表 5-8，将在各方面所勾选的重要性分（c 项）归纳到五个大维度上去。

表 5-8　维度重要性分计算表

	安　全	社　交	荣　誉	自　主	自我实现
	5c=	9c= 13c=	1c= 3c= 7c=	4c= 10c= 11c= 12c=	2c= 6c= 8c=

续表

	安 全	社 交	荣 誉	自 主	自我实现
维度小计分					
所含项目数	1	2	3	4	3
维度重要性分					

管理游戏 5-1："糖豆"

这个游戏让学生通过给予和接受赞扬来熟悉别人，在较短的时间里，这一方法就会取得效果，团队的情绪也会变得高涨。

参与人数：集体参与，人多时应分组

时间：15 分钟

道具：纸、铅笔或钢笔，一些奖品

场地：教室

应用：员工激励和团队建设

游戏规则和程序：

1．给每个人五分钟的时间，让他们如实地尽可能多地对成员写出尽可能多的赞扬（"糖豆"），这些赞扬可以是程度较浅的（你的领带真不错，你的衣服和你很相称等），也可以是比较个人的（任何赞扬者乐意的东西）。唯一的原则是，在相互交换写下的赞扬时，必须进行目光的交流。这些写下来的赞扬可以是匿名或折起来的。但当把它交给接受者的时候，给予的人必须注视着接受者。

2．直到所有的成员把自己写的赞扬（"糖豆"）都给了别人，收到"糖豆"的人才可以打开它们。每个人都坐下后，同时打开他们收到的"糖豆"。

3．评价一下现场的气氛。

4．在向成员发出信号让他们看自己手中的"糖豆"前，向他们提问："你们中有多少人从某个你们从未给过他'糖豆'的人那儿收到了至少一个'糖豆'？""你们对此感觉如何？""为什么我们之中有那么多人忽视了真诚赞扬——因为我们只是通过作出另外一个赞扬来对得到的赞扬作出回应……"。

5．每个人打开自己收到的"糖豆"时，整个班级的情绪不断高涨，班级内相互支持的风气也会显露出来。有些成员可能会感到有些窘迫，但毫无疑问，这样的经历是令人愉快的。

相关讨论：

1．为什么我们总是抑制自己如实赞扬我们所关心的甚至是一直留心观察的同学呢？

2．当你看到别人所写的关于你的一些优点时，你的感受如何？

3．你能对这个练习进行改编，使之成为你生活的一部分，让自己更加清醒、更善于接受他们吗？

4．“糖豆”是匿名的，这样做有什么目的？为什么？如果不是匿名的，会不会更好？

5．如果你要将收到的“糖豆”与那些和你有过眼神接触的人对应起来，你会怎么做？这对促进双方的关系有什么帮助？

6. 你还要再送一些“糖豆”给其他人吗？当你想做的时候，为什么自己不去做呢？

管理游戏 5-2：生死时速

游戏目的：团队协调、分工合作、责任心与执行力。

游戏人数：不限

游戏工具：秒表、笔、纸

游戏规则：

1．5~15 人一组，将全体学员分为多个组。

2．各组人员依次报数，从 1 报到 30，报 1 开始计时，报完 30 时停表。如果人数不足 30 则照号轮流下去，如：一组只有 6 个人，当第 6 个人报完 6 时，第 1 个人从 7 继续往下报，如此循环到 30。

3．报数时不可漏报、错报、抢报。

4．以用时最少的小组为胜出者。

回顾与分享：

分享活动中团队合作过程（如解决冲突、协调、合作、聆听、责任）。

案例分析 5-1：林肯电气公司如何激励员工[40]

林肯电气公司总部设在克利夫兰，年销售额为 44 亿美元，拥有 2 400 名员工，并且形成了一套独特的激励员工的方法，该公司 90%的销售额来自于生产弧焊设备和辅助材料。

林肯电气公司的生产工人按件计酬，他们没有最低小时工资。员工为公司工作两年后，便可以分享年终奖金。该公司的奖金制度有一套计算公式，全面考虑了公司的毛利润和员工的生产率及业绩，可以说是美国制造业中对工人最有利的奖金制度。在过去的 56 年中，平均奖金额是基本工资的 95%，该公司中相当一部分员工的年收入超过 10 万美元。近几年经济迅速发展，员工年均收入为 44 000 美元左右，远远超过制造业员工年收入 17 000 美元的平均水平。在不景气的年头里，如 1982 年的经济萧条时期，林肯电气公司员工收入降为 27 000 美元，这虽然与其他公司相比还不算太坏，可与经济发展时期相比就差了一大截。

公司自 1958 年开始推行职业保障政策，从那时候起，他们没有辞退过一名员工。当然，作为对此政策的回报，员工也相应要做到几点：在经济萧条时期他们必须接受减少工作时间的决定；而且要接受工作调换的决定；有时甚至为了维持每周 30 小时的最低工作量，而不得不调整到一个报酬更低的岗位上。

林肯电气公司极具成本和生产率意识，如果工人生产出一个不合标准的部件，那么除非这个部件修改至符合标准，否则这件产品就不能计入该员工的工资中。严格的计件工资制度和高度竞争性的绩效评价系统，形成一种很有压力的氛围，有的员工因此还产生过一定的焦虑感，但这种压力有利于生产率的提高。据该公司的一位管理者估计，与国内竞争对手相比较，林肯电气公司的总体生产率是他们的两倍。自 20 世纪 30 年代经济大萧条以后，公司年年获利丰厚，没有缺过一次分红。该公司还是美国工业界中工人流动最低的公司之一。前不久，该公司的两个分厂被《幸福》杂志评为“全美十佳管理企业”。

问题讨论：

1. 你认为林肯电气公司运用了何种激励理论来调动员工的积极性？
2. 为什么林肯电气公司的方法能够有效地激励员工？

案例分析 5-2：微软的股权分配[40]

微软的名字诞生于 1975 年。1977 年 2 月 3 日，比尔·盖茨和保罗·艾伦签署了一个非正式协议，比尔·盖茨占有公司份额的 64%，保罗·艾伦占有 36%，而此前两人的份额分别是 60%和 40%。1978 年，比尔·盖茨的年薪是 1.6 万美元，是公司中最低的工资，这种把自己塑造成“劳模”的伎俩后来被许多软件公司的老板所采用。

微软的初期采用的是合伙人制，到 1981 年 7 月 1 日，微软才正式注册成为一家正式公司。起初，公司股票只有少数人拥有：盖茨、艾伦分别占有股份的 53%和 31%，鲍尔默占 8%左右，拉伯恩占 4%，西蒙伊和利特文分别约占不到 2%。由于股票只发给盖茨最亲密的伙伴，因此许多在公司干了多年的人，对股票分配方式怀有不满。

为平息不满，1982 年公司开始发放年度奖金，并给员工配股。但并非人人都能得到股票，并且按规定，要得到股票需等一年，然后在 4 年之间分 8 等份支付。当时原始股份每股只有 95 美分，一般新雇佣的软件工程师可得 2 500 股，进公司早的工程师可得更多些。给员工配股后，公司取消了加班费，反而引起更多员工的抱怨。一名员工说，当时他分得的股票，一直是家里人的笑料。但到了 1992 年初，这些原始股票每股已上涨千倍以上，达到 1 500 美元。那些保留全部 2 500 股原始股的工程师，现在已拥有了近 400 万美元的资产。

公司奖励员工的方式也基本成形，一部分是工资，一部分是公司股票认购权，一部分是奖金。公司通常不付给员工高薪，也拒绝支付加班费。但到了90年代，各类补偿金数目可观，因为股价总在不停地往上蹿。其补偿金具体为：高达15%的一年两度的奖金、股票认购权以及工资购买股票时享受的折扣。一名雇员工作18个月后，就可获得认购股权中25%的股票，此后每6个月可获得其中的2.5%，10年内兑现全部认购权。每两年还配发新的认购权，雇员还可用不超过10%的工资以8.5折优惠价格购买公司股票。

微软还建立了晋级制度，在技术部门的一般管理部门建立了正规的升迁途径。首先，每个专业设立“技术级别”，级别用数字表示，本科毕业的新员工为9级或10级，这是级别的起点，然后依次是13、14、15级。对于程序员来说，13级已是最高级别。级别反映员工的表现和基本技能，也反映经验和阅历。同时级别与报酬直接挂钩，开发人员属于报酬最高的一类，从其他公司跳槽或挖墙角来的资深开发人员还可以不定时协商工资额，可使工资超过本级别的平均水平，因为开发人员是软件公司的“主角”。

问题讨论：

1. 微软公司的薪酬方式与IT行业的特征有什么相关？
2. 微软有哪些薪酬奖励方式？
3. 股权激励的方式与加班工资激励方式有什么不同？

讨论题5-1：如何调动课堂教学中师生的积极性

同学们分6～8人一组，讨论下面两个问题，然后分享。

1. 教师在课堂中如何才能调动学生的学习积极性？
2. 教学作为一个互动的过程，学生在课堂上如何才能调动老师的教学积极性？

（课堂讨论时可以仅选择上述两个问题的其中一个）

参考文献

[1] 吴晓义，杜今锋．管理心理学[M]．广州：中山大学出版社，2009．

[2] A. H. Maslow. *A Theory of Human Motivation* [J]. Psychological Review, 1943(50): 370~396.

[3] Susan Luo. 赛灵思：让员工有归属感[J]. 世界经理人，2007（09）.

[4] 佚名．IBM的企业文化[J]．石油政工研究，1999（06）：78~79.

[5] 李伟栋．企业创新激励管理案例与实证研究[J]．科技资讯，2005（22）：175.

[6] 潘新新．80后员工的特性及其多元化激励措施[J]．商场现代化，2008（13）：

245~246.

[7] F. Herzberg, B. Mausner, B. B. Snyderman. *The motivation to work*[M]. New York: Wiley, 1959.

[8] 甘华鸣，贾萌．人力资源管理操作规范[M]．北京：企业管理出版社，2004.

[9] D. C. McClelland, J. W. Atkinson, E. L. Lowell. *The Achievement Motive*[M]. New York: Irvington, 1953.

[10] R. E. Boyatzis. *Affiliation motivation*[M]. In D. C. McClelland & R. S. Steele (Eds.), Human Motivation: A Book of Readings. Morristown, N. J. : General Learning Press, 1973.

[11] 周斌．重庆地区企业人力资源管理状况与员工激励因素的调查研究[D]．重庆：重庆大学，2004.

[12] 刘洪儒．海尔集团的激励机制与企业文化——访海尔集团总裁张瑞敏（之三）[J]．中外管理，1999（02）：9~10.

[13] V. H. Vroom. *Work and motivation*[M]. New York: Wiley, 1964.

[14] C. Argyris. *Understanding organizational behavior*[M]. London: Tavistock Publications, 1960.

[15] H. Levinson, C. R. Price, K. J. Munden. *Menmanagement and mental health*[M]. Cambridge: Harvard University Press, 1962.

[16] E. H. Schein. *Organizational Psychology*[M]. Englewood Cliffs, N. J. : Prentice-Hall, 1965.

[17] J. P. Kotter. *The psychological contract: Managing the joining-up process*[J]. California Management Review, 1973(15): 91~99.

[18] D. M. Rousseau. *Psychological and implied contracts in organizations*[J]. Employee Responsibilities and Rights Journal, 1989(2): 121~138.

[19] P. Herriot, C. Pemberton. *New deals: The revolution in managerial careers*[M]. Chichester: John Wiley & Sons, 1995.

[20] 陈加洲．员工心理契约的作用模式与管理对策[M]．北京：人民出版社，2007.

[21] D. M. Rousseau. *New hire perceptions of their own and their employer's obligations: A study of psychological contracts*[J]. Journal of Organizational Behavior, 1990(11): 389~400.

[22] D. M. Rousseau. *Psychological contracts in organizations: understanding written and unwritten agreements*[M]. SAGE Publications, Inc., 1995.

[23] 袁小平．从一则案例分析来谈心理契约的管理[J]．现代中小学教育，2005(01)：70~72.

[24] 金利娟. 企业组织行为与员工心理契约管理[J]. 当代经济，2005（04）：60~61.

[25] J. Adams. *Toward an understanding of inequity*[J]. Journal of Abnormal Social Psychology, 1965, 67(5): 422~236.

[26] 刘昕. 从薪酬福利到工作体验——以 IBM 等知名企业的薪酬管理为例[J]. 中国人力资源开发，2005（06）：64~67.

[27] 吕聪. GE 的薪酬准则[J]. 企业改革与管理，2007（05）：66.

[28] J. Thibaut, L. Walker. *Procedural justice: a psychological analysis*[M]. Hillsdale, N. J. : L. Erlbaum Associates, 1975.

[29] 李超平，时勘. 分配公平与程序公平对工作倦怠的影响[J]. 心理学报，2003（05）：677~684.

[30] R. Bies. J. Moag. *Interactional justice: Communication criteria of fairness.* In R. Lewicki, B. Sheppard, M. Bazerman (Eds.) *Research on negotiations in organizations*[M]. Greenwich, CT: JAI Press, 1986, 43~55.

[31] E. A. Locke, G. P. Latham. *A theory of goal setting & task performance*[M]. Englewood Cliffs, N. J. : Prentice Hall, 1990.

[32] L. W. Porter, G. Bigley, R. M. Steers. *Motivation and Work Behavior*[M]. 7th ed. New York: McGraw-Hill/Irwin, 2002.

[33] 阿金. 摩托罗拉的全球文化战略[J]. 企业文化，2012（12）：37~39.

[34] E. L. Thorndike. *Animal Intelligence: Experimental Studies*[M]. New York: Macmillan, 1911.

[35] A. E. Kazdin. *Behavior modification in applied settings*[M]. 5th ed. Pacific Grove, C. A. : Brooks/Cole, 1994.

[36] 龚敏. 组织行为学——新世纪工商管理（MBA）教材[M]. 上海：上海财经大学出版社，2002.

[37] 陈松. 日本一家公司对职工强化激励方式与效果的调查表[J]. 领导科学，1988（10）：21.

[38] 荆建林. 企业管理中的激励艺术[J]. 中外企业文化，1996（07）：25~26.

[39] 陈继华. 驾驭人心的奖励艺术[J]. 经营者，2001（09）：80~81.

[40] 圣丁. 哈佛商学院 MBA 案例教程[M]. 北京：经济日报出版社，1997.

[41] 金成镐. 世界第一经营力（日本电产的十年神话）[M]. 北京：京华出版社，2011.

[42] 张望军，彭剑锋. 中国企业知识型员工激励机制实证分析[J]. 科研管理，2001（11）：90~96.

[43] 张德. 美国企业怎样激励员工[J]. 中国建材，1999（02）：72~73.

[44] 郑洪冰．多元化、人性化的企业激励机制[J]．武汉科技学院学报，2006，19（06）：40~42．

[45] 王家福．国有企业员工激励机制研究[J]．北京：北京交通大学，2007．

[46] 韩煜东，刘伟．内容激励理论跨文化适用性探析[J]．重庆大学学报，2010，16（04）：45~48．

[47] 佚名．激励招术：让员工敲锣[J]．管理与财富，2001（01）：75．

[48] 马娟．晋商身股制度对现代人力资源管理的启示[J]．云南财贸学院学报，2007（04）：21~23．

[49] 王正伟．亚马逊用人之道[J]．现代企业教育，2001（01）：58．

[50] 陈伟英．对假账的思考[J]．实事求是，2003（06）：58~59．

[51] 余凯成．组织行为学[M]．大连：大连理工大学出版社，2002．

第六章　群体心理与行为

【学习目标】

① 了解群体和团队的概念和类型
② 掌握群体发展的五个阶段
③ 了解群体动力的概念
④ 掌握团队建设的理论和方法

引例：怀特经典性饭店研究

威廉姆·怀特（W. F. Whyte）在他经典性的饭店研究中，表明了地位的重要性。他认为，在一个群体中，如果行为是由地位高的人向地位低的人发起的，那么他们在一起能够合作得比较愉快；如果某种行为是由地位低的人最先做起，在正式和非正式地位系统之间就会引起冲突。他引用的一个例子是：以前，顾客的菜单由饭店侍者直接递交给结账人员，这意味着，地位低的侍者在交往中占主动地位。后来，饭店在菜单上装上了铝线，这样，菜单就可以挂起来用钩子钩，结账人员觉得必要时，才把菜单用钩子钩过来，这样结账人员就居于主动地位了。

怀特还注意到，在厨房里，那些把菜单交给厨师、然后把做好的菜端出去的服务人员是一个低技能的角色，在相互作用过程中却处于主动地位。无论服务人员明确或不明确地催促厨师"加快速度"，在他们之间都会产生冲突。但是，怀特发现，有一个交菜单的人与厨师几乎没有发生冲突，因为他要菜单交给厨师，然后告诉厨师，菜做好后就叫他去端菜，这样厨师就处于主动地位。怀特在他的研究中还提出了一些建议，告诉饭店管理人员进行哪些方面的改变会使工作程序与人们的实际地位等级更相符合，而且会极大地改善员工之间的关系和工作效率。

可见，在群体里，群体成员的地位和权力可能会因他们互动的方式而发生变化。本章主要介绍群体的概念以及群体形成和发展的规律。

（资料来源：http://baike.baidu.com/view/1060985.htm）

非正式群体对组织的影响是非常巨大的。群体与单独的个体有很大的不同，具有

自身形成和发展的规律。有别于个体行为，从众、顺从、暗示、模仿与感染是典型的群体行为。群体动力是左右和影响群体发展演变的主要力量，内容主要包括群体规范、群体压力、群体凝聚力和群体士气。有别于工作群体，工作团队讲究团队精神和相互协作，可借助一些特定的策略和方法建设高绩效的团队。

第一节 群体的基本概念

群体是针对个体而言，由无数或有数的个体组成，可分为正式群体和非正式群体。过去的组织比较重视正式群体的作用，但自霍桑实验揭示了非正式群体的存在之后，组织越来越重视发挥和引导非正式群体的作用，以达到组织目标。

一、群体及其类型

（一）什么是群体

群体是具有相同利益或情感的两个或两个以上的人以某种方式结合在一起的集合体。雪恩（E. H. Schein）认为群体是由相互交往和认知并体会到他们具有某些共同特征的许多人员所组成的。[1]由此可见，构成群体的两个要素是：（1）成员关系必须具备相互依赖性；（2）成员具有共同的意识、信仰、价值观和各种规范，用以控制相互的行为。其中，“群体意识”是群体存在的关键因素。所谓群体意识，就是群体成员作为该群体的一个成员对这个群体的认识，也是群体成员在群体活动中形成的共同意识。

（二）正式群体与非正式群体

按正式程序与否，可将群体划分为正式群体与非正式群体。

正式群体是组织精心设计与规划，有自己明确的目的和规章制度，成员的地位和角色、权利和义务都很清楚并有稳定、正式结构的群体。在社会组织中除了正式群体外，还存在着大量的非正式群体。

非正式群体是以观点、兴趣、爱好相似为基础、以彼此的感情为纽带自然形成的、没有固定组织形式的群体。自从霍桑实验发现非正式群体的存在及其对工作绩效的重要影响后，非正式群体成为了管理心理学研究的一个重要内容。

1．非正式群体的特征

非正式群体具有如下四个特征。

（1）自发性。非正式群体是自发形成的。员工到非正式群体去寻找归属、认同、理解和表现自己、完善自己，自发组成不同类型的非正式群体。

（2）成员的交叉性。有许多员工的爱好、兴趣比较广泛，体验感受比较丰富，因此他们可能参加几个非正式群体，从而使非正式群体成员具有交叉性。

（3）有自然形成的核心人物。非正式群体和正式群体一样有核心人物，但他们不是由上级正式任命或员工选举产生的，而是在长期的工作、学习、生活和娱乐中自然形成的，他们大都善于协调成员间的关系，有较强的组织管理能力和影响力。

（4）排他性和不稳定性。非正式群体内部成员之间交往较多、关系亲密、互相帮助，但对本群体以外的员工则比较淡漠、疏远，甚至排斥，具有明显的排他性。同时，非正式群体又有相对不稳定性，当群体成员的看法、意见发生矛盾和分歧时，一旦调解无效，就会导致群体的分化、瓦解，以致重新组合，产生新的非正式群体。

表 6-1 对正式群体与非正式群体的特征作了比较。

表 6-1　正式群体与非正式群体的区别

<table>
<tr><th>类　型</th><th>组 成 因 素</th><th>特　性</th></tr>
<tr><td rowspan="4">正式群体</td><td rowspan="2">遵照正式程序而组成</td><td>结构单一</td></tr>
<tr><td>具有一定结构形式</td></tr>
<tr><td rowspan="2">以正式结构为本，而产生心理认同</td><td>领导者常具有主管身份</td></tr>
<tr><td>主要目标为达成工作任务</td></tr>
<tr><td rowspan="4">非正式群体</td><td rowspan="2">由人员自然交往而形成</td><td>结构具有重叠性</td></tr>
<tr><td>不具有一定的结构形式</td></tr>
<tr><td rowspan="2">由心灵组合为本，而产生无形结构</td><td>领导者不一定为主管</td></tr>
<tr><td>主要目标为满足成员需求</td></tr>
</table>

2．非正式群体的类型

按形成的原因划分，非正式群体可分为六类，如表 6-2 所示。

表 6-2　非正式群体的类型

类　型	特　征
亲缘型	以亲属关系建立起来的群体
时空型	以时间和空间的接近而自然形成的群体（如同省、同地区、同学历等）或工作中经常接触的人（如校友群体、同乡群体）
情感型	以相互了解、相互信任、有共同语言为基础而建立起来的群体
爱好型	以各种个性心理特征和兴趣爱好相近为基础而建立起来的群体（如足球爱好者群体）
信仰型	有共同的宗教信仰或为实现某种抱负为基础而建立起来的群体
利益型	由于某种利益或观点上的一致而形成的群体，如汽车共乘群体（如有车的某个同事驾车接送其他几个同事一起上下班，其他同事一起分摊交通费用）

3．非正式群体的作用

非正式群体既有积极的作用，要加以利用，又有消极的作用，要加以防范和遏止。

非正式群体的积极作用主要表现在如下四个方面。

（1）弥补正式群体的不足，满足员工的需要。非正式群体的成员都是自愿参加的，人们之所以愿意成为非正式群体的成员是因为这类群体可以给他们带来某些需要的满足，如自我表现、归属、安全、爱与被爱等方面需要的满足。正式群体常常未能也不可能给员工完全满足，因而非正式群体的价值就显得格外明显。这对稳定职工的工作情绪和提高工作效率有着非常重要的作用。

（2）融洽员工的感情。通过非正式群体成员相互交往，加深了解，使彼此间的关系更加和谐与融洽，从而产生加强合作的意愿。如果职工把这种协作关系和合作精神带到正式组织中，将有利于促进组织活动协调进行，增强组织的凝聚力。

（3）激励和培训员工。非正式群体的群体观念很强，对于工作困难者和技术不熟练者，非正式群体中的伙伴往往会给予自觉指导和帮助，同伴们的善意帮助和激励可以促进他们提高工作技能，这在一定程度上帮助组织起到激励和培训的作用。

（4）保障员工的权益。我国经济的快速发展也带来了大量过去所没有的、复杂的劳资关系和劳资纠纷。非正式群体往往能够以职工利益代表者的身份出现，维护劳动者的合法权利，在一定程度上弥补了在改革开放和社会经济快速发展过程中出现的某些失衡和不足。

非正式群体的负面作用主要有如下三个方面。

（1）干扰组织目标的实现。当非正式群体的目标与企业目标相冲突时，非正式群体则可能对组织的工作产生极为不利的影响。它阻碍了管理者的努力，减弱了成员的创造性和积极性，降低了工作效率，使成员自觉不自觉地抵制企业的管理政策和目标。

（2）削弱管理者的权力。由于管理者可能既要维护组织规章制度，又要维护自己所属的非正式群体利益，这种两难境地在无形中削弱了他们的权力。此外，非正式群体容易传播小道消息和流言蜚语，削弱企业中正式组织管理的能力。

（3）控制和束缚员工发展和上进。非正式群体具有很大约束力，它要求成员在思想和行动上都要一致，否则精神上就要被孤立甚至被惩罚。在我国企业中，消极型的非正式群体不在少数，多年来百禁不绝的“麻将风”就是消极型非正式群体活动的一种表现形式。

目前，我国企业员工承受的心理压力是前所未有的，而改革中的某些失衡使得现实中一些基层党、团组织处于松散状态，甚至名存实亡，企业职工“找不到组织”的感觉十分强烈而普遍，这给企业职工心理上造成了很大的空虚感。一些不法分子利用人们的这种空虚，乘虚而入，通过引诱和欺骗，形成破坏型非正式群体（如“非法集资”对企业职工的欺骗，以及一些邪教组织对企业员工的迷惑和侵蚀）。

例证 6-1：非正式群体自然领袖的魅力

广东省中山市爱多公司原总经理胡志标，在改革开放大潮中，从内地来到中山市闯天下，应聘进入当时一个规模很小的工厂——爱多公司工作。胡志标凭自己的能力和独特魅力，在厂内的地位直线上升。然后，他带领周围一班人，搏杀商场，使爱多公司靠自己的拳头产品在短短几年间享誉全国，企业规模和利润剧增。但是，后来胡志标与公司主要股东在利润分配问题上发生争议，经多方努力，无法调和，致使胡志标辞职，放弃了自己的名誉、地位和待遇。他移身广东省东莞市，白手起家，东山再起，创建了步步高公司，并使步步高公司在几年内得到迅猛发展，取得了巨大成功。

在促使步步高公司取得成功的众多因素之中，关键因素之一是爱多公司的一批部门经理集体跳槽加盟步步高公司。这批人有经验、有能力，他们的加盟使步步高公司快速步入发展的正轨。有记者问这些部门经理，为什么要放弃在爱多公司的名誉地位和优厚福利而冒险跳槽到白手起家、艰苦创业的步步高公司就职呢？他们的回答简单而耐人寻味："金钱不是一切。我们觉得跟着胡志标干事业舒服，他有独特的个人魅力……"

这则实例表明，胡志标和这批部门经理们在爱多公司共事时已经结合成了一个事实上的高效而富于创新精神的非正式群体。胡志标因个人魅力成为这个非正式群体的自然领袖。胡志标的这个非正式群体集体跳槽到步步高公司，使步步高公司迅速发展壮大而爱多公司却顿显衰态。

4．如何做好非正式群体的工作

做好非正式群体的工作，发挥非正式群体的积极作用，抑制非正式群体的消极作用，主要有以下三条途径。

（1）管理者自觉增强与非正式群体的联系。管理者宜深入到员工中去，了解他们的思想、工作和生活情况；摸清本企业中非正式群体的数量及各非正式群体的规模、形成原因、维系的基础、成员构成、情感倾向；了解各非正式群体领导的个性、能力、态度，做到心中有数。与非正式群体领导积极沟通，必要时理解、参与和支持非正式群体的有益活动。

（2）运用舆论导向引导。运用舆论导向引导，首先，可以运用企业的舆论工具、媒体、事件等，对非正式组织群体成员的共同意见进行有计划、有目的引导，循序渐进地使非正式组织成员的意见与企业的组织目标相一致；其次，为与非正式组织群体成员意见的沟通提供机会，如各种舞会、电影招待会、联欢会、恳谈会、旅游、聚餐等，对他们的观点进行潜移默化，逐渐使其接近或接受企业的观点。利用舆论导向的媒介活动还有很多，如举办各种专栏、有奖征文、开展合理化建议、体育比赛等。

（3）区别对待不同类型的非正式群体。按对企业的态度和作用的差别，将所有非正式群体分为四种不同类型：积极型、中性型、消极型和破坏型。坚持“鼓励积极型、转化中性型、限制消极型、瓦解破坏型”的总的管理原则，对不同类型的非正式群体采取不同的态度和对策。

例证 6-2：经理的烦恼[2]

兴达宾馆的餐饮部最近要提拔一位副经理，但在民主推荐时产生了严重的分歧。一部分参加工作多年资历较老的员工极力推荐一位老资格的厨师长，而一些年轻的有学历的员工极力推荐一位毕业于高职院校、刚任职两年的餐饮部主管。前者认为提拔一位有丰富经验的人担任副经理可以尽快提高餐饮部的服务质量，后者则认为提拔一位有学历、有开创精神的年轻人可以迅速开拓市场。双方观点鲜明，人数不少，旗鼓相当，争执不下甚至有演变成两大阵营影响团结与工作之势。干部提拔可以由上级定，可是这种危险态势却令餐饮部经理深感忧虑。他决定近期着手协调解决这个矛盾，可是大家说得都有道理而双方又带有明显的对立情绪，让他感到无从下手。

假如你是餐饮部经理，你会怎么做？

二、群体发展的五阶段模型

群体就如同个人一样，也要经历不同的发展阶段，因而群体有可能陷入不成熟的阶段，从而降低工作绩效。领导者宜了解群体的需要，并及时采取有助于群体走向成熟、实现高绩效的行动。群体的发展一般要经历五个阶段。这五个阶段是：形成阶段、震荡阶段、规范化阶段、执行任务阶段、结束阶段。

第一阶段：形成阶段。其特点是，群体的目的、结构、领导都不确定。群体成员各自摸索群体可以接受的行为规范。他们需要被告知该做什么，这种互动是很表面的，而且集中于正式的领导人。当群体成员开始把自己看作是群体的一员时，这个阶段就结束了。

第二阶段：震荡阶段。这是群体内部冲突阶段。群体成员接受了群体的存在，但对群体加给他们的约束，仍然予以抵制。而且，对于谁可以控制这个群体，还存在争执。群体成员表现出关怀与挫折感，自由地交换看法和意见。这时群体开始学习如何处理分歧，以便顺利完成工作任务。如果无法成功地渡过这一阶段，群体常会变得分崩离析，而且缺乏创意。这个阶段结束时，群体的领导层次就相对明确了。

第三阶段：规范化阶段。在这个阶段中，群体内部成员之间开始形成亲密的关系，群体表现出一定的凝聚力。成员接受了群体，并且发展出解决冲突、制定决策及完成任务的常规。在这一开放与信任的阶段，成员喜欢开会，并且自由地交换信息，但也有可能出现使群体停滞于集体想法的风险。这时成员会产生强烈的群体身份感和友谊关系，当群体结构稳定下来，群体对什么是正确的成员行为达成共识时，这个阶段就结束了。

第四阶段：执行任务阶段。在这个阶段中，群体结构已经开始充分地发挥作用，并已被群体成员完全接受。群体成员的注意力已经从试图相互认识和理解转移到完成手头的任务。群体已有了结构、目的、角色，并且已经对完成任务做好了准备。成员自动自发，在解决问题与制定决策时注重结果。随着群体完成重要的阶段性任务，它也逐渐获得组织中其他部门和群体的认同。

第五阶段：结束阶段。对于长期性的工作群体而言，执行任务阶段是最后一个发展阶段，而对暂时性的委员会、团队、任务小组等工作群体而言，因为这类群体要完成的任务是有限的，因此，还有一个结束阶段。在这个阶段中，群体开始准备解散，高绩效不再是压倒一切的首要任务，注意力放到了群体的收尾工作上。在这个阶段，群体成员的反应差异很大，有的很乐观，沉浸于群体的成就中；有的则很悲观，惋惜在共同的工作群体中建立起的友谊关系，不能再像以前那样继续下去。

三、群体行为

有别于个体行为，群体行为有着自己鲜明的特征。这主要表现在从众、顺从、暗示、模仿与感染等典型的群体行为上。

（一）从众行为

个体受群体压力的影响，在知觉、判断、信仰和行为上表现出来的与群体大多数成员相一致的现象，称为从众行为。如要好的女员工可能拥有同一发型，要好的男同事可能拥有同一品牌的球鞋。

产生从众行为的心理因素有很多，主要有如下七个方面。

（1）对群体的信任度。个体对群体越信任，越觉得群体是一个可靠的信息来源，就越会遵从群体的意见。

（2）对偏离的恐惧。几乎在所有群体中都有强大的压力要求一致性，不从众的人就会有相当大的危险性，受到惩罚。个体害怕若与群体意见不一致，群体会讨厌、虐待或驱逐他，他要群体喜欢、接受、优待他，就会选择遵从。

（3）群体的规模。遵从性的强弱随保持一致性的人数规模的增长而增长，因为根据他人意见的诚实和可信度，多个人比一个人更值得信赖，不相信一个群体比不相信一个人更困难。

（4）群体的专长。对于个人来说，他所在的群体越有专长，他对群体就越信任，也就越把群体的意见当作有价值的信息，从而越易遵从。

（5）个体的自信心。个人的自信心越缺乏，他遵从他人判断的可能性就越大；一个视力较好的人在视觉辨别方面，要比近视眼的人有信心，不易遵从。问题难度影响自信心，问题越困难，个人的自信心就会越弱，对群体遵从的可能性就越大。

（6）责任感。责任感降低遵从性，一个人如果对某个问题产生了责任感，他就更不愿意屈服于群体的压力，遵从性也随之减小。

（7）性别差异。男女的性别差异导致对问题的从众行为不同。在女性项目（如家务、服装等）中男性遵从较多，在男性项目（如政治活动、体育运动等）中女性遵从较多，而在其他的中性项目里两性的遵从量几乎相等。

例证 6-3：阿希实验[3]

美国心理学家阿希（S. Asch）设计了一个典型的实验，证明在群体压力之下会产生顺从行为。把 7～9 人编成一组，让他们坐在教室里看两张卡片，如图 6-1 所示。一张卡片上画着一条直线，另一张卡片上画着三条直线。让大家比较三条直线的卡片上的哪条直线与另一张卡片上的直线长短相等。在正常情况下被试者都能判断出 $x = b$，错误的概率小于 1%。但阿希对实验预先作了布置，在 9 个人的实验组中让 8 个人都故意作出一致的错误判断，例如 $x = c$。第 9 个人并不知道事先有了布置。实验中让第 9 个人最后作判断。阿希曾组织了许多实验组进行这样的实验。统计分析表明，实验组中的第 9 个人有 37%放弃了自己的正确判断而遵从群体的错误判断。

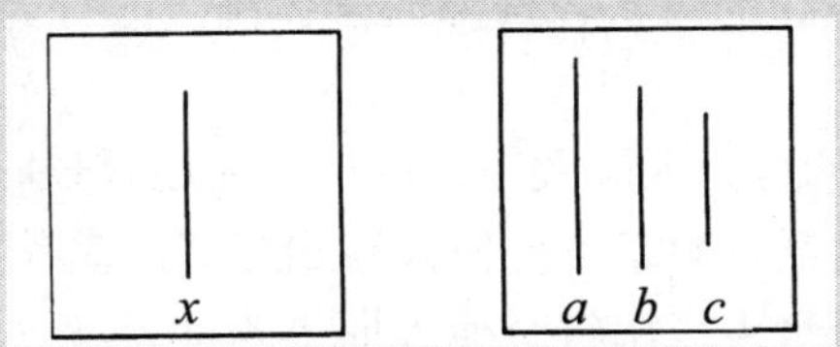

图 6-1　阿希实验的卡片

（二）顺从行为

顺从又称依从，是个体为了符合群体或他人的期望和赞许而表现出的符合外部要求的行为。它与从众行为十分相似，即两者都是由于外在的群体有压力而产生的，但是也有区别，区别就在于行为者的内心是否出于自愿。在群体压力的作用下，放弃自己原先的想法去附和大家的意见，这是从众；而在群体压力的作用下，依然保留自己的看法，但是为了符合群体的期望而改变了自己的行为，这是顺从。例如，看到很多同事工作很努力并因此获得很好的回报，觉着他们这样做很值得，自己也努力工作，这是从众；自己平时疏懒，并不想努力工作，可同事们都认为自己干得不错，为了获得别人的称赞，就经常努力工作，这就是顺从。可见，顺从行为与从众行为相比是非内在的，而是外在的。这是因为虽然个体的外部行为发生了改变，可内心的态度和看法并没有改变。

例证 6-4：彼得·莱因金的实验

心理实验结果表明，同时使用从众和顺从两种控制策略比单独使用一项效果要好。彼得·莱因金曾做过一个实验证明了这一结论：实验者要求美国南卡罗来纳大学的学生向心脏病协会捐款，一部分被试者在看了有 8 名捐款者的名单后，有 43%的人同意要求并捐了款，另一部分被试者只被要求但不知道其他人捐了款，因而只有 25%的人捐了款。

顺从行为产生的原因主要有以下三个。

（1）为了获得别人的赞许。个体总是希望自己能够被别人肯定和接受，若站在群体的对立面，便难免招致嘲讽、排挤甚至驱逐。只有满足群体的期望，逐渐被群体同化，才能得到群体的认同。即使内心有所保留，也会赞成群体的意见，并且采取与群体一致的行为。

（2）为了实现群体的目标。群体目标的实现有赖于群体成员的齐心协力，如果群体成员意见不统一，行动也必将受到影响，就很难实现群体目标。当自己意见与群体意见相左的时候，发扬谦让的风格，选择与群体统一的行为，会更有助于群体目标的实现。

（3）为了保持原有的良好人际关系。由于日后还有长时间的人际往来，人们往往不愿意破坏原有的人际关系，想避免使他人感到难堪，或者希望维护原有的人际关系，即便有不同的想法，也尽量表现出符合他人期望的行为。

权力服从是顺从的一种典型表现形式。权力是在个人或集团的双方或多方之间发生利益冲突或价值冲突的形势下为某方拥有的强制性执行手段。权力服从是在权力影响下发生的一种特殊依从。权力服从可在两种条件具备时确保发生：一是掌权者可以实施制裁或进行制裁威胁；二是他们拥有合法性的符号（即一种被团体内成员接受的制度规范）。

例证 6-5：服饰作为权力的符号

有些企业为了体现权力、权威，就鼓励和要求员工穿制服。很多工厂还加了牌号让员工别在胸前或者挂在脖子上，也有放在桌面上的。这样不但顾客办事方便，而且如果顾客觉得哪个工作人员服务好，下次可以直接来找他，就是有顾客要投诉也知道该投诉谁，不会搞错对象。对于工厂的服装标识，经理的服装与员工应有所区别。在酒店中，不同服饰有助于鉴别管理人员的级别，当遇到服务生解决不了问题时，就可以直接找主管。

有些企业正在逐渐取消工服制度，而允许员工穿个性化的衣服来上班。等级分明的工服制度给人以纪律严明、等级分明的感觉，而个性化的着装给人以轻松、自然的感觉。一个企业在某一个发展阶段选择什么样的工服制度，取决于企业文化和工作需要。

（三）暗示、模仿和感染

1．暗示

暗示是指在无对抗条件下，人们对某种信息迅速无批判地加以接受，并依此而作出行为反应的过程。它具有如下两个特点：（1）暗示是一种刺激，那些能够引起被暗示者反应的刺激才是暗示，不能引起被暗示者反应的刺激便不能称之为暗示。如果人们经过路边的广告牌时熟视无睹，那么广告就没有产生暗示作用，广告牌便不是暗示。可如果被暗示者自觉不自觉地接受了广告的建议，特别注意或者购买了它所宣传的产品，广告就很好地起到了暗示作用。（2）暗示不是说服，无须讲道理，而是一种直接或间接的提示。暗示主要有直接暗示和间接暗示两种。直接暗示是由暗示者把某一事物的意义直接提供给被暗示者，如管理层想推行一种新的企业制度，就大力宣传此种制度的优越性；间接暗示是暗示者以其他事物或行为为中介对被暗示者进行暗示，被暗示者并未意识到自己的观念是由暗示形成的，所以间接暗示一般不会使被暗示者产生心理抗拒或逆反心理。

权威与群体是影响被暗示者心理的两个重要因素，它们也是直接地或间接地影响人们心理健康的重要因素。对于同一种情境，权威与群体都具有显著的暗示作用，而且权威的暗示作用比群体的暗示作用更大。

例证 6-6：权威的暗示作用

美国的心理学家谢里夫曾做过一个实验。他要求大学生对同一段作品作出评价，在实验前对他们进行了不同的暗示，分别暗示为由著名作家或普通作家所写，结果受了不同暗示的大学生对同一段作品作出了十分悬殊的评价。这一实验表明了权威的暗示作用的存在。

例证 6-7：幸运盘的锚定效应

社会心理学家曾进行过这样一个实验：让一个正常的人到一个房间里接受面试，

房间里除了有一位面试官外，还有一台如同赌场中常见的幸运盘，上面有 1～100 这 100 个数。让这位面试者转动转盘，指针便停留在某个数上，比如41。于是，面试官便问面试者是否认为联合国中非洲国家的数目会高于或低于出现的这个随机数。待这位正常人给出答案后，面试官再问他，他建议现在联合国中非洲国家的数目应该是多少。

对不同的人重复地做这种简单的实验，然后进行统计，发现一个有趣的现象：平均来看，那些碰巧转到大数的人建议的联合国中非洲国家的数目要多于那些碰巧转到小数的人所建议的数目。

2．模仿

模仿是有意无意地对某种刺激作出类似反应的行为方式，如模仿他人的行为举止、思维方式、态度等，模仿分为自发模仿和自觉模仿两种类型。自发模仿，就是无意识地模仿他人。自觉模仿，则是有意识地模仿他人。模仿对象具有一种榜样的作用。管理者可充分利用影视、小说和实际生活中的典型人物，把他们树立为榜样，对员工进行教育，选择模仿先进行为，不模仿落后行为。

3．感染

感染是通过某种方式引起他人相同的情绪和行动，或者说是个体对某种心理状态的无意识的、不自主的屈服。感染实质上是情绪的传递交流，相似性是其基本条件。

感染通常可分为三种类型：（1）个体间的感染，即发生在两个人或能够直接接触的小群体成员之间的感染；（2）间接感染，如企业简报；（3）大型开放人群中的感染。这种感染常在运动会会场和集会游行中见到，以及在庆功会、节日气氛中出现。它的显著特点是“循环反应”，一个人的情绪会引起他人相对应的情绪的发生，而他人的情绪又反过来加剧了此人原有的情绪，反复振荡，激起强烈的情绪爆发。

感染在社会互动中起着很大的作用。首先，感染可以改变人的情绪。比如，面对危险，与勇敢者为伍，会凭空生出许多的勇气和力量，若是换了个胆小的在身边，自己则心虚胆颤。其次，感染可以使人自然地生发出与环境一致的情绪，采取与环境一致的反应。如受喜庆氛围的感染，会暂时忘掉心中的烦恼，而悲伤的环境则难免让人心生伤悲。最后，感染可以整合一群人，使他们成为一个临时群体，获得紧急规范，采取一致的行动。

例证 6-8：感染的力量

2011 年 8 月，PPG 产业公司向天津市第一老年公寓捐助两万两千余平米环保涂料，并负责内墙粉刷的全体施工费用，总投入达 50 余万元。PPG 产业公司当局事务及营业成长亚太区总经理延彩明说道：“随着中国的养老办事系统的慢慢树立与完善，各地老年公寓及养老院的栖身等已引起各界存眷。积极辅助老年人改良他们的生活环境是我们义不容辞的义务。”PPG 此举让其员工深深地受到了感染，决定要为改良老年人的生活环境做出自己的贡献。

（资料来源：http://www.icoat.cc/2010/1118/152950.html）

第二节　群体动力

“群体动力”这一概念最早由德国心理学家勒温（Kurt Lewin，1890—1947）提出。[4]他提出群体动力的公式为：

$$B=f(P，E)$$

式中，B 是指个人行为；P 是指个人，包括人的遗传素质、情绪、能力、人格等内在因素；E 是指现实的社会环境，包括人际影响、群体中的社会心理气氛、群体压力、领导作风等。

群体动力是指左右和影响群体发展演变的主要力量，内容主要包括群体规范、群体压力、群体凝聚力和群体士气等。群体动力有如图 6-2 所示的放任、强扭和引导三种模式。在这三种模式中，人们一般认为图 6-2（a）和图 6-2（b）所示的放任和强扭模式是不可取的；图 6-2（c）所示的引导模式则是较为可取的。

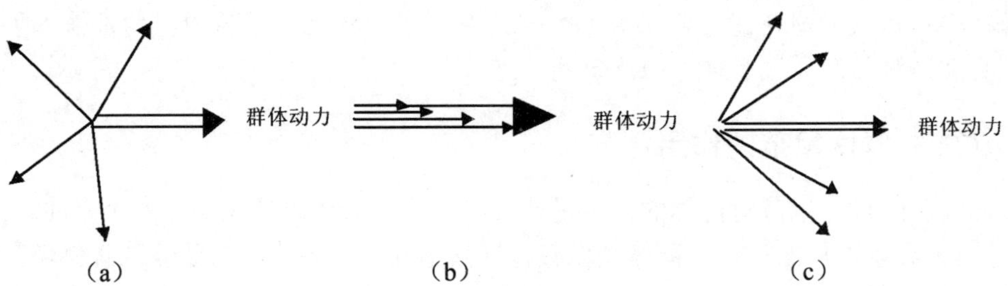

图 6-2　群体动力的三种模式

一、群体规范

（一）群体规范的概念

群体规范是指群体对其成员适当行为的共同期望或标准。这些标准为群体每个成员所公认，而且是每个成员必须遵守的。群体规范有的是正式规定的，如法律、法规、规章制度等。但大部分是在群体中自发形成的，如文化、风俗、时尚、舆论等，它们能够潜移默化地影响个人的行为及人格的发展。

群体规范的形成受从众、顺从等心理因素的影响，群体成员彼此通过暗示、模仿、感染等的相互作用，会发生一种彼此接近、趋同的类化过程，正是在此基础上形成了群体规范。

例证 6-9：群体规范的形成

美国心理学家谢里夫（Muzafer Sherif，1905）的实验说明了群体规范的形成过程。实验在暗室内进行。一个被试者坐在暗室里，面前的一段距离内出现一个光点，光点出现几分钟后熄灭，然后让被试者判断光点移动多远。实际上，光点并没有动，但在暗室中看光点每个人都会觉得光点在移动。这是心理学中典型的视错觉实验。这样的实验进行几次，每个被试者都建立了个人的反应模式。有的人觉得光点向右上方移动，有的人觉得向左下方移动，有的人认为是向下移动等。每个人的反应模式都各不相同。随后，让这些被试者一起在暗室内看出现的光点，大家可以互相讨论，说出自己的判断。实验反复进行，过一段时间之后，大家对光点移动方向的判断逐渐趋于一致。这就是说，群体的规范代替了个人的反应模式。这种规范的形成，显然是受了模仿、暗示等心理机制的影响。

实验继续进行，出现了一个有趣的现象。当把这些被试者重新分开单独作判断时，每个人并没有恢复他原先建立的个人反应模式，也没有形成新的反应模式，而是仍然都保持群体形成的规范。这表明群体的规范会形成一种无形的压力，约束着人们的行为，甚至这种约束并没有被人们意识到。

（二）群体规范的作用

形成后的群体规范对群体的作用是非常广泛的，具体表现在如下四个方面。

（1）维系群体的作用。群体是以整体性的形式存在着的，而整体性就体现在群体成员的行为、感情和认知的一致性上。群体规范是这种一致性的标准，它统一着群体成员的意见和看法，调节着他们的行为。没有群体规范，群体也就失去了其整体性，因而群体便不复存在。从另一角度看，群体是由许多个体结合而成的，要维护其整体性，使其存在下去，必须要有一定的准则来约束其成员，而群体成员也正是依据这种对准则的认同，相互彼此一致起来而形成一个整体。

（2）认知的标准化作用。这是指群体规范统一意见和看法的功能。日常生活中每个人的看法是不同的，可当他们结合成为群体时，就会在判断和评价上产生一致的意见，在交往过程中人们相互制约着对事物的知觉、判断、态度和行为。群体规范像一把尺子，约束着每个成员，使他们的认识和评价有统一的标准，从而形成了共同的看法和意见。

（3）行为的矫正作用。这是指群体规范为成员划定了活动的范围，规定了日常的行为方式，也就是告诉人们应该做什么，不应该做什么，怎样去做。

（4）惰性作用。这是群体规范消极的一面。规范作为一种多数人的意见，要求成员行为趋于中等水平，既不能太先进，也不能落后。规范便由此限制了人们的积极性和创造性。在这种限制下，一些创造性行为会被看成是越轨的、不符合群体要求的行为。这就极容易使人们习惯于在规定的范围内思考和活动，影响人们积极性和创造性的发挥。

现阶段我国群体规范存在过渡性、不稳定性的特点，主要表现在各群体的新规范因素逐步增多，但还未及完善与充分发挥功能，旧的群体规范因素还继续存在并起作用，但已逐步丧失对群体成员的约束力。因此，要善于引导和调控群体规范，促使新的、积极的、健康的群体规范因素逐渐成为各社会群体成员所共同接受的规范。

二、群体压力

（一）群体压力的概念

由群体规范的作用可以看出，每个群体都对其成员有一定的约束力量。也就是说，群体都要求其成员共同遵守一定的行为准则。而对于群体行为准则的共同遵守，往往也是群体内大多数成员的意向或愿望。有经验的管理者知道，当90%的人已经说出“是”之后，让其他的人说“不”绝非一件容易做到的事。群体大多数成员的意见会产生一种无形的力量，它使群体内每一个成员自觉不自觉地保持着与大多数人的一致性，这个力量就是群体压力。

群体压力与权威命令不同，它既不是由上而下明文规定的，也不是强制个体改变自己的行为，而是通过多数人的意见，形成压力去影响个人的行为。群体压力尽管不具有强制的性质，但它对个体来说，却是一种难以违抗的力量。有时，当这种群体压力非常大的时候，甚至会迫使其成员违背自己的想法而产生完全相反的行为。这是因为当一个人的意见与群体内大多数人的意见和行为不一致时，就会感到紧张，这种紧张来自于对偏离群体的恐惧。每个人都有归属一定的群体的需要，而偏离大多数人的意见，则意味着对这种归属感的威胁。所以，如果一个人不愿意处于孤立的境地，他就会在群体压力面前，顺应大多数人的意见。

（二）群体压力的作用

群体规范对其成员的影响，其实就是通过群体规范所形成的群体压力来实现的。

群体压力致使其成员采取共同的行动，这种一致性的做法至少体现了以下两个方面的意义。

（1）群体一致的行为，有助于组织目标的达成和群体的存在与发展。成员间没有分歧意见，可促使相互之间的交互作用更为顺利，彼此间更能够相互理解，努力协作，从而保证群体活动的良好秩序和工作效率。倘若群体内部意见不一，便无法得出结论、达成一致协议，到时一哄而散，不利于维护群体的存在与发展。

（2）群体一致的行为，可以增加个人的安全感。个人安全感是通过验证自身对情境的判断正确无误来获得的。可是，许多时候并没有可供核对的事实来验证，通常只能参照别人的意见和行为来确定自己的意见和行为的正确性，当看到别人赞成自己的意见和想法时，内心才会有安全感。而且，大多数人只有在属于某个团体，有明确的地位与安全感的情况下，才能自由地表现自己的个性。

对于管理者而言，要充分利用群体压力对个体所产生的影响，致力于发展群体的亲善性，当群体采取某种特定的行动时，个别成员就会因受到群体压力而努力满足群体的需要。这样，便可去除不一致的声音，贯彻决策，达成群体目标。

例证 6-10：农场游戏中群体压力下的“优势反应强化”心理[5]

农场游戏是以农场为背景，以 SNS 网站为平台的社交网络游戏。游戏用户扮演一位农场经营者的角色，通过在自己的农场耕作及照顾好友农场获得经验，通过收获自己的劳动成果或偷取好友的农产品积累虚拟财富。农场游戏趣味性地模拟了作物的成长过程，玩家在经营农场的同时，不仅可以感受农耕和作物养成的休闲乐趣，还可以品味“偷菜”带来的心理刺激，并通过虚拟财富和等级的增长获得一种虚拟的、替代性的自我满足。2008 年，该游戏在人人网、QQ 空间、百度空间等社交网站中作为游戏组件出现，掀起了一股“全民种菜”的热潮，“今天你偷菜了吗”一度成为社会流行语。

农场游戏用户体现出“优势反应强化”效应。而根据美国学者扎荣克(R. B. Zajonc)的优势反应强化理论可知，如果一个人从事的活动是相当熟练的，或者是很简单的机械性动作，则他人在场会使之动机增强，活动更加出色。相反，如果他所从事的活动是正在学习的、不熟练的，或者需要费脑筋的，他人在场使之动机增强，反而会产生干扰作用。农场游戏中，群体成员主要通过财富排名、等级排名实现自己在这一群体中的地位。在这种等级排序中，即使对方不直接在场，也能构成一定的群体压力，形成一定的激励效应，激发用户的游戏热情和追求虚拟成就的动机。而农场中的各种生产经营活动、偷菜行为、恶作剧行为都是相当简单的机械性动作，不需要“费脑筋”就能轻而易举地完成。农场游戏的这种“虚拟”他人在场的情境使得农场游戏用户普遍会出现“优势反应强化”的特征。群体内部各成员间的竞争越激烈，游戏热情越高，这种特征越明显。

三、群体凝聚力

（一）群体凝聚力的概念

群体凝聚力是指使群体成员保持在群体内的合力，是群体对成员的吸引力，是一种使其成员对某些人比对另一些人感到更亲近的情感，它可以被认为是群体的确定性特征。它既包括群体对其成员的吸引力，又包括成员对群体的向心力，同时还包括成员与成员之间的相互好感。群体成员间的相互吸引力越强，群体成员对其群体就越忠诚，坚守群体规范的可能性就越大，相应地，成员们为群体目标作出的努力会更大，个体目标与群体目标更易趋于一致，群体凝聚力自然就越大。

心理学家多伊奇（Deutsch）曾提出一个计算群体凝聚力的公式：

$$\text{群体凝聚力}=\frac{\text{成员之间相互选择的数目}}{\text{群体中可能相互选择的总数}}$$

（二）群体凝聚力与生产效率的关系

由于群体凝聚力的高低影响了群体成员的士气、满意度和群体的一致性，这会对生产效率的提高产生重要影响。但必须指出的是，凝聚力的高低不是影响生产效率的唯一条件，在实际生产中，两者的关系极为复杂。研究表明，群体凝聚力与生产效率的关系，既取决于管理者的诱导方向，又取决于群体的态度及其与组织目标的一致性程度。从群体与组织目标的一致性程度而言，凝聚力与生产效率的关系存在着如下四种不同的情况，如图 6-3 所示。

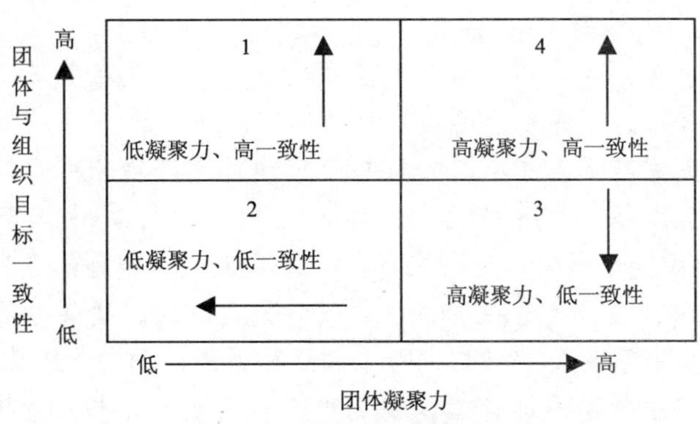

图 6-3 凝聚力与生产效率的关系

（1）低凝聚力、低一致性，即群体的态度与组织目标不一致，同时群体的凝聚力也低，凝聚力与生产效率没有什么关系。

（2）低凝聚力、高一致性，即群体的态度支持组织目标，此时就算是凝聚力很低，生产效率依然能够提高。

（3）高凝聚力、低一致性，即群体的态度不支持组织目标，生产效率的高低与凝聚力成反比，凝聚力越高，生产效率越低。

（4）高凝聚力、高一致性，即群体的态度与组织目标保持高度一致性，生产效率与凝聚力成正比，凝聚力越高，生产效率也越高。

可见，一个高凝聚力的群体，个体服从群体的倾向较强，内部成员较遵循群体的规范和标准，群体行为总是表现出高度的一致性。在这样的群体内，管理者如果善于因势利导，将组织目标与群体目标很好地结合，让成员能够看到或感到自己努力的结果可以给个人及群体带来的利益，群体倾向于努力工作，生产效率就能大大提高。反过来，倘若管理者没有把组织目标与群体目标结合起来，两者处于一种相背离的状态，那么，这时的凝聚力是与生产效率成反比的，凝聚力越强，反而越易滋生群体的本位主义和小团体思想，会限制生产，导致生产效率的降低。所以，处理好这其中关系的最好办法，便是使成员看到个人利益、群体利益与企业利益之间存在的一致性。

例证 6-11：宁顿公司的凝聚力[6]

杰克兄弟的名字对于许多成年人来说没有任何意义。但是，最近一次针对美国在校学生的民意测验结果表明，美国学生对杰克兄弟的熟悉程度甚于米老鼠。宁顿公司售出的4 000多万张超级杰克兄弟的软件，成为长期最畅销的电子游戏系列。这不表明竞争对手对此无动于衷，有些对手推出了极富竞争力的产品。例如，国际电器公司设计出优于宁顿公司所推出的偶像的产品，按理说它才应该是赢家。然而不幸的是，那么多的年轻人还是着迷于宁顿公司的产品，以至于国际电器公司只能占有不足 10%的美国市场。

宁顿公司如何占领了电子游戏市场？其成功的秘诀就是在员工以及签约商中产生了高度的凝聚力，并获得了高生产率与高利润的回报。

在宁顿公司的研究与开发中心，一群群不修边幅的年轻工程师们聚集在屏幕前，全神贯注地反复试验、操作研发中的电子游戏软件。有时，研究与开发中心的主任还将其 200 名员工分成竞争小组，进行比赛。其结果是：工程师们学到了更多的诸如游戏是如何运行的、什么设计是有效的、什么设计是需要改进的等方面的知识。他们热爱自己的工作，那些不愿意因下班而中断工作的员工们得到的加班费也相当丰厚。

宁顿公司并未将电子游戏的开发仅仅局限于自己的研究与开发中心的人员。90%

的游戏来源于外面的签约开发商，由开发商承担着开发与营销新产品的风险。如果某个开发商的某个游戏被认定值得加入到宁顿公司的产品线中，那么该开发商就要与宁顿公司签约，给宁顿公司支付游戏软件的生产费用、营销与广告费用，并同意不将该游戏提供给其他公司生产。而签约开发商也会在每个新的合作项目中得到一笔数目可观的专利权税。纳卡姆四年前开发的“龙之问”销售了1 000多万套，如今的纳卡姆早已是百万富翁。而他仅仅是被称为“一群自我实现的百万富翁”签约开发商中的一位。纳卡姆的公司与宁顿公司合作密切，从宁顿公司那里，纳卡姆学会了团队要保持高凝聚力，以及如何对待自己的员工。最近，他带着自己的20名员工到夏威夷度假了。

宁顿公司发现，开发这些游戏是如此地激动人心，以至于员工们都忘我地投身于工作之中。未来的计划更是令人激动的挑战：公司目前正致力于开发出更多针对成年人的游戏，并推出新一代游戏机，它与现在的游戏机相比能够制作出更多的电子游戏形象；还试图开展全国性的电子游戏联赛，客户能够在自家起居室中通过将宁顿产品和计算机、电话线连接来参加比赛；同时公司也并不准备放弃青年人的市场。宁顿公司最近向某理工学院支付了300万美元用以研究孩子们是如何学习的。显而易见，公司希望客户与开发商和签约商一样为电子游戏而着迷。

（三）增强群体凝聚力的方法

群体凝聚力的大小受许多因素的制约，有效地控制和利用这些因素，就是增强群体凝聚力的有效方法，具体包括如下五个方面。

（1）群体规模。群体规模的大小与凝聚力成反比，即群体规模大，凝聚力小；群体规模小，凝聚力大。因为群体人数多，相互接触的机会就少，但产生意见分歧的概率却增大，凝聚力自然降低。不过，如果群体规模太小，又会影响任务的完成。所以，要既保证群体的工作机能，又增强群体的凝聚力，群体规模在7人左右为佳。

（2）群体内部的一致性。就是指群体成员的共同性和相似性，主要指成员间要有共同的利益和目标。在承包的企业群体内部，成员间的一致性较之未承包的群体要高，而且彼此间利害关系更为明显，因此凝聚力也更高。

（3）外部压力。外部压力会使群体间成员更加紧密地粘附在一起以抵抗外来的威胁，从而增加了群体成员相互合作的需要。在企业活动中，可以引进竞争机制，让竞争对手给群体制造外部压力，使群体内部成员更加团结，提高凝聚力。

（4）群体的领导方式。民主型的领导方式比专制、放任型的领导方式能够使成员更友爱，思想更活跃，情感更积极，群体凝聚力更强。

（5）群体内部的奖励。在那些人们期望彼此喜欢或为了较高的报酬而工作的条件下，他们相互间的影响更大，把个人和群体相结合的奖励方式会有利于增强群体的凝聚力。

除此以外，促进信息的沟通、提高群体的地位、努力达到目标等，也都能够增强群体的凝聚力。

四、群体士气

（一）群体士气的概念

士气原指军队作战时的集体精神，现在也应用于企业中，表示群体的工作精神或服务精神。心理学家史密斯把士气定义为对某一群体或组织感到满足，乐意成为此群体的一员，并协助达成群体的目标的态度。所以，士气不仅表示个人需要的满足状态，还包含了确认这种满足的获得来自于群体，因而愿意为实现群体目标而努力的含义。

克瑞奇等人认为，一个士气高涨的群体具有如下七个特征。

（1）群体的团结不是起源于外部的压力，而是来自内部的凝聚力。

（2）群体成员没有分裂为互相敌对的小群体的倾向。

（3）群体本身具有适应外部变化及处理内部冲突的能力。

（4）群体成员之间具有强烈的认同感与归属感。

（5）群体内的每个成员都明确地掌握群体目标。

（6）群体成员对群体的目标及领导者持肯定和积极的态度。

（7）群体成员承认群体的存在价值，并具有维护此群体继续存在的意向。

（二）士气与生产效率的关系

企业一般都期望，群体不仅有高昂的士气，而且要保持较高的工作效率或生产效率。但事实上这种情况很难达到。因为高士气只是提高生产效率的必要条件，而非充分条件。要提高生产效率，还需要具备其他许多条件，比如机械设备、原材料的供给等物质条件以及员工素质、工作能力等人力条件。

管理心理学研究已表明，用动作分析、时间分析等科学方法指导作业程序，并以严格控制的方式管理职工，就是强调工作的物理条件而忽视职工的心理需要，可能会出现低士气但高效率的情况。不过这种状况不会维持太久，因为无视职工的心理需要，势必会增加职工的反感，最终仍将导致劳动生产率的降低。

但是，如果只顾及职工的心理需要，却忽略其与组织目标的关联，则易产生高士气但低生产效率的状态。此时，由于高士气群体抵触组织的生产目标，生产将受到限制。

倘若想达到高士气高生产效率的理想状态，必须使职工的需要与组织目标趋于一致，让高士气群体赞同和接受组织的生产目标。这就需要有得力的管理者来做好正式组织与非正式组织之间的利益协调工作。由此可见，高昂的士气并不能保证群体的高生产效率，但它却是高生产效率的必要条件。

（三）影响士气的因素

群体士气主要受到以下七个方面因素的影响。

（1）对群体目标的赞同。士气是群体中成员的群体意识，它代表一种个人成败与群体成就相关的心理。它只有在个人赞同群体的目标，即个人目标与群体目标相协调一致时，才能够产生。

（2）合理的经济报酬。合理的薪金制度可以提高群体的士气，因为金钱虽不是人们追求的终极目的，但它可以满足人们包括生理、安全等方面的许多需要，在某种程度上它还代表了个人自身的价值，以及在群体中的成就与贡献。因此，只有公平合理的薪酬制度才能够提高群体成员的士气，否则，只能引起人们的不满而降低士气。

（3）对工作的满足感。一份工作如果恰好与个人的兴趣、能力相符，那么，这份工作就会给个人带来满足感，在满足感的驱使下，个人就会极尽所能地施展其才华与抱负，士气也由此提高。所以，安排工作时，要尽可能地考虑职工的兴趣爱好、能力、受教育程度等，让职工在工作中获得满足感，从而人尽其才，提高士气。

（4）群体成员间的和谐。群体成员关系和睦，少有冲突、争斗，凝聚力强，那么，这个群体士气必然较高。

（5）优秀的管理者。群体领导者的管理作风影响着群体的士气。领导者作风民主，乐于倾听和接受不同的意见，通情达理，善于体谅职工的辛劳，积极为职工争取利益，这样的领导者必然会赢得群体成员的认同，而使群体士气高涨。

（6）通畅的信息沟通渠道。领导者与下属、下属与领导者以及群体成员之间，如果沟通受阻，会使人心生不满而导致士气低落。还有，倘若这中间只是单向沟通，则易让人不安，或产生抗拒心理，降低士气。因此，管理者一定要注意保持信息渠道的畅通，且保证沟通是双向的，如多让成员参与决策和群体讨论，改善上下级之间的沟通。

（7）良好的身心工作环境。健康的身心条件，能够使人精神振奋、工作愉悦。不良的工作环境，则容易让人产生疲劳，甚至引起慢性疾病而减缓工作效率。所以，一方面，管理者要注意创造良好的工作物理环境，使照明、通风、温度、湿度、休息等都处于较佳条件；另一方面，要致力于建立良好的工作心理环境，使人们减少焦虑与不安，在友爱、自尊与自信的关系中工作，从而保持高昂的士气。

例证 6-12：个人宠儿计划[7]

以创意闻名的 3M 公司有一项广受好评的做法，就是允许员工将 15%的工作时间花在他们自己有兴趣的工作计划上，即使这个工作计划与他的职责范围毫无关联也不要紧。这样员工就像在工作上养了一个讨自己喜欢的宠物一样，愿意为它绞尽脑汁还甘之如饴。这是蛮值得考虑的激励方式，因为这样的做法可以使员工再次燃起工作的热情，甚至可能生产出创造成长的新构想。而且，大家本来就不应该把情绪全放在同一个篮子里。在景气大好的时候，大家很自然地也会把 95%的时间投入工作。这种做法给员工提供了尝试工作之外的事情的机会，而且让员工有了不同的肯定来源，可以增加其工作的挫折容忍度。

第三节 团队建设

群体内个体完成的任务有时相互独立，有时相互依赖。当这种依赖性很大时，群体内各成员必须相互理解、支持和帮助，相互配合和以默契的方式完成共同的任务和目标。一支好的团队更有助于完成这种相互依赖的任务和目标，由此团队建设也成为当今管理界谈论较多的热门话题。

一、什么是团队

一个团队是一个小数目的人群，他们具有互补性的技能，拥有一个共同的目标、一系列绩效目标，以及使他们共同负责的方法。团队的显著特点是相互依赖性。团队并不比群体好，只是在手头任务要求相互依赖和连带责任时更为有效而已。团队是更高层次的群体，通过其成员的共同努力产生积极的协同作用，可以使团队的绩效水平远远大于个体成员绩效的综合。团队不同于群体，两者之间既有联系又有区别。表 6-3 明确展示了工作群体与团队的区别。

表 6-3 工作群体与工作团队的区别

项 目	工 作 群 体	工 作 团 队
领导	强烈地、清楚地被关注的领导	分享领导角色
目标和任务	相互独立、分散	相互依赖、具有连带责任
协同配合	中性（有时消极）	积极
责任	个人的责任	个人的或共同的责任
技能	随机的或不同的	相互补充的

在组织中，根据团队存在的目的，可将团队分为多种类型，最常见的有问题解决型团队、自我管理型团队和多功能型团队。随着信息技术的发展及组织的扁平化，虚

拟团队正在日益增多。

（一）问题解决型团队

问题解决型团队一般是由来自一个部门的 5～12 个员工组成的，每周用几个小时的时间来讨论如何提高产品质量、生产效率和改善工作环境的团队。在这种团队里，员工就如何改进工作程序和工作方法交换看法或提供意见，但几乎没有权力根据这些建议单方面采取行动。其中应用较广的一种问题解决型团队是质量圈。这种团队由职责范围部分重叠的员工及主管人员组成，定期相聚讨论他们面临的质量问题，调查问题的原因，提出解决问题的建议，并采取有效的行动。

例证 6-13：美国 Transtech 公司的团队活动[8]

美国 Transtech 公司注重团队活动。该公司根据不同的目标，建立工作团队。首先，在决策人员中建立了“业务团队”，其任务是确立公司在市场竞争中的目标和方向。在营销业务中，建立了“设计团队”，其任务是了解市场，了解顾客，共同研究分析，群策群力落实企业的经营目标。在广大员工中，建立了“工作团队”，20～40 人一队，每位新上岗人员都由团队其他成员给予指导帮助。团队定期召开现场会议，人人提建议，谈看法，团队活动使每位员工对未来有共同的责任感，形成共同的思维，并且异乎寻常地成长。公司以团队形式把学习与工作融为一体，使“职业生涯开发”获得了成功。公司员工的旷工率和转岗率也降到了最低。

（二）自我管理型团队

自我管理型团队是为了弥补问题解决型团队的某些不足而出现的。这种团队一般由 10～15 人组成，他们承担着以前自己的上司所承担的一些责任。其职责范围包括控制工作节奏、决定工作任务的分配、安排工间休息等。完全的自我管理型团队可以挑选自己的成员，并让成员相互之间进行绩效评估，这样主管人员的重要性大大下降。很多组织都成功地运用了自我管理型团队，但也不能都尽如人意。对自我管理型团队效果的总体研究表明，实行这种团队形式并不一定都带来积极的效果。比如在这种团队中，员工的满意度较高，但员工的缺勤率和流动率也较高。

例证 6-14：江西铜业集团公司的自主管理[9]

江西铜业集团公司以职工自主管理为载体，坚持不懈地开展群众性技术创新活动，不仅有效地解决了大量的生产技术、安全质量、成本控制、设备维护等方面的疑难问题，而且极大地激发了广大职工的主人翁意识。五年来，该公司发布职工自主管理成果 8 347 项，创造价值近 1.06 亿元。

该集团早在 2000 年就在集团公司全面推广职工自主管理模式，在企业内部建立了一套自主管理的领导体制和组织机构，各下属厂矿均设自主管理推进委员会，各车间班组设立自主管理活动小组，并逐步形成了一个“发现问题—提出建议—解决问题—评审发布成果—评选表彰先进”的工作机制，使自主管理有组织、有课题、有活动、有成果、有评审、有表彰。

通过几年的发展，该集团自主管理已由生产领域拓展到经营管理、科研技改、医疗教育和后勤服务等各个方面，参与主体扩大到包括工人、工程技术人员和管理人员在内的全体员工。广大职工参与自主管理的积极性也不断提高，发布的成果和创造的经济效益都非常可观，有多项成果获得国家和省各级表彰和奖励，其中“导电玻璃钢的试制和运用”、“闪速炉铜水套的加工制作”两项成果填补了当时的国内空白，“粗硒真空精炼”、“自吸式搅拌机”两项成果分获全国青工科技成果大奖赛金星奖和新星奖。

（三）多功能型团队

多功能型团队是为了完成一项共同的任务，而由来自同一等级、不同工作领域的员工组成的团队。这种团队兴盛于 20 世纪 80 年代末，当时所有主要的汽车制造公司都采用了多功能型团队来协调完成复杂的项目。因此说，多功能型团队是一种有效的方式，它能使组织内不同领域的员工之间交换信息，激发出新的观点，解决面临的问题，协调复杂的项目。

（四）虚拟团队

虚拟团队（Virtual Team）是指跨越空间、时间和组织界限，成员间主要通过电子技术进行沟通的跨功能团队。随着互联网的日益普及，以信息、创意和智慧为代表的网络经济使虚拟团队成了组织发展的新趋势和管理层关注的焦点。技术的发展以及以知识为基础的工作使虚拟团队变得可能，而全球化以及知识共享和团队工作的成效使其变得更为必要。有效的虚拟团队要创造性地综合使用 E-mail、电视会议、公司内部网以及其他传统的电子沟通手段以满足其需要。

例证 6-15：跨组织虚拟团队[10]

山东某蛋白公司是目前国内大豆蛋白的主要生产厂家之一，主要生产浓缩蛋白系列产品，由于自身开发力量有限，几年来一直没有增加新的蛋白品种，产品结构和市场结构始终难以改善。尤其是近两年杜邦等跨国巨头在国内市场的重组进入，市场竞争愈加激烈。该蛋白公司审时度势，积极联合北京某食品研究所与美国某蛋白科研机构，三方共同磋商，建立动态联盟，共同组成虚拟团队，希望通过虚拟团队的运作开发出新型针剂蛋白系列产品。

虚拟团队最后由 7 名科研人员组成，该蛋白公司派出两名人员，并在项目开发期间常住北京，与北京研究所两名科研人员共同工作。其中一名人员负责整个项目的协调沟通。团队综合利用信息技术手段建立了自己的沟通平台，在整个产品开发周期内，美国机构的 3 名科研人员与国内 4 名科研人员共有 4 次面对面的沟通，其他时间均通过团队建立的沟通网络进行信息传递与共享、沟通与决策。整个项目为期 192 天，开发出 5 种新型针剂蛋白产品，各项指标均达到世界先进水平，开发费用比预期节约 12%。

二、有效团队的特征

一个有效的团队由一群相互独立却拥有共同目标的人员组成，同时成员也认同共同努力是达成目标的最佳方式。有效的团队也会带来愉快的经验，使成员期盼团队开会时间的到来，同时感受到进步与成就。有效的团队有以下九个方面的特征。[11]

（1）清晰的目标。每个成员都清楚且接受他们的目标，并且坚信这一目标具有重大的意义。他们清楚开会的流程、任务的分派，还有工作的进度，同时知道如何集中精力，做好目前的任务。

（2）轻松的气氛。有效团队的成员喜欢共同工作，他们轻松地交谈，运用幽默感创造轻松的气氛。他们开会前后常聚在一起谈些非工作上的话题，主动地帮助别人，而且乐于与别人分享成功的喜悦。

（3）良好的倾听。倾听的能力可以说是有效团队成员最鲜明的特征。他们单纯地聆听而不加入任何自己的判断。他们深知别人的贡献，而且对于别人要说的事表现出极高的兴趣。

（4）建设性冲突。每个人都可以自由表达意见，没有破坏性敌意与诋毁，只有团队力量表征的多元性。有效的团队善于利用解决问题的技术来化解冲突，凝聚组织向心力。成员的弹性、客观与幽默，在团队中创造出有利气氛，使成员进行极有风度的君子之争。

（5）共同的认识。共识的形成需要一致性，可是并不是全无异议，当成员一致同意最后的决定，或者由上级裁决时，共识便已形成。重点并不在于多数决定，而在于每个人都能够支持最后的结果。

（6）良好的沟通。这需要成员之间互相信赖，这种信赖应经过长时间的培养。成员的可信赖、愿意合作，都有利于良好的沟通。团队的领导人必须鼓励讨论，不加入个人的判断。

（7）角色的多变。有效的团队工作需要各成员间的互相配合，因此成员对工作期望的一致是很重要的。成员的角色必须明确，决策要明快，而且清楚地计划必要的后续工作。成员角色灵活多变，总在不停调整。

（8）恰当的领导。每个成员都必须负责团队任务的完成。因为团队的失败，也代表每个成员的失败。团队领导人或协调者拥有行政与层级的职权，其他成员拥有完成任务所需要的职权。

（9）外部支持。有效的团队会与外界分享他们成功的经验，藉以建立团队的可信度和美誉度。同时也建立一个对外接触的联络网，比如针对客户或各部门主管等，以取得回馈、资源或其他援助。

一般地说，有效团队的成员可分为四种不同的角色类型，每一种都有助于团队的成功。这四种类型的人分别为贡献者、合作者、沟通者和挑战者。贡献者属于任务导向的人，他们视团队为一个由各种专家组成的团队，每一位成员都各有所长，他们不但尽量提供别人可利用的信息，也常常帮助其他团队训练成员。合作者认为对团队目标的承认是很重要的，因此必须确保团队的目标明确，他们愿意广泛地参与，而且任劳任怨，乐于与其他成员分享荣誉。沟通者属于程序导向的人，他们对于团队如何完成任务、达成目标最有兴趣，他们善于督促沉默的成员多发表意见，同时要求健谈者多倾听。挑战者特别关心团队的方向与成败，他们往往不停地质疑团队的目标、作业方式，甚至工作伦理。

三、团队建设的理论

团队建设的理论主要有人性假设、人格理论、团队角色理论和实践活动理论。

（一）人性假设与团队建设

团队建设应该建立在对人性的深刻认识之上[12]。下面讨论X、Y理论与团队建设。

1. X理论与团队建设

麦格雷戈总结提出的X理论的主要观点为：① 多数人十分懒惰，缺乏雄心壮志，不愿担当责任，总想逃避工作，甘心受人支配；② 多数人的个人目标与组织目标是相互矛盾的，从本质上讲，如果放任自流，个人都不愿为组织整体做出贡献，必须用强制、惩罚的方式才能迫使他们为集体奋斗；③ 多数人只限于为满足基本需要而工作的层次，经济激励是他们行为的最有力的动因。

对于培养团队精神和建设团队而言，X理论的人性假设具有重要指导意义：① 由于人的本性是追逐自身利益最大化，个人目标与集体目标又经常相互矛盾，个人不愿为集体承担责任和努力工作，因此，团队精神与团队行为就不是人性的自然结果，所以培养团队精神绝不能放任自流，而是要事在人为。② 必须根据人的本性来培养团队精神。由于人的本性是趋利避害，因此以赏罚为手段，采用功利主义的方法可以培养出团队精神和行为。③ 经济诱因是人们行动的最有力动因，因而赏罚措施要充分运用经济因素。

2．Y 理论与团队建设

Y 理论的主要观点可概括为：① 人有生理、安全、社交、尊重、自我实现等多层次的需要，人们工作的最终目的是为了达到自我实现。② 一般人都是勤奋的，能够自我激励与自我控制，外部的控制与惩罚不是实现组织集体目标的有效方法。③ 个人的自我实现与组织目标的实现并不冲突，而是一致的，自我实现的人往往把达到组织目标作为自己的追求，他们会主动承担组织的职责，为组织目标的实现而积极、主动地做出贡献并充分发挥自己的想象力和创造力。

根据 Y 理论的人性假设，可以采用引导的方法来培养团队精神和行为。由于社会需要是人的本质需要之一，寻求与同事之间的良好关系及与集体的一体感是人的本性，因此，为组织目标而贡献心力的团队精神并非人性的外部存在，相反，团队精神应该是人性发展的自然结果。随着世界越来越社会化，团队协作在工作中越来越重要，人们也越来越追求社交、尊重、自我实现等更高层次的需要，这样，团队精神不仅对组织的成败越发重要，而且其产生也更加自然。因此，在培养团队精神时，组织只需消除不利于团队行为产生的外部因素，设置良好的外部环境，引导、诱发、强化团队精神，充分开发人类的社会本性和巨大的潜能。其具体方法包括尊重员工、目标管理、自我控制、参与管理、团队决策、集体行动等。这类方法具有明显的理想主义色彩。

（二）人格理论与团队建设

人格理论的主要观点包括：① 在团队成员的招聘、培养和使用方面要考虑成员的个体差异。② 具有不同人格的团队成员形成互补，有助于提高团队工作的效能。③ 团队成员因个体差异互相影响和互相制约。目前已有一些人格测量工具（如 MBTI、九型人格工具、“大五”人格）帮助团队成员认识自己和同事的人格特点。

正是因为在任何一个团队中，成员间的行为都是互相影响、互相制约、互相补充和互相适应的。因此，首先，每一个团队都必须有一个合理的成员结构。一个具有合理结构的团队，不仅能够使每个团队成员各尽其才，做好各自的工作，而且能够通过有效的结构组合，发挥出新的巨大的团队和集体力量。团队成员的合理结构，主要包括性别结构、年龄结构、知识结构、经验结构、智能结构、素质结构以及专业结构等。因此，团队成员的结构是一个多维的、动态的综合体。其次，每个团队成员要认识自己的长处和短处，扬长避短，调适自己的性格和行为，以适应团队建设和发展的需要。

最后，每个团队成员还要了解同事的个性，与他们密切配合，互相补充和制约，和谐相处。

例证 6-16：九型人格——团队建设的工具[13]

香港文化科技有限公司是一家以提供长者服务为主业的公司，包括高级专业护理安老院、长者中心、长者用品专门店、酒店、红茶馆、药房，员工近 400 人。从 2002 年开始，在公司老板罗先生的带动下，公司已先后资助或者半资助员工参加了在美国和我国香港地区的外部导师主持的九型人格培训，培训时间一般为 2～5 天；在企业内部则以人力资源部经理为讲师开展九型人格培训，员工自愿报名参加，时间一般为半天到 2 天。迄今为止，公司员工上自总经理，下至普通员工，特别是管理层已有半数以上员工接受了九型人格的培训，包括老板罗先生在内的几位高层领导以及人力资源部门人员都较好地掌握了这个工具。迄今为止，九型人格工具已被运用到公司人才招聘、团队建设、岗位安排、人际沟通、员工生活品质管理等多个方面。几年来，公司将九型人格工具应用于人力资源管理特别是团队建设中的做法已经取得了初步的成效，并逐渐成为公司文化的一个重要组成部分。在其他公司，九型人格工具还被应用于新员工入职培训。

（三）贝尔宾团队角色理论

梅雷迪斯·贝尔宾（R. M. Belbin）博士在 *Management Teams: Why They Succeed or Fail* 一书中详细地阐述了其研究的过程及团队角色理论。[14]他将团队中的角色分为协调者、推进者、完善者、实干者、监督者、创新者、信息者和凝聚者八种。并根据研究确定了影响团队成功的六个主要关键因素：（1）有一个负责人。（2）一个强有力的创新者。（3）心智要有较好的分布。（4）个性的分布应当能够覆盖较多的团队角色。（5）团队中成员的个性特征与他们的责任之间要有较好的匹配。（6）对团队角色不均衡问题的识别以及调整团队的能力。

在工作中，员工首先表现出来的是工作角色，即根据岗位所要求的经验和知识要求，工作一段时间后员工才会了解团队角色的重要性。因为人不仅是“经济人”，同时也是“社会人”，所以贝尔宾从人的性格入手，在卡特尔 16PF 人格问卷和工作观察者评价问卷的基础上明确了各种角色的性格和功能，并且按照角色的功能将团队角色分为领导（协调者和推进者）、谈判代表（信息者和凝聚者）、经理/员工（完善者和实干者）和智者（监督者和创新者），其主要性格特征描述如下。

1．领导

（1）协调者：他们总是相信自己的团队成员，毫无嫉妒和猜疑地接受他人的意见，总能在面对争论时保持镇定；他们同样也是实用主义者，并具有自我约束能力；其天生具有激励他人，向外辐射影响力的外向型性格的能力，但是他们不是单纯的外向，因为他们有一定独立性的倾向并在社会关系中保持一定的距离。他们还具有很强的容忍度，总是聆听他人的意见以及强有力地拒绝采纳他人的意见。协调者不需要很高的智商，过高的智商会降低他个人在团队中的影响力。因此，协调者具有外向型、稳重以及保持独立性的个性特征。

（2）推进者：推进者好交际，在他人面前不羞怯、不怯懦，勇于表达自己的思想和观点，但容易忧虑、猜疑和受挫。他们是机会主义者，具有强于其他方面的特征，如尽责的、实际的、情绪化。这些都表明他们对失望和焦虑有过度的反应。在团队中，尤其是在协调者领导的团队中，他们通常是一个平衡力量的破坏者。因此，推进者表现出外向但容易焦虑的特点。

2．谈判代表

（1）信息者：他们可以毫无约束地去利用他人来寻找自己需要的信息或者其他资源，这就是他们与生俱来的能力，即通过有技巧的交流来实现创造性的结果。他们四处走动，时刻注视新事物或者新情况的产生与发展，不断地同各类人群接触，让人们感觉他们在不断深入地思考着产生的问题。你经常会发现他们很少待在自己的座位上，如果在的话，一定是在打电话。因此，信息者是一个外向、稳定，总是对周围的事物或新鲜事物充满好奇心的个体。

（2）凝聚者：凝聚者具有很强的社交能力，善于聆听他人的声音，能够妥善地与不善于表达的人打交道；同时通过设置高于个人兴趣的群体目标来对团队精神产生有利的影响。他们性格外向但是控制欲低，表现出令人信任、敏感的个性，对他人，尤其对人与人之间的沟通和互动，有强烈的兴趣。因此，他们外向柔顺的性格是与他人沟通、获取信任的有力武器。

3．智者

（1）创新者：创新者是团队解决问题方法的主要提出者，他们的这些方法是其在角落安静独处的时候想出来的，具有原创性。他们的智商很高，在批判性思维测试中往往得分很高。因此，创新者通常表现出内敛，不善于与人打交道的个性。

（2）监督者：监督者同创新者一样在批判性思维测试中取得很高的分数，同时，在辩论中也表出现较强的能力。因此，其稳固的判断力不会受到富有情绪化的个性的影响，表现出公正的态度。在测试中，监督者表现出认真、谨慎的特征且对热情具有一定的免疫力。他们做出决策很慢，因为他们需要时间去不断地深入思考问题。他们的才能体现为在综合考虑各种因素的情况下，能够快速、敏捷地做出判断。他们从不犯错，但是缺乏主张、创新或想象力，表现出很低的成功倾向。同时，在与外界相处时表现出干涩的一面，令人厌烦，有时对他人过于苛求。总之，监督者态度严谨，认真负责，具有敏锐的判断力。

4．经理/员工

（1）完善者：从事情的开始到完成，以及在完成的过程中他们注重各种事情的要求，以求“完美”。他们热衷于不断推进工作。他们虽然容易焦虑，但是有很强的自我控制和约束力。他们表现出的性格特征内向多于外向，像是在寻找压力和吸收压力。他们倾向于持续的努力、生存、保持连贯，对取得重大的成功很少有兴趣。因此，完善者通常表现出焦虑、内向的性格特征，具有强烈的责任感。

（2）实干者：他们是团队活动实施过程中的组织者和实施者，他们为公司而工作，胜于为自己的兴趣，并且他们采取熟练和实用的方式。他们从不考虑是否该做某一项工作，因为他们不会去感觉这项工作是否喜欢或者激起他们的兴趣。他们的个性及态度主要体现为控制和适用能力，其天资或天赋似乎成为了次要的。通过自我约束，他们总是考虑了做事情的方法后，才考虑自己的想法。他拥有的所有才能几乎都归结为其组织和实干能力。因此，实干者具有稳定性和负责的精神。

贝尔宾认为，正是由于各团队角色在性格和功能上的互补，团队才能不断取得成功。他不仅识别出团队的八种角色以及他们的特征和团队功能，还根据研究中获得的数据编制了 BTRSPI 问卷（the Belbin’s Team-Role Self-Perception Inventory），由于其使用起来比较便捷，并且能够快速地帮助人们识别自己在团队中的角色，团队角色理论得到了广泛的使用。贝尔宾团队角色测试见本章心理测试 6-1。

（四）实践活动理论

实践活动理论的主要观点是只有在真实或者模拟的团队任务情景中，团队成员互相合作、共同完成任务的同时，加深对自己和其他成员的认识，增加对其他成员的信任和支持，才能逐步形成默契、和谐、高效的团队。运用该理论指导团队建设时，宜注意设计的团队任务要难度适中、通过努力可以达到；创设安全、尊重的团队环境；重视体验和分享，交流心得；重视成果分享和庆祝。近年来流行的户外拓展训练被认为是其中的一种典型方法。

例证 6-17：拓展训练项目

（1）雷区取水

项目介绍：在一个直径 5 米的深潭中间有一盆水，你要在仅用一根绳子，不接触水面的情况下取到全体队员的救命宝物，想一想可能吗？团队的智慧可以把它变成事实。

项目目的：提高队员组织、沟通和协作的能力和技巧，团队的领导艺术和技巧，人力资源的合理分配和运用；让队员认识到行动之前的讨论和计划对于事情的成败起的重要作用，培养其处理事情的良好的计划性和条理性；培养队员的集体荣誉感，以及为团队勇于奉献的精神。

（2）无敌风火轮

项目介绍：提供的物品只有报纸、剪刀、胶带。靠大家的智慧和团队的协作走完一段艰难的路程。

项目目的：合理配置资源，分工配合；检验组织成员的工作主动性；建立团队自己的节奏，明确协调一致对组织的重要性，以及个人与团队的相互作用。个人的能量只有通过组织才能发挥出来，如果个人与团队目标不统一，个人能量越大，对组织的破坏性越大，所以个人发展必须跟上组织的节奏，对领导认同，明确团队目标，与团队有效地沟通与合作。

（资料来源：http://www.szjstz.com/info/show.asp?id=2273）

四、团队建设的策略

成功团队的管理者能够融合各种风格的长处，并利用不同的风格建立有效的团队，其策略主要有如下七种。

（1）认识成员。在团队活动开始之前，非正式地与每位成员见面，交换彼此的背景及对团队的感受，并且了解成员的动机是否有助于团队目标的完成。

（2）确定团队的目标。说明你对团队的期望，并且检查时间表、预算和各种限制。让每一位成员参与预先设定议程的讨论，以明确了解团队的任务与目标。每个人都应该清楚团队对自己的期望。

（3）建立标准和计划。鼓励团队建立共同工作的标准，比如所有会议必须全员参加、重视承诺、允许不一致的意见、保守机密等。制定发展目标与行动计划，包括任务与完成期限等。

（4）强调参与。让每一位成员参与团队的工作，并且让每一个人都分派到任务。对于重要的决策，应设法达成共识。鼓励提出问题，意见不一致是很自然的事，领导人宜表现出鼓励对现状的质疑，接受不同意见的态度。

（5）维持均衡。有效团队能够在不同风格的成员间进行良好的均衡。均衡并不代表所有风格一律平均利用，而是指在必要时适当引用每一种风格。

（6）分享荣誉。每个成员贡献的多寡与团队的成就如何，都由领导人决定。而且领导人也要负责将喜悦与外界分享，特别是高层主管与公司内部负责通信的编辑。

（7）评估团队的有效程度。领导人宜负责推行至少每年一次的自我评估，包括团队的实力、进展情形，任务的时效性、有效性，对工作品质的满足程度，以及必要的改变等。

例证 6-17：施乐公司的团队建设[15]

20世纪70年代，施乐公司经营陷入低谷。

从1980年开始，新总裁大卫开始塑造企业的团队精神。

施乐团队建设的第一条重要原则就是鼓励员工之间“管闲事”，对同僚业务方面的困难，应积极帮助。为此，施乐经常派那些销售业绩良好的员工去帮助销售业绩不佳的员工，他们认为，合作应从“管闲事”开始。

施乐团队建设的第二条重要原则就是强调经验交流和分享。任何一位员工有创意且成功的做法，都会得到施乐公司的赞美和推广。

施乐团队建设的第三条重要原则是开会时允许参加者海阔天空地自由发挥，随意交流，并允许发牢骚、谈顾虑，即便是重要的会议也开得像茶馆那样热闹，经常是“说者无心、听者有意”，启发出旁听者的火花般灵感，以至于思路大开。

团队建设离不开人。施乐选拔人才特别强调合作精神，常常把骄傲的人拒之门外。他们认为，骄傲的人往往对一个团队具有破坏力，所以哪怕他是天才也不接受。施乐需要的是强化彼此成就的人，即合作重于一切。

施乐的团队建设并不排斥竞争，但强调竞争必须不伤和气，不但要公平，而且讲究艺术。例如，公司下属某销售区各小组间的竞争就显得幽默而有效率：每月底，累计营业额最低的小组将得到特殊的“奖品”——一个小丑娃娃，而且以后一个月内必须放在办公桌上“昭示”给众人，直到有新的“中奖者”。各小组自然谁也不愿“中奖”，为此，大家你追我赶，唯恐“中奖”。

至1989年，施乐扭亏为盈，后逐渐在世界140个国家建立了分公司。

本章小结

- 群体是具有相同利益或情感的两个或两个以上的人以某种方式结合在一起的集合体。
- 群体的发展一般要经历五个阶段，即形成阶段、震荡阶段、规范化阶段、执行任务阶段、结束阶段。
- 群体动力是指左右和影响群体发展演变的主要力量，内容主要包括群体规范、群体压力、群体凝聚力和群体士气等。
- 群体凝聚力与生产效率的关系，既取决于管理者的诱导方向，又取决于群体的态度及其与组织目标的一致性程度。
- 团队建设的理论主要有人性假设、人格理论、团队角色理论和实践活动理论。
- 有效的团队有以下九个方面的特征：清晰的目标；轻松的气氛；良好的倾听；

建设性冲突；共同的认识；良好的沟通；角色的多变；恰当的领导；外部支持。

◆ 团队建设的策略有七种：认识成员；确定团队的目标；建立标准和计划；强调参与；维持均衡；分享荣誉；评估团队的有效程度。

思考练习题 6-1：简答题

1．非正式群体有何特点和作用？应当如何对待？
2．高绩效团队有何特点？如何建设高绩效团队？
3．群体规范对群体的作用哪些？

思考练习题 6-2：是非判断题

1．群体的内聚力越高，工作效率就越高。
（1）是　　　（2）否
2．高士气的群体不一定具有高的生产效率。
（1）是　　　（2）否
3．近年来流行的户外拓展训练被认为是其中的一种典型的团队实践活动。
（1）是　　　（2）否

心理测试 6-1：贝尔宾团队角色问卷调查表[14]

本调查由贝尔宾博士（R. M. Belbin）编制，共有七个问题。针对每个问题，请将 10 分分布在你认为能精确地描述你在工作中行为的选项（a～h）上。10 分的总分可能分布在几个不同的选项中。不必面面俱到，只需将分数分布在你认为与你自己工作实际相关的选项中。每一选项分数的多少根据每一选项反映的你自己的工作行为的程度大小而定。一个极端的例子是 10 分可能分布在每一问题的所有选项中，你也可以将其中一个选定为 10 分。最后，将你对选项分配的分数填在表 6-4 中。每一道题没有标准答案，也无所谓好坏，请根据你自己的实际情况作答。这个问卷调查能帮助你了解你在团队中的角色。本测试约需 80 分钟。

1．我认为我能为团队做出的贡献：
（　　）a．我能够迅速发现并抓住新的机遇。
（　　）b．我能够与团队中各种类型的人合作共事。

（　　）c. 我生来就爱出主意。

（　　）d. 我的能力在于，一旦发现有能够对团队目标有价值的成员，我就能够推举他们。

（　　）e. 我能把事情办成，这主要靠我个人的实力。

（　　）f. 只要最后能取得有价值的结果，我乐意面对暂时的冷遇。

（　　）g. 在我熟悉的情形中，我很快就能意识到哪些方法管用。

（　　）h. 我能够客观地对备选的做法提供充分的理由。

2．在团队工作中如果我有缺点，它可能是：

（　　）a. 除非会议组织、控制并开得很好，否则我会感到不安。

（　　）b. 我容易对那些有高见但没有适当表达出来的人过于宽容。

（　　）c. 一旦集体讨论新观点，我总喜欢说得太多。

（　　）d. 我客观的看法使我很难与同事们打成一片。

（　　）e. 在需要办成某件事的情况下，我有时使人感到很强硬和专断。

（　　）f. 也许是我对团队气氛过分敏感，我发现自己很难与众不同。

（　　）g. 我容易沉浸在自己突来的想象之中，以致忘了正在发生的事情。

（　　）h. 我的同事认为我过分注意细节，总有不必要的担心，怕把事情搞糟。

3．在与他人一起做一个团队项目时：

（　　）a. 我有不给别人施压就能影响他们的能力。

（　　）b. 我随时防止因粗心而产生错误和疏漏。

（　　）c. 我愿意施加压力以换取行动，以确保会议不会浪费时间或离题太远。

（　　）d. 在提出独到见解方面，我是数一数二的。

（　　）e. 我总是乐于支持与共同利益有关的积极建议。

（　　）f. 我热切寻求新的想法和新的发展。

（　　）g. 我相信别人会欣赏我冷静的判断力。

（　　）h. 大家信赖我能够将最基础的工作组织得井井有条。

4．我在团队工作中的特点就是：

（　　）a. 我有兴趣更多地了解我的同事。

（　　）b. 我经常挑战别人的观点或独自坚持自己的意见。

（　　）c. 我常常能够找到一连串的论据驳倒不甚有理的主张。

（　　）d. 一旦计划必须付诸实施，我认为我有能力使工作运转起来。

（　　）e. 我能够避开显而易见的想法，而提出出人意料的想法。

（　　）f. 对承担的任何团队工作，我都有一点完美的倾向。

（　　）g. 我乐于利用团队以外的关系资源。

（　　）h. 尽管我对所有的观点都感兴趣，但一旦需要作出决定，我还是会毫不犹豫地拿定主意。

5．我在工作中获得满足是因为：

（　　）a. 我喜欢分析情况，评价和权衡各种可能的选择。

（　　）b. 我对寻找解决问题的可行方案感兴趣。

（　　）c. 我感到，我在促进良好的工作关系。

（　　）d. 我能够对决策有很强的影响力。

（　　）e. 我能够遇到那些有新意的人。

（　　）f. 我能够使大家在某项必要的行动上达成共识。

（　　）g. 我感到我能够全身心地投入于工作中。

（　　）h. 我很高兴能够找到一块可以发挥我想象力的天地。

6．如果我突然接到一个艰巨的任务，而这个任务必须在有限的时间里和不熟悉的人一起完成：

（　　）a. 在找到解决办法之前，我宁愿躲在角落里，拟定一个解脱困境的方案。

（　　）b. 我愿意与提出了最好解决方案的同事共同应对难题，无论他有多难相处。

（　　）c. 我会设想通过用人所长的方法来减轻工作负担。

（　　）d. 我天生的紧迫感将帮助我们不会比计划落后。

（　　）e. 我相信自己能够保持冷静，富有条理地思考问题。

（　　）f. 尽管困难重重，我也能保持目标始终如一。

（　　）g. 如果团队工作没有进展，我将采取积极措施加以推动。

（　　）h. 我乐意广泛开展讨论，以激发新的想法，推动工作的开展。

7．在团队工作中我常碰到的问题：

（　　）a. 我很容易对阻碍工作进展的人表现出不耐烦。

（　　）b. 别人可能批评我太重分析和缺少直觉。

（　　）c. 我为确保工作有序地开展的愿望通常阻碍了工作进程。

（　　）d. 我常常容易产生厌烦感，需要一两个有激情的队员使我振作起来。

（　　）e. 除非目标明确，否则我很难着手解决问题。

（　　）f. 有时我很难把复杂的观点澄清和解释清楚。

（　　）g. 对我自己不能做的事情，我有意识地求助别人。

（　　）h. 当遇到反对意见时，我会犹豫是否让自己的观点获得通过。

贝尔宾问卷调查表的解释：

（1）团队角色

CO=协调者，ME=监督者，SH=推进者， PL=创新者，CF=完善者，RI=信息者，IM=实干者，TW=凝聚者。

（2）角色分数

完成问卷调查表后，你将获得每一团队角色的分数。

（3）答题卡

将每一选项分配的分数填在表6-4内。检查每一行的分数之和是否为10分。

表6-4 分数表

题目/选项	a	b	c	d	e	f	g	h
1								
2								
3								
4								
5								
6								
7								

然后将上面每一方格的分数对应填入表6-5内。将每一列的分数加起来得出八种风格中每一种风格的分数。

表6-5 分析表

协调者		推进者		完善者		实干者		监督者		创新者		信息者		凝聚者	
1d		1f		1e		1g		1h		1c		1a		1b	
2b		2e		2h		2a		2d		2g		2c		2f	
3a		3c		3b		3h		3g		3d		3f		3e	
4h		4b		4f		4d		4c		4e		4g		4a	
5f		5d		5g		5b		5a		5h		5e		5c	
6c		6g		6d		6f		6e		6a		6h		6b	
7g		7a		7c		7e		7b		7f		7d		7h	
小计		小计		小计		小计		小计		小计		小计		小计	

将你的得分与表6-6中的常模进行对比。

表 6-6　常模表

	协调者	推进者	完善者	实干者	监督者	创新者	信息者	凝聚者
很低	0～3	0～3	0～1	0～5	0～2	0～1	0～2	0～3
低	4～5	4～6	2～3	6～8	3～4	2～3	3	4～5
中等	6～9	7～14	4～8	9～12	5～9	4～7	4～7	6～10
高	10～13	15～18	9～10	13～15	10～11	8～9	8～9	11～13
很高	14+	19+	11+	16+	12+	10+	10+	14+

根据表 6-6 的标准，比较你在团队中每一类的得分（按列累加的分数），记下你团队角色每一类行为的得分是高、中，还是低。填入表 6-7 中，两组最高的分数符合你主要的团队角色类型。

表 6-7　团队角色类型

很　高	高	中　等	低	很　低

团队角色的特征解释见表 6-8。

表 6-8　团队角色特征解释

特征 角色	主要优点	主要缺点	团队功能
协调者	沉稳，自信，自控力强，令人尊敬的领导者，目标清楚、明确，宽容，授权，非权力影响，和事佬，求助	缺乏创造力，有时会被认为善于利用别人，过多地下放权力以致失去控制，缺乏原则	控制向目标前进，确保每个成员的潜力得到发挥，擅长将不同的观点、技能和风格放在一起
推进者	有潜力，适应压力，以结果为导向，有影响力，行动表率，排除障碍和反对意见，独立，固执	急躁，爱发火，缺乏耐心，敌对，伤人感情	影响甚至左右团队的目标和工作方法，促进团队按时完成任务，有魄力作出判断
完善者	讲效率和秩序，认真，警惕，完美主义，避免错误和缺点，按时交付，守时，踏实	为小事担心，好钻牛角尖，不愿承担责任，反应迟钝	使团队免于错误和遗漏，搜寻需要特别注意的工作，保持团队的紧迫性，促使团队按时完成任务

续表

特征 角色	主要优点	主要缺点	团队功能
实干者	实际，实用，保守，有条理，固执，有组织能力，勤奋刻苦，守纪律，稳定	缺乏灵活性，对新观点、想法反应不积极，缺乏创造性和随意性，刻板	将概念和计划转化为实际工作程序，系统有效地执行大家一致的意见，按需要和要求工作
监督者	理性，冷静，逻辑分析，好判断和争辩，思考，不冲动，能看到各种机遇，有判断力	缺乏灵感，枯燥乏味，呆板，无激情，过于批判，不能调动他人的积极性	协助团队分析问题，评估建议和想法，权衡作出决策
创新者	创意，幻想，理想化，灵活，创造，非程序决策，想象力丰富，独立思考，直观，好奇，个人主义，非正统，聪明，有点子	有时脱离现实，不太注意繁文缛节，有时会孤芳自赏或被孤立，喜新厌旧	发展新的想法和战略，寻找解决问题的方法
信息者	热情，好奇，表达能力强，探索机遇，发展新的关系，关注动态，重视利用团队外的关系资源	过于乐观，喜新厌旧	探索和汇报想法，发展组织外资源，保持与外界的联系和磋商
凝聚者	温柔，敏感，合作，善于交往，聆听，感觉敏锐，友好，支持，理解，合作，有时服从和妥协，避免摩擦，提倡团队精神	有时过分妥协而失去原则，容易受到他人影响	支持和鼓励团队成员，提高沟通技巧，培养团队精神，是推进者角色的重要伙伴

进一步讨论：

对于一个项目团队，在项目进展过程中的不同阶段，哪些角色比较适合在此阶段发挥作用，哪些角色不太适合。讨论后填入表6-9中。

表6-9　项目阶段的团队角色

项目阶段	比较适合的团队角色	比较不适合的团队角色
方向和需求		
想法和决策		
计划		
组织实施		
联络		
跟进/评估		

管理游戏 6-1：解手链

目的：了解群体形成和发展的阶段。

做法：将班级分为 8 人或 10 人（最好 12 人）为一组的若干小组，每组围成一圈，要求每个成员记住自己左手拉的是谁的右手、右手拉的是谁的左手，然后散开自由走动，再围成一圈站着，每个成员的左右手分别拉着未走动前其他成员的左手和右手。大家共同努力，将手链解开，围成原先的样子，如图 6-4 所示。

时间：约 20～30 分钟。

相关讨论：

1．在整个过程中，是否出现了某个领导在负责或者指挥？

2．别人的反馈对你是否有帮助？

3．解决这个问题，每个人是否要相互依靠？

4．假如让你教另一队，你会怎么做？

5．假如将眼睛蒙上，只能用语言沟通，你预计可能会遇到哪些问题？

图 6-4　手链解开之后的喜悦

管理游戏 6-2：团队展示

游戏目的：团队协调、责任心与执行力

游戏人数：不限

游戏工具：旗、笔

游戏规则：

1．分组、选队长、队名、口号、队歌。

2．团队展示。

回顾与分享：

1．分享团队是如何形成的（建立—磨合—动荡—成熟—产生绩效）。

2．分享每个队员在团队中扮演的角色和责任。

案例分析 6-1：团队是微软的心脏[16]

微软公司无论在美国还是在全世界，都是计算机软件行业的领头羊。微软每年上缴的税金将近 140 亿美元。微软的成功在某种程度上得益于其利用团队管理成员。

微软聘用了许多编写和开发软件的编程人员。无论多大的项目，即使像“视窗”操作系统这样复杂的项目，公司也要把它分解为一个个很小的部分，以便于能由一个约 12 人组成的团队来编写。每个团队还要把承担的部分进一步细分，每个团队成员负责一部分，有经验的成员比新成员担负更大的责任。团队全体成员都知道，项目的成功取决于他们个人投入的总和。

虽然每个成员都在团队项目中承担一部分工作，但他们也都希望团队成员之间能够彼此合作，相互帮助。在微软，从来没有看到过两个团队成员在一台计算机屏幕前扎堆的情况。团队成员彼此之间相互支持，团队会对工作出色的成员给予表扬，但如果团队某个成员的业绩没有达到要求的水平，则会对他提出严厉的批评。

除担负重要任务外，编程人员还享有某些重要的特权或权利。其中最主要的特权是在配备最新技术的计算机软件的环境中工作，所以所有编程人员的办公室内至少有两三套计算机系统。另一项特权是与美国最优秀的计算机编程人员一起工作。

编程人员在工作时有很大的自主权，但是他们在微软的行为受共同的非正式规则的控制，这些规则是每个人都同意并共同遵守的。其中，在工作时间的问题上，编程人员有自行安排时间的自由。如果一个编程人员半夜突发奇想，他可以一直工作到清晨；如果一个编程人员的孩子生病了，他可以在家里待一两天，另找时间完成工作。然而，除了这种“弹性”工作时间之外，几乎所有的编程人员都遵守另外一些非正式规则。一旦工作需要，比如遇到编程中的难题，他们会不分昼夜地投入工作。在这种非正式规则的基础上，团队成员会彼此监督，而管理者也会召回几天都不在办公室的人员。

公司发现，对团队成员的个人绩效和团队的集体绩效实行奖励和给予报酬的报酬制度，在团队成员中产生了高激励和高绩效。微软公司要更上一层楼，必须进一步运用团队做一些正确的事情，来开发其新的软件产品。

问题讨论：

1．为什么微软在开发像“视窗”这样的主要软件系统时，还要把工作分成许多部分，以便于能由一个约 12 人组成的团队来完成呢？

2．在本案例中，对团队成员和项目团队的管理有何特点？

3．哪些因素激励着编程人员在这些团队中取得高水平的绩效？

4．微软的团队管理对中国高科技企业特别是 IT 企业有何启示？

案例分析 6-2：诺基亚的团队建设 [17]

1．开放沟通，由下而上开发领导力

诺基亚的领导特色首先体现在鼓励平民化的敞开沟通政策，强调开放的沟通、互相尊重、使团队内每一成员感觉到自己在公司的重要性。公司的高层领导人率先身体力行，努力倡导企业的平等文化。比如诺基亚公司董事长兼首席执行官约玛·奥利拉（Jorma Ollila）每次到中国访问，从不要前呼后拥，这远远胜过说教，充分体现了公司的平等文化。

诺基亚中国公司的中层管理人员对公司强调平等的管理文化也深有体会。据诺基亚的政府关系经理王先生说，诺基亚在组织机构上，不是上下级等级森严的，而是很平等的，有问题可以越级沟通，而且有许多具体制度来保证下情上达，下面的意见不会被过滤。在这方面，诺基亚的具体做法有三种。

（1）每年请第三方公司做一次员工意见调查，听取员工对自己的工作和公司发展的看法，并和上年的情况做比较，看在哪些方面需要改进。

（2）公司每年有两次非常正式的讨论，经理和员工之间讨论以前的表现和今后的目标。这种讨论除了可以评估员工的表现，也是彼此沟通的途径。

（3）公司在全球设有一个网站，员工可以匿名发送任何意见，甚至可以直接发给老板，只要所提的建议合理就会被接受。

除了建立正式的开放沟通渠道之外，公司的管理层也会利用适当的时机与员工沟通。如诺基亚（中国）投资有限公司总裁康先生对员工反映的问题的处理方法是，如果牵涉到某个经理人，除非是另有考虑，否则马上把人找来，双方当面讲清楚，这样做可以让下属看到，上级领导的门永远是敞开着的，沟通是透明的。在处理团队沟通的问题时既要保证沟通的透明度，又要保证沟通的有序管理，掌握两者的平衡，是领导的艺术。

诺基亚有一个突出的做法，就是利用员工俱乐部组织和管理员工的活动。俱乐部在管理上体现了诺基亚的文化——尊重个人，让员工自己管理自己。员工俱乐部体现了诺基亚尊重个人、自我做主的文化传统，以人人容易接受的方式来进行团队建设，把员工的兴趣融合在团队中。

2．借企业文化塑造团队精神

诺基亚公司的企业文化包括四个要点：客户第一、尊重个人、成就感、不断学习。公司的团队建设完全以企业文化为中心，不空喊口号，不流于形式，而是落实到具体的行动中。诺基亚强调要把员工的思想和行为变成公司与外界竞争的优势，要促使诺基亚的员工成为一个工作伙伴，而不是停留在雇主与员工的劳动合约关系上。唯有这样，工作伙伴们才会看重自己，一起帮助公司积极发展业务。

公司的团队建设活动一直是持续进行的，各个部门都积极参与。公司会定期举行团队建设活动，并具体和每个部门的日常工作、业务紧密相连。在这个方面，诺基亚学院在团队建设和个人能力培养上发挥了很大作用，为员工提供了很多很好的机会，能够让员工认识到他们是团队的一分子，每个人都是这个团队有价值的贡献者。

诺基亚在招聘之初，除了专业技能的考核外，也非常注重个人在团队中的表现，将团队精神作为考核指标中的主要项目之一。通常会用一整天时间来测试一个人在团队活动中的参与程度与领导能力，并考虑候选人是否能在有序的团队中，发挥协作精神、应有的潜能和资源配置。这样就可最大限度地保证诺基亚所招聘的人从一开始就能接近公司要求团队合作的精神文化。

3．没有完美的个人，只有完美的团队

移动通信行业发展快速，手机的历史大概只有10年，手机产品几乎每18个月就更新换代一次。为反映这一行业特性，诺基亚在中国的5 000多名员工的平均年龄只有29岁。诺基亚希望他们能跟上快节奏的变化，增强公司竞争力。为体现这个目标，在人力资源管理上，采取“投资于人”的发展战略，让公司获得成功的同时，也让个人可以得到成长的机会。

诺基亚中国公司首先注重将全球战略与中国特色相结合，其次在关心员工、市场营销、客户服务等方面考虑到文化差异，提倡本地化的管理能力。

在诺基亚，一个经理就是一个教练，他要知道怎样培训员工来帮助他们做得更好，即不是“叫”他们做事情，而是“教”他们做事情。诺基亚同时鼓励一些内部的调动，发掘每一个人的潜能，体现诺基亚的价值观。

当经理人在教他的工作伙伴做事情、建立团队时可以设计合理的团队结构，让每个人的能力得到发挥。没有完美的个人，只有完美的团队，唯有建立健全的团队，企业才能立于不败之地。

问题讨论：

1．诺基亚公司是如何进行团队建设的？

2．请你谈谈对“没有完美的个人，只有完美的团队”这句话的理解。

参考文献

[1] E. H. Schein. *Organizational psychology*[M]. Englewood Cliffs, N. J. : Prentice-Hall Inc., 1980.

[2] 路明兰. 非正式群体对企业人事管理的影响与对策研究[J]. 人才资源开发，2011（10）：88~89.

[3] 佚名. 阿希实验[J]. 家庭医学，2006（07）：25.

[4] K. Lewin. *Resolving social conflicts: Selected papers on group dynamics*[M]. New York: Harper, 1948.

[5] 徐琼. 群体压力下的“优势反应强化”心理分析：农场游戏盛衰探[J]. 求索，2010（08）：220~221.

[6] 张岩松. 组织行为学案例教程[M]. 北京：清华大学出版社, 2011.

[7] 吴韵仪. 逆境中激励士气的 10 种方法[J]. 人才资源开发，2005（01）：80~81.

[8] 刘彧彧，王长斌，杨杜. 组织行为学[M]. 北京：旅游教育出版社，2008.

[9] 祝学庆. 江铜形成职工自主管理机制[OB/EL]. http://www.jxnews.com.cn/jxrb/system/2005/06/05/000832615.shtml

[10] 陈春知. 跨组织虚拟团队实例[J]. 企业管理，2003（01）：40.

[11] 傲姿时代项目管理教材开发项目组. 项目管理基础[M]. 北京：清华大学出版社，2001.

[12] 贾砚林，颜寒松等. 团队精神[M]. 上海：上海财经大学出版社，1999.

[13] 陈国海. 九型人格工具在企业人力资源管理中的使用效果评估[J]. 江西理工大学学报，2007，28（05）：20~23.

[14] R. M. Belbin. *Team roles at work*[M]. San Diego, California: Pfeiffer & Co., 1994.

[15] 崔鹤同，谷远明. 推倒人“墙”[J]. 决策探索，2004（12）：68.

[16] 陈国海. 组织行为学[M]. 第 3 版. 北京：清华大学出版社，2009.

[17] 胡舒善. 诺基亚如何建设优秀团队[J]. IT 时代周刊，2003（08）：66~67.

第七章　管理沟通

【学习目标】

① 了解沟通的概念和重要性
② 了解沟通的渠道和类型
③ 掌握群体决策的概念和方法
④ 掌握改善管理沟通的有效工具

引例：麦当劳的“走动式管理”[1]

美国麦当劳快餐店创始人雷·克罗克，是美国有影响的大企业家之一，他不喜欢整天坐在办公室里，大部分时间都用在“走动式”管理上，即到所属各公司、各部门走走、看看、听听、问问。公司曾有一段时间面临严重亏损的危机，克罗克发现其中一个重要原因是，公司各职能部门的经理官僚主义突出，习惯躺在舒适的椅背上指手画脚，把许多宝贵的时间耗费在抽烟和闲聊上。于是克罗克想出一个“奇招”，要求将所有经理的椅子靠背都锯掉，经理们只得照办。开始很多人骂克罗克是个疯子，不久大家悟出了他的一番“苦心”，纷纷走出办公室，开展“走动式”管理，及时了解情况，现场解决问题，终于使公司扭亏转盈，有力地促进了公司的生存和发展。

对于管理者来说，“走动式管理”是一种十分有效的面对面的沟通方式。管理者走出自己的办公室，在工作区与下级就存在的问题进行非正式沟通，而不是通过正式会议、书面报告等正式渠道来与下级沟通。这种非正式沟通为管理者和下级提供了重要的信息，同时培养了积极、良好的上下级关系。事实表明，“走动式管理”是一种管理者和下级进行沟通的极为有效的途径。

沟通在任何组织中都起着重要的作用，管理者宜善于运用非正式沟通以弥补正式沟通的不足。随着现代科技和互联网技术的发展，电子沟通扮演着日益重要的角色。劳动力的多元化以及企业的跨国经营使得跨文化沟通问题屡见不鲜。群体决策并不一定比个人决策优越，应注意克服小团体思维的弊端。组织内人际冲突在所难免，有时并不一定是坏事。组织可通过建立有效的沟通制度、沟通管理和冲突管理培训以及其

他工具来改善管理沟通。

第一节　组织沟通原理

沟通主要是信息交换的过程，对组织的发展具有重要的作用。沟通具有多种渠道和类型，除传统的沟通类型外，电子沟通是一种应用越来越广泛的沟通手段。

一、沟通与组织

（一）组织中沟通的概念

沟通（Communication）是信息源通过某种管道把信息（信息、观点、情感、技能等）传送到目的地的过程。申农和韦弗（C. E. Shannon & W. Weaver）提出了信息沟通模型，如图 7-1 所示。[2]

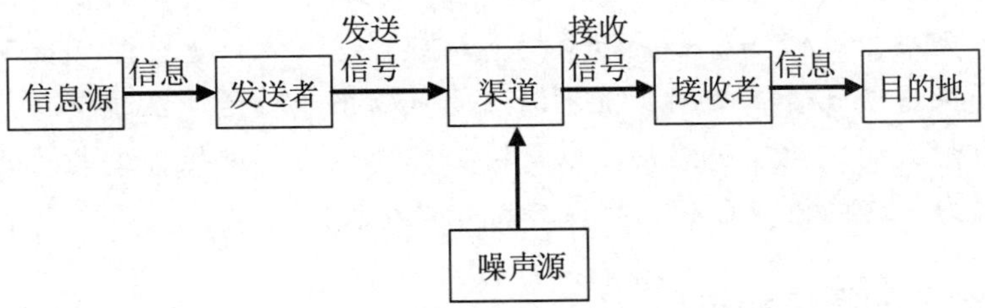

图 7-1　申农和韦弗的沟通模型

沟通是信息在传送者和接收者之间进行交换的过程。信息沟通就是指人们通过信息交换，从而达到相互了解、相互认知、相互影响的过程。理解是对信息沟通成功与否的检验。如果信息为人理解，沟通就是成功的；反之，信息不能为人理解，沟通就是失败的。沟通具有以下六个层次的意义：（1）个人内部沟通，指自我对话、自己与自己交流的过程；（2）人际沟通，指发生在两个人或数人之间的信息传递与相互理解的过程；（3）群体沟通，指群体成员之间的意义分享和目标整合过程；（4）公共沟通，指利用个人公共关系权力，说服影响公众的过程；（5）大众沟通，指利用大众媒体影响公众的过程；（6）跨文化沟通，指具有不同文化背景的成员之间进行信息传递和意义分享的过程。前五种沟通以个人为本位，而第六种沟通即跨文化沟通则以文化为本位，它包括国际沟通。国际沟通则以国家为本位。本章主要讨论群体沟通和跨文化沟通。群体沟通主要是指人群意见或信息的交流，是人与人之间交流思想、观点、态度或交换情报信息的过程。从管理心理学角度讲，沟通所涉及的主要是人与人、人与群体、人与组织的意见交流问题，一般不包括组织外的信息沟通。

（二）沟通在组织中的作用

组织内的沟通除了具有信息传递的作用外，还具有下述五种功能：（1）沟通能够准确传递各项决策与计划，并使管理者全面把握人员的情况，提高管理的效能；（2）良好沟通体现并实现组织成员对管理工作的充分参与，发挥激励员工的作用；（3）沟通可以缓解组织内任何变革的阻力，有利于组织发展；（4）沟通有助于创建组织内良好的人际关系，增加员工的满意度，具有心理保健作用；（5）有效沟通能满足员工的归属需要，并及时提供员工身心发展的信息。

例证 7-1：富士康事件[3]

深圳富士康“十二连跳”事件让全社会震惊，企业员工的心理健康问题成为公众关注的焦点。由于富士康没有建立一套系统的健康管理制度，也缺乏良好的员工沟通渠道，员工的心理紧张和压抑在相当长的时间内得不到缓解，因此，直到惨剧发生富士康高层才开始认识到员工健康管理的重要性，采取了完善员工关爱中心、设立员工关爱热线等系列举措。假如富士康能够提前认识到这一点，也许悲剧就不会发生。建立畅通的沟通渠道，让员工之间、上下级之间可以平等对话、互通信息、交流思想；积极举办各种形式的文化体育活动，以舒缓工作的压力，增强员工之间的情感交流，提高团队凝聚力，这些措施都有利于员工的身心发展。

（三）沟通的渠道和类型

1．正式沟通与非正式沟通

按沟通方式的组织化程度可分为正式沟通和非正式沟通。

（1）正式沟通

正式沟通是指通过组织明文规定的渠道进行的与工作相关的信息传递和交流，它与组织的结构息息相关。如组织中上级的命令、指示逐级向下传达，下级的情况逐级向上报告，以及组织内部规定的会议、汇报、请示、报告制度等。

按照信息的流向，正式沟通可分为上行沟通、下行沟通和平行沟通三种形式。

上行沟通是指在组织中信息从较低的层次流向较高的层次的一种沟通。主要是下属依照规定向上级提出的正式书面或口头报告。许多组织采取某些措施，鼓励上行沟通。如开门政策、建议系统、问卷表、特别会议、委屈申诉程序等。上行沟通有助于管理者了解下属的需要，获取关于自己下达的指示或命令是否正确以及是否得到如实贯彻的反馈信息。

下行沟通是指在组织中信息从较高的层次流向较低层次的一种沟通。下行沟通是传统组织中最主要的沟通流向。通常以命令、指示方式传达上级组织或其上司所决定的政策、计划、规划之类的信息。如命令链、海报和布告栏、公司简讯/报纸、信件和工资袋中的附件、员工手册、年终报告表、广播系统等。

平行沟通是指在组织中同一层次不同部门之间的沟通。

此外，还有在不同层次的不同部门之间流动的信息沟通，被称为斜向沟通。如备忘录、传真、会议等。

正式沟通的优点是效果较好，比较严肃，有较强的约束力，易于保密，可以使信息沟通保持权威性。重要和权威的信息都应当采用这种沟通方式。其缺点是由于依靠组织系统层层传递，因而速度较慢，比较刻板，不够灵活。因此，为顺利进行工作，组织必须要依赖非正式沟通以补充正式沟通的不足。企业中的许多沟通属于混合式沟通，如员工会议、换班前的总结、电子信件、绩效评估等。

例证 7-2：惠普公司的组织沟通

惠普公司的正式沟通包括如下三种。（1）下行沟通：公司新闻发布、部门的回顾、产品介绍、内部新闻信、公司内部的新闻信、技术杂志、录像带杂志、报告栏、管理人员会议；（2）上行沟通：工作进展报告（每月）、工作计划、产品介绍计划、职工调查；（3）混合沟通：员工会议（每周）、换班前的总结（每天，用于操作员及技术人员）、电子信件、绩效评估。非正式的沟通：组织成员皆知的小道消息、日常的咖啡时间（一天两次）、电子信件。

（2）非正式沟通

非正式沟通是在正式沟通渠道之外的信息交流和传递，它以社会关系为基础，是与组织内部明确的规章制度无关的沟通方式。它不受组织的监督，自由选择沟通渠道。如朋友聚会、团体成员私下交换看法、传播的谣言和小道消息等。

非正式沟通的优点是沟通方便、内容广泛、方式灵活、速度快，而且由于在这种沟通中比较容易表露思想、情绪和动机，因而能够提供一些正式沟通中难以获得的信息。它的重要作用表现在如下五个方面：① 可以满足职工情感方面的需要；② 可以弥补正式沟通的不足，组织中的管理者为了某些特殊的目的，往往不便于通过正式渠道传播信息，此时非正式渠道便发挥其作用；③ 可以了解职工真正的心理倾向与需要。通过正式的渠道，员工心中存在戒备，不便于透露真实的想法，而通过非正式渠道，便可以在很大程度上克服这个问题；④ 可以减轻管理者的沟通压力；⑤ 可以防止管理者滥用正式通道，有效防止正式沟通中的信息“过滤”现象。

例证 7-3：韦尔奇的非正式沟通

通用电气公司前总裁韦尔奇最成功的地方，是他在公司建立起非正式沟通的企业文化。公司上下，包括韦尔奇的司机和秘书，以及工厂的工人都叫他“杰克”。韦尔奇最擅长的就是写便条和亲自打电话。他每周都突击视察工厂和办公室，匆匆安排与比他低好几级的经理共进午餐。他还通过传真向上自高级经理、下至钟点工人的员工发出他那独具个人魅力的“手谕”—— 手写便条。两天后，原件就会寄到他们手中。在这些便条里，他有时说些鼓励和鞭策的话，有时则是要求员工做一些事情。

曾经有一个基层的经理人，因为不愿女儿换学校而拒绝韦尔奇对其调职和升职。韦尔奇知道后写了一张便条给他：“比尔，你有很多原因被我看中，其中一点就是你与众不同。你今天的决定更证明了这点……祝你合家安康，并能继续保持生涯规划的优先次序。”设想当比尔收到公司大老板的亲笔信时，有什么感想？韦尔奇对员工的关怀，已使他们从主管和下属的关系，升华为朋友的关系。这种非正式的沟通，实在是最好的沟通方式。

韦尔奇常常“微服出游”和总部外的员工见面。他最常对大家说的话就是要大家拿出开“杂货店”的心态来经营公司。杂货店的特色是顾客第一，货品齐全、价钱公道，店员没架子，随到随见，没有那么多繁文缛节。这些就是韦尔奇奉行的非正式沟通的精髓所在。

非正式沟通的缺点主要是信息的真实性和可靠性欠缺，有时甚至歪曲事实，出现以讹传讹的现象，由此可能产生小集体、小圈子，影响组织的凝聚力和人心稳定。非正式沟通往往起源于人类爱好闲聊的特性，闲聊时的信息称为传闻或小道消息（并非谣言）。小道消息具有如下四个特点：① 不一定都是不确切的消息；② 传递的速度非常快，同时也容易消散；③ 很难追查到信息的来源；④ 新闻性和现实性。当组织的正式沟通渠道出现某种阻碍时，传闻或小道消息就可能盛行。传闻或小道消息有时对组织的危害是显而易见的，必须及时察觉并给予澄清，特别是要发挥正式沟通的作用。

例证 7-4：小道消息既可恶又可爱[4]

一家欣欣向荣的超级商场正在发展它的连锁店，总经理B正在策划调入一批新职员，并准备提拔两名优秀老职员 L 和 J 做分店经理。新员工经岗前培训后陆续上岗，个别优秀者还被委以重任。公司的一家老分店因店面较小，公司正准备将它出售，再买进更大的店铺。此时，职员之间却在传说“总经理要从外面招聘新人来当经理”，后来又传闻

"总经理 B 正计划裁减老职员"，"部分商场将被拍卖"……于是，人心惶惶，销售额急剧下降，小偷小摸之风盛行。在总经理 B 正要下达对老职员工 L 和 J 的"提拔令"时，他俩却提出了辞职。很快，这家实力很强的公司就败在了其他竞争对手之下。

总经理 B 在管理心理学家的指点下，反省造成这次重大损失的原因：第一，公司里对此早已怨声载道，对人事计划也有闲言碎语，他却采取了视而不见、听而不闻的态度；第二，他试图采取压制的办法来对付那些沸沸扬扬的公众舆论，还准备严厉处分职员 W，因为许多"消息"都是从他那里传出来的。

2．语言沟通与非语言沟通

按沟通所借用的媒介的不同，沟通可划分为语言沟通与非语言沟通。

（1）语言沟通

使用正式语言符号进行的沟通称为语言沟通。语言沟通又分为口头语言沟通与书面语言沟通。口头语言沟通在组织内有面对面的访谈、各种会议、讨论会、教育培训中的授课、演讲、电话联系等；对外则有街头宣传、推销访问、口头调查，与其他组织间的洽谈等。口头沟通的优点是具有亲切感，比较生动，可以用表情、语调等非语言沟通增强沟通的效果，可以马上获得对方的反应，具有双向沟通的好处，比较灵活，可随机应变。其缺点是如果传达者口头沟通能力差，则无法使接收者了解真意。如接收者不专心或不注意，则口头信息一过即逝，无法再辩，不利于记忆和保存。

书面沟通在组织内有文件、布告、通知、备忘录、公报、壁板、刊物、职工手册、建议书和调查问卷等；对外则有市场调查问卷、广告、职工招聘信息、发布新闻等。书面沟通的信息具有权威性、正确性，不容易在传达过程中被歪曲，可以永久保留，接收者可以按照自己的速度详细阅读了解。其缺点是反馈速度较慢，甚至不反馈，接收者对信息的接收意愿不够主动。

在语言沟通的过程中，要特别注意语言的得体性、激励性和幽默风趣。表 7-1 列举了如何变消极的语言为积极的语言。

表 7-1　变消极语言为积极语言

编　号	消 极 语 言	积 极 语 言
1	我们这次的任务失败了	我们这次任务差一点就完成了
2	别忘了在下班前把货送到	请在下班前把货送到
3	我希望你对此满意并继续订货	您的满意是我们服务的宗旨
4	这次的报告写得好多了	这次的报告写得更好了
5	我们不允许刚刚参加工作就上班迟到	对刚刚参加工作的人保证按时上班很重要

续表

编　号	消 极 语 言	积 极 语 言
6	免费早餐仅限于20元以内，超出部分请自付	你可以免费享用20元以内的早餐
7	如果您对我们的服务不满意的话，可终止续约	（废话，完全可以省略）
8	外派工作本身就是不确定的，困难比较多	外派工作非常有利于你的职业生涯，但也的确需要克服一些意想不到的困难

例证 7-5：摩托罗拉的沟通方式[5]

1998年，摩托罗拉（中国）电子有限公司开展了“沟通宣传周”活动，向员工推出了众多的沟通方式：（1）“我建议”。每一个员工都可以以书面形式提出对公司各方面的改善建议，全面参与公司管理。（2）“畅所欲言”。这是一个保密的双向沟通渠道，员工可以对真实的问题进行评论、建议和投诉。（3）“总经理座谈会”。定期召开的座谈会，员工的问题会在当场得到答复。7日内对有关问题的处理结果予以反馈。（4）“报纸及杂志”。《大家》、《移动之声》等及时介绍公司的大事动态和员工生活。公司每年都召开高级管理人员与员工的沟通对话会，向广大员工代表介绍公司的经营管理状况、重大政策等，并由总裁、人力资源总监等回答员工代表的各种问题。

（2）非语言沟通

借助非正式语言符号进行的沟通称为非语言沟通，包括身体语言沟通（如身体姿势、衣着打扮）、副语言沟通（如声调、哭笑、重音）和物体的操纵等三个方面。语言学家艾伯特·梅瑞宾（A. Mehrabian）对语言沟通和非语言沟通在沟通中的使用比率进行了研究，总结出如下公式：[6]

信息的传递100%=7%语言+38%语音+55%态势

由此可见，非语言沟通在信息传递中的作用非同一般。图7-2显示的是四种典型姿态，它们传出的信息强而有力。其中A可表示“漠不关心”、“无可奈何”、“疑惑”等态度，感到“莫名其妙”；B可暗示出一种“自满”的心态，同时也可表示“厌烦”和“气愤”，或用来表示一种漫不经心的态度；C是一种常见的女性姿态，显示出“害羞”、“忸怩”、“谦恭”或“悲哀”的心态；D可理解为“冷淡”、“犹豫”、“怀疑”等态度。

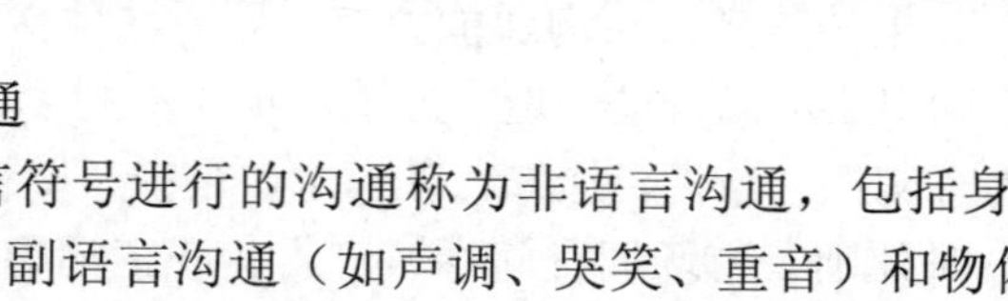

图7-2　四种典型姿态

例证 7-6：微笑培训

人的面部表情有 25 000 种之多，而微笑则被称作“最根本的表情”。科学家认为微笑能够释放一种叫做内啡肽的化学物质，使人产生愉快、兴奋的感觉。一些服务性行业对新入职员工的培训内容有一项就是“微笑”训练，可见微笑的魅力有多大。[7]

人际距离和空间是非语言沟通的重要表现之一。美国心理学家爱德华·霍尔（E. T. Hall，1909—1985）提出四种人际距离带[8]：① 亲密带（0～0.5 米），如亲子行为、恋人、角斗、护理、抚慰、保镖等。② 个人距离带（0.5～1.25 米），其中 0.5～0.8 米是亲密朋友交往的距离带，0.8～1.25 米是普通朋友交往的距离带。③ 社会带（1.25～3.50 米），如未曾相识或一般相识，公事公办、应酬或初步了解的人之间的距离。④ 公共带（3.5～7.50 米），如庆典、演讲时的主持者与听众、交警与行人之间的距离。

3．单向沟通和双向沟通

按沟通的方向划分，沟通可分为单向沟通和双向沟通。

（1）单向沟通

单向沟通是指在信息沟通时，一方只发送信息，另一方接收信息，接收信息者不再向发送者反馈信息。如作报告、演讲、下达指标等。

（2）双向沟通

双向沟通是指在信息沟通时发送信息者不仅要发出信息且还要听取信息接收者对信息的反馈，发送与反馈可进行多次，直到双方有了共同的理解为止。如交谈、协商、谈判等。

单向沟通和双向沟通有各自的优缺点：① 单向沟通的速度比双向沟通快；② 双向沟通比单向沟通准确；③ 双向沟通中，接收信息的人对自己的判断比较有信心，知道自己对在哪里、错在哪里；④ 双向沟通中，传达信息的人感到心理压力较大，因为随时会受到信息接收者的批评或挑剔；⑤ 双向沟通容易受到干扰，并缺乏条理性。

二、电子沟通

以由计算机技术与电子通信技术组合而产生的信息交流技术为基础的沟通称为电子沟通（又称 E-沟通）。E-沟通的技术工具包括 BP 机、图文传真机、便携式移动电话、语音信箱及各类计算机和手掌型个人通信装置（如 PDA）。而国际互联网则是这些技术中最为关键和发挥最大作用的新技术。互联网提供了丰富多彩的信息服务手段：E-mail、文件传输 FTP、新闻论坛（USERET）、电子公告（BBS）、电子会议以及万维网等。

与传统的沟通模式相比，E-沟通具有下述六个特点。[9]

第一，从表现方式上看，电子沟通主要采用视屏会议、电子报纸、互联网及组织内部网等进行沟通，它使组织内的电子化书面沟通形式多于口头沟通形式。全面引进信息技术后，通过以显示器代替备忘录，通过电子邮件、BBS等来下达公告、通知等，企业可能实现无纸化办公。

第二，从信息传递速度上看，电子沟通加强了企业即时输出和即时回收信息的能力，实现了书面信息能以与面对面或电话式的口头信息一样的快捷速度传递。同时电子沟通的即时反馈功能弥补了传统书面沟通反馈的局限。

第三，从沟通的范围看，电子沟通实现了远距离、跨地域的即时沟通，方便了跨国公司、集团公司的沟通运作，并大大降低了成本。例如，可以使一家总部位于某中心城市的零售商随时监控其全国各地连锁店的销售情况。

第四，从沟通的网络来看，电子沟通使员工在组织内可以跨越纵向层级工作，从而实现了在组织内全通道开放式的沟通网络，模糊了组织内的地位等级界限，使中层管理人员的地位受到挑战。

第五，从沟通造成的影响看，电子沟通使员工可以在家里或其他地方工作，并使员工可以方便地与其他组织的员工交流。因此，电子沟通的引进也同时改变了员工的工作形式以及组织的结构，出现了SOHO一族和各类虚拟企业，使企业形式及工作形式更为灵活。

第六，从企业的传统口头沟通来看，由网络技术和视频技术结合出现的视屏会议将代替传统上的会议，从而实现了随时随地进行跨地域空间的“口头”沟通的可能。组织内网络化导致的网上信息交流则将减少面对面口头沟通的次数，一方面便于沟通，另一方面使口头沟通的情感交流和亲切感降低。

例证 7-7：IBM 公司的无纸化办公

在IBM中国有限公司武汉分公司的内部办公平台上，除能完成日常工作外，员工还可在家里通过内部网进行培训充电，并能在线测试培训效果。行政专员朱力告诉记者，即使是做财务报销，也只需将发票原件寄往财务部门，其他手续均可在网上进行，总经理只要按下确认键，即是“签字”。该网络系统归公司亚太区总部直接管理，以防止报销中的作弊行为。朱力认为，无纸化办公不仅节省了纸张、通信、交通等方面的办公费用，更重要的是它大大提高了办公效率，同时也减少了员工的工作量。

（资料来源：http://www.cnhubei.com/200411/ca616910.htm）

三、跨文化沟通

经济全球化是当今世界的发展趋势，全球文化必然会受到其影响。“全球资本主义既促进文化同质性，又促进文化异质性，而且既受到文化同质性制约，又受到文化异质性制约。”这是美国著名社会学家罗兰·罗伯森对经济全球化影响全球文化态势的宏观描述。随着中国加入世界贸易组织（WTO）和经济的发展，企业内的跨文化沟通将日益增多。跨文化沟通是指跨文化组织中拥有不同文化背景的人们之间的信息、知识和情感的互相传递、交流和理解过程。

不同的国家、不同的地域、不同的民族可能具有不同的文化，从而表现出显著的差异。比如，吃是人类的共性，但印度人不吃白牛的肉，美国人不吃狗肉，中国人请客吃饭讲热闹，法国人则讲情调。

不同的国家有不同的民俗习惯，不同的文化有不同的想法，与他人沟通时既要多注意地域文化的不同，也要多注意国家、民族习惯的不同。管理者要养成一个习惯，遇到不同民族和国家的人，研究一下他们的文化特色是什么，这样可以使自己不犯忌讳，如此与他们处理事情的时候，就会非常愉快，比较容易达到自己的目标。[10]

不同文化之间的差异，是中外合资、外资、跨国公司沟通中面临的最明显的障碍。通过制定拟派海外管理人员的选拔标准、跨文化培训政策和海外管理人员本土化策略，跨国公司促进了跨文化沟通。

1．拟派海外管理人员的选拔标准

许多著名的跨国公司认为，海外管理人员一般必须具备以下五个条件：（1）国际知识。海外经理人选必须拥有基本的国际知识，不仅要对国际政治和世界经济有所研究，而且还应对外国文化、历史、生活习惯具有相当程度的了解；（2）语言能力。海外管理人员应当精通东道国语言；（3）身体素质。对拟派人员要进行严格的身体检查；（4）良好的修养与广博的见识。海外经理不但被视为当地企业的代表者，通常还被认为是母公司的代表者，因此他们必须有着良好的修养和广博的见识；（5）适应性。海外人员必须早日习惯并适应当地的生活、社会及工作环境，才有可能从事正常的商业活动。

2．跨文化培训

跨文化培训有利于改善个体与当地员工之间的关系，使人们能够经受住文化休克带来的冲击，迅速地适应新文化，并提高他们的工作绩效。[11]例如，在未经培训的企业中，每 100 名被派往沙特阿拉伯的美国人有 68 人提前回国，因为他们无法逾越文化隔阂。但是，壳牌石油公司对被派往沙特阿拉伯的一家石油化工公司工作的 800 名员工进行了事先培训，结果仅有 3%的员工无法适应文化的调整。

跨文化培训的方式十分广泛，可以是一些文献资料，即仅仅通过书面材料说明该国的社会和政治历史、地理环境、经济发展和文化习惯等情况，帮助人们认识一种新文化；也可以是集中的人际体验训练，即个体通过角色扮演练习、模拟社会情境以及类似的体验来“感受”新文化的差异。

3．海外管理人员本土化策略

目前，跨国公司经营活动和行为发展的一个世界性趋势，是雇佣当地人员来管理设在该地的子公司。这种做法有许多明显的优点。它可以在很大程度上消除语言障碍，企业没有必要对雇员进行昂贵的语言培训，还能解决他们在文化和社会适应方面的问题。这种策略可以使一家外国企业有效地利用当地较低工资的优势，以有限的代价来吸引高质量的人才。总公司往往缺乏能胜任海外子公司管理者职位的人选，而本地雇员往往能比移居国外的职员工作得更出色，更能与东道主建立稳定友好的和谐关系，所以将有越来越多的跨国公司采取海外管理人员本土化策略。

例证 7-8：跨国公司的跨文化管理[12]

为了提高跨文化管理能力，许多公司将经理人派到海外工作或者学习，让他们亲身体验不同文化的冲击，或者把他们留在自己的国家，与来自不同文化背景的人相处，外加一些跨文化知识和理论的培训。例如，日本富士通公司（Fujitsu）为了开拓国际市场，早在 1975 年就在美国檀香山设立培训中心，开设跨文化沟通课程，培训国际人才。现在，该公司为期 4 个月的跨文化管理课程（Intercultural Management Program，ICMP）除了用于培训本公司的人员，还被用于培训其他公司和国家跨文化管理人才。韩国三星公司（Samsung）每年都会派出有潜力的年轻经理到其他国家学习，学习计划由学员自己安排。但是公司提出一些要求，例如学员不能坐飞机，不能住高级宾馆，除了提高语言能力外，还要深入了解所在国家的文化和风土人情等。通过这样的方法，三星公司培养了大批谙熟其他国家市场和文化的国际人才。

第二节　群体决策

在近三十年间，群体决策（Group Decision）一直是国内外许多学者研究的重要课题。通常情况下，群体决策比个体决策更能作出创造性的决定，并且能够得到更好的贯彻。在当前社会活动日益频繁和复杂的条件下，决策活动越来越群体化，以往那种主要靠个人拍脑袋决策的方式将逐渐被群体决策所代替。

一、什么是群体决策

（一）群体决策的概念

群体决策是由群体中多数人共同进行决策，它一般是由群体中个人先提出方案，而后从若干方案中进行优选。参与群体决策的成员可能包括组织的领导者、有关专家和职工代表。

不同国家习惯于不同的决策模式，如美国很少谈群体决策，而重视个人决策，日本是比较喜欢采用群体决策的国家，中国则介于两者之间。产生这种现象的原因在于每个国家的文化传统不同。表 7-2 对中、日、美三国传统文化特点作了比较。

表 7-2　中、日、美三国传统文化特点的比较

比较对象		中　国	日　本	美　国
个体特征	处世哲学	中庸之道	团体精神	自我精神
	行为表现	言不由衷、谦虚	言不由衷	言行一致
	求稳心理	强	中	弱
决策思维	指导思想	系统与综合		分析
	推理模式	原则演绎		归纳
组织观念	人际交往	以和为贵，注重情面与关系	以和为贵	我行我素
	权威崇拜	强	中	淡薄
	集体主义	强	强	弱

（二）群体决策的优缺点

近年来西方管理心理学研究特别强调职工参与式的群体决策，认为这种方式可以增强下属的义务感和责任感，从而提高下级的工作积极性。我国企业实行的是职工代表大会制，通过这种组织形式让职工参与企业重大问题的决策。这就给人造成一种直观的印象，似乎群体决策一定比个人决策好。因此，有必要正确认识群体决策的优缺点。

群体决策通常会对决策产生一些有利的影响，主要表现在以下四个方面：（1）集体审议和判断，可产生数量较多的方案，有可能使被选方案的正确程度和满意度提高。集体讨论，可相互启发和综合各成员的各种不同的专门知识和经验，能从多方面对各种方案进行完备细致的分析，提高决策质量；（2）有利于组织内的信息交流和共享，协调各种职能，增强各部门的合作；（3）群体成员如果是由各不同利益集团或群体的成员组成的，可激发其参与和实施决策的积极性，还可协调各方的意见和分歧；（4）决策群体

使权力有所分散，从而消除或削弱了独裁现象，使决策更加民主化，充分反映受该决策影响的所有人员的愿望和要求。

群体决策也会对决策带来一些不利的影响。主要有如下四个方面：（1）耗时费钱。进行问题的讨论，并为了取得大体一致的意见，常常需要召开多次会议。各成员均需发表自己的看法和意见等，耗时较多，可能带来决策的延误。参加会议的成员的时间费用也是很高的，而且开会可能影响他们处理其他事务。（2）在最小共同基础上的妥协，导致决策的折中性。由于各成员可能代表不同利益集团，决策过程中常常出现一些分歧，为了寻求一致，常采取折中的方式，全体或多数成员都同意的观点往往是在最小共同点上的一致。这样的决策质量就不会很好，有时甚至劣于所讨论的所有方案；（3）权力和责任的分离。采用群体决策实际上是把权力在整个群体中分散了。由于最后的决策可能是大家相互妥协的结果，只反映了各成员的部分意见，没有任何成员对决策负完全责任，由此可能导致群体决策较个人决策具有更大的冒险性。（4）少数人的专制。群体要谋求完全一致或接近完全一致的决策，因此，少数成员的特殊的身份、地位、个性、能力等特点会对群体决策产生不良影响，其权威、霸道、强硬、软硬兼施的态度和做法，使群体决策变成了个人决策，影响到大多数人接受其意见或一种妥协的意见，从而影响决策的质量。

例证 7-9：通用电气的“全员决策”管理制度[13]

美国通用电气公司是一家集团公司，1981 年杰克·韦尔奇接任总裁后，认为公司管理得太多而领导得太少，工人们对自己的工作比老板清楚得多，经理们最好不要横加干涉。为此，它实行了“全员决策”制度，使那些平时没有机会互相交流的职工、中层管理人员都能出席决策讨论会。“全员决策”的开展，打击了公司中的官僚主义，减少了繁琐程序。

与个人决策相比较，群体决策具有自身的特点。表 7-3 对个人决策与群体决策各自的特点作了比较。

表 7-3　个人决策与群体决策的比较

	个 人 决 策	群 体 决 策
速度	快	慢
正确性	一般	较好
创造性	较大，适用于工作结构不明确，需要创新的工作	较小，适用于任务结构明确，有固定执行程序的工作
风险性	视个人气质、经历而异	若群体成员特别是领导富于冒险性，则更趋于冒险性质；若群体成员特别是领导比较保守，则更趋于保守

二、群体决策法

群体决策的主要方法包括会议讨论决策法、列名群体决策法、头脑风暴法、德尔菲决策法。

（一）会议讨论决策法

在会议讨论决策法中，群体领导人先对问题进行陈述；各成员对问题进行全面讨论或相互启发，以便产生新的思想，集中意见；最后通常就如何解决问题进行表决，按大多数人的表决意见作决策。

该方法为面对面的会议。群体比较倾向于努力保持社会和感情上的关系。某些成员喜欢在某些阶段控制讨论的过程，对群体行为的影响较大。

（二）列名群体决策法

列名群体决策法（Nominal Group Technique）是通过有组织的面对面的会议，按一定的程序集结成员的意见，以作出群体判断的方法。

列名群体决策法有如下六个步骤：（1）每个成员在安静的环境下写出自己的意见；（2）组织者不分先后地听取并记录这些意见；（3）集体逐条讨论这些意见；（4）对归纳意见所形成的条目的重要性作初步投票；（5）讨论初步投票；（6）最终投票。

该方法在社会关系和完成任务的态度之间给予均衡考虑，意见的相对数量较多。其特点是高度的任务中心性，成员可平等参与，独立思考并发表意见，允许存在意见不一致，对于对立意见和问题的处理以作决策的方式解决。列名群体决策法适用于各成员较容易被召集在一起和解决问题需要即时资料的情况，成员一般为5～9人。

（三）头脑风暴法

头脑风暴法（Brainstorming），也叫畅谈会议法。它是邀请一定数量的专家开会，进行积极的创造性的思维活动。要求参加人对一定范围的问题，敞开思想，畅所欲言。主持人要保持清醒的头脑，有启发性。目前头脑风暴法已充分借助计算机和互联网技术，形成电子头脑风暴法（Electronic Brainstorming），该方法比传统的头脑风暴法更有助于思想的产生和节约时间。

使用头脑风暴法组织专家会议时，宜遵守如下八条原则：（1）围绕所讨论的问题，提出具体的要求，严格规定所使用的术语，严格限制会议范围，保证专家把注意力集中在主要问题上；（2）参加会议的人都不能对别人的意见提出怀疑和批评，更不能反驳别人的意见，不论某一设想是否适当或可行，都不得作结论；（3）鼓励与会者对已提出的设想进行改进或综合、补充和发展；（4）支持和鼓励与会者解除思想顾虑，创造自由气氛，激发参加者的积极性，独立思考，开阔思路；（5）鼓励与会者修改自己的意见；（6）发言要求精练，不需详细论述，不得拉长时间，不得重复别人意见，保持富有成效的气氛；（7）即席发言，不允许与会者宣读事先准备好的建议；（8）建议或意见越多越好，不怕矛盾。

例证 7-10：在北美生死事务办事处的头脑风暴法

北美生死事务办事处的副总裁吉姆·威斯特兰德认为，在东北地区办事处关于削减费用和改进效率方面需要新点子。他决定召集他的高级管理团队，并挑选级别低的雇员参加在当地的一所大学运用计算机系统的决策中心举行一次为期一天的电子集体策划会议。该团队由 7 名高级管理人员、两名职员和一名销售代表组成。这一天，头脑风暴法电子会议开始了。提出的问题是：如何削减办事处的费用？在这一过程中，人们想出一个点子，敲一个功能键把它输入进去，人们在屏幕上看到对自己和其他人的想法的一组任意选择以帮助他们想出其他点子。过了 20 分钟，团队产生了至少 85 个削减费用的点子。

团队使用想法组织者软件工具把各种想法汇成种类以便更容易评估。每个人都对这些想法进行浏览，设立种类，这些种类都出现在屋子前面的一个大屏幕上，有些是普通的、定义下得很明确的种类。多数参与者对这些点子如何适合他们表示一致，这一过程的结果是一组被分成 7 大种类的 49 个点子。每个人在第一种类中对每个点子进行了可行性和受益性评估（使用 10 分钟）。然后软件将这些评估汇集起来，在大屏幕上显示出来。

参与者认为两个想法是突出的，应该立即执行。他们对其余种类中的想法也进行了评估（期间休息一次，吃午饭），又挑选了 8 个好的想法。然后他们对这 8 个想法进行讨论、扩展和评估，分别加以实施。

三、群体决策的改善

改善群体决策的主要目的在于提高群体决策的速度、决策质量和认可水平。

例证 7-11：停电则停报[14]

1965 年 12 月间，美国北部地区从圣罗伦斯到华盛顿一带，发生过一次美国历史上最严重的停电事件，在大停电的那天早上，纽约市所有的报纸除了《纽约时报》之外都没有出版。原来在停电的那天，《纽约时报》当即决定把报纸改在纽华克印刷，当时纽华克还没有停电，虽有英明决策，但本该发行一万多份的《纽约时报》，也只有不到半数的份数到了读者的手中，这其中有个原因。据说当《纽约时报》正要上印刷机工作时，时报总编辑忽然和他的助手争论起来，争论的问题只是一个英文单词该如何分写，争论的理由是该报有一个规定，即出版的报纸不允许有任何文法的错误。据说争论持续了 48 分钟，恰好占去了仅有的印刷时间的一半。在出现意外停电的情况下，总编辑及其助手认识不到保证每天的发行份数已成为更紧迫的目标，从而使上述决策未能贯彻实施。

（一）决策效率

决策效率低通常表现在如下两个方面。

第一，信息交流的非通畅性。在整个决策群体中，信息交流的通畅性是决策效率的重要保证。然而，在中国的决策群体中，信息沟通是一种自上而下单向传递的链式结构，除非正式沟通外，几乎没有什么信息反馈，这样在客观上造成了处于低层次的决策参与者获取充足信息的困难性，同时，由于他们也知道自己在决策制定中的作用很小，也就没有主观上去积极关心与努力的能动性。这种信息的不对等和缺少反馈，延缓了决策的制定和执行时间。

第二，决策的“难产现象”。在决策任务比较复杂，决策者处在大体相同的地位时，大家很难在目标选定、后果预测、方案评价以及方案选择上达成一致的看法，并且相互都不能将对方说服。虽然群体可以反复去“议”，但由于缺乏分析和归纳的习惯，彼此之间仍然只是就事论事地围绕问题本身争论不休，因此出现“议而不决”、“议而难决”的现象。

1974 年，康明格（L. L. Cumminge）、赫伯（G. P. Huber）和奥朗得（E. Arend）对等距离的座位排列方式和其中一个座位与其他座位距离的排列形式作了比较研究，实验结果表明，凡是等排列座位，不突出组长的群体作出的决策质量较高，作出决议的时间较短（较快）且易达成一致意见，如图 7-3 所示。

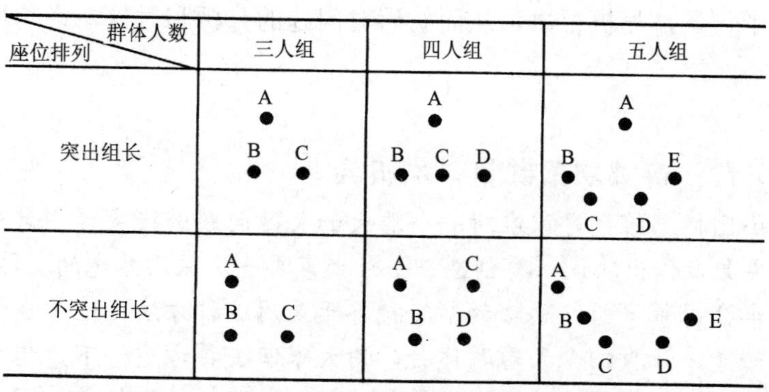

图 7-3　不同规模群体座位的排列

（二）决策质量

决策质量是指决策本身是否有科学依据，是否符合科学的程序，与客观实际差距的大小等方面的情况。中国人的情感决策的倾向影响到决策的质量。对人的假设分为理性和情感两种对立的模式，理性决策模型认为一个群体无论何时面对决策问题，他们总是以效用作为所有备选方案评判和优选的准则；而情感决策模型认为，群体在进行决策活动时都是受其情感支配的，许多情感都是无意识的反应。中国人的群体决策行为更多地倾向于情感决策模型。面对一项决策，中国人首先考虑的是自己采取了某项行动后，别人（如上司、关系网中的其他人）会有什么反应。这种做法极大地限制了决策的科学性和创新性。

此外，由于受中国传统思维中“重先知、轻分析”的影响，人们总是希望从阅历的经验中对未来的问题作出解答，而不愿进行更深入的分析。同时，“唯上”的心理使得领导者个人的经验显得具有决定性的作用。由此导致总是以过去的经验指导未来的行动，难免出现失误。在现实中，许多决策分析人员和研究者所做的预分析或可行性研究，往往流于形式。究其原因，一方面是由于这些分析本身的不完备性，另一方面则是由于决策者主观上的经验主义导向，这些分析只不过是其整个决策过程的点缀而已。

可见，要提高群体决策的质量，需要从如下三个方面改进决策工作。

（1）重视可行性分析。可行性分析是研究人们在追求某种目标的过程中所出现的各种变化因素，并从这一角度出发，应用现代科学方法，进行分析研究，寻求达到目标的各种可行方案，从而为决策论证提供基础条件。群体决策时，要求先对问题进行可行性研究和分析，并以此为根据展开讨论和决策。

（2）消除个人的控制支配。在群体决策时，由于群体领导者的个体在组织中具有显赫地位或者个人特殊身份，他有意无意地会对决策进行控制支配。在讨论问题时，其他成员会按照他的意见、观点去发表看法，进行议论，而把自己的真实意图掩盖，“话到舌尖留半句”，见机行事，从而妨碍对问题的分析和讨论，影响群体决策的正确性和科学性。

例证 7-12：群体决策的第二次机会[15]

为了防止小团体思维，建议在对一个重大的关键问题进行决策、讨论快要达成统一意见时，不要匆忙作出决议，要创造一个让大家再一次深思熟虑的“第二次机会”。曾担任通用汽车公司董事长、总裁的斯隆就善于采用这种方法。他常在快要作出决议时提出：“等一等，让我们今天暂时休会，请大家回去再考虑一下，想想有没有不赞成的意见，这件事我们在明天的会议上再作决定。”这样使群体成员可以在较为轻松的气氛中进一步考虑不同的意见，以便作出的决议更趋完善。斯隆还有不过早地参加由他担任主席的会议的习惯，总是直到会议发展到问题可达结论时，他才出场。他希望由于他不在场，可以促进没有顾虑的讨论。

（3）克服小团体思维。小团体思维（Groupthink）是指高凝聚力的决策群体为了保持一致性，不惜代价地压制不同意见，或者避免考虑和评估其他可供选择的方案。[16-17]凝聚力可以增进群体的绩效，使成员满足归属感、安全感，也可以使群体成员之间存在较好的协作关系。但是当群体凝聚力很强时，群体压力也大，从众倾向也更明显。有时，这会使群体成员有对一致性的强烈要求，而对准确性、正确性考虑较少。在决策过程中，这种倾向可以表现为由于片面地过分追求一致而忽视决策质量。

为避免小团体思维，群体决策时宜注意以下五点：（1）不要迫使群体采纳自己喜爱的方案，应真诚地经常使群体成员成为一个评论者，欢迎别人坦率地提出不同的看法，要支持和保护持异议者表达自己的见解；（2）将问题交付群体进行决策讨论时，不要在开始时就表示自己的倾向性意见；（3）除了需要保守秘密的问题外，宜广泛征求多方的意见，也可邀请组外专家参加讨论；（4）可以有意识地指定一位成员专门在群体快要统一意见，即将决策时提出相反的意见，即可以让群体事先推定一个人担任"唱反调"的角色，这个角色可以轮流担任；（5）学习辩证法，在任何情况下注意从两个方面来观察问题，正反命题相互作用，就会产生第三种意见。

例证 7-13：小团体思维的危害

小团体思维曾使企业在管理中遭受惨重的教训。美国最大的铁路公司之一宾夕法尼亚中央铁路的破产，就是因为公司的董事们对公司的业务不十分关心，加之不愿得罪管理部门，矛盾得不到揭露，问题得不到解决，以致陷入不可收拾的地步。福特公司前总裁福特二世在设计埃瑟型汽车的决策过程中，不听取下级经理人员的不同意见，坚持己见，不进行正反两面的争议，结果投产后，销售困难，致使公司遭受了很大损失。

（三）决策的认可水平

认可水平是指决策是否能被下级接受、理解、容纳和执行，它涉及下级的需要、态度、价值观念、兴趣等因素。事实上，任何决策都必须考虑这两方面的问题：一是决策的科学性；二是决策能否被群体成员接受和承诺。有些决策对质量要求高，而对认可水平要求不太严格；有些决策对认可水平要求高，而对决策质量要求不太严格；有些决策则对决策质量和认可水平都有较高的要求。因此，必须针对不同情况，采用不同的决策方法，才能提高决策的有效性。

管理心理学家把决策的有效性、决策质量和决策的认可水平三者的关系用下述公式表示：

$$ED=Q\times A$$

式中，ED 代表决策的有效性，Q 代表决策质量，A 代表执行决策的认可水平。

美国管理心理学家迈尔设计的决策“四分图”，进一步描述了 ED、Q、A 三者的关系，如图 7-4 所示。

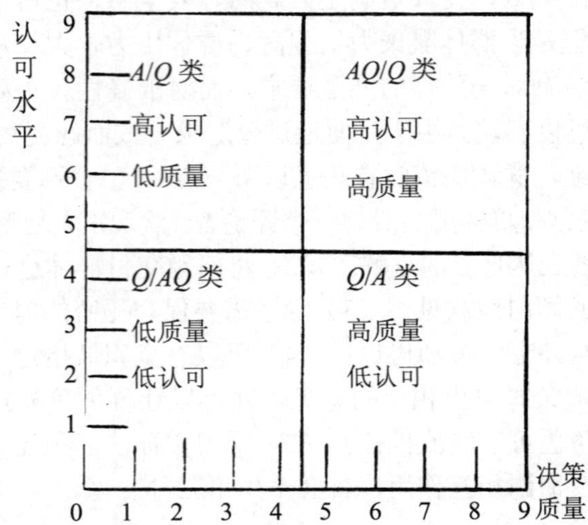

图 7-4　迈尔的决策“四分图”

A/Q、*Q/A*、*Q/AQ*、*AQ/Q* 各代表四种典型的决策问题。针对四种决策问题，需要采用不同的决策方法，才能兼顾决策质量和认可水平这两个方面，提高决策的有效性。

第一类，*A/Q* 类。这类决策是与下级的个人利益密切相关，但对组织的利益无重大影响的决策。如某单位在厂区新建了一批宿舍，以方便干部的上下班，拟租给部分干部使用。但由于房少人多，不能满足全部干部的要求，这就需要对哪些人先搬进新居以及每月租金等问题进行决策。这类问题对认可水平要求高，而对决策质量要求不高。因此，最好用下级民主讨论、协商解决的办法，提高下级的认可水平。

第二类，*Q/A* 类。这类问题与组织利益关系密切，而与下级的利益无直接联系。如企业对投产新产品、搞基本建设、进行技术改造等问题决策，决策质量的高低对企业的损益、未来的发展有重大影响，但与职工的生活、工作直接关系较少，职工对这类问题兴趣不大。因此，这类问题对决策质量要求高，而对认可水平要求较低，主要应由领导者和有关专家进行决策，以确保决策的质量。

第三类，*Q/AQ* 类。这类问题与下级利益和组织利益都关系不大，因此对决策质量和下级认可水平要求都不高。如工会组织部分职工到风景区旅游，需要就人选问题作决策。如果搞得过于严肃反而会把问题复杂化。所以，既不用领导者决策，也不用下级民主协商、讨论，最好是用抽签的办法决定谁去。

第四类，*AQ/Q* 类。这类问题既与组织利益密切相关，又与下级的利益密切相关，因此它具有高质量、高认可的性质。如工厂对每月的生产定额、奖励制度、人员调整等问题进行决策，既关系到工厂的发展，又关系到职工的切身利益。对这类问题作决策，一般采用两种方法：一是先由领导或专家进行决策，以保证决策质量；然后把决策的意义对下级进行宣传，提高下级的认可水平。二是实行参与决策，即由领导者或专家组织下级进行民主讨论，让下级积极发表意见和提出建议，然后由领导者根据有关资料、信息，并考虑下级的意见和建议，最后作出决定。这样，既可保证决策质量，又能提高下级认可水平。

例证 7-14：失败的决策[18]

某著名房地产开发公司为了提高销售部门员工的竞争性，激发他们求胜的斗志，引入了末位淘汰制。这一制度的实施，立竿见影地带来了公司销售业绩的大幅增长。但由于淘汰比率过高，许多员工缺乏安全感。优良的业绩使公司决策层无视员工的反对，继续并进一步强化实施该项制度，终于酿成了销售部经理率该部门全体员工集体辞职事件，公司苦心经营多年的销售体系瞬间崩溃。

第三节 改善管理沟通

日常生活和工作中存在很多沟通问题，如管理沟通、客户沟通问题，甚至存在沟通障碍，出现人际冲突和纠纷。因此，必须克服沟通障碍，调节人际冲突和纠纷，改善管理沟通。

一、沟通问题

许多被调查者认为，自己组织内部存在的主要问题是“沟通”。也许人们从事的职业各不相同，但有一点是共同的，即都需要进行人际沟通。时至今日，我们比以往更迫切需要与他人打交道，更多地、更大量地与他人沟通，但并不意味着我们都善于沟通。

例证 7-15：太平洋西方航空公司面临沟通困境[19]

1984 年 9 月，太平洋西方航空公司（Pacific Coestern Airlines）做了一次员工调查，主要目的是了解员工对公司内部相互沟通状况的看法，当调查结果送到董事长兼首席执行官莱斯·伊顿（Rhys Eyton）先生手里时，他不由得大吃一惊。这份员工调查显示，大部分员工对于公司内部相互沟通状况表示不满。虽然伊顿一时还不能决定如何解决这一问题，但是他知道必须迅速采取措施来缓解这种危机。

太平洋西方航空公司的业务性质决定了其内部沟通程序是综合复杂的。各种不同阶层的员工，如白领职工、专业人员、管理人员以及基层员工散布于全国 50 多个地方，公司每周七天，每天 24 小时都有人在工作。

企业中类似的人际沟通或人际关系的问题很多。管理者或员工一直苦于缺乏必要的技能加以应对。1990 年，宾夕法尼亚大学卡兹商学院调查了 300 家公司。其目的之一是了解当前 MBA 教育的价值、态度取向以及其优点和缺点。调查结果表明，公司在招聘 MBA 高级人才时最为看重的是“沟通技能”。1991 年，美国《财富》杂志发表了宾夕法尼亚大学沃森商学院对 1 000 名招募者、校友、首席执行官的个人访谈，结果表明，MBA 毕业的学员最为缺乏的是与人打交道、领导、团队、谈判、沟通和创造才能。1989 年，芝加哥大学率先在 MBA 教学计划中引进“管理沟通”课程，内容包括：领导、谈判、沟通、自我认知、职业道德。之后，“管理沟通”课程被模仿和引进全美许多 MBA 教学计划。这些都说明，自 20 世纪 80 年代以来西方国家非常重视管理沟通。

总而言之，正是因为企业存在大量的沟通问题，企业员工都需要学习沟通理念和提高沟通技能，在我们的管理教育特别是高层次管理和商务教育中应当重视管理沟通。

二、人际冲突

（一）什么是人际冲突

人际冲突是指被人们知觉到的一种价值观或目标上的矛盾状态，并伴有敌意阻碍对手取得成功的行为以及情绪上的敌意。

冲突对任何组织而言都是不可避免的。人们对冲突是好是坏的认识经历了一个发展过程。传统观点认为，所有的冲突都是不良的、有害的、消极的，是应该避免的，它常常作为争吵、暴乱、破坏、非理性的同义词。

人际关系观点认为，对于所有团体和组织来说，冲突都是伴随组织产生而自然发生的现象。由于冲突无法避免，人际关系学派建议接纳冲突，使它的存在合理化，并认为冲突不可能被彻底消除，有时它还会对团体的工作绩效有益。

相互作用观点不仅接受而且鼓励冲突的存在。它认为，融洽、和平、安宁、合作的组织容易对变革的需要表现出静止、冷漠和迟钝。因此，该理论认为管理者应当维持一种最低水平的冲突，这能够使团体保持旺盛的生命力，善于自我批评和不断创新。

近年来人们越来越认识到冲突是不可避免的，而且冲突并不一定都是消极的。冲突应当分为两类，即破坏性的冲突和建设性的冲突。凡利于达成组织目标的冲突就是建设性冲突，只有那些对达成组织目标起阻碍作用的冲突才是破坏性冲突。因此，不能一概地反对或避免冲突，重要的是要设法控制和驾驭冲突，使它有利于组织目标的达成。表 7-4 对建设性冲突和破坏性冲突作了比较。研究表明，任何组织要有适量的冲突。冲突过多，要设法降低；冲突过少，要设法加强。

表 7-4 两种不同性质的冲突

建设性冲突	破坏性冲突
双方对实现共同目标的关心	不愿意听取对方的观点或意见
乐于了解对方的观点或意见	双方由意见或观点的争论，转变为人身攻击
大家以争论问题为中心	双方对赢得观点的胜利最为关心
双方交换情况日益增加	互相交换情况减少，以至完全停止

（二）人际冲突产生的原因

人际冲突涉及到人的问题。其引起的因素来自多个方面，大体总结为如下三个方面。[20]

（1）沟通方面。语义理解困难、相互误解、相互之间少有沟通或沟通过于频繁以及在沟通渠道中的噪音等都可能引起人际冲突。

（2）组织方面。组织变动、组织规模过大、组织中责权不清、组织中领导的风格不具有亲和力、奖酬体系不合理、分配给成员的任务与能力不符等均可导致人际冲突。

（3）个人方面。由于多方面的原因，每个人的价值观、世界观不同，因此引起了人对相同问题的看法各异。而且许多人在人际交往时容易只站在自己的立场上，希望别人能够理解自己，忽略了别人内心的想法，经常觉得自己是正确的，别人应该听自己的，或者爱用自己的标准去要求别人。每个人的内在素质与处事风格不相同，在工作过程中，难免会产生一些摩擦。

以上三个方面最本质的是沟通方面，其他两个方面也源于人与人、人与组织、组织与组织之间的交流、沟通的不足。沟通所导致的人际冲突主要是源于沟通障碍的存在。

随着经济全球化和文化多元化的发展，全球不同文化间的交流日趋频繁，在此过程中，难免会出现不和谐甚至冲突。来自不同文化背景的人们如果解决冲突的方式不同，就可能会加剧敌意和误解，甚至会导致冲突升级。

（三）冲突管理策略

过去，社会心理学家用一维空间——从竞争到合作来表述人们的冲突行为，认为有的人倾向合作，有的人倾向竞争，有的人则介于两者中间。近年来许多研究说明这种看法不能全面反映人们的冲突行为，因此有人提出了两维空间模式，如图7-5所示。图中横坐标表示“合作”（即指满足他人的利益）的程度，纵坐标表示“武断”（指满足自己的利益）的程序。在这个两维模式里，有五种处理冲突的策略，即强制、回避、妥协、克制和解决问题。

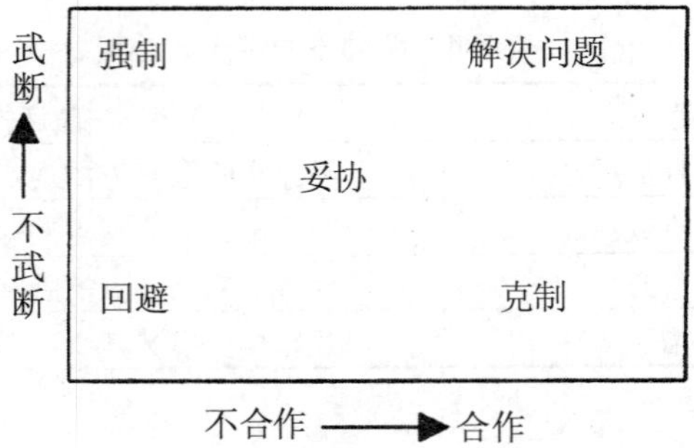

图7-5　冲突处理的两维模式

强制：不合作，而且高度武断。也就是说，为了自己的利益，牺牲他人的利益。

回避：合作与武断都很低，对自己和他人的利益都缺乏兴趣。

妥协：两个维度都取中间程度，寻找一种权宜的可被接受的解决方法。

克制：合作精神很高而武断程度很低，牺牲自己的利益去满足他人的利益。

解决问题：对于自己和他人的利益都给予高度的关注。

托马斯认为，解决冲突，必须注意人与人之间的沟通技巧，并适当地确定解决问题的次序，以此来协调“武断”和“合作”，求得建设性的解决冲突的方式。冲突双方为了争取一个目标，其中一种结果是一方胜利，另一方失败。还有一种处理结果是，双方都有所失或者都没有满足原来想达到的要求，这种处理冲突的出发点是，大家都吃一点亏总比一方什么也没有得到要好，采取的策略往往是回避或者折中。这与一胜一负的办法相比风险较小，花费也较少。而管理心理学家布莱克（R. R. Blake）和莫顿（J. S. Mouton）则提出了第三种处理冲突的方式。[21]这是一种双赢的方法，使双方都感到自己是胜利者。这种方法要经过精心安排，促使双方协作，共同解决问题，任何一方都不要试图征服另一方。它要求双方直接地、坦率地交换意见，自我克制，相互尊重和信任，消除敌意和猜疑，最后找到双方都满意的解决方案，使双方都有一种“获胜”的感觉。

伯克（R. R. Burke）曾就上述各种冲突处理方法的有效程度进行过调查，经过调查研究发现，使用“解决问题”策略，能够有效地处理冲突；使用“强制”策略，效果很不好；使用“回避和克制”的策略的情形一般很少，即使使用，效果都不好；采用“妥协”策略，效果好的占有 11.3%，效果不好的占有 5.7%。表 7-5 列出了上述五种处理冲突的策略的有效性。[22]

表 7-5　五种处理冲突的策略的有效性

策　略	有效果/%	没有效果/%
回避	0.0	9.4
克制	0.0	1.9
妥协	11.3	5.7
强制	24.5	79.2
解决问题	58.5	0.0
其他（包括还未解决、无法讲明如何解决的问题）	5.7	3.8

此外，沟通专家总结出了处理人际冲突的以下十种策略，可按冲突的性质和原因的不同而加以选择。

（1）顺其自然法，即避免面对不同的意见，或是延续调整的时间，拖延面临的对抗。

（2）息事宁人法，即强调想法共同之处，而忽略不同的部分。

（3）强势支配法，即运用权势，强迫别人听从命令，很直接地控制或者拒绝。

（4）订定规则法，即以客观、相对公平的规则作为处理分歧意见的基础。

（5）和平共存法，即在彼此协议下，维持各存己见的状态，保留不同的意见。

（6）讨价还价法，即以协商、交易的方式消除彼此的冲突。

（7）弃子投降法，即放弃自己的想法，完全以对方的意见为意见。

（8）全力支持法，即在可容忍和允许的范围内，给予对方最大的支持，给予对方下放权力。

（9）携手合作法，即将大家的意见整合在一起，一起工作去获得一个双赢局面。

（10）重组群体法，即将该群体解散，重新组织。

三、有效沟通和改善沟通

组织有效沟通和改善沟通的策略和工具主要包括如下四个方面：（1）保证正式沟通渠道畅通；（2）学会积极倾听；（3）PAC 分析；（4）周哈利窗口分析。

（一）保证正式沟通渠道通畅

首先，组织必须建立发布指示、例会、个别交谈、建议、员工态度调查、申诉等制度，保证正式沟通渠道通畅。组织必须对以下四个主要的信息沟通网进行审核：（1）在政策、规程、规定、上下级关系等方面与管理或工作任务有关的网络；（2）与解决问题、召开会议和提改革建议等方面有关的创新网络；（3）凡与表扬、奖励、晋升以及其他企业目标和个人目标联系起来的各种工作有关的笼络人才的网络；（4）与公司的出版物、布告栏以及小道消息等有关的信息构成的网络。

其次，组织要想提高沟通的效率，还必须根据组织特点和具体的环境条件，利用一些可以改进组织沟通的技术。一般来说，有以下三种。

1．建议和咨询制度

通过征求非管理雇员改进工作的意见来加强上行沟通，以体现一种鼓励提出有益意见并防止其通过指挥链条被过滤掉的正式意图。为此，可设置意见箱，并给所提建议被实际采用的雇员支付报酬。对于那些给公司带来大量盈利的技术性的复杂建议，例如不用付出长期停产的巨大代价就可完成设备维修的建议，通常按照预计盈利的百分比付给酬金。同时评价每一项建议，给予雇员反馈信息，加强下行沟通，以便雇员接收到希望何种革新类型的导向。

实行建议制度使组织能够在以下四个方面有所提高：（1）促进工作环境、技术、方法的改善，提高工作效率；（2）增进员工工作兴趣，加强团体意识和合作精神；（3）发泄怨恨、愤懑的情绪，使心情趋于平和；（4）由建议制度而发掘员工才能。

与建议制度有关的是咨询制度，它提供了一种答复雇员提出的有关组织问题的正式手段。当问题和答复范围广泛时，这种制度可促进双方有效地沟通。许多组织在其雇员读物中设有问题和答复专栏，内容范围包括从津贴到公司股票等各种问题。

例证7-16：深航的建议式沟通[23]

深航倡导“无界限沟通、无障碍沟通、无极限沟通”的沟通法则，要求各级干部重视纵向、横向的充分沟通和协调，给员工建立多种途径向各级管理层表达意愿、建议或意见，坦诚的双向沟通增进了公司上下级之间的相互了解。具体方式包括：座谈会、联谊会、BBS论坛、投放式和电子总裁意见箱、内部网络信息披露、《深航人》报纸、视窗系统、宣传栏等。

2．对主管进行人际沟通训练

适当的人际沟通训练能够改进主管的沟通技能。在如何处理棘手的问题方面，信心十足的主管人能够更好地掌握社会情感和任务要求之间的平衡。有效的人际沟通训练方案通常先用录像形式介绍正确处理典型沟通问题的模型，然后由主管对问题进行角色扮演，当表现出有效的技能时培训师对他们进行强化。例如，在通用电力公司，这种人际沟通训练所提出的典型的沟通问题包括讨论不符合需要的工作习惯、审查工作绩效、讨论薪酬变化和积极处理下属的问题等。

这种性质的人际沟通训练特别注重下行沟通。这是因为一个人的态度和情感的流露会提高接收者的交互作用。因此，能够有效地进行下行沟通的上级反过来也能够力行沟通。

例证 7-17：联想的隔级面谈制度[24]

联想集团从 2003 年起在全公司范围内实施了"隔级面谈"制度，就是要求所有管理者至少"向下看两级"，使自己对团队了解的深度和广度进一步扩大，同时也为员工提供一个越级反映问题的合理渠道。隔级面谈的形式强调"单独"和轻松，每次面谈都是一对一的，而且地点不选在办公室，以便营造一个非正式的、轻松的环境，使沟通双方能够更加自如地交流。联想的隔级面谈已经形成了一个完整的制度，并且纳入了考核体系。

3．雇员调查和调查反馈

运用调查表对现有雇员的态度和意见进行调查，是一种有用的上行沟通的手段。因为调查通常以匿名回答的调查表进行，雇员们可以自由表达他们的真实观点。一次有效的雇员调查应包含雇员确实关心的问题和有益于实际目的的信息。调查专家必须以一种易于被管理部门理解的方式对结果进行概括总结。

这类调查定期举行特别有用，经理们能够察觉到在雇员情感方面值得注意的变化。例如，对工资满意程度的急剧下降可能是劳工纠纷的先兆和需要修改补偿合同的信号。当作为管理部门的答复和任何变革计划的调查结果反馈到雇员时，雇员就会意识到，他们的议论和看法已被管理部门听到和考虑，这将加强下行沟通，提高沟通的效率。

此外，组织要鼓励以下行为：（1）采用个人接触，如进行个别谈话、饮食招待、家庭访问或友谊集会等。（2）促进意见交流，如举行周会及月会，报告工作状况及问题、解决方法；举行主管会议，交换意见与情报资料；出版刊物及公报，对组织事务作有计划的报道；对新任职员的工作做职前教育，并介绍与大家认识；实施政务公开，如人事、财务、意见及其他事项等；迅速澄清谣言耳语传播，但不重复散布；减少公文流程；给予员工公开发表意见的充分机会与权利。（3）鼓励团体活动，如举办工作座谈会；组织员工俱乐部；成立参考图书馆；举办展览会；举办参观、郊游或团体旅行；发起聚餐及茶会；举办娱乐节目；办理各项体育活动和消遣活动等。

例证 7-18：沃尔玛公司的“门户开放”政策[25]

在沃尔玛公司，如果员工有想法或者问题，可以直接和其“教练”商谈，而不必担心受到报复。若他的“教练”本身即是问题的所在或员工对答案不满意，可以向公司任何级别的管理层汇报。“门户开放”政策可以保证让员工发言，但意见未必总是被采纳。任何管理层人员如有借“门户开放”政策实施打击、报复行为，都将受到相应的纪律处分甚至被解雇。如果有人想出好主意就请他出席周六上午的会议，并发给奖金。

（二）学会积极倾听

倾听与交谈同样重要。曾有一位智者谈到，上帝给我们每个人两个耳朵，而只有一个嘴巴，其实就是要我们多听少说。据国外的调查，许多管理人员一天中 40%的时间都是用于倾听的。实践表明，倾听能力是可以通过训练提高的。然而，倾听并不只是听到别人传递过来的声音，它包括积极感知传递者的信号，精确地评估它们，并恰当地作出反应。只有当信息传送者所打算传出的信息被倾听者收到并且理解时，倾听才是有效的。图 7-6 列出了积极倾听策略的基本要素，即感知、评估和反应。

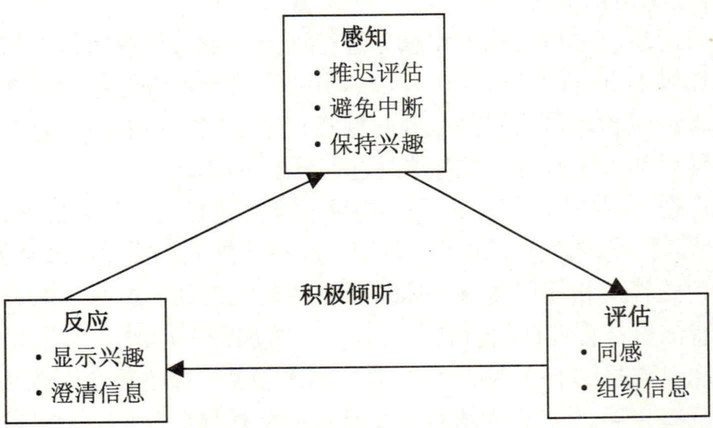

图 7-6　积极倾听策略的基本要素

1．感知

感知是指从传送者接收信号并保持注意的过程。这些信号包括词语、语音、语速、声调、非言语线索等。通过推迟评估、避免中断以及保持兴趣，积极倾听者可改善感知：（1）推迟评估。许多听者受第一印象的影响，很快地从说话者信息中的某种观点出发，先入为主，结果未能接收到重要的信息。积极倾听者应该抱着一种开明的心态，不要急于作出评估，要让说话者把话说完。（2）避免中断。中断说话者的谈话会带来两种负面的影响，一方面，这样做中断了说话者的思想，因而倾听者无法接收到完整的信息；另一方面，中断会让人猜测说话人将要讲什么，因而过早地中断会导致对说话者思想的评估。（3）保持兴趣。积极倾听需要动机的保持。我们经常因话题乏味而在谈话一开始就习惯性地关闭我们的思维。相反地，如果认为谈话总会有某些有价值的东西存在，用这种积极的看法来对待谈话，我们就能随时保持兴趣。

2．评估

评估是指理解信息的含义，评价信息，并保持对信息的记忆。为改善谈话中的评估，积极倾听者必须对说话者表示同感，并对接收到的信息进行组织：（1）同感。同感就是说要设身处地地、站在他人的角度来试图理解他人言语以及非言语的意思。积极倾听者必须对说话者的情感、思想和处境表示理解和敏感。（2）组织信息。倾听者处理信息的速度比说话者的讲话速度要快近三倍。一般地说，倾听者处理信息的速度是每分钟 450 个词，而说话的平均速度是每分钟 150 个词。因此，他们很容易分心。积极倾听者要善于利用这段空余时间组织信息，对它们加以归纳总结。当对方说完之后试图总结一下他的讲话就是一个很好的做法。

3．反应

反应是指倾听者用一些话语、动作等鼓励和支持谈话继续下去。反应是对说话者的反馈，能够鼓励和引导说话者的谈话。显示兴趣和澄清信息有助于倾听者做到这一点。眼神接触以及在谈话过程中以“噢，真的！”“我明白了”等言语都能够显示倾听者的兴趣。澄清信息是指积极倾听者在谈话过程中以“因此你说的是不是……？”来重新解释说话者的意思，并征求说话者的答复。这样做既能显示倾听者的谈话兴趣，又能帮助其判断自己的理解是否正确。

例证 7-19：我愿做善于倾听的人[26]

对摩根大通银行全球贸易业务主管丹尼·柯毅（Daniel Cotti）进行专访时，他说：“我愿做善于倾听的人。”他还说：“选择合适的人才，努力工作，倾听，倾听，再倾听！倾听客户的声音，倾听竞争者的声音，倾听员工的声音！据此作出正确的决策。”善于倾听的丹尼，率领他的贸易团队，取得了不错的开局，2010 年摩根大通银行被《贸易福费廷》评选为“全球最佳贸易银行”。

（三）PAC 分析

1．相互作用分析的概念

相互作用分析是伯恩（Eric Berne，1910—1970）在他的《大众的游戏》一书中提出的一种提高人际交往能力和促进信息沟通的方法。[27]相互作用分析的理论基础是心理学上的“自我状态”，即认为每个人在心理性格上有三种自我状态：父母自我状态、成人自我状态和儿童自我状态，分别用P、A、C表示。这三种状态是一个人在其成长过程中逐步形成而成为心理结构的组成部分。当两个人交往对话时，实际上就有六种状态进行相互作用。

“父母自我状态”是指父母对待其子女的态度及行为而言的。一般情况下，父母在将他们的见解、信念告诉给子女，以及将他们的言行和作风作用于子女时，常常会在子女身上留下一个难以磨灭的印象。这种自我状态也可以来自他接触到的上级、权威人物的影响。通常，在任何时候，如果一个人所表现的行为是从他的父母、权威人物的行为中吸收来的，那么就说此人此时处于一种“父母自我状态”之中。一般地说，“父母自我状态”常常以权威与优越感为标志，通常表现为统治、责骂和其他专制作风（比如说“你必须这样去做，没有什么可争论的”）。

“儿童自我状态”是泛指一切从婴儿地位的冲动而言的状态。当一个人处于这种状态时，他往往是好奇、冲动、情感、喜爱、不加考虑。表现为一时逗人喜爱，一时乱发脾气；也表现为服从与个人独立。

“成人自我状态”是注意事实根据和理智分析的一种状态。一个人能站在客观的立场上面对实际，能冷静地、脚踏实地、合乎逻辑地分析情况，那么他就能处于这种心理状态。

上述三种自我状态，可以分别用简单的形容词来描述：父母自我状态是“权威的”、“教诲的”；儿童自我状态是“情感的”、“感觉的”；成人自我状态是“理智的”、“逻辑的”。根据相互作用分析理论，“父母自我状态”和“儿童自我状态”对客观世界的感受和反应往往并不一贯，而“成人自我状态”的思考与反应则具有统一性和一贯性，因此理想的互相作用是“成人刺激”和“成人反应”。上述三种心理状态，汇合为人的性格，而且蕴藏在人的潜意识之中，在一定条件下，会不自觉地表现出来。在每一个人身上，三种心理状态的比重并不相同。表7-6列举了PAC结构的管理人员的行为特征。

表7-6 PAC结构的管理人员的行为特征

PAC	行为特征
高低高	喜怒无常，难以共事，个人支配欲强，有决断，喜欢被人称赞、捧场和照顾
高低低	墨守成规，按规办事，家长作风，养成下属的依赖性，是早期工业革命时代的经理人物，现在不合潮流
低低高	有稚气，对人有吸引力，喜欢寻求友谊，用幼稚的幻想进行决策，讨人喜欢但不是称职的经理

续表

PAC	行为特征
低高低	客观，重视现实，工作刻板，待人比较冷漠，难以共处，只谈公事，不谈私事，别人不愿与他谈心
高高低	容易把“父母”的心理状态过渡到“成人”状态，若经过一定的学习和经验积累，可成为成功的组织家
低高高	最理想的管理人员，“成人”和“儿童”的良好性格结合在一起，对人对事都能搞好

2．相互作用的类型

相互作用分析原理可用来研究信息沟通行为。这是因为通常人们进行信息沟通时往往处在某一种自我状态，而且常常可以由某一种自我状态转变为另一种自我状态。作为组织管理人员，他必须了解其下属在沟通中处于何种自我状态，以便作出适当的反应和引导。从相互作用分析的角度出发，信息沟通可以有如下两种主要形式。

（1）平行沟通

平行沟通是一种在符合正常人际关系的自然状态下的反应，也是被人所预期的反应。这时，相互作用是“平行”的，即当甲处于某种自我状态与乙交流时，乙以甲所期望的相应的状态予以反应。例如：甲以成人自我状态出现时，乙也持相应的成人自我状态（参见对话 7-1）；如果甲处于儿童自我状态，乙就采取甲所期望的父母自我状态（参见对话 7-2）。在上述情况下，对话可以无限制地继续下去。

对话 7-1：

上级（成人自我状态）：这个任务一周能完成吗？

下级（成人自我状态）：如果没有其他干扰，我想可以。

对话 7-2：

下级（儿童自我状态）：主任，我不太舒服，想请假回去休息。

上级（父母自我状态）：可以，回去吧，留下的工作明天再做。

例证 7-20：和比尔·盖茨讨价还价的员工[28]

2003 年元月，唐骏接到比尔·盖茨秘书的电话，说盖茨会在 2 月 4 日访问中国，请提前做好安排。唐骏一看日历，马上说这个日子不合适。秘书说：“盖茨的行程很早就定下来了，我改不了。”

唐骏直接把电话打给盖茨。盖茨很诧异地说：“唐骏，你在微软做了这么多年，应该知道，我的计划是一年前定下来的。”唐骏不急，他只是很巧妙地用一个数据改变了盖茨。唐骏说：“您知道吗？我们中国的春节是 5 000 年前就定下来了。”盖茨很可爱地妥协了，把他所有的行程调整了一下，2 月 28 日到了中国。

（2）交叉沟通

在某一交流中，如果得到的不是适当的反应或预期的反应，就可能成为交叉沟通。这时，相互作用是交叉的。这种情况与平行沟通正好相反。例如：下级从成人立场出发，希望同上级平等地交谈，但上级却劈头盖脸，如父母般对其进行教训（参见对话 7-3）；上级把下级当成人来商量事情，而下级却像孩童一样撒娇（参见对话 7-4）。在上述情况下，良好的沟通就会中断。

对话 7-3：

下级（成人自我状态，期望对方以成人自我状态回应）：这次加薪有我的一份吗？

上级（父母自我状态，将对方当作儿童自我状态）：任务都完成不好，还谈什么加薪！

对话 7-4：

上级（成人自我状态，期望对方以成人自我状态回应）：老王，今天下班后希望你留下来处理一件紧急任务。

下级（儿童自我状态，将对方当作父母自我状态）：哎呀，我晚上有一个重要约会，为什么你不能找别人呢？

理解了相互作用分析的原理，人们就能在交往中有意识地觉察自己和对方所处的自我状态，作出适当的反应，避免发生交叉沟通，使信息沟通渠道能够畅通无阻。相互作用分析的一个重要原则是尽量以成人的自我状态控制自己，并以成人的语调和姿态来对待别人，同时也要鼓励和引导对方进入成人的自我状态。例如，当对方是 P—C 状态时，若能用 A—A 状态对待，往往可以将对方引导到 A—A 状态，从而转入平行沟通。

例证 7-21：相互作用分析的教育[29]

美国一家航空公司用影片作为教材，进行相互作用分析的教育。其内容是：航空公司一位女售票员在售票，有几位顾客在窗口排队。她在接待两位男顾客，为他们安排旅行日程计划。后面一位女顾客等得不耐烦了，就开口训斥这位女售票员：“你是在售票还是在谈情说爱？”这位女售票员的反应不是反唇相讥，而是将局面扭转到“成人—成人”的自我状态。她说：“非常抱歉，让你久等了，很对不起，你需要什么？如果你有急事，请和他换一下，我先给你办。”这一说，女顾客平心静气地回到自己的位置上，说：“没问题，你抓紧给他办吧。”事情就顺利地过去了。看完这部电影，让受训者联系相互作用分析的原理，讨论分析这位女售票员为什么能顺利地处理这一场口角，从而收到了教育效果。

（四）周哈利窗口分析

周哈利（Johari）认为，按自我、他人对自己的信息的了解程度，沟通分为四个窗口[30-31]，即公众我、隐私我、背脊我、潜在我，如图 7-7 所示。

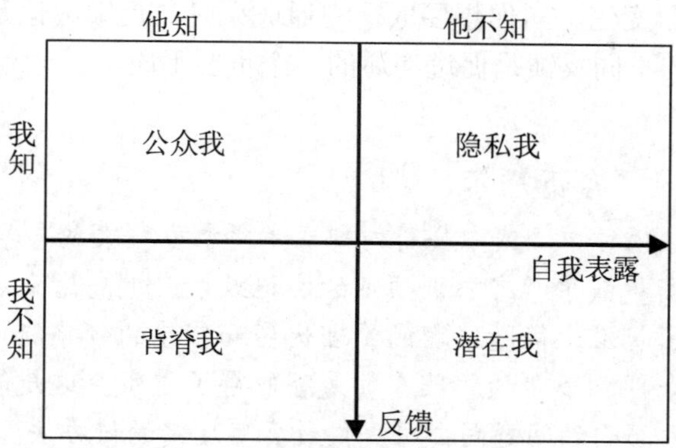

图 7-7 周哈利窗口

左上单元称为“公众我”，是我知人亦知的情况，如果沟通这部分信息，在双方之间不会存在障碍。左下单元为“背脊我”，是己不知而人知，如上级对自己的看法。这时如果对方不给信息，自己就无法理解对方的行为、决定及潜能。右上单元为“隐私我”，是己知而人不知，如自己不愿他人了解的隐私，这实际上是给自己戴上了假面具的沟通方式，虽然对自己有保护作用，但却影响了正常的交流。右下单元为“潜在我”，己不知人亦不知，一般情况下，这样的沟通将无法进行。

所以要想提高沟通的有效性，就要从两方面进行工作。第一方面是增加自我表露的程度，这可以使隐区转为明区，这种方法要求人要诚实，并与对方分享信息。第二方面是提高反馈程度，这可以使盲区转化为明区。

1. 自我表露

自我表露是人们向他人讲述和分享关于自己的任何信息。人们通过自己所说的话和在别人面前展示自己的方式，时常会无意识地表露自己很多信息。通常向他人表达自己的这种能力是个体成长和发展的基础。无自我表露的个体会压抑自己的真实情感，因为表露会对自己产生一种威胁。相反，完全自我表露的个体，即向任何遇到的人都大量表露自我的人，实际上不能与他人沟通，因为他们太专注于自己。在上级和下属之间、在团队成员和顾客之间，合适的自我表露能促进对话，分享与工作相关的问题。

一个人在组织中的层次常使自我表露复杂化。个体会抑制自己对那些拥有较高正式权力的人进行自我表露，因为他们拥有奖励或惩罚的权力。即使一个下属愿意并且能够在工作中以合适的形式进行自我表露，认为上级值得信任，即上级不会用表露出来的信息惩罚、胁迫、嘲笑自己，也会影响自我表露的形式和数量。

2．反馈

反馈是指人们与别人分享自己关于他人的看法、想法和感受。当人们对他人的观点或建议作出反应时，反馈包括个体的感受或抽象的想法。反馈的情感感受根据个体关注的方面的不同而变化。当你想要取得沟通成果时，反馈应该是支持性的或修正性的。因此，建设性的不同反馈是促进沟通的一个重要手段。

例证 7-22："告诉戴尔"[32]

在"告诉戴尔"项目中，戴尔公司内部每半年举办一次参与率达 90%以上的员工调查，其目的就是衡量戴尔所有培训项目的实施效果。调查结束后，戴尔会根据每一级员工的反馈制定出标准，衡量经理的管理优劣和领导的领导能力。简而言之，戴尔希望由员工的投票来评判戴尔的管理人员是否取得了进步。这是能得到员工就发展能力、管理效率等方方面面的问题向公司提供最真实反馈的好办法。

3．理想的管理者

霍尔（J. Hall，1973）认为，要想提高沟通的有效性，可从两个方面着手：第一，增加自我表露的程度，使隐私我转向为公众我；第二，提高反馈程度，使背脊我转化为公众我。[33]依据这两种改进方法是否被管理者使用和怎样使用，我们分析出四种类型的管理者，即A型（自我表露少，反馈也少）、B型（自我表露少，但反馈多）、C型（自我表露多，但反馈少）、D 型（自我表露多，反馈也多）。结果表明，比较理想的管理者和领导者是D型。

管理者一旦了解了自身在沟通中的问题之后，便需要采取有效的对策加以克服。比方说，对大权独揽者，对策是逼迫自己少动手，锻炼下属，帮助员工掌握正确方法，授之以渔。对推诿责任者，对策是牢记勇于出头负责是保住职位的最好办法，是取得信任和尊敬的机会。对经常抱怨下属者，对策是遇事先问问自己："我听取下级的建议了吗？我了解全面情况么？我事先提出防范措施了吗？"养成先责己后责人的习惯。对高高在上者，对策是多到第一线，多与基层接触，倾听下属的心声。

本章小结

- 沟通是信息源透过某种管道把信息（信息、观点、情感、技能等）传送到目的地的过程。
- 按沟通方式的组织化程度可分为正式沟通和非正式沟通；按沟通所借用的媒

介的不同，沟通可划分为语言沟通与非语言沟通；按沟通的方向划分，沟通可分为单向沟通和双向沟通；按照信息的流向，正式沟通可分为上行沟通、下行沟通和平行沟通三种形式。

- 群体决策是由群体中多数人共同进行决策，它一般是由群体中个人先提出方案，而后从若干方案中进行优选。群体决策的主要方法包括会议讨论决策法、列名群体决策法、头脑风暴法、德尔菲决策法。
- 组织有效沟通和改善沟通的策略和工具主要包括如下四个方面：（1）保证正式沟通渠道畅通；（2）学会积极倾听；（3）PAC 分析；（4）周哈利窗口分析。

思考练习题 7–1：简答题

1．什么是小团体思维（Groupthink）？

2．回忆你最近经历的一次人际冲突过程。你和对方分别是采用了何种应对策略？有效吗？

3．组织有效沟通和改善沟通的策略和工具主要包括哪四个方面？

思考练习题 7–2：单项选择题

1．根据 PAC 理论，在一般情况下，_____自我状态是解决问题或使对话持续下去的主要途径。

（1）儿童　　（2）父母　　（3）成人

2．每周一的员工例会属于（　　）。

（1）下行沟通　　（2）上行沟通

（3）非正式沟通　　（4）混合沟通

3．PAC 理论的提出者是（　　）。

（1）霍尔（J. Hall）　　（2）卢夫特（J. Luft）

（3）伯恩（E. Berne）　　（4）布莱克（R. R. Blake）

心理测试 7–1：倾听商数测验[34]

如果你想知道自己是否具有良好的倾听技巧，亦即在沟通过程中是否是一个积极的倾听者，那么一般可以通过了解自己的倾听商数（Listening Quotient，L.Q.）来测定。在表 7-7 中，根据你的真实态度和行为，圈出右边列出的最接近你倾听习惯的数字，然后把你所选的数字加起来，将你所得总分同评分标准相比较，你就可知道你的倾听能力。如果你的能力尚不够完善，那么你应该接受有关技能的教育和训练。本测试约需10分钟。

表7-7 倾听能力测验表

序号	态度和行为	几乎都是	常常	偶尔	很少	几乎从不
1	你喜欢听别人说话吗	5	4	3	2	1
2	你会鼓励别人说话吗	5	4	3	2	1
3	你不喜欢的人在说话时，你也注意听吗	5	4	3	2	1
4	无论当事人是男还是女，年老还是年轻，美丽还是丑陋，你同样都注意听吗	5	4	3	2	1
5	朋友、熟人、陌生人在说话时，你同样都注意听吗	5	4	3	2	1
6	你是否会目中无人或心不在焉	5	4	3	2	1
7	你是否注视当事人	5	4	3	2	1
8	你是否忽略了足以使你分心的事物	5	4	3	2	1
9	你是否微笑、点头以及使用不同的方法鼓励他人说话	5	4	3	2	1
10	你是否深入考虑当事人所说的话	5	4	3	2	1
11	你是否试着指出当事人所说的意思	5	4	3	2	1
12	你是否试着指出当事人为何说出那些话	5	4	3	2	1
13	你是否让当事人说完他所要说的话	5	4	3	2	1
14	当事人在犹豫时，你是否鼓励他继续说下去	5	4	3	2	1
15	你是否重述当事人所说的话，弄清楚后再发问	5	4	3	2	1
16	在当事人讲完之前，你是否避免批评他的意见	5	4	3	2	1
17	无论当事人的态度与用词如何，你都注意听吗	5	4	3	2	1
18	若你预先知道当事人要说什么，你也注意听吗	5	4	3	2	1
19	你是否询问当事人有关他所用字词的意思	5	4	3	2	1
20	为了要请当事人更完整地解释他的意见，你是否询问他	5	4	3	2	1

评分标准：90～100分，你是一个优秀的倾听者；80～89分，你是一个很好的倾听者；65～79分，你是一个勇于改进、良好的倾听者；50～64分，在积极倾听方面，你确实需要再训练；50分以下，需加强集中注意力训练。人们的倾听能力呈正态分布，即优秀的倾听者和蹩脚的倾听者都较少，大部分是倾听能力一般、需要改进和再训练的倾听者。

管理游戏 7-1：阅读能力测试

1．做事之前先通读全部资料。

2．将你的名字写在本页的右上角。

3．将第二句中的“名字”这个词圈起来。

4．在本页的左上角画五个小方格。

5．大声叫你的名字。

6．在本页的第二个标题下再写一遍你的名字。

7．在第一个标题后面写上“是”，“是”，“是”。

8．把第五个句子圈起来。

9．在本页的左下角写个“×”。

10．如果你喜欢这项测试就说：“是”，不喜欢就说：“不”。

11．请大声叫一下自己的名字。

12．在本页右边的空白处，写上一个 66×7 的算式。

13．在第四个句子中的“本页”这个词周围画个方框。

14．如果你认为自己已仔细地按要求做了，就叫一声“我做到了。”

15．在本页左边的空白处写上“69”和“98”。

16．用你正常讲话的声音从 10 数到 1。

17．站起来，转一圈，然后再坐下。

18．大声说出：“我快干完了，我是按要求做的。”

19．如果你是第一个做到这一题时，就说：“我是执行要求的优胜者。”

20．既然你已按第一句的要求，认真读完了全篇内容，然后只需做好第二句的要求就算完成任务。

做到这里，请写下你完成上述“三分钟测试题”所花的时间：

________________ 分钟。

管理游戏 7-2：归队

游戏目的：沟通与协调

游戏人数：不限

游戏工具：笔、纸、眼罩、黏贴纸

游戏规则：

（1）将队员分组、编号。

（2）将队员与同队队员的位置错开，分别站到不同的指定位置，戴好眼罩，所有队员不许说话，队员在听到教官发出开始的口令后，开始寻找自己的队友，按编号站好。

（3）安全示范：1只手放在眼前30厘米的位置，掌心向外，1只手放在小腹前30厘米处（女生放在胸前），掌心向内。

（4）开始计时，用时最少的队获胜。

回顾与分享：

分享团队合作活动中过程（如何沟通）。

案例分析7–1："5 – 15报告"法

如果一个企业的人员散布在不同的地区，而且常常是不同的时区，那么他们的工作时间就会迥然不同。如果在同一个地方工作，员工们总会在咖啡厅或饮水器前进行一些信息交流。然而，如果同事之间不能经常见面，这种交流机会也就荡然无存了。在这种情况下，应该如何保证企业内部的沟通与联系呢？

麦克尼利斯集团（McNellis Group）行政总裁麦克尼利斯（Jerry McNellis）采用了一种叫做"5—15报告"的工作程序。其方法是：每位职员每周须提交一份报告，报告必须能在15分钟内写完，能够让读报告的人在5分钟内读完。报告共分三个部分。

1．简要叙述本人一周以来的工作情况。

2．坦率地叙述本人的精神面貌及周围同事的士气。

3．一条针对本人工作、本部门或公司的改进建议。

使用这种工作程序一段时间之后，麦克尼利斯发现报告的第三部分中很少出现有益的建议，而往往充斥空洞无物的官样文字。因此，他删掉了这一部分，但却保留了这一基本程序作为企业内部沟通的主要手段。

"在一个像我们这样人员分散的企业中，这个工作方法大有裨益。"麦克尼利斯说，"从我得到的信息反馈看，实施5—15报告程序后，我们的许多驻外人员都觉得和公司更加形同一体。对于全职人员，报告每周一份；而对于兼职人员和咨询顾问，则要求每月一份。报告一般在周一中午之前递交。因为我们的人员较少，所以每人都能得到所有报告的全套复印件。我们还把它们抄送给我们公司的主要业务单位、合资企业和重要客户，作为加强联系的一种办法。"

"5—15报告"主要汇报客户中出现的情况、正在起草中的提案、可圈可点的会议、出现的问题和新的计划等。这种工作程序为员工提供了一个论坛，人们可以在这里分享成功经验，对同事表示慰问，寻求帮助，提出建议，发泄愤怒或传递一些大家感兴趣的信息。

麦克尼利斯集团的内部报告中还有一个非常重要的内容，就是员工的个人生活，诸如孩子出生、亲属去世、同事结婚等。由于这种内容每周都有，而且人人均可读到，所以大家彼此之间能够相互了解，深入交流。

设计这种报告体系是用来通报大家共同感兴趣的情况的，但麦克尼利斯却注意到：这种报告常常能够促使员工进行深层次的个人交流。他补充道："我非常仔细地阅读这些报告，尤其是有关精神面貌的部分。我经常会对报告中的某些内容做出批示，然后发还给报告提交人，这样就形成了一个快速高效的反馈循环。"

相关讨论：

1．根据沟通的原理分析麦克尼利斯集团的"5—15 报告"法是怎样有效地消除沟通障碍，促进沟通的。

2．请集思广益，提出"5—15 报告"法的改进意见和建议。

案例分析 7-2：诺基亚：创新的管理沟通[35]

从 2007 年开始，智囊传媒与诺基亚合作，为丰富诺基亚的企业内部沟通，达到战略、组织、文化的高度认同，开始共同建设内部的"诺基亚社区"平台，而在不断的变革与创新之中，诺基亚社区也发挥了越来越大的作用。

（一）报网合一的全新内部传播平台

"诺基亚社区"从建立之初，就提出了"报网合一"的理念，这是针对诺基亚独特情况建立起来的。

诺基亚在北京和东莞有两座工厂，近两万名一线工人，他们平时很少有机会能接触到电脑，所以要让他们了解资讯，用报纸的形式最为恰当，同时由于报纸可以分开阅读，也起到了节约的作用。而对另外数千名的研发、服务、市场等办公室员工来说，网络是最为方便快捷的资讯平台。因此，报纸和网络成为了诺基亚社区建立之初的主要平台，并在此基础上，形成了报网合一的运作模式。

从报纸的采访报道内容中提炼出来形成话题，在网络平台上互动，使网络上的信息内容更丰富，通过论坛的形式引导员工互动，最后凭借"报网合一"的优势，整合资源，形成有效整体，使资源的价值最大化，最终为员工带来最大的价值。

"诺基亚社区"已经成为诺基亚战略及价值观传播的重要载体，成为员工了解公司动态、发布部门及个人信息、表达观点主张的重要平台，成为员工间互动交流的重要工具，"诺基亚社区"组成了报纸和网络社区相结合的全方位传播平台。

（二）创新的管理沟通

诺基亚要从手机制造商转变为互联网和解决方案提供商，对诺基亚的内容管理沟通服务，也必须提出并实施新的解决方案。

随着诺基亚业务的不断发展，对于互联网理解的不断深入，其互联网业务在中国稳步发展，公司转型所带来的战略、组织、文化调整基本完成，无论员工还是高层，对于内部沟通管理的需求都有了明显的增长。具体表现为：已经运作两年的报网合一模式有些过时，不能不满足员工沟通交流的需求；新的传播沟通平台如博客、视频、EDM、彩信、Widget等不断扩充，报网模式不能有效整合如此众多的媒介；诺基亚向互联网转型，对互联网媒介传播就有了新的要求；内容精深和信息实时更新之间的矛盾不断突出；创新的压力越来越大。

在新的发展阶段，企业要协调发展，就必然要与各个利益相关者协调发展，做好沟通工作，而利益相关者的良好沟通是推动企业发展的有力支撑。在利益相关者沟通中，内部员工沟通是沟通的基础，是十分重要的环节。

建设新的诺基亚社区，需要可持续的发展，在内容上，社区平台运用报纸、网络、活动、能力建设将管理沟通的主要内容如战略、社会责任、行业动态、管理等整合成一个整体。再通过组织架构支撑、专业能力支撑，明确管理沟通的目标，实施整合的传播解决方案。

第一步：进一步创新沟通传播方法体系。

第二步：制定沟通传播计划，通过沟通社区的建设工作开展。

第三步：完成沟通传播的基础工作，建立起完整的沟通素材库。

第四步：完善沟通传播渠道，制定传播渠道维护计划。

第五步：在工作中同步提升团队能力建立高效的沟通传播团队，不断完善团队能力。

诺基亚对内部沟通管理的要求不断提高，对于沟通管理的方法有了新的成果，通过强化“诺基亚社区”的建设，突出创新与改善，强调了管理与沟通的价值。

（三）新社区建设的变革与创新

创造一个新的诺基亚社区，这些新的理念和方法得到了诺基亚的支持与认可。因此，从2009年底开始，新社区建设的步伐稳步而坚定地迈开了。

1．《诺基亚社区》报纸，开始向着杂志化（更注重内容的策划和深度挖掘。围绕传播目标，每期策划一个主题，从多角度进行报道）、成果化（将各种信息、新闻、大事记、意见建议等进行梳理、月度总结、归纳，形成成果，提高报纸的保留价值）、方便阅读等方向不断发展，设计更贴近员工、更现代、活泼，吸引阅读；装订成册，便于在多种场合（如班车上）翻看。

2．新诺基亚社区的网络平台无疑更加重要，运用的新的Sharepoint平台起到核心作用。智囊传媒与诺基亚一起变革、创新，如把办公协作平台Sharepoint和网站平台整合在一起。网站加强协作功能，先在通讯员协作办刊上推广。利用Sharepoint平台整合功能，网站也把视频、音频、短信、Blog、Wiki、BBS等整合在一起。

3．事件传播在新的网络平台上也将充分发挥引导舆论、互动沟通的作用，并帮助员工认识和了解社会化媒体的使用价值。

体验活动一直是诺基亚社区沟通互动的重要渠道，通过面对面的沟通接触，让员工对于传播内容有了直观的认识。新社区建设将把活动建设更多地引入整体传播提供之中。

4．培训，不仅对诺基亚员工和通讯员的能力进行建设提升，也是诺基亚社区建设的重要组成部分。全员能力的提升，是诺基亚的变革与创新的有力保证。“变革与创新社区”的一个目标和有利条件是为全员能力提升提供了新型的培训方式。培训对象包括广大员工和通讯员。

对广大员工的培训：通过多种创新活动帮助其提升管理沟通能力、专业化水平、职场能力等。

对通讯员的培训：促使他们成为“变革与创新社区”的参与者、沟通者、推动者。这是能力建设的核心部分。

诺基亚社区通讯员，深入在各个部门，他们通过广泛的沟通与传播把“变革与创新社区”在诺基亚基层进行转化与生发。通讯员角色已经转变成企业文化和战略的参与者、沟通者、推动者。

诺基亚社区经过三年的建设，通过不断变革与创新，已经成为诺基亚内部沟通管理传播的重要平台，为企业战略、组织、文化的平衡发展发挥了重要的作用。未来，“诺基亚社区”还将继续前进，向建设一个可持续发展的内部管理沟通社区不断努力。

问题讨论：

1．请你谈谈诺基亚组织内部沟通方式的创新表现在哪些方面？

2．请你谈谈诺基亚社区在组织沟通中的作用。

讨论题 7-1：群体决策——怎样开始创业

目的：通过讨论，了解头脑风暴法的使用程序以及创业的初步知识。

讨论程序和时间安排：

1．成员自由发表意见，贡献方案，每个成员至少提出两个以上方案。（20 分钟）

2．对方案进行归纳、整理、归类。（5 分钟）

3．评估各种方案。（10 分钟）

4．从中选择一种方案（决策）。（10 分钟）

5．将选定的方案具体化。（20 分钟）

6．汇报和总结。（25 分钟）整个过程共 90 分钟。

将班级分为若干组，每组由 5～7 人组成。每组给定 100 万元创业基金，讨论如何开始创业的方案。包括选定行业、业务，拟出企业如何运作和财务管理的初步设想。群体决策过程中要求采用头脑风暴法。

相关讨论：

1．小组是如何作出决策的？

2．小组选定行业是什么行业？有何特点？请用迈克尔·波特（Micheal Porter）的优势竞争理论以及他对行业的划分方法对方案作出评价。

3．请按可行性、收益性、可持续发展等标准对小组选定的方案作出评价。

例证 7-23：波特的优势竞争理论[36]

（1）产业类型。迈克尔·波特（1997）在他的《竞争战略》一书中将现有产业划分为五种：① 分散型产业，如食品业、纺织业、服装业、家具业、出版业、印刷业、水泥制品业、五金业、普通机器业、玩具业、广告业等。② 初现型产业，如太阳能装置、光导纤维、文字处理、生物工程、个人计算机、报警装置等。③ 成熟型产业，如手动计算器、集成电路、汽车、彩色电视机等。④ 衰退型产业，如计算尺、棉纺纤维、晶体管收音机等。⑤ 全球性产业，如电视机、摩托车、汽车等已形成全球性产业。

（2）行业竞争结构的分析。根据迈克尔·波特的观点，在一个行业中，存在着五种基本的竞争力量，即潜在的进入者、替代品、购买者、供应者、行业中现有竞争者间的抗衡。

小组讨论记录，如表 7-8 所示。

表 7-8　小组讨论记录表

内容 \ 小组	第1组	第2组	第3组	第4组	第5组
各种方案名称					
方案总数					
选择的方案					
群体决策方式					
财务方案					
运营计划和盈利模式					

参考文献

[1] 曹正进．组织行为学[M]．北京：经济管理出版社，2007.

[2] C. E. Shannon, W. Weaver. *The mathematical theory of communication*[M]. Urbana, Chicago, London: The University of Illinois Press, 1949.

[3] 陈仁芳．富士康“虎狐”文化管理模式与员工“十二连跳”深层心理冲突之探讨[J]. 长江师范学院学报，2011（02）：71~76.

[4] 缪昕．人际沟通[M]．成都：重庆出版社，1999.

[5] 席翠平．赢在和谐[M]．北京：国家行政学院出版社，2005.

[6] A. Mehrabian. *Communication without words*[J]. Psychology Today, 1968(1): 52~55.

[7] 黄燕丽．体态语在跨文化商务沟通中的应用对比[J]．经理学院学报，2008（06）：61~62.

[8] E. T. Hall. *The hidden dimension: Man's use of space in public and private*[M]. Garden City, N.Y.: Bodley Head, 1966.

[9] 陈丽君，胡超丰．信息技术下组织内部人际沟通与管理效能[J]．技术经济与管理研究，2001（02）：64~65.

[10] 杜慕群．管理沟通[M]．北京：清华大学出版社，2009：59.

[11] 杨斌．跨文化经营的挑战[J]．北京工商大学学报，2002（02）：56~58.

[12] 黄伟东．企业走向世界的阶梯——跨文化沟通能力[J]．信息导刊，2005（44）：24.

[13] 佚名．通用电气的全员决策[J]．黑龙江粮食，2007（02）：31.

[14] （美）彼得·德鲁克．卓有成效的管理者[M]．北京：机械工业出版社，2009.

[15] 伍云．简议几个心理因素对决策的负效应及对策[J]．桂海论丛，1998（04）：73~76.

[16] Janis Irving. *Victims of groupthink*[M]. Boston: Houghton Mifflin, 1972.

[17] Janis Irving. *Groupthink: Psychological studies of policy decisions and fiascos*[M]. 2nd ed. Boston: Houghton Mifflin, 1982.

[18] 钱良群．企业发展中的内部“反对性力量”辨析[J]．中国人力资源开发，2004（12）：60~64.

[19] 孙健敏．会说会听会沟通[M]．北京：企业管理出版社，2007.

[20] 彭增安．跨文化冲突的成因及处理方式研究[J]．河南师范大学学报，2010（01）：262~263.

[21] R. R. Blake, J. S. Mouton. *The Managerial Grid*[M]. USA: Gulf Publishing, 1964.

[22] R. J. Burke. *Methods of Resolving Interpersonal Conflict*[J]. Personnel Administration, 32(04), 48~55.

[23] 张景银．十年磨砺一举成名——外刊报道深圳航空公司[J]．空运商务，2008（21）：39~41.

[24] 刘兴阳．聆听智慧——世界名企人力资源管理三人评[M]．北京：中国人民大

学出版社，2006.

[25] 王海光．沃尔玛公司人力资源管理中的文化导向[J]．经济管理，2003（07）：56~58.

[26] 韩英彤．“我愿做善于倾听的人”——专访摩根大通银行全球贸易业务主管丹尼・柯毅（Daniel Cotti）[J]．中国外汇，2011（10）：38~41.

[27] E. Berne. *Games people play: The psychology of human relationships*[M]. New York: Ballantine Books, 1964.

[28] 傅桦．中国梦・唐骏正传[M]．南京：江苏人民出版社, 2008.

[29] 赵国祥．管理心理学[M]．北京：高等教育出版社，1995.

[30] J. Luft, H. Ingham. *The Johari Window: A graphic model for interpersonal relations*[R]. University California Western Training Lab, 1955.

[31] J. Luft. *The Johari Window*[J]. Human Relations Training News, 1961, 5(01): 6~7.

[32] 菁培．戴尔在过程中成就领导力——对话戴尔人力资源副总裁 Paul McKinnon[J]．中国新时代，2004（06）：44~45.

[33] 顾琴轩．你有良好的倾听技巧吗？[J] 行为科学，1997（06）：46.

[34] 左小德，梁云，邹天健．如何进行有效的沟通[J]．企业管理，2000（2）：45~47.

[35] 王玉．不断变革与创新的诺基亚社区——智囊传媒与诺基亚合作的企业内部沟通管理建设实录[J]．中小企业管理与科技，2011（03）：27~28.

[36]（美）迈克尔・波特．竞争战略：分析产业和竞争者的技巧[M]．北京：华夏出版社，2003.

第八章　权力与政治

【学习目标】

① 了解权力的基本概念
② 掌握权力的基本类型
③ 了解政治行为的概念
④ 掌握权术和联盟的方法
⑤ 掌握防范性骚扰的方法

引例：国美控权之争[1]

2010 年，国美电器创始人兼大股东黄光裕和董事局主席陈晓的控制权之争甚嚣尘上，引起了广泛关注。2008 年 11 月，黄光裕以操纵股价罪被调查，随后，陈晓接替黄光裕出任国美电器董事局主席，为国美控制权之争埋下伏笔。为应对债务危机，陈晓主导了美国贝恩资本进入国美，接受了贝恩的苛刻条款，黄光裕在狱中对此投出反对票，否决贝恩资本的三名代表进入董事局，陈晓却率董事会推翻股东大会结果，重新委任贝恩资本的三名董事加入国美电器董事局。至此，陈晓完全控制董事局，黄、陈二人的矛盾也公开并激化。

2010 年 8 月 4 日，黄光裕发表公开函，要求召开股东大会，罢免陈晓等公司执行董事职位；次日，国美董事局在香港起诉黄光裕，并要求索赔。在媒体推动下，国美的控制权之争迅速上升为全民关注的社会热点。黄陈战略分歧、贝恩债转股、董事局的股份增发权、大股东为防止股权稀释而增持……国美之争，可谓一波三折，跌宕起伏。9 月 28 日，国美股东大会表决，黄光裕的提案除取消董事局增发授权获得支持外，罢免陈晓职务等四项提案均被否决。但是由于国美商标和三百多家未上市门店由黄光裕持有，国美的未来仍然扑朔迷离。12 月 17 日举行的国美特别股东大会上，通过了委任两名由国美控股股东 Shinning Crown Holdings Inc.提名的董事和增加许可的董事最高人数（从 11 人增加至 13 人）的决议案，任命邹晓春为执行董事、黄燕虹为非执行董事。至此，黄光裕终于在董事会内拥有了自己信任的两名代表。

2011 年 3 月 9 日，在国美董事局主席位上打拼了三年多的陈晓黯然离开了国美总部所在地——北京鹏润大厦，黄氏家族相中的代理人邹晓春和黄氏家族代言人黄燕虹如愿进驻国美董事会。外界以为，持续了七个月之久、轰轰烈烈的“国美内战”——“黄陈之争”，终于以陈晓的出走画上了句号。

权力和政治行为存在于任何组织中。组织中的权力主要有五大类：法定权、强制权、奖赏权、专家权和参照权。企业员工必须善于运用权力、通过适当的政治手段来达到组织和个人的目标。性骚扰是组织中权力的表现。

第一节　权力

很长时间以来，谈起权力，我们会将它与政府、政治、政客，甚至一些权术和阴谋联系在一起，很少会认为它和企业组织之间有着密切的关联，而近20年来，越来越多的学者认识到组织中的权力在组织运作、组织目标的实现以及提高组织绩效方面扮演着重要的作用。

例证 8-1：公司权力游戏[2]

公司权力游戏最为集中的表现为公司所有权与控制权的争夺，股权越大则权力越大。而控制权主要体现为可撤换高层管理人员，参与公司董事会，在诸如合并、大宗业务、公司的扩大、利润分配、裁员等问题上影响决策。公司的另一个权力游戏是高管与董事会的代表董事长或者公司老板的权力游戏，以及管理层之间的权力游戏。老板合理授权、高管正当用权、制度监督是公司权力游戏不可或缺的三个方面。例如，一家民营公司的老板选定了一个自己非常信任的人作为接班人。不到一年，该接班人突然失宠，撤职命令一宣布，保安即刻监视他收拾东西走人，原因是这位接班人“太着急”，擅作主张，做出了种种令老板不舒服的事情。

一、权力的概念

（一）权力的定义

权力是人们在日常经济和政治生活中经常遇到并切身感受到的一种社会现象。马克思•韦伯（Max Weber，1864—1920）从社会学角度对权力所下的定义是：“一个人或几个人所拥有的机会，这些机会使他们通过集体行为，甚至是在他人反对的情况下，实现自己意志的可能性”[3]。在组织中，我们认为权力是指个人或群体（A）影响或控制其他个人或群体（B）行为的能力。不管 B 是否愿意合作都会依照 A 所希望的去做。例如，如果工人的受雇佣与否、工资水平高低等方面受到厂长的控制，那么即使工人不愿意调换工作岗位，也仍要服从厂长所做出的职位调换的安排。

从另一个方面来说，权力并不是绝对的，而是动态的，它会随着个人和环境的改变而改变。例如，某些权力是赋予某个职位或职务的，一旦个人不再拥有这个职务，他也就失去了与之相伴的权力。部门主管能够控制和影响自己的下属，但是对于其他部门的职员可能只能产生间接的影响，甚至没有影响。

（二）权力、职权与威信

权力可以分为强制性权力和非强制性权力。强制性权力是随着领导所担任的职务而来的，即职权，具有法定性和强制性。这种权力的实施主要由个人在组织中的地位所决定。而自然性权力，也就是人们所说的“威信”，主要靠领导者的主观努力取得，如领导者具有良好的素质，使人产生信赖感，从而使下属心悦诚服地接受领导，实现真正意义上的领导。

1．权力和职权

职权是一种法定权，是组织正式授予管理者并受法律保护的权力，与职务相联系。职权是管理者实施领导行为的基本条件，没有这种权力，管理者也难以有效地影响下属，实施真正的领导。与职权相对照，权力是指一个人影响决策的能力。

个人的职权大小取决于他的职务职能范围和他在组织中所处的纵向职位层次。在组织中所处的层次越高，这个人的职权也就越大。权力则是同时由他的纵向职位和他与组织权力核心或中心的距离所决定的。一个人距离权力核心越近，他对决策的影响就越大。

这种由职权产生的权力都不是领导者的现实行为造成的，而是外界赋予的，它对下级的影响带有强制性和不可抗拒性。正因为职权是通过组织正式的渠道发挥作用的，这种权力来自领导者的职务或者职位，所以，一个人只要拥有一定职位，那么权力也就随之而来，当领导者失去其管理职位时，这种权力也就大大削弱甚至消失了。可见，职权带来的权力对被领导者的作用主要表现为被动和服从，而对他人的心理和行为的激励作用比较有限。

2．威信

威信是指由管理者的品德、知识、才能、感情等个人因素所产生的影响力。这种影响力与特定的个人相联系，是靠领导者自身的威信和以身作则的行为来影响他人的，与其在组织中的职位没有必然的联系。威信既没有正式的规定也没有组织授予的形式，是与合法权力相对的。所以威信又称为非权力性的影响力。

一般而言，威信的内容包括两个方面，即专长和品质。专长方面的威信是指由于领导者具有各种专门的知识和特殊的技能或学识渊博而获得同事及下属的尊重和佩服，从而在各项工作中显示出在其专长方面一言九鼎的影响力。专长方面的威信影响面通常比较狭窄，被单一地限定在专长内。品质方面的威信是指由于领导者优良的领导作风、思想水平、品德修养，而在组织成员中树立的德高望重的影响力。由于来源于威信的权力是基于下属对于领导者认同的基础上，它通常与具有非凡魅力的领导者相联系。领导者威信的高低受他个人的品德、知识、才能和感情等多方面因素的影响。

要实现有效的领导，领导者应拥有一定的权威，即权力加上威信。权力是强加的，必须服从；威信是使人自愿服从和接受的影响力。职位带来的权力只是为领导者提供实现有效领导的可能性和必要的客观条件，要将可能性转化为现实性，还需要依靠与领导者个人因素紧密相关的影响力，即威信，这样才能实现领导者对被领导者的影响。

二、权力的来源和类型

被誉为“现代管理理论之父”的马克思·韦伯根据合法权力的主要来源将其分为三种主要类型：（1）传统型权威，它是由习俗和已接受的行为所授予的，即所谓“君权神授”；（2）魅力型权威，是指由领袖人物所具有的与其追随者建立特殊关系的能力而产生的权力，一定程度上来自于精英人士的个人魅力，即“举臂一挥、八方响应”的力量；（3）法理型权威，即以合法性原则建立起来的理性权威。选举或任命的领导者以及一个正式组织的领导者都拥有这种类型的权力。教皇约翰·保罗二世是一个集这三种合法权力于一体的例子。作为一个年长的男子，他具有一定的传统权威；作为罗马天主教的首脑，他具有法理权威；而作为一个具有智能和个人魅力的人，他又具有魅力权威。当然，在大多数情况下，通常只有一种类型的权威占主导地位。

约翰·佛伦奇（John French）和柏崔姆·瑞文（Bertram Raven）则将组织中的权力基础划分为五大类：法定权、强制权、奖赏权、专家权和参照权[4]，见表 8-1。

表 8-1　权力基础的测定

一个人具备一种还是多种权力基础？对下列问题的确定性反应可以回答这个问题	
考虑到他（她）的职位和你的工作职责，这个人有权力期望你服从法规的要求	法定权
这个人可以为难他人，但你总想避免惹他生气	强制权
这个人能够给他人以特殊的利益或奖赏，你知道和他关系密切是大有好处的	奖赏权
这个人的知识和经验赢得了你的尊重，在一些事情上你会服从于他（她）的判断	专家权
你喜欢这个人，并乐于为他（她）做事	参照权

（一）法定权

在正式的群体与组织中，通过组织职位所拥有的法定权力即为法定性权力。领导者以其法定权领导组织或影响他人，使组织成员工作以完成组织目标。这种类型的权力也称之为“制度型的权力”，因为它来源于管理人员在组织机构中的职位结构，是最普遍的权力来源。仅有合法性还不足以使指令得以执行，职位权威的另一个重要的构成要素就是拥有惩罚和奖励的手段，也就是说，法定权实际上已包含奖赏权和强制权在内，但是，法定权的涵盖面比强制权和奖赏权更为宽泛。比方说，它还包括组织成员对通过组织职位所拥有的法定权的接受和认可。

（二）强制权

强制权主要是指通过使用或威胁使用惩罚手段来影响他人的能力。它建立在畏惧的基础之上。这种权力取决于权力主体拥有使权力客体的身心受到伤害的能力。例如，肉体伤害、精神打击、基本需要的控制和剥夺等。例如，当领导者不满意下属的工作成果时，对下属进行责骂、批评、扣奖金等形式的惩罚，就是强制权的运用。组织会有各种惩罚方式，比如谴责、降级、调职或解雇，但是除非是某些特殊的组织（如监狱、军队等），有时会给予身体上的惩罚，其他组织已经比较少实施生理上的惩罚了。但不论施予何种惩罚，强制权的使用都会使人受到伤害，产生敌意、愤恨甚至报复，破坏信任和人际关系。

（三）奖赏权

与强制权相对的是奖赏权，即通过使用奖赏的能力来影响他人。当你拥有别人所期望得到的东西时，你就拥有了权力。在组织中，当领导者拥有足以控制他人的具有价值的事物（如薪资、晋升、福利、名望或地位、休假、培训等）时，领导者就拥有了奖赏权。通常奖赏权能够提升部属的满足感及降低部属的抗拒。当然，奖赏权不仅仅局限于物质的范围，如认可、友好、激励、赞扬等也是奖赏。而这些并不仅仅只有领导者才能够给予，组织中任何一个人都可以使用。

（四）专家权

专家权来源于专门知识、专业技术和特殊技能的影响力。当某人拥有专门的知识或技能，足以处理某些事件，而使他人信服时，此人就具有专家权。专业知识和技能是权力的主要来源之一，特别是在技术导向的社会中。通常是越专精化或技术取向越强的工作，就越需要具有专家权的成员。

例证 8-2：比尔·盖茨独具特征的领导艺术[5]

要重视技术，公司就必须要有一个最高的技术决策者。比尔·盖茨作为微软的首席架构师，他的工作是制定公司的长期技术路线图，并确认公司每一个行政部门的科研计划是互补而不是重叠的。因此，他要求公司的每一个产品和技术部门都向他做技术汇报，这些汇报大多是"头脑风暴"式的讨论。做这样的汇报，除了可以得到比尔·盖茨的回馈之外，每一个项目团队还可以在准备过程中受益匪浅。因为，项目团队为了准备回答比尔可能问到的各种问题，必须在报告前彻底调研市场、技术、竞争对手等信息，也因此避免了闭门造车的风险。

（五）参照权

参照权的基础是对拥有理想素质和人格、特殊背景和阅历、良好感情关系的人的认同。如果我称赞并且认同你，你就可以对我行使此项权力，因为我希望取悦你。参照权基本上是透过认同而来，如果你认同、欣赏某人到了想仿效他的态度与行为的程度，此人对你就有了参照权。参照权通常是与那些具有令人羡慕的个性、魅力或良好声望的个人联系在一起的。它一般包括以下三种类型：（1）个人魅力权。它是建立在对个人素质的认同及其人格的赞赏基础之上的；（2）背景权。它是指那些由于具有辉煌的经历或特殊的人际关系背景、血缘关系背景而获得的权力；（3）感情权。它是指一个人由于和被影响者感情融洽而获得的一种影响力。参照权通常涉及信任、相似性、接受性、情感、追随者的意愿及情绪上的投入。参照权有时也显现在模仿上。这些都是如电影明星、运动健将或其他名人常常会出现在影响购买行为的广告中的原因。

例证 8-3：耐克的明星广告策略[6]

青少年市场是耐克公司拓展市场的首要突破口。青少年热爱运动，崇敬英雄人物，追星意识强烈，希望受人重视，思维活跃，想象力丰富并充满梦想。耐克便与形象健康的体育明星签约，如迈克尔·乔丹（Michael Jordan）、安德烈·阿加西（Andre Agassi）、科比·布莱恩特等，他们成为耐克广告片中光彩照人的沟通"主角"。让消费者通过明星联想到自我，这就建立起消费者与品牌之间的纽带，耐克品牌形象在潜移默化中深植到顾客的心里。

从管理心理的角度对上述五种权力类型进行比较，结果见表 8-2。

表 8-2　权力类型比较

<table>
<tr><th>权力类型</th><th colspan="2">权力来源</th><th>权力过程</th><th>下属和领导者关系模式</th><th>要求的条件</th><th>领导者行为特征</th><th>优点</th><th>缺点</th></tr>
<tr><td>法定权</td><td colspan="2">法定的</td><td>内在化和外在化的统一（认同和服从的统一）</td><td>领导者与下属的一致性</td><td>领导者与下属拥有相似的价值观</td><td>作出决策，下属自愿服从</td><td>具有较为明确、和谐的领导关系，行动比较迅速</td><td>领导者难以引起变革</td></tr>
<tr><td>强制权</td><td colspan="2">下属的恐惧（手段—结果控制）</td><td>服从</td><td>下属被动执行，渴望获得一种安全而已</td><td>领导者必须对下属进行监督和控制</td><td>对下属采取威胁和命令的方式</td><td>迅速有效</td><td>成本较高</td></tr>
<tr><td>奖赏权</td><td colspan="2">下属的期望（手段—结果控制）</td><td>服从</td><td>下属想从领导者那里获取某种反应，即渴望得到奖励</td><td>领导者必须对下属进行监督和控制</td><td>给与不给自愿，以求服从</td><td>迅速有效</td><td>成本较高</td></tr>
<tr><td>专家权</td><td colspan="2">信任</td><td>内在化认同</td><td>一致性关系</td><td>领导者与下属拥有相似的价值观</td><td>下属自愿执行</td><td>有效、可信</td><td>不能绝对保证效果的充分性</td></tr>
<tr><td rowspan="3">参照权</td><td>个人魅力权</td><td>吸引力</td><td>辨认</td><td>渴望与领导者建立关系</td><td>领导者必须在下属面前具有显著的优越地位</td><td>下属自愿执行</td><td>成本较小，具有内在鼓舞力</td><td>因缺乏有形的奖励，会侵犯领导者的权威</td></tr>
<tr><td>背景权</td><td>相关性（社会关系）</td><td>辨认</td><td>渴望与领导者建立关系</td><td>领导者必须在下属面前具有显著的优越地位</td><td>下属自愿执行</td><td>安全系数较高</td><td>权威基础过于单一</td></tr>
<tr><td>感情权</td><td>相关性（社会关系）</td><td>辨认</td><td>渴望与领导者建立关系</td><td>领导者必须在下属面前具有显著的优越地位</td><td>下属自愿执行</td><td>成本较小</td><td>不能绝对保证效果的充分性</td></tr>
</table>

三、依赖——权力的关键

（一）依赖性的基本假设

权力关系产生于相互依赖，也就是说，权力最重要之处在于它的依赖性。B 越依赖 A，则 A 对 B 的控制力越大，也就是 A 对 B 的影响力越大。如果你拥有别人所需要的资源，而你是唯一的控制者，不对称的依赖格局就产生了，你就拥有了控制他们的权力。这种依赖关系是基于知觉到自己有多少其他的选择机会，以及对于受控于别人的选择机会重视的程度。假如 B 对 A 没有依赖关系，或 B 有自己另外的意愿，B 就可以不受 A 的控制或影响，而自由选择或决定自己的行为。对资源的不同控制形式导致因渴望获得资源而形成的依赖，不平衡的依赖和摆脱依赖的有限可能性则导致权力和服从的产生。

依赖性与个体及其掌握的可替代性资源（即摆脱依赖的可能性）成反比。在组织中，如果下属认为上司控制着自己渴望得到的晋升机会、培训机会、加薪、发展前途等资源，那么该上司对下属所具有的权力就比较大。如果下属更注重于自己的选择，开发自己的技巧和设法保持自己在多个组织机构中受欢迎的程度，那么上级对他所具有的权力就会大幅度减少。对下属而言，这是一个非常有利的策略，因为下属手中掌握的可替代资源越多，上级手中的权力就越小。它减少了下属对组织机构的依赖性，因此，组织机构对他的权力也相应地减少了。

（二）影响依赖性的因素

依赖是如何产生的？当你控制的资源是重要、稀少且不可替代时，别人对你的依赖就产生了，而资源的重要性、稀少性和不可替代性三者共同决定了权力与依赖关系的性质和强度。

1. 重要性

要想创造依赖性，必须使人们感觉你所控制的事物或资源是相当重要的。在组织中，那些能够消除或避免组织不确定性发生的个人或群体，被认为是控制了重要的资源的，从而增加了组织对他们的依赖性，提高其权力。例如，如果某公司面临的最大不确定性是销售产品，那么该公司的市场部就是一个最有权力的部门；而在一个高技术导向的公司，工程师们则是最有权威的群体，因为他们能够使公司的产品在质量和技术上保持优势，降低不确定性。重要性依情境的不同而有所变化，不同的组织情况不一样，即使是同一组织在不同的情况下，重要性也会发生变化。比如，工会在工人罢工时肯定比平时拥有更大的权力。

2．稀少性

人们常说“物以稀为贵”，说的就是这个道理。比如，在工厂里，有的老工人级别较低但拥有几十年的丰富经验，在某些方面，特别是关键性的技术方面，别人要依赖于他/她，因此，他/她比别人更有权力。在这个例子里，资源的稀少性就体现在几十年丰富的经验上。

例证 8-4：英特尔的工程师[7]

权力是资源依赖的系数。资源的重要性、稀缺性、不可替代性是权力的关键。换句话说，如果你掌握的资源是重要的、稀缺且不可替代的，那么人们对你的依赖就会增加。因此，要想产生依赖，必须使人们感觉你掌握的资源很重要。例如，工程师作为一个群体在英特尔公司，要比在保洁公司更有权力。像英特尔这样的公司是高度技术化的，是非常稀缺的，他们为保持其产品在质量和技术方面的领先优势，不得不依赖于其工程师。因此，在英特尔公司，工程师是一个很有权力的群体。

3．不可替代性

一种资源越是没有替代品，那么实现了对它的控制的人或部门获得的权力就越大。假如企业中某一部门的功能可以由其他部门、个人或者企业外部某些机构来承包或者完成，可替代程度越高，那么，该部门潜在的权力就越小。

例证 8-5：华为的培训外包[8]

在中国沿海经济开放城市一带，华为技术有限公司是比较早开始进行培训外包的大型企业。与华为技术有限公司有着密切协作关系的专业人力资源外包服务商，当首推总部位于福田区的深圳市鹏劳人力资源管理有限公司（以下简称鹏劳公司）。其受理的人力资源外包业务，涵盖了人力资源招聘、推荐、派遣服务，人力资源培训和职业指导测评服务，劳动和社会保障事务代理服务，劳动法律法规和信息咨询服务等许多方面。鹏劳公司在人力资源外包业务上，已经深化到了人力资源的各个管理领域。

在鹏劳公司所接手的人力资源外包业务中，都是以发包方——用人单位为主体而进行的。如在员工招聘业务中，是由用人单位提出具体用人要求的；在合同管理过程中，为规避用人单位的风险，却是由受包方——鹏劳公司依法与派遣员工建立劳动关系的；在员工培训方面，由鹏劳公司负责员工岗前培训与技能培训；在薪酬发放方面，由鹏劳公司提出薪酬政策，经与企业协商一致后执行；在员工保障方面，由鹏劳公司为员工办理社保及相关商业保险；在员工激励方面，由鹏劳公司进行多种形式的奖励；在企业文化方面，由鹏劳公司组织开展形式多样的业余文化活动，以激发员工工作的积极性；在后勤管理方面，由鹏劳公司提供社会化后勤服务；在员工调配方面，鹏劳公司根据用人单位需求，实现员工余缺调配，以提高人力资源的利用率。

总之，如果在组织中，某个部门越能够解决重要问题，而且它所具有的专业知识和技能越独特且不可替代，组织内其他部门对它的依赖程度越高，则拥有该知识和技能的个人或部门就会获得越大的权力，且对组织决策也会具有越大的影响力。

第二节　政治——组织中的权力运用

政治就是权力的运用。员工要想在组织中获得快速提升和发展，必须掌握一定的政治艺术。

一、政治行为

（一）政治行为的定义

组织中的政治行为是指那些不是由组织正式角色所要求的，但又影响或试图影响组织中利害分配的活动。[9]这一定义涵盖了大多数人在谈及组织政治行为时所包含的关键因素。它包括各种政治行为，如扣留决策者所需的信息；揭发、散布谣言；向新闻媒体泄露组织机密；为了一己私利与组织中的其他成员交易好处；游说他人以使其支持或反对某人或某项决策等。这些和组织利害分配有关的行为排除在个人的具体工作要求范围之外，因此，它需要人们试图使用权力的基础。

政治行为可以分为正当的政治行为和不正当的政治行为。每天会发生一些正当的政治行为，如上司抱怨、形成联盟、借口、委员会等。不正当的政治行为指那些极端且违反游戏规则的行为，从事这些行为的人通常会“不择手段”，如说谎、欺诈、陷害别人、谋杀等。

（二）政治行为的现实

组织中的政治行为是不可避免的。这是因为组织是一个政治体系，组织成员对于选择和行动的意见不一致和不确定会很自然地随时发生。抛开所有的政治行为是不可能的，只能对它进行管理。一个有效的组织管理者应该明白并接受组织的政治本质，通过运用政治的观点来评价组织中的各种政治行为，预测组织中其他成员的活动，努力消除或降低这些活动给组织造成的消极影响，并运用这些手段和信息为自己或部门带来好处。

政治行为可能会导致积极和消极的结果产生，即它可能产生满意或者不满意的决定，而要避免政治行为则需要付出某些实际的代价。

一项对 30 个组织中 90 位经理的研究表明，这些经理都能证实政治行为的有益作用和有害影响。有益的作用包括事业的发展、获得嘉奖和个人寻求其合法利益的地位，以及任务的完成和组织目标的实现，促进合理竞争和竞赛、组织创新和变革，这是组织中正常的政治过程的结果。有害的影响包括政治活动中的“失意者”降级和丢掉工作，资源的错误使用，以及无效率的组织文化的产生。政治行为这种对组织文化的影响可能是人们最不愿意看到的影响。组织中政治行为所引起的不安会使雇员失去对组织的感情，这种感情的丧失，又反过来使组织文化具有表现欠佳和缺乏忠诚的特征。从组织中政治行为影响组织发展的运作过程来看，政治行为的负面功能体现为组织中的个人或团体，为了掌握决策制定的主导权和争取到更多的资源，必然会采取许多具有攻击性的权力手段，进而引发组织内部的冲突，其结果轻则排挤掉其他个人或团体原先应享有的资源，重则影响到组织的协调运作并损及组织整体的利益。

例证 8-6：以退为进的“垂帘听政”[10]

一家家电企业的前任总经理重出江湖，罢免了他亲自任命的总经理，同时废止了后者上任之后的“新政”。半年前，这位老总对外宣布退到二线做董事长，不再干涉企业的具体经营问题。而今他的复出无疑证明了半年前的所谓功成名就只是“垂帘听政”而已。一旦事态发展超出自己的控制，他会毫不犹豫地走到前台。

这家大型国有企业，正是这位老总用了 20 年时间将其从一个街道小厂发展起来的，现在已是行业龙头。他的个人风格也给这家企业打上了深深的烙印。

而作为一个年轻的企业家，被“废掉”的接班人有着自己的思路和考虑。他酝酿将公司总部迁往上海，因为几乎与这个内地城市融为一体的企业在获得新观念、新思想方面始终要比地处沿海城市的竞争对手慢上半拍，他希望总部搬迁能够为公司带来新鲜的空气和血液。但该企业对当地城市贡献太多，可以说是这个城市的稳定器。因此，在前任的眼中，接班人的做法过于激进。总部搬迁不是一厢情愿的事，与当地政府甚至省政府的关系在现阶段仍然是重中之重，怎能轻举妄动？显然，在处理复杂问题尤其是政府关系时，该接班人根本就缺少政治头脑。

让这位老江湖更上心的其实还有更重要的问题：引进战略投资者，改变国有股一股独大的局面，同时实现管理层持股。这无疑是更深层次上的机制调整和利益重组。对他而言，这也是一个不容错过的机会，否则他将不会得到任何实质性的东西。因此，他采用了以退为进的办法：自己先后退半步，待局面发生变化时再变被动为主动，重新得到政府的信任并再度控制公司，得以完成这个更有挑战性的游戏。

（三）引发政治行为的因素

组织中政治行为发生的原因往往可以从组织情况和员工个体特征两个主要角度来进行考察。组织情况包括组织环境、组织文化、组织结构、政治管理等方面，而个体特征往往和个体差异、权力需求、控制地位、冒险倾向等因素相联系。

1．组织因素

有研究表明，当决策制定和执行过程具有高度的不确定性和复杂性，而个人和群体之间为争夺稀缺资源展开的竞争又十分激烈的时候，经理和雇员采取政治行为的可能性较高。反之，在比较稳定而不太复杂的环境里，决策过程很透明，竞争行为很少，这时，极端的政治行为就不太可能会发生了，如图 8-1 所示。

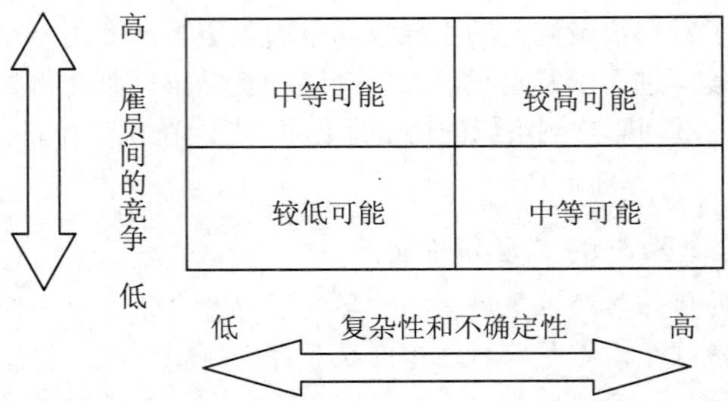

图 8-1　组织中政治行为的可能性

罗宾斯认为，滋生政治行为的组织具有如下七个特征。[8]

（1）组织信任度低。组织中政治行为发生的频率和组织信任度成反比。组织信任度越低，政治行为就越容易发生，非法的政治行为相应地就越多；而高信任度可以抑制政治行为，特别是非法的政治行为。

（2）角色模糊。如果组织对员工行为范围、职权缺乏明确界定，那么，员工的政治行为的范围和功能几乎也不会受到什么限制。因为政治行为是指那些正式角色要求范围之外的行为，角色越模糊，越容易使人卷入政治行为而不易被察觉。

（3）不明确的绩效评估系统。组织在绩效评估中所用的主观标准越多，衡量的结果越单一，或者绩效评估的间隔或周期拖得越长，则员工参与政治行为且能蒙混过关的可能性就越大。

（4）非得即失的零和报酬分配体系。非得即失的零和报酬分配方式是把分配量看成固定的数额，任何个人或群体的所得必须以另外一个人或群体的所失为代价，即我得你必失。这就使得人们总是力图使自己显得劳苦功高而贬低他人的作用，容易产生政治行为。

（5）民主化决策。民主化决策可以降低组织的专制程度。管理者为了谋取权力往往绞尽脑汁，付出了高昂代价，必然不愿意与他人分享权力，实现民主化决策。这样就导致领导者有可能把团队、委员会、讨论大会和小组会议作为他们施展手腕、玩弄权术的竞技场。

（6）以高压手段追求高绩效。员工感到干好工作的压力越大，他们越有可能卷入政治行为。如果一个人觉得他一生的事业或终生的幸福，都取决于他下个季度的销售额或产量报告，那么他就会想尽一切办法来确保结果对他有利。

（7）自私自利的高层管理者。如果上层管理者热衷于政治行为，并获得成功和一定回报，组织中就会形成接受和支持政治行为的氛围。当情况如此时，员工也许就会被诱导去从事政治行为，以获得某些好处。

例证 8-7：ERP 的多重目的[10]

上 ERP 几乎无一例外都是公司的“一把手”工程，但因为 ERP 大规模地触及到了不同的利益集团并被不同的利益团体所利用，所以也是一场标准的公司政治运动。

“将 ERP 进行到底！”“反对 ERP 就是反对公司！”诸如此类的标语在一家大公司的办公区贴得到处都是，公司领导在每一次会议上都要长篇大论地向员工灌输实施 ERP 对企业发展的战略性影响。

该公司将 ERP 看作是一系列变革的开始。由于公司只是一家科研机构的附属公司，公司管理层希望能够在产权结构上有彻底的改变，并实现管理层持股。为实现这一目标，公司首先引进国际战略投资者，由多家股东相互制衡，下一步就是要到海外上市，使公司的股权治理结构更为完善。

公司高层希望通过实施 ERP 将公司的管理水平提升到一个高透明度的可考量的层次，改变目前企业运作中人为造成的各种不可控因素。而一个拥有 ERP 系统的中国公司在海外投资者眼中也将是一个很好的卖点。

以上是 ERP 对公司的战略性意义，而现实层面的问题是借 ERP 彻底改变原来总公司、分公司的管理体系，降低过高的管理成本。这家公司通过设在全国的 20 多个分公司来管理各级经销商，表面上看来，分公司由总公司直接控制，但实际上分公司的管理费用非常高，加上各分公司在执行总公司管理规定时更多地会考虑自身的利益，往往造成管理失控。鉴于 ERP 系统一旦开始运作，总公司对分公司的管理控制能力将会有很大提高，不少分公司负责人对此持抵触态度。

由于几个主要分公司负责人的抵触，ERP 逐渐上升为路线斗争。抵触情绪最强烈的是营业额最大的广州分公司。该分公司一位副总私下里向公司总裁请缨，希望协助公司完成 ERP 实施工作，并且保证业务不会受到大的损失。很快地，广州分公司的老总被明升暗降，只得另谋高就。在顺利完成 ERP 在广州分公司的实施工作后，原分公司副总被任命为总公司副总裁，负责所有分支机构的 ERP 工作。公司 ERP 工作很大程度上依靠各地分公司中这样一批人的出现。他们在这场运动中都得到了好处，升职的升职，加薪的加薪，而那些原来极力反对公司此项决定的人都黯然离去。

2．个体因素

不同的人从事政治行为的概率也不尽相同，某些人很可能比其他人会更多地从事政治行为。就性格特征而言，有高度自我监督、内控型性格及高度权力需求的人，比较可能从事政治行为；此外，个人在组织中所做的投资、知觉到出路的多寡，以及对政治行为是否成功的预期等因素，都会影响其采取不正当政治行为的意愿。

在黑尔里格尔和斯洛克姆（Hellriegel & Slocum）等人的著作中讨论了以下四种与政治行为有关的个性品质。

（1）对权力的需求。这是一种要影响和领导其他人，以及要控制当前环境的动机或基本愿望。对权力具有高度需求的人很可能会在组织中从事政治活动。对权力的需求有两种不同的体现形式：个人权力和制度权力。强调个人权力的领导者要求下属对自己忠诚，而不是对组织忠诚，一旦这种类型的领导离开，工作班子可能会崩溃；强调制度权力的领导者使其下属产生对组织的理解和忠诚，创造了一种有效工作的良好风气和文化。有研究表明，与男性领导者相比，女性领导者在制度权力方面具有更大的需求，而在个人权力方面则需求较小。

例证 8-8：权力是他唯一的爱好[11]

自从拿破仑在欧洲的历史舞台出场以后，他的大名一直震撼着世界。这个个头矮小、貌不出众的科西岛人，用他狮子座的巨爪在欧洲、非洲的大地上留下了深刻的痕迹。他的雄气让后来几个世纪的曾经强霸世界的人都相形见绌，骨子里狮子座的雄性让拿破仑成为历史上最灿烂、最辉煌、最强悍、最有魅力的狮子。他的性格散发着狮子座与生俱来的孩子般的坦率，他狂热地渴望吸引世界的注意力，并且毫不掩饰自己对于权力的爱好。他说：“我热爱权力，一点不错，但我是以艺术家的身份爱它，正如音乐家热爱他的小提琴，是为了从琴中奏出和谐的音乐来。”

（2）为达到目的而不择手段的倾向。尼科罗·马基雅弗里（Niccolo Machiavelli）是 15 世纪意大利著名的政治思想家和哲学家，在西方政治思想史上占有很重要的地位，其主要理论是“政治无道德”的政治权术思想，在他的著作中包含了一系列对于获取和掌握政府权力的建议。许多世纪以来，人们把那些为达到自己目的，缺乏对常规道德的关心，而不惜在人际关系中使用欺诈和机会主义手段，审视和摆布别人的人称为“马基雅弗里主义者”，也就是为达到目的而不择手段者。曾有研究表明，在组织中马基雅弗里主义与政治行为高度相关，它是许多组织中具有政治行为的良好预报器。

（3）控制点。根据控制点可将人们分为内控型和外控型两类。内控型的人认为，事情的结果基本上都由他们自己的行为决定，他们往往乐于假定自己的努力会成功。而外控型的人认为，事情的结果基本上并非由他们的行为决定，而是由外部的其他因素（如环境）决定的。因此，内控型的人比外控型的人对于从事政治活动的偏好更为强烈，更可能试图去影响其他人。

（4）冒险倾向。从事政治活动往往要冒风险，它可能会带来与当初目的相反的结果，因此避免冒险倾向的风险回避者比具有明显冒险倾向的风险爱好者更不愿意从事政治行为。

二、权术和联盟

（一）权术：权力的战术

在政治上，权术是为了达到夺取并巩固政权，或获取并巩固权位（君位、官位）等政治功利目的，而采取的具有隐晦、秘密特点的谋略和手段。在组织中，权术指的是员工如何将权力基础转换为具体的行动，也可称为权力的战术。

权力拥有者在试图行使权力，或对别人的行为施加影响时，几乎都会采取标准化的方式。有研究者调查了一百多位经理人，询问其如何影响老板、同事或部属，研究结果发现主要有七种权术或影响策略。

1．合理化

使用事实和数据来证明自己的想法合乎逻辑，合情合理，是理性的意见。

2．表示友好

在提出要求之前，先称赞、奉承、讨好对方，表示亲善，并显露出谦卑的一面，以获得认可。

例证 8-9：亲切的领导[12]

临近春节，某集团公司总经理曹总有了片刻的“清闲”，办公室不时有销售人员来报销签字，曹总总要说几句：“家是哪里的？哪个学校毕业？今年在哪里过年？什么时候走？单位发的鱼、肉领了没有？抓紧领了，别放坏了。今年干得不错，没啥事领了东西就回老家过年吧，给家里人拜个年！”所有从曹总办公室出来的人都有一种被领导关怀的感觉。曹总，初中文化，为人忠厚，没有进修过更高的学位，38岁开始从事销售管理，到现在才有8年的管理经验，但他带领的企业的年销售额从22亿元发展到了现在的30亿元。员工士气高昂，工作积极奋进。

3．借助联盟

获得组织中其他人的支持和帮助以拥护其要求。

4．协商谈判

透过讨价还价使双方的利益取得一致。

5．强制独断

采取直接而强硬的方式，例如强调规章、命令，要求他人服从，重复提醒对方、命令他人做其所要求的事等。

例证8-10：如此“权威”[12]

某白酒企业经理小李新上任，公司总经理蔡总就安排小李在一周之内做出一个针对现有市场占有率下降、销售疲软的可行性方案。小李年轻、有闯劲、事业心强，上任后就紧锣密鼓地进行市场调研、访谈、分析，找到市场衰退的原因，做出了一个完整的市场运作报告，在规定日期的前一天提交给了蔡总。连着几周过去了，蔡总那边却没有回音。小李暗示了几次，蔡总表示还没有看，等看完再说。

一个月以后，蔡总又安排小李做新市场开发方案，小李提及上次的市场运作报告，蔡总说：“那个方案不用了，你再做这个吧。”辛辛苦苦做出的成果被忽略，小李心虽不甘，但又毫无办法。这让小李深深感受到蔡总十足的“领导”权。

6．借助高层权威

获取上司或者组织高层人员的支持，强化要求，以利于达到要求和目标。

7．运用组织规范的约束力

运用组织的奖惩规定或绩效评估等形式来迫使对方就范，例如不准或答应加薪，威胁给予不佳的绩效评估，或暂停其升迁的机会等。

在这些权术策略中，面对不同的情境和影响对象，不同权术策略所使用的频率也不一样。表8-3就是当管理者面对上级和下属时，从最常用的权术策略到最少用的权术策略的排列。

表 8-3　按使用频率高低排列的权术

使用频率	当领导者欲影响上级时	当领导者欲影响下属时
最常用	合理化	合理化
	借助联盟	强制独断
	表示友好	表示友好
	协商谈判	借助联盟
	强制独断	协商谈判
	借助高层权威	借助高层权威
最少用		运用组织规范的约束力

权术的运用与下述四个情境变量有关：（1）领导者的相对权力；（2）领导者欲影响的目标；（3）领导者预期对方会顺从的意愿；（4）组织文化。那些权力较大、处于支配地位的领导者相对于权力较小的领导者更多地使用权术，而后者更频繁地使用强制独断的权术。如果领导者预期对方有较大可能顺从的话，则会降低使用权术的概率。如果组织中形成了接受和支持运用权术的氛围，领导者使用权术的行为就越容易发生。

一项研究对比了美国和中国的部门管理者使用的权术，发现美国人认为合理化最有效，而中国人则喜欢联盟和高层权威。这些差异与两国的价值观有关。美国人偏爱使用直接的对质和理性的说服来影响他人和解决分歧，这与合理化策略一脉相承。而中国人面对困难和争议时更喜欢间接做法，这与联盟和高层权威的策略是一致的。

例证 8-11：微软（中国）巧送月饼[13]

中秋节送月饼已经成为现今企业必不可少的一项“福利”，然而月饼送出去以后，员工大多都会抱怨不断，微软（中国）也不例外。后来，唐俊在送月饼前，先从市场上购买了一些普通的散装月饼，带回公司和五星级酒店里的月饼比较，结果发现相差并不是很大，于是唐俊就买了一批普通的散装月饼，然后换成微软的包装盒。然后在全公司写了一封公开信，内容大概是说今年的月饼可以由员工自己订购份数，由公司出面寄给其家人或朋友，并会在月饼盒内附信一封，内写道：微软是全球最优秀的公司之一，微软（中国）是大中华地区最优秀的一个团队，而您的×××是微软（中国）大中华地区最优秀的员工之一。于是，全公司的员工争着订购这批月饼，公司采取这样一个举措不仅解决了送月饼难的问题，更起到了员工会以公司为荣的效果。

（二）如何获取权力

获取权力是通向领导者之路。西方学者杜柏林提出获取权力的策略与途径可以归纳为如下九种。

（1）同有权势的人建立联盟。假如你想要更多的权力，就要发展权力接触，努力成为拥有权力的人物的朋友。

（2）笼络或消灭。为达目的不择手段，或者笼络并赢得周围的人，或是使他们从你前进的道路上滚开（比如离职、降职、明升暗降或者使其失去原有的权力）。

例证 8-12：福特的权术[14]

艾柯卡曾登上美国福特汽车公司总经理的宝座，并越来越受到董事会成员的赞赏。但是，树大招风。随着艾柯卡的声望逐渐增高，他也越来越受到公司老板亨利·福特的猜忌与戒备。由于艾柯卡功勋卓著，福特不便明目张胆地赶他走，便暗地里玩弄权术，羞辱艾柯卡，迫使他自动离职。开始，福特不惜花费 200 万美元，对艾柯卡及其朋友的业务活动和个人生活进行调查，结果一无所获。继而，福特以莫须有的罪名把艾柯卡的密友一个个解雇掉，试图孤立艾柯卡。接着又采用削权的办法，使艾柯卡在公司的地位从第二位降到第四位。

（3）离间分裂。既然建立联盟是取得权力的一种途径，那么破坏别人的同盟就是另一种选择。因此，可以在上司和他最亲密的圈子之间制造矛盾，进而取而代之。

（4）控制重要信息，操纵经过整理分类的消息。通过控制对重要信息的取得，你可以使想从你那儿获取信息的人寸步难行，也可以使那些得到信息的人欠了你的人情。

（5）尽早表现你自己。及早干好一项工作，使有权势的人对你有良好的第一印象。

例证 8-13：成功者的模式[15]

安泰人寿总裁潘乐昌先生在初入行时，便为自己制定了一个成功的模式与策略："凡是交到我手上的工作，我都把它当作是自己的事业，拼命秀给大家看。因为有'我的参与'和'我的努力'，这份工作一定做得比别人好！"就是因为这样简单的一句话，在短短三年内，他的职位连跳三级，一路高升，打破了公司过去的传统。因为他表现"突出"，很快就赢得了总部的赏识，并且在业界打响了名声。当时友邦集团在马来西亚除了一家分公司之外，还与当地人合资经营了另一家寿险公司。这家公司规模很小，只有 100 多名业务员，成立了十多年一直在亏损。于是，公司派潘乐昌过去帮忙，先是担任副总一职，不到一年总经理生病住院，改由他独挑大梁。

（6）累积和利用“施恩图报”。为别人做好事，但要确保他们明白有朝一日要回报这一恩情。

（7）循序渐进。缓慢地、从容地前进，即循序渐进而不是用激进的手段，赢得人们的信任，以避免撞翻船。先做出微小的变化，当有了立足点之后，再争取更大的变化。

（8）事情在变好之前必须先变坏。这意味着利用坏消息去引起人们注意并取得合作去实施你的策略。

（9）谨慎纳谏。征求下级的建议固然很重要，但要非常小心，以免使你对他们产生依赖感或变得脆弱易击。

上述的观点具有太强的功利性，其目的就是直接获得权力，并没有将如何获得职位权力和个人权力有效地区分开来。刘建军（2001）对这两个方面进行了归纳和总结，得出下述结论。[16]

1．获得职位权力的策略与途径

（1）通过完成关键工作而获取职位权力；

（2）通过正常的晋升而获取职位权力；

（3）在克服危机中获取职位权力；

（4）通过上级领导者的赏识和信任而获取职位权力。

2．获取个人权力的策略与途径

（1）通过人格感染力而获取个人权力；

（2）通过自身专长的提高而获取个人权力；

（3）通过感情和利益的投放而获取个人权力；

（4）通过特殊关系而获取个人权力。

（三）联盟：取得和增加权力的重要战术

对于那些没有权力又想要追求权力的人，他们首先将会试图增加个人的权力。非必要时，一个人是不会与他人分享其战果的。但是，当他一个人无法取得权力时，他就会采取联盟的方式，通过“人多”达到“势众”。联盟的逻辑就是：团结就是力量。联盟是通过积极地追寻某单一目标而结成的非正式团体，它是取得和增加权力的重要战术。比如，下属可以想办法同其他具有类似的或互补的依赖关系的人结合起来，并努力改变长期以来处于劣势的依赖与服从倾向，谋求更好的待遇和福利。历史上就有这样的先例，如组织中的蓝领工人以自己的名义与管理者谈判破裂，转而求助于劳工组织为他们谈判。近年来，白领员工和专业技术人员在仅靠个人力量难以达到提高报酬和完善工作保障的目的后，都纷纷转向了工会组织。

在什么样的组织中容易产生联盟呢？首先，组织中的联盟为了能够施加权力以达成自己的目标，它就要寻求组织中广泛的民意支持，这就意味着要扩大联盟范围，尽可能多地把有兴趣的人囊括进来，尽量扩充其规模。在那些注重合作、承诺以及参与决策权的组织中，联盟的扩展比较容易建立共识；若处于专制和等级森严的组织中，扩大联盟的规模就很难做到。

其次，联盟与组织内的依赖性程度有关。如果组织中的工作任务繁重且资源之间相互依赖，那么，联盟比较容易形成。相反，如果组织中资源充足，且部门可以自我控制，那么由于部门之间的相互依赖性较弱，在组织中联盟的数量就较少。

最后，联盟的形成也会受员工所从事的实际工作的影响。群体任务的常规性越强，联盟的可能性就越大。这是因为工作的常规性越强，员工之间的替换性就越强，导致他们之间的依赖性就越强。为了降低这种依赖性，他们就会求助于联盟。这也是工会对低技能和非专业技术人员的吸引力，远远大于对高技能和专业技术人员的吸引力的主要原因。

第三节　性骚扰

“性骚扰”（Sexual Harassment）在中国正在成为日益凸现的社会问题。据1995年发表的一份报告称，在70名31～45岁的被调查妇女中，有52人（占74.29%）认为，性骚扰在近10年来比以往有所增加。另据2000年在深圳市对600人进行的一项问卷调查显示，32%的受访者表示曾遭到过不同形式的性骚扰，其中女性受害者占女性被访者总数的43%，男性受害者占男性被访者总数的19%。[17]由此可见，性骚扰问题已相当普遍，而且现状堪忧，日益成为不容忽视的社会问题。越来越多的企业组织开始关注工作场所的性骚扰，努力寻求和探索通过公司制度和个人自我防范等措施来减少和遏止这一行为的发生。

一、性骚扰：工作场所的不平等权力

（一）性骚扰的定义

性骚扰一词最早是由美国的女法学家凯瑟琳·麦金农（Catherine A. MacKinnon）在20世纪70年代提出的。她认为，两性关系现存的“正常”模式是，男人视妇女为“现成可用的东西”，因而他们可以随意“攫取”妇女的资源。“性骚扰”使妇女处于臣属地位，因为它加强了男人的权力，妇女仅仅被视为“性对象”而丧失了其他身份。

美国联邦政府“平等就业机会委员会”（http://eeoc.gov）在1980年公布的《性别歧视指南》中曾对性骚扰给出了这样的定义：“在下列三种情况下，向对方做出不受欢迎的、与性有关的行动或要求，及其他语言举动，均会构成性骚扰：（1）迫使对方接受有关行为，作为受雇或就学的明显或隐蔽的要求及条件；（2）对方接受有关行为与否，将成为影响个人升迁或学业成绩的先决条件；（3）有关行为具有以下目的或导致以下后果：① 不合理地干扰个人工作或学业；② 制造一个令人不安、不友善或令人反感的工作或学习环境。”这一文件被认为是最早对工作环境中性骚扰加以界定的文献。

1991 年，欧盟委员会在有关文件中要求其成员国采取行动，提高对性骚扰危害性的认识，文件指出，“性骚扰是一种不被接受的、损害人们尊严的行为”，“在工作场所中无论是来自上司或同事的如下与性有关的言行，均将被视为性骚扰：（1）它被另一方视为过度的、不受欢迎的和令人生厌的；（2）它被或明或暗地当作一种前提或条件，用以对另一方在业务培训、受雇、续聘、提升、工资及其他与职业有关的方面产生影响；（3）这种言行制造了一种威胁、敌意和不友善的工作环境。”欧盟的这一关于性骚扰的解释被联合国有关组织看作是与美国的上述定义同样具有重要影响的法律文件。

我国香港特区《公务员性骚扰投诉指引》对性骚扰的定义是：如果对一名女性提出不受欢迎的性需要或获取性方面好处的要求或对女性做出其不受欢迎的、涉及“性”的行径，并预期对方会感到冒犯、侮辱或惊吓，就是对女性做出性骚扰。我国香港颁布的《性别歧视条例》对性骚扰也作了相应的界定，这就是：一方向另一方做出不受欢迎、与性有关的冒犯行为，包括不情愿的身体接触、性贿赂、提出与性相关的行为给予某种利益的条件。此外还包括不涉及身体接触的言语、图文展示、眼神及姿势等，如查问别人的性生活、做出猥亵姿势等。在我国香港特区，某些情节严重的性骚扰行为，如淫亵电话、猥亵露体、性侵犯等，可能涉及刑事犯罪。也就是说，一旦出现与上述情况相吻合的个案，就可以以性骚扰侵犯来投诉或报案。

例证 8-14：女秘书受性骚扰的事件[18]

某沿海城市一家外企的老板年近 50 岁，他的私人秘书 A 小姐是一个年仅 25 岁、长相俏丽的女大学生。A 小姐受聘于这家外资企业后，很快就发现这位老板那双色迷迷的眼睛老在自己身上打转转，有事无事总爱在自己面前坐坐，有时趁无人还对自己说出特别关照的话和做出一些出格的亲昵动作。A 小姐为此感到非常苦恼。一次，老板竟然以给她加薪为名，把门反锁上，用蛮力把她压在长沙发上，强行吻她，逼她就范。为了保护自己的人格尊严，她一边极力反抗，一边大声斥责老板的粗鲁举动，这才使老板的恶行未再进一步发展。

近年来，性骚扰问题在国内引起了极大的争论和关注。2005 年，我国十届全国人大常委会第十七次会议通过了修订的《中华人民共和国妇女权益保障法》。该《妇女权益保障法》将“实行男女平等是国家的基本国策”写入其中，在这部法律中我国首次对性骚扰说

“不”；受害妇女有权向单位和有关机关投诉；违反本法规定，对妇女实施性骚扰，构成违反治安管理行为的，受害者可以提请公安机关对违法行为人依法给予行政处罚，也可以依法向人民法院提起诉讼。但在现实生活中，不光妇女是受害者，男性以及各种年龄阶段的人群都可能是性骚扰的牺牲品，所以性骚扰应该是一个广义概念。我国这部《妇女权益保障法》的实施将有助于妇女在受到性骚扰时维护自己的权益，但如果是男性受到同样的性骚扰，他们又到哪里去申冤呢？这也正是法律定位的困惑所在。

在澳大利亚、加拿大、日本和西欧的一些国家，20世纪80年代或90年代初出现了性骚扰一词，该词有了正式的法律概念，这个法律概念在不同的国家有所不同。总的来说，性骚扰的立法分为两类：（1）在平等机会法律下禁止性骚扰；（2）在劳动保护法中制定关于性骚扰的立法。在一些国家，平等机会法律明确提出有关性骚扰的条款，强调男性和女性同样受到不遭受性骚扰的保护，而女性尤其需要保护。劳动法和劳动保护法强烈反对工作中的性骚扰。比利时的劳动保护法规定雇主在与雇员的关系中应该尊重、合宜、得体。意大利的劳动法规定雇主对雇员的身体和道德完全负责。在葡萄牙和芬兰的劳动保护法中，则保证雇员在身体上和精神上有良好的工作条件。由于世界各国的风俗习惯不同，有些行为在一些国家属于正常范围，而在另一些国家则属于性骚扰行为。因此，性骚扰的定义又因不同国家而存在差异。

当然，即使是有相应的法律来保护受害者的权益，但在实际生活中有时还是难以维护，主要原因就在于性骚扰一般都是在人群稀少，仅有当事人在场的情况下发生，故缺少人证，也缺少物证，真正通过法律途径维护到自己权益的案例并不是太多。所以，组织机构提供一定的保护保障，全民提高自我保护意识，个人注意预防和应对方式，是减少性骚扰发生的最好途径。

例证8-15：日本NHK职员频发性骚扰案件

NHK（日本放送协会）作为日本最大的国营性媒体，其职员人数超过1万，在日本媒体界首屈一指。但就是这样一个集团式的电视台，其职员近期却屡屡曝出性骚扰丑闻。2011年8月，日本NHK电视台一名青少年教育节目的制作人因在东京小田急电车内用手机偷拍一名少女的裙底，被东京警方以“扰乱社会治安”为由逮捕。此后，虽然该制作人已与受害女子达成和解，但日本NHK电视台在11月1日作出决定，给予其停职3个月的处分。同样曝出性骚扰丑闻的，还有NHK千叶放送局的一名30多岁的技术部职员。2011年9月，该男子在千叶县一家购物中心，用安装在鞋上的微型摄像机，偷拍该购物中心女性店员的裙底。警方将其作为现行犯逮捕。随后，NHK电视台同样对其做出停职处分。据被逮捕的职员对警方的供述，他是为了消除工作上的压力而犯罪。

（资料来源：http://world.gmw.cn/2011-11/03/content_2903978.htm）

（二）权力与性骚扰

罗宾斯认为，权力的概念是理解性骚扰的关键。[19]性骚扰在组织中被定义为任何非自愿且与性本质有关的言行，而此言行会对个人的工作有所影响。无论性骚扰是来自上司、同事还是下级，上司和员工的两极关系可以最好地表明不平等的权力关系。上司的职位权力使其拥有是否给予下属他们所期望得到的东西（比如安排工作、提高薪水、良好的绩效评估等级）的权力。职业女性发现，由于性别的缘故，男性往往占据了更优越的位置，权力的不平等使她们常常不得不“出卖人格”以向权力换取所需的资源，如果她们对这种行为模式提出抗议或控告，就会给自己带来很多麻烦，会被冠以“行为不端”的罪名而很快成为男性滥用权力的牺牲品。由于权力的不平等，许多被骚扰的人只能忍气吞声。值得注意的是，高层管理者常常认为对女性员工的性骚扰只不过是他们对较低级别员工的一种权力扩展。

那些在权力职位上的女性也会受到来自于男性下属的骚扰。为了从女上司那里得到一定的权力或降低权力的悬殊程度，这些下属往往通过强调传统的性别刻板印象（比如依赖性、被动性、缺乏职业责任感）来贬低女性的价值，对女上司构成消极的影响。

虽然我们用权力这个概念来分析、理解工作场所的不平等权力的表现形式——性骚扰，但是要指出的是它不仅仅是个人利用权力控制或威胁他人的问题，性骚扰这种行为是违法的，施行者将受到法律的制裁。近年来性骚扰问题在国内引起了极大的争论和关注，2005 年修订的《中华人民共和国妇女权益保障法》规定，禁止对妇女实施性骚扰，受害妇女有权向单位和有关机关投诉，由公安机关对违法行为人依法予以治安管理处罚。

当然，随着人们对性骚扰现象的深入探讨，性骚扰并不仅限于男性对女性的骚扰，上司对下属的骚扰，也包括女性对男性的骚扰。

二、防止性骚扰

在工作和生活的很多领域存在着性骚扰，应从组织管理和个人应对两个方面对其进行预防和控制。

（一）组织管理

从组织角度而言，应以制度的形式保护处于弱势一方的人身权利，建立一套针对性骚扰的专门而有效的预防和惩戒措施。其中应包括如下两个方面：（1）把对性骚扰的定义、具体且可操作的反性骚扰的制度和惩戒措施书面化，并将书面资料发送所有职工，使其研读熟知；（2）完备的监督制度，具有独立的监督系统和申诉机制。根据国际劳工组织 1999 年对 14 家跨国公司的调查显示，这些企业全都在内部制定了针对性骚扰的管理措施和处罚条例，大多数设立了专门的投诉和调查机构。

另外，企业组织应对员工进行针对性骚扰的培训工作。在培训内容上，对员工旨在提高他们的权利意识以及对性骚扰的认知能力，指导他们了解公司内部的各种申诉程序；对管理人员则是进行职责教育，告诉他们在法律和管理规则下该做些什么，如何去做。根据国际劳工组织的调查，14 家跨国公司中有 70%的企业制定了包括防止性骚扰在内的员工培训计划；有 50%的被调查公司对员工和管理人员同时培训，有的公司甚至对总裁也进行培训；有近 30%的公司对经理人员的培训时间要长于员工。在中国，一些服务企业也开始进行这种针对性骚扰的培训工作。有的企业请一些有经验的女职工进行自我保护方式的示范，例如巧妙地用语言制止性骚扰等。

我国香港平等机会委员会则呼吁香港女性大胆举报性骚扰个案。该委员会在其宣传资料中指导市民，尤其是女性市民，一旦遇上性骚扰就应该这样做：（1）表明态度，制止骚扰者的骚扰，并马上举报；（2）记录每次被骚扰的时间、地点和情节，或告诉你信任的人，免得对簿公堂时拿不出证据；（3）寻找一个支持者或辅导员，因为他/她能够给予情绪上的支持及提供机构中正式投诉程序的资料；（4）向平等机会委员会投诉；（5）法律诉讼。

除了以上对性骚扰的应对方式之外，香港平等机会委员会也对性骚扰的预防方式作了一些提示。它在“消除雇佣范畴中的性骚扰”指引中列出了防范性骚扰的良方，如引导市民清楚认识宣传“反性骚扰”的作用，提醒女性员工应观察工作场所的情况，及早察觉性骚扰征兆，公司或工厂也应常常提醒员工提高自我保护意识；当接到性骚扰投诉事件时，上层机构要做到客观聆听，并保护当事人的隐私，除了向投诉者提供正式的投诉渠道之外，还应协助当事人向平等机会委员会求助，以求获得专业指引。这些都可以说是从组织管理上对性骚扰的防范和应对，给予了职工最大范围内的保护。

例证 8-16：Reebok 的“不骚扰政策”

著名的运动用品制造商 Reebok（http://www.rbk.com/cn/default.htm）在其企业的《生产标准》中明确规定有“不骚扰政策”，具体如下：“工厂不得从身体上惩罚、胁迫或激发工人，也禁止使用性别、心理或言语上的骚扰和侮辱”，“禁止性骚扰，工厂应有保密的程序让员工报告性骚扰，员工可以将此报告给专人而不是她或他的直接领导。”同时在《生产标准》中，Reebok 还对什么行为构成性骚扰作了详细的解释。

（二）个人应对

预防与应对职场性骚扰除了从公司组织角度进行之外，个人也有一些可为的地方。职场上的性骚扰发生的形式主要是以下三种：（1）在公共场合用开玩笑的方式进行语言或动作的猥亵；（2）偷偷赠送与性有关的礼物或展示色情刊物；（3）电话或短信骚扰，语言暧昧，或赤裸表白想发生性关系或其他。如果被骚扰者拒绝，就以利益诱之或以降职、开除等手段来威胁。针对这三种骚扰方式，个人可考虑如下三种应对方式。

（1）在工作中要爱惜名誉，保持尊严，举止端庄，衣着打扮得体，避免穿着看起来比较暴露、性感的服装；避免和有性骚扰倾向的异性单独在一起，如果对方以工作为理由要求单独在一起，也应尽量选择较为公开的场所，在工作时间内进行，对于工作时间和场所之外的要求可以婉言拒绝，不给性骚扰者可乘之机。在与异性相处时，举止端庄，勿随意开玩笑以及说暧昧的话语让异性以为是某种暗示，以免自食其果。

（2）当发现有人对自己进行性骚扰时，要态度鲜明地向对方表明立场，如果对方不停止骚扰，便向有关部门进行申诉控告，寻求法律的保护。被对方性骚扰时，自己的态度很关键，这决定着骚扰是否会继续进行。一般而言，对于语言上的暗示，应婉转相告，自己不喜欢这样的玩笑，请以后最好不要开；对于动作上的小摸小捏，应严厉制止；对于电话或者短信骚扰，可以告诉对方，如果再不停止，将使用电话录音或者将短信转发给对方的爱人或者向上级部门申诉；如果性骚扰者是自己的上级，拿捏着自己在工作岗位的去留、升迁的权力，则应注意给对方留些颜面和余地，既要明确表明自己的立场，又要让对方不至于太尴尬，但前提是敢于拒绝和反抗，如果因此丢掉工作，那就向法院起诉。

（3）对性骚扰要有正确的认识，改变社会上认为女性应该对性骚扰的发生承担责任的观念，减少应对性骚扰的社会压力。虽然一方面，大众观念都认为受性骚扰的女性的数量要多过男性受害者，性骚扰法中也在较多方面保护了女性的利益，但在另一方面，也存在这样的观点，这就是女性应该对性骚扰的发生承担责任。其理由就是，女性在穿着打扮方面日趋性感暴露，在工作场所身着吊带短裙的女性不在少数，尤其是夏季更是如此，加上淡淡的香水，很容易让一些男性能动念头。加之性骚扰难以取证的特点，从历年性骚扰的官司中来看，女性胜诉的也屈指可数，这也给女性在应对性骚扰方面增加了社会压力。不过随着社会的日渐发展，人们法制观念的逐步深化，加之法制建设的加快，无论是职场中的女性还是男性都将会受到越来越多的法律保护，逐渐远离职场中的这些无形的伤害。

例证 8-17：马克·赫德辞职[20]

克林顿和莱温斯基的风流韵事还没有尘埃落定，惠普前 CEO 马克·赫德（Mark Hurd）的所谓“性骚扰指控”又重装登场。性骚扰也像惠普的打印设备一样在形形色色的企业里复制上演着，性骚扰事件历来在各类企业里此起彼伏。2004 年 8 月，成功带领惠普复兴的马克·赫德已经正式宣布辞任惠普 CEO。

知情人士透露，某女性承包商2004年6月致函赫德办公室，举报赫德存在性骚扰行为后，惠普聘请了一家法律公司来调查这一事件。赫德随后将这封信函交给了公司法律部门，公司董事会也于次日获知这一事件。虽然最终结果是“性骚扰指控”不成立，却发现他违反了公司的企业准则，所以他不得不辞职。通过对这一事件的观察可以看出，国外对企业内部员工的任何违法行为都是有据可查的，“性骚扰指控”只是一个导火索。一个小的细节失误就可能导致自己职务不保、职业生涯失败。赫德在一份声明中也承认：“诚实、诚信和正直是我在惠普一直倡导的准则，也是引导我整个职业生涯的原则。但在某些情况中，我并没有遵守这些准则和原则。”

本章小结

- 在组织中，权力是指个人或群体（A）影响或控制其他个人或群体（B）行为的能力。
- 权力基础划分为五大类：法定权、强制权、奖赏权、专家权和参照权。
- 组织中的政治行为是指那些不是由组织正式角色所要求的，但又影响或试图影响组织中利害分配的活动。
- 七种权术策略：合理化、表示友好、借助联盟、协商谈判、强制独断、借助高层权威、运用组织规范的约束力。
- 随着人权意识的发展和对平等机会的关注，有关性骚扰的问题渐渐浮出水面并得到社会关注，如何界定和防范性骚扰已成为组织权力与政治的重要课题。

思考练习题8-1：简答题

1．什么是组织中的五种权力基础？
2．为什么说依赖是权力的关键？
3．什么是性骚扰？它与组织中的权力有何关系？

思考练习题8-2：是非判断题

1．权力的关键是双方之间存在依赖。　　（1）是　　（2）否

2．从性格特征来看，高度自我监督、内控型性格及高度权力需求的人，从事政治行为的可能性要高。　　（1）是　　（2）否

3．女性在职场上受到性骚扰时应该忍气吞声，以求自保。

（1）是　　（2）否

管理游戏 8-1：公司权力阶梯游戏

你在公司是否具备了往上爬的潜质？下面将提供在公司里发生的五种情景，每种情景有四种可能的行为选择，请做出你的选择。本测验加讨论约需 10 分钟。

1．你一再认识到某问题正在危害公司的利益。当你告诉上司时他/她一点也不在意。你决定发一个电子邮件给：

（1）上司的上司并给上司备份，陈述问题。这将有助于做某些事并让上司的上司知道自己是积极进取的。

（2）上司并给上司的上司备份。陈述在此问题上你还是需要你的上司的帮助。

（3）上司并直接向上司的上司汇报。如此仍无效果，你的上司也不会说自己不知道问题。

（4）向上司的上司直接汇报。

2．你善于聆听，其他人愿意与你分享个人的信息。相应地，别人也希望你能与他们分享你个人的信息。你：

（1）尽量分享个人信息，以便能进一步建立亲密关系和相互信任。

（2）当他人开始自我表露时赶紧转移话题，以避开与他人分享信息的压力。

（3）鼓励别人分享个人信息，当他们想让自己分享个人信息的时候转移话题。

（4）分享自认为可以公开的个人信息，回避分享自己想保密的个人的信息。

3．办公室一位不受欢迎的同事提出一个可能危害公司利益的鬼点子。你：

（1）猛力抨击他。是英雄好汉都应当有股正气，这样也会得到同事的支持。

（2）通过征询小组意见的做法，尽量让他人否定该想法。因而不须自己直接去面对它。

（3）一言不发，显出深思的样子。

（4）私下与他交谈，指出他的建议的危害性，并说服他放弃。

4．你的上司征寻一个志愿者承担某个大家都不愿承当的项目，眼光朝你看来，你：

（1）迎着上司的眼光朝上看。

（2）朝下看。

（3）看你周边的其他人。

（4）避开上司的眼光，做出沉思的样子。

5．在你的办公室里似乎没人真正在乎或注意人们是什么时间到的，但大家都注意人们是什么时候离开的，那些走得最晚的人受到赞许。你是一个早走者，你想早一点离开去接放学的小孩。你：

（1）早点上班，让别人知道你很早就开始工作，并说服他人来得早或晚是公司弹性工作时间制的一部分，是受到鼓励的。

（2）早点上班，接完小孩后折回办公室，等大家差不多离开了再回家。

（3）拒绝采用老一套的办公室政治。早去早走，让工作说话。

（4）按时上班，早走去接小孩回家。

管理游戏 8-2：公司小品

场景设计：部门副经理跳槽离开公司，需要选拔一位新的副经理。选拔流程：部门经理推荐，人事经理民意调查、考核，呈送意见给总经理，总经理呈送意见给董事长，下发人事经理，发任命书。

1. 小品角色有董事长、董事长太太、总经理、总经理的太太、人事经理、部门经理、五名员工。

2. 由学生扮演不同的角色，台词对话自己想。

3. 五名员工 A、B、C、D、E，都希望自己能胜任，各有所长。

4. 五名员工具有不同的特点：A 员工资历高，已在本公司工作了 15 年，且任劳任怨，能力平平； B 员工是总经理太太的表侄，在公司工作 3 年，但人缘不好；C 员工技术和管理能力很强，但有点不服领导的管教；D 员工刚来公司工作 2 年，能力很强，学历高，硕士毕业； E 员工工作努力，能力也不错，但家里有个 9 岁的小孩需要自己照顾，丈夫经常出差。

分享：角色扮演后分享自己对权力与政治的体会，谈谈公司内各种政治因素对副经理选拔的影响。

案例分析 8-1：查克·豪斯的示波器技术开发计划[21]

作为一名年轻的工程师，查克·豪斯在惠普公司开发示波器技术的新应用中发挥了关键性的作用。公司的技术最终被用于国家航空和宇航局的登月任务，尽管这一令人愉快的结果存在政治上的争议。

事情是从联邦航空管理局为改进机场控制塔的监视器而大做广告开始的。惠普公司开发了一种这样的监视器，但是，联邦航空管理局选择了其他公司的设计，惠普在竞争中失败了。但是，豪斯相信惠普的设计代表了一种重要的技术突破。因为他的团队开发的这种形式的监视器，体积小、速度快，更有能量效率，而且比常规监视器更明亮，只是似乎没有一个很好的市场定位。

尽管公司失去了联邦航空管理局的合同，但豪斯仍然在试图说明他相信他的队伍开发的监视器的优点的理由。他证明了自己是一位违反大量组织规则和程序的政治方法的大师。首先，他自己搜集了市场调查资料，直接违反了组织界限，避开了营销部门。在未经批准的情况下，他访问了 40 家计算机制造商，向他们展示了样机。这种做法不仅激怒了营销部门，而且也违反了禁止向顾客展示样机的保密规则。不过，基于这些外出搜集的市场营销信息，豪斯相信惠普的高级经理将继续开发这种监视器，至少暂时如此。

继续这一计划的下一个障碍来自高级经理进行的年度总结。营销部门进行了一次电话调查，并且得出结论说，监视器的全部生产需求的计划是 32 台。豪斯争辩说，营销资料是有缺点的，营销和计划相抵触是因为他进入了他们的“草坪”；再者，营销部门不能理解营销这些新监视器的适当策略，而只是访问了那些现在使用示波器的顾客；另外，很难用文字或语言说明产品的优点，只有亲自演示才能讲清楚。尽管有这些理由，公司还是采纳了营销部门关于潜在需求的计划，而没有采纳豪斯的计划。

毫不意外，高级经理的年度总结报告认为，这一产品没有足够的市场需求，也缺乏公司里其他人的技术支持，该计划被取消。惠普公司的两位奠基人之一的戴维·帕卡德甚至说：“当我明年回来时，不想在实验室看到这一计划。”

在这一点上，豪斯的政治技巧是对他们的最大考验。豪斯把帕卡德的活曲解为，那个计划应当在一年内走出实验室进入生产，而不是废除那个计划。由于缺乏他的老板的公开性支持，豪斯和他的团队把新监视器的开发成本隐藏在预算中的其他项目下。随后，他们在一年的时间内迅速完成了计划。营销部门继续反对该计划，但是，豪斯说服有兴趣的潜在顾客，让他们去个别劝说高级经理和表明他们对这种监视器的兴趣，以此来回击营销部门。

所幸的是，对于豪斯和该计划来说，他和他的团队赢得了最后的期限。当帕卡德第二年回来做年度总结时，这种监视器已经占有了一定的市场份额。帕卡德听说了豪斯对他的命令的公然重新解释，觉得又生气又好笑。不过，他现在决定支持生产这种监视器了。豪斯和他的团队没有受到惩罚，反而被开了绿灯，继续开发另外的应用途径。这种示波器被用在国家航空和宇航局的登月发射，首例人造心脏移植中使用的医用监视器，以及赢得埃米奖的电视特殊作用系统一部分的大屏幕示波器上。如果没有豪斯的技术开发计划，这些重要的发明很有可能轻易地成为惠普公司政治力量反对的牺牲品。

问题讨论：

1．列举和说明豪斯使用的权力的来源。

2．证实和解释在这段时间里惠普公司政治行为增加的因素。

3．请提出一些策略建议，让豪斯用来减少对于这一创新的政治反对。

案例分析 8-2：三星的家族式管理[22]

三星集团是韩国最大的企业集团之一，涉足的行业有电子、建筑、纺织、食品、飞机制造、造纸、机电、服装、金融、保险等，其中毛纺和人寿保险规模居韩国同行业第一。集团的核心是电子公司，名列韩国三大家用电器商榜首。电子公司主要经营半导体、计算机、家用电器等。三星产品远销世界各地，子公司分设在 57 个国家。1995 年，三星产品销售额为 623 473 亿韩元，出口 305 886 亿韩元，约占销售额的一半，纯利润 29 000 亿韩元，职工人数为 241 420 人。

韩国文化与朝鲜文化一脉相传，同时受日本影响，而母体则是中国文化，中国的儒家伦理思想构成了韩国文化的根基。这种传统思想对韩国家族式企业起到了巨大影响，具体表现在以下三个方面。

第一，上下层之间的等级主次关系。在韩国，父母和子女之间、夫妻之间、兄弟姐妹之间有着严格的上下关系，基调就是儒家伦理中的三纲五常，这种秩序通过韩国全民义务兵役制而得到强化。企业中姻亲长幼有序，上下分明。

第二，在韩国，亲属之间、学友之间、同乡之间有着特别的血缘或地缘关系，这种关系以强烈的排他主义等形式表现出来，极大地影响着韩国企业的权力结构和决策。三星集团有名的口号如“讲礼节的三星人”、“尊重上司的三星人”等都带有很浓的传统思想。另外，三星集团总裁是庆尚道人，三星职员最多的也是庆尚道人。

第三，继承家产，长子优先。李秉哲有三个儿子，大儿子李孟熙，先在三星集团领导层，后主管安国火灾保险公司；二儿子李昌熙一直经营着一家叫赛杭媒介的公司，1991 年因病去世。除李健熙任董事长外，李健熙的五姐李明熙的丈夫郑在思也曾进入董事会，后来分管新世界百货商店。二姐李淑熙的丈夫具滋学任乐喜·金星集团（现在的 LG）主管。大姐李仁熙的丈夫主管三星高丽医院。另一个姻亲洪锡炫担任三星科宁公司副董事长，其父主管中央日报社。1987 年，三星创始人李秉哲去世，第三子李健熙继任总裁。

这个由家庭、姻亲、同乡所组成的集团，是如何提高企业效益的呢？

首先是继任董事长的选择。创业者李秉哲既有传统的一面——儿子继任，又有创新的一面——废除长子优先，唯才是举。李健熙 1965 年从日本早稻田大学商学部毕业，又到美国华盛顿大学经济研究院进修学习，回国后在东洋电视台做一般职员。此后，又在三星集团系列公司第一线实践数年，积累了丰富的经验。他与李秉哲不仅是父子关系，而且在一起共事达 10 余年之久，显示出了不一般的领导才华，得到了李秉哲的赏识。

李家的姻亲也绝非等闲之辈，如三星科宁公司副董事长洪锡炫，早年毕业于麻省理工学院，后供职于世界银行。在三星，与其说他是一个家族的经营者，不如说他是一个发挥着专家领导才华的卓越企业家。

其次，为应对姻亲和同乡的关系、小团体主义，三星集团采取了“以能力为主的开放人事”等策略。李健熙董事长明确宣布，将上一代传下来的决策比率由原来的董事长 80%、秘书室 10%、下属企业 10%，分别改为 20%、40%、40%。在实践中，为了专门经营好三星各个企业，李健熙董事长坚持本家及姻亲与经营保持一定距离的决策，实质就是所有权与经营权分离。如李健熙的大哥李孟熙、五姐夫郑在思等都被陆续从董事会下放到基层，主管生产经营一线。

再次，坚持“技术第一主义”，这也是三星最重要的方针。重视技术开发，进而重视技术人才，姻亲群体便受到强有力的冲击。

1969 年，三星电子公司成立后，立即主动引进日本的高技术，招聘在美国的韩籍高级工程师。1992 年，公司成功开发了 64MB 存储器（Mega Dynamic Random Access Memory，DRAM），在技术领域站到了世界最高峰，此后两年一直稳坐电子 DRAM 领域第一把交椅。三星综合技术院的技术研发人员从 20 世纪 70 年代末的 580 人上升至 1995 年的 17 000 人；公司成立前 10 年即申请工业专利 488 项，获专利 59 项。研究开发工作在整个集团举足轻重，姻亲、同乡逐渐被“外来的会念经的和尚”所排挤，遭到残酷的淘汰。

问题讨论：

1．在创始人李秉哲时代，三星集团的权力结构有何特点？这种权力结构对企业管理和经营产生哪些正面和负面的影响？

2．在李健熙时代（第二代），三星集团的权力结构发生了哪些方面的变化？这些变化对三星集团的发展有何影响？

3．三星集团家长制的变迁对中国家族企业的发展有何启示？

参考文献

[1] 吴思嫣，严军生．国美控制权之争的管理启示[J]．现代管理科学，2011（01）：39~40．

[2] 杨俊杰．公司权力游戏的底线[J]．经理人，2005（05）：2．

[3] M. Weber. *Essays in economic sociology* [M]. Princeton, N. J.: Princeton, 1999.

[4] J. R. P. French, R. B. Jr. Raven, D. Cartwright. *Studies in social power*[M]. Oxford, England: University Michigan University Press, 1959.

[5] 李开复．微软的成功之道[J]．企业文化, 2009（02）：79．

[6] 郭金龙，莫坪．让品牌为你打工[M]．北京：清华大学出版社，2005．

[7] 李中斌，杨成国，胡三嫚．组织行为学[M]．北京：中国社会科学出版社，2010：193~194.

[8] 赵海旗．人力资源外包是双赢的管理模式[J]．北方经济，2007（14）：79~80．

[9]（美）斯蒂芬・P. 罗宾斯．组织行为学[M]．孙建敏，等，译．北京：中国人

民大学出版社，1997.

[10] 贺志刚. 公司政治典型情境[J]. IT经理世界，2002，10（20）：60~65.

[11] （德）路德维希. 拿破仑大传[M]. 北京：中国城市出版社，2010.

[12] 许丽萍. 管理，莫让权术蒙蔽心智[J]. 机械工业信息与网络，2009（06）：48~49.

[13] 张永生. 唐骏凭什么成功[M]. 北京：五洲传播出版社，2009.

[14] 叶进文. 从福特到克莱斯勒——汽车巨子艾柯卡的传奇故事[J]. 大众心理学，2005（01）：39~41.

[15] 乔尹. 职场达人志[M]. 北京：中国发展出版社，2009.

[16] 刘建军. 领导学原理——科学与艺术[M]. 第3版. 上海：复旦大学出版社，2001.

[17] 唐灿. 工作环境中的性骚扰及其控制措施[J]. 妇女研究论丛，2001（05）：27~31.

[18] 翟峰，刘耀国. “三资”企业女秘书“性骚扰”问题透析[J]. 秘书，1998（11）：6~11.

[19] （美）斯蒂芬·P. 罗宾斯. 组织行为学[M]. 北京：中国人民大学出版社，1997.

[20] 林辉. 惠普前CEO的辞职风波——观察国外企业里的性骚扰事件[J]. 东方企业文化，2010（11）：56~57.

[21] 陈兴淋. 组织行为学[M]. 北京：清华大学出版社，2006：215~216.

[22] 李湘德. 三星的家族式管理[J]. 企业研究，2001（08）：24~25.

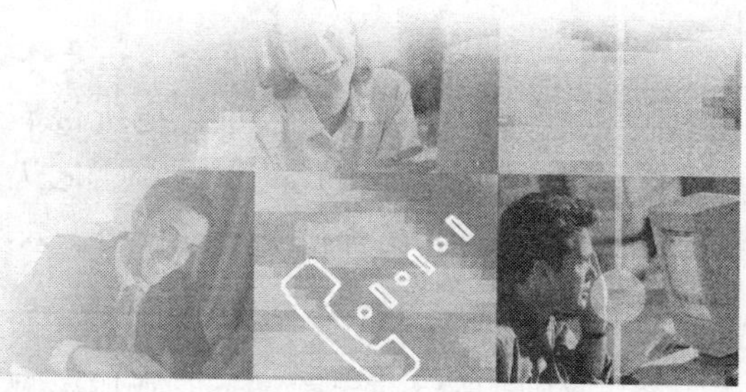

第九章　领导理论

【学习目标】

① 了解领导的基本概念
② 掌握领导的六种权力基础
③ 了解领导特质理论
④ 掌握领导行为理论
⑤ 掌握领导权变理论
⑥ 了解领导理论的新进展

引例：马云的领导风格[1]

马云，1964 年 10 月出生于杭州，阿里巴巴集团主席和首席执行官、主要创始人。

1999 年初，马云在杭州创业，开发阿里巴巴网站；2003 年，个人电子商务网站淘宝成立；2004 年，在线支付系统支付宝发布；2005 年，阿里巴巴集团与雅虎美国建立战略合作伙伴关系，并执掌雅虎中国。从 50 万元创业资金、18 个人的创业团队起家，马云带领阿里巴巴用 10 年时间成长为全球最成功的电子商务集群，使电子商务从一个概念变成一种领导潮流的商业形态。随着阿里巴巴的发展，马云正在成为有影响力的新一代中国企业家。

马云是一位非常强调团队精神的企业领导。他非常欣赏唐僧的“西游团队”。马云说，唐僧之所以成功，凭的就是有使命感，他代表着整个团队的价值观和发展方向。唐僧的思维其实很简单，就是取经，这是任何东西都改变不了的。也正因为如此，有唐僧在，这个团队就不会散，就有主心骨，就能一直朝着取经的方向前进。

阿里巴巴的凝聚力在于马云的个人魅力和他所提倡的使命感。阿里巴巴能像磁石一样吸引大批人才加盟，除了其本身的吸引力之外，马云的“治心术”也是一个重要因素，有媒体称其为“精神控制法”。

阿里巴巴收购雅虎中国，是一场对马云的领导才能的巨大考验。当时，中国雅虎的员工，对马云抱有一定的敌视态度。然而，马云却通过一次盛大的“回归”仪式，用行动化解了这些员工心中的敌视，让这些员工从心理上接受自己。同时，不断加强企业文化融合，加强文化治心，最终让员工认同这次并购。

在马云的领导艺术中，他所信奉的管理理念是“得人心者得天下”、“治人先治心”。他坚持用文化统一人心，他认为在中国企业里，如果没有共同的目标、共同的使命感、共同的价值观是不行的，只有大家的目标统一，力量才会朝一个地方使。

领导是指领导者对下属施加影响以完成他们的目标和任务的过程，它与管理具有一定的区别。领导理论的发展经历了特质理论、行为理论和权变理论三个阶段。领导有效性受制于某些因素（如心态、道德、信任、情景），因此，针对这些因素对领导者进行相应的知识、心态和行为培训也就变成了可能。

第一节　领导与领导者的影响力

一、什么是领导

孔茨认为，领导是领导者促使其下属充满信心，满怀热情地完成任务的艺术。[2]领导包括如下四个方面的内容：（1）领导是领导者对下属施加影响的过程；（2）领导作为一种组织行为，指向组织目标和任务；（3）领导作为组织导向行为，具备引导组织发展方向的作用，其中包括制定目标、制定规范和用人方面；（4）领导是领导者对下属进行激励和鼓舞的一种行为。

二、领导与管理的区别

日常生活中人们容易将领导与管理混淆。近年来学术界出现了将领导与管理看作独立体系加以研究的学术倾向，一般认为领导的功能是推进变革，而管理的功能是维持秩序。但对现代组织来说，管理与领导都是不可或缺的，需要两者的有效合作。领导与管理的具体区别可用表9-1体现出来。

表9-1　领导与管理的区别

类　型	产生方式	所处理的问题	主要行为	影响下属的方式	思维特点	目　标
领导	正式任命，或从群众中自发产生	变化、变革问题	开发愿景、说服、激励和鼓舞、制定目标和规范、用人	正式权威或非正式权威	直觉、移情、冒险、独处、创造	变革、建构结构、程序或目标，制定战略

续表

类　型	产生方式	所处理的问题	主要行为	影响下属的方式	思维特点	目　标
管理	正式任命	复杂、日常问题	计划、监督、员工雇佣、评价、物资分配、制度实施	正式权威	理性、规范、合作、安全、程序	稳定组织秩序，维持组织高效运转

例证 9-1：他适不适合做领导[3]

一天，某民营医药公司的老总前来找笔者，咨询有关公司管理和用人的问题。他谈到，当他的公司面临重大危机，资金周转不灵，急需资金帮助公司渡过难关时，一位员工挺身而出，拿出百余万元垫进来，帮助公司渡过了难关。老总很感激他，将他提拔为副总，主管营销和后勤，并分给他 5%的股份。副总性格稍为内向，办事认真、古板，让他负责装修，与预算相比还为公司节省了两万余元；让他主管后勤，每个月两部车的开销也能节省 800 多元。他做事很仔细，连汽车维修是在哪个汽修厂，他有时都打电话去核实。但是，他最近炒掉几个员工，使老总感到很不安。因为这些员工在老总看来都很不错。其他员工对副总也颇有微词，不少员工向老总反映，副总很小气，连 100 多元的应酬费有时都不给签单报销。如果还是让副总主管的话，有些优秀的员工就打算离职。副总主管营销一年多，业绩起色不大。为鼓励士气，老总给了副总 3 000 元，让他分发给下属，但他始终都没有分发下去。老总于是开始考虑，副总到底适不适合待在目前的职位上。最后，为稳定员工，老总只好自己又接管了营销。

从性格上分析，副总可能是略偏抑郁质的人，比较不适合做领导，但做一个管理者还是可以的。管理者是按章办事，如果公司制定了规范，让副总按规范签字管理，他是可以胜任的。但这个公司处于创业期，很多事情要领导说了算，无章可循，如果硬逼着一个管理者做一个领导者的工作，被提拔的管理者本人吃力不讨好、困惑不说，其领导工作的成效也大打折扣。

三、领导者的影响力

领导者是指实施领导过程的人。领导者的影响力即领导者影响下属接受目标或命令，自愿服从或强制服从的力量，可以分为职位性影响力（即与领导者的正式职位所赋予的权力相联系）和非职位性影响力（即与个人的品德、才智、经验、领导能力和过去的业绩相联系）。

约翰·佛伦奇（John French）和柏崔姆·瑞文（Bertram Raven）将影响力分为五

种：法定权、强制权、奖赏权、专家权和参照权。俞克和法尔比在此基础上增加了信息权。[4]表9-2列出了这六种影响力的内容和影响方式。

表9-2 六种影响力

六种影响力	含 义	影响力类型	内容和影响方式
法定权	领导掌握支配下属的职位和责任的权力，期望下属服从法规的要求	职位性影响力	任命、罢免等权力，具有明确的垂直隶属关系
强制权	领导随时可以为难下属，下属避免惹他生气	职位性影响力	对不服从要求或命令的人进行惩罚，使之惧怕，如批评、训斥、降薪、降级、解雇，是一种负性强化的方式
奖赏权	领导能给下属以特殊的利益或奖赏，下属知道与他关系密切有好处	职位性影响力	给合理的期望者分配有价值的资源，如鼓励、表扬、发奖金、晋级，是一种正性强化的方式
专家权	领导的知识和经验使下属尊重他，服从他的判断	非职位性影响力	专业知识在决策、运营等方面的影响，影响方向可能是平行或自下而上的
参照权	下属喜欢、拥戴领导，并乐意为他做事	非职位性影响力	人格魅力和社交技能使人欣赏、喜欢、服从，示范和模仿是影响的主要方式
信息权	领导掌握和控制对下属而言非常有价值的信息，下属依赖领导的信息分享而行事	职位性影响力	以是否分享信息作为奖惩的手段，领导掌握分享信息的主动权

第二节 领导特质理论

特质是相对稳定和连贯的个体特征综合体，包括人格、动机、能力、价值观、职业兴趣等[5]。从古希腊亚里士多德开始，领导特质理论（Trait Theories of Leadership）经历了由传统的领导特质理论向现代的领导特质理论的转变。传统的领导特质理论认为，领导者的素质是与生俱来的，不具备天生领导素质的人不能当领导。这个观点到20世纪70年代逐步为现代的领导特质理论所取代。人们认识到领导者的大多数素质是在实践中培养和养成的，因此，现代的领导特质理论家们根据现代企业的要求，提出了领导者素质的标准，并开发了相应的专门训练方法，以培养相关素质。迄今为止，领导者素质研究仍具有现实意义。人与工作、组织、环境相匹配理论的有效性支持了这一点。

一、西方领导特质理论的研究

早期的领导特质理论研究成功的领导者与他们所具备的特质之间的关系。斯多基尔（R. M. Stogdill，1904—1978）对1904—1970年间有关领导者素质的研究作了综述。[6] 他将找到的有关领导素质分为如下六大类：（1）身体特征，如体格强壮、精力充沛、充满活力、仪表出众、打扮整洁等；（2）社会背景，包括接受过高等教育和良好的社会地位等；（3）智慧和才能，如过人的智慧、专业知识和技能等；（4）性格，如自信、支配、进取、独立、自制、创造等；（5）工作特点，如渴望获得成就、责任感强、有事业心和以工作为荣等；（6）社会技能（如善于交际等）、有行政能力和能够与人合作等。

在排除了身体特质与成功的领导无关之后，领导特质理论家们认为某种心理或情感方面的特质与领导存在某种关系。文献中常提及的特质包括：智力、远见、坚毅、灵活、想象力强、道德、敢于冒险、风度好、精力充沛、知识渊博。

例证 9-2：韦尔奇的领导艺术[7]

在通用电气公司，从秘书到司机、工人，每个人都管韦尔奇叫杰克，并时常看到他急匆匆地穿过走廊，从底层货架上拿起他要买的东西。韦尔奇重视“底线”和结果是出了名的。当年他新官上任三把火，公开宣称凡是不能在市场维持前两名的实业，都会面临被卖或被裁撤的命运。裁起员工来，韦尔奇绝不心软。很多通用的员工抱怨韦尔奇要求得太严。无论在生产上打破过多少纪录，韦尔奇总嫌不够。员工就像挤干了汁的柠檬一样，被韦尔奇榨干了。

很多年前，有一位通用的中层主管在韦尔奇面前第一次主持简报，由于太紧张，两腿发起抖来。这位经理也坦白地告诉韦尔奇：“我太太跟我说，如果这次简报砸了锅，我就不要回去了。”在回程的飞机上，韦尔奇叫人送一瓶最高级的香槟和一束红玫瑰给这位经理的太太。韦尔奇的便条写道：“你先生的简报非常成功，我们非常抱歉，害得他在最近一个星期忙得一塌糊涂。”任何一个好的领导人，都应该懂得用“棒子和胡萝卜”去获得一个好的结果。在这方面，韦尔奇是高手。

在他人眼中，韦尔奇是一个既令人敬畏又从无废话的领导。无论是给雇员、经理、总裁，还是给董事会的董事的信函，韦尔奇从不用套话。对于韦尔奇手下 20 多名直接负责人来说，每一次加薪或减薪，每一份奖金，每一次优先认股权的授予，总要伴随着一次关于期望和表现的坦诚交谈。高级副总裁盖利说：“韦尔奇总能刚柔并济，恩威并施。当他交给你奖金或优先认股权时，他同时也会让你知道他在来年想要的东西。”

二、中国领导特质理论的研究

古代对国家栋梁之才的选贤标准体现在像唐太宗所主张的“德行学识”并重和荀子所提倡的“全、尽、粹”上。根据荀子的思想，“全”是指人的知识、才智和品质要完全、全面；“尽”是指人的知识、才智和品质要得到彻底、极度的发展；“粹”是指人的知识、才智和品质纯而不杂，精而不乱。[8]

从20世纪90年代开始，我国学者开始对中国领导人才的特质进行了概括和实证研究，采用了卡特尔16PF、CPI、大五人格、EPQ、MBTI等个性测量工具或者自编的个性测量工具。林琼，方俐洛（2002）调查发现中国领导人才的特质包括如下四个维度：（1）目标有效性；（2）才能多面性；（3）个人品德；（4）人际能力。[9]赵国祥（2002）调查发现我国政府党政机关处级领导的个性特质由责任心、情绪稳定性、社交性、自律性、决断性、创新性等六个因素组成。[10]对中国大型企业的领导者与非领导者群体的调查表明，领导力作为一种稳定的特质，具有很高的综合性，它主要包括开创性（包含决断性、风险承受、开放性、支配性和自信）、适应性（包含稳定性、压力忍受和内控）、自律性（包含持续性、责任心和自控）。[11]

例证9-3：王石的军人特质[12]

万科集团总经理王石1968年参军，1973年从部队转业，就职于郑州铁路局水电段，后供职于广州铁路局等机关单位，1984年组建万科前身，1988年任万科董事长、兼总经理。而万科于1984年创建，在1991年底务虚会上正式提出综合商社发展模式，到1992年底已经拥有55家公司，涉及服装、影视、房地产等13个行业，遍布全国38个城市，而1993年万科作出放弃多元化的决定，现在已成为真正意义上的单一业务上的房地产集团，并且只专注于开发居民住宅地产，完成了集团战略专业化的调整。1992年，万科所有的行业都是盈利的，并且保持着增长，而万科老总王石作出这样的决定无不受他本人军人特质的影响。

（一）坚强毅力的影响

万科的转型之路非常漫长，在这17年里，当遇到股民的质疑、管理层的不理解、竞争者的恶意竞争、业主的投诉等困难时，王石都没有放弃企业的转型。他抵住各方面的压力，从高档住宅写字楼到以中档居民为主，从全国撒网到专注京津沪特别是深圳，始终将房地产行业的领跑者作为万科的目标。王石的这份毅力带领万科成功地完成了从多元化到专业化的转型。

（二）谋略思维的影响

17年前，王石放弃了多元化，选择了专业化，而当时放弃的那些行业的利润占当时万科集团总利润的70%以上。放弃盈利行业，也许很多人都不能够理解王石的这一举措。但从长期的中国城市发展境况和市场经济的发展与完善等方面来看，房地产行业必将成为中国经济发展的主要支柱之一，而且企业必须集中优势资源，在行业中形成竞争优势，才能在市场中立足。万科的17年发展之路，证明了王石当时的选择是正确的，也见证了王石的过人的谋略思维。

（三）团队意识的影响

人才是万科的资本，在整个万科转型过程中，万科的成功也是一个团队的成功，王石在 1999 年成都房地产专题报告会上，强调持续培养专业化、富有激情和创造力的职业经理队伍，是万科创立和发展的一项重要使命。每年春节假期结束的前两天，二级公司老总和总部高层管理人员都会汇聚到一起，就公司的发展战略和管理客体进行探讨和研究，这就是万科的务虚会。从这些方面足见王石打造团队文化的意识，在转型路上一个人的力量是微薄的，只有团队才能创造万科的成功。

三、领导的道德

近年来领导的道德问题越来越受到研究者的关注。其原因主要有三个：（1）某些领导的道德问题（如性丑闻、贪污受贿、滥用权力）引起了公众的广泛关注，也引发了研究者的兴趣；（2）领导的道德缺陷影响了其领导的有效性，更有学者认为道德决定领导力。在组织过程内的领导有效性的研究方面，领导的伦理或者道德的重要性越来越受到重视。成熟的管理者认为领导的伦理行为是管理成功的主要原因。培恩（L. Paine）通过企业组织的调查发现，最受员工尊敬的领导的素质是诚实[13]；（3）人性化的关怀日益得到提倡，被领导者的权益和生活质量受到前所未有的关注。

领导有效性应当强调手段和目的的统一，但在实践中这种统一性经常被打破。通用电气公司的前总裁杰克·韦尔奇（Jack Welch）被认为是富有成效的领导者，为股东们带来了很好的回报，但每年的《财富》杂志都将他列为最令人憎恨的 CEO 之一。通过高强度工作的公司文化，比尔·盖茨成功地领导微软成为一家主导软件行业的公司，但微软文化要求员工长时间工作，这让那些想平衡工作和个人生活的人感到无法忍受。

自古以来，中国人历来重视领导者的道德问题，特别强调领导者应“德才兼备”。普通百姓对那些刚正不阿、大公无私、秉公办事的清官，备加称赞，而对欺压百姓的贪官污吏，则讽刺鞭挞、深恶痛绝。这种观念至今仍深深地影响着现代人的思想。一个领导者道德修养很差，尽管他很有才能，也很难得到人们的好感和支持。我国现行的领导干部的选拔和考核都非常强调道德的标准。如何考察一个人的道德以及了解其道德发展变化的规律，按照“德才兼备”的原则选拔领导，以及如何依法领导，对领导加强监督，是我国领导科学在新时期的重要研究课题。

例证 9-4：安然公司的财务丑闻[14]

美国安然公司成立于 1985 年，由美国休斯敦天然气公司和北方内陆天然气公司合并而成。首任董事长兼首席执行官肯尼斯·雷，是安然公司的主要创立者，他带领安然公司创造了一个即使在美国这样敢于冒险、富有创新精神的国家也绝少有人能够做到的商业神话。从1985年到2000年，安然公司的发展犹如坐上了火箭，短短15年的时间，就与通用、美孚、壳牌等百年老店平起平坐，成为一代商业巨擘。

然而，这一切是如此的短暂，当安然公司发表2001年第三季度亏损的财务报表后，安然帝国的崩塌就开始了。2001年10月16日，安然公司公布第三季度的财务状况，宣布公司亏损总计达到6.18亿美元，从安然公司走向毁灭的整个事件看，这次财务报表是整个事件的"导火索"。

2001年10月22日，The Street.com网站发表文章披露了安然与另外两个关联企业——Marlin2信托基金和Osprey信托基金的复杂交易，安然通过这两个基金举债34亿美元，但这些债务从未在安然季报和年报中披露。也就在这一天，美国证券交易委员会盯上了安然，要求安然公司主动提交某些交易的细节内容，并于10月31日开始对安然公司进行正式调查，至此，安然事件爆发。

在政府监管部门、媒体和市场的强大压力下，2001年11月8日，安然向美国证监会递交文件，承认做了假账：从1997年到2001年，共虚报利润5.86亿美元，并且未将巨额债务入账。

2001年11月8日，安然在承认做假之际，由于判断失误，在国债和原油市场上遭受双重损失；在同一时间，本打算兼并安然公司并为其负担130亿美元债务的迪诺基能源公司，也由于迫于外界舆论压力，放弃了收购，使安然公司失去了最后的救命稻草。再加上证券评级公司的雪上加霜，2002年1月15日，纽约证券交易所正式宣布，停止安然股票的相关交易。至此，安然这个曾经辉煌一时的能源巨人已完全崩塌。

商业巨人轰然倒塌，财务丑闻世人指责。首先遭到质疑的是安然公司的管理层，包括董事会、监事会和公司高级管理人员。他们面临的指控包括疏于职守、虚报账目、误导投资人以及牟取私利等。显然安然的高层对于公司运营中出现的问题非常了解，但长期以来熟视无睹甚至有意隐瞒，包括首席执行官斯基林在内的许多董事会成员一方面鼓吹股价还将继续上升，一方面却在秘密抛售公司股票。而公司的14名监事会成员有7名与安然关系特殊，要么正在与安然进行交易，要么供职于安然支持的非营利机构，对安然的种种劣迹也是睁一只眼、闭一只眼。

然后，一直隐藏在安然背后的合伙公司开始露出水面。经过调查，这些合伙公司大多被安然高层官员所控制，安然对外的巨额贷款经常被列入这些公司，而不出现在安然的资产负债表上。这样，安然高达130亿美元的巨额债务就不会为投资人所知，而安然的一些官员也可以从这些合伙公司中牟取私利了。

首任董事长兼首席执行官肯尼斯·雷亲手创造了一个商业神话，也亲手毁掉了它。正是成也萧何，败也萧何。

四、信任作为有效领导的基石

决定企业可持续发展的关键因素是企业能否建立一支高效敬业、团结合作的员工队伍，是企业在人力资源方面是否具有竞争优势。而诚信领导，则是影响企业人才竞争力进而决定企业可持续发展的基石。

所谓诚信领导，就是领导者在领导过程中能够表现出诚实守信、言行一致、表里如一、诚恳负责的品质或行为，从而有利于团体实现组织目标。诚信领导的核心，是通过领导者展现出的诚信品质或行为，影响下属的认知、态度及行为，进而有利于在组织中建立坦诚、互信、和谐的关系，提高组织成员对组织的认同感及归属感，激发员工的积极性和创造力，为组织打造一支富有竞争力的人才队伍创造条件。

诚信领导实际上包含了两个彼此相关的过程：一是领导者展现出诚信的品质或行为；二是下属表现出诚信的品质或行为。前者是因，后者是果。从企业推行诚信领导的过程来看，前者更为重要，也更为关键。所以组织能否成功实施诚信领导，主要取决于领导者能否展现诚信品质或行为。[15]

信任被认为是有效领导的基石，《高效工作的七种习惯》的作者可威（S. R. Covey）认为信任就如往“情感银行”投资。[16]更有学者认为，信任是企业竞争优势的一部分。信任如此重要，那么领导应当如何建立下属对自己的信任呢？表 9-3 第 2 列列出了十二条建议，第 3 列列出了相应的破坏信任的十二种做法。

表 9-3　建立信任的做法

序　号	建立信任的做法	破坏信任的做法
1	及时传递信息	控制或隐瞒信息
2	致力于建立建设性关系	远离价值和原则，关注容易产生问题的细节
3	不要隐藏计划	隐藏真实目标和意图
4	尊重并认可他人对关系的贡献	把交往关系看作是输或赢的关系
5	不要刻意隐藏自己的弱点	刻意隐藏自己的短处
6	明确对下属的要求和期望	不与下属分享自己的要求和期望
7	关系比牵扯到的个人更重要	我的就是我的，你的则可商量
8	要有长远的目光	把交往看作是交易
9	创造协同	强调劳动分工和过去
10	更好地理解自己和他人	孤立自我，通过他人工作
11	认识到并非关系的任何方面都是成功的	让人知道你有其他选择或潜在的伙伴
12	将问题看作是机遇	不惜代价保护自我

例证 9-5：说话算数

某玻璃制品有限公司的车间工人按件计酬，对于已有产品的生产已积累了相当的经验数据，计件单价容易确定并且比较合理。但对于一些新产品的生产，则由于缺乏数据，计件单价有时难以确定，或高或低。为此，在确定新产品的计件单价前，公司一般会抽调几个工人试行生产几天或者一到两周，然后根据工人的生产量来确定计件单价。一般熟练工人每月约能拿到1 200～1 500元。有一次生产某种新产品，公司试行生产后确定了计件单价并向生产工人公布，出乎意料的是工人在该月的生产量大大增加，按计件单价计算，公司要支付每个熟练工人约3 500元。公司老板是农民出身，生性敦厚，遵守原先的承诺，如数支付。对此，工人们对老板的信任感倍增。

第三节 领导行为理论

领导行为理论在于了解有效领导者的行为是否具有独特之处。领导行为理论的提出为领导者培训提供了广阔的天地，通过对具体行为的培训，可获得大量的有效领导者。

一、俄亥俄州立大学的研究

最全面且重复较多的行为理论来自于1945年俄亥俄州立大学斯多基尔和沙特尔提出的领导行为理论。通过收集大量的下属对领导行为的描述，他们将领导行为分为两个维度，分别称为结构维度和关怀维度。

结构维度（Initiating Structure）是指领导者更愿意界定和建构自己与下属的角色，以达成组织目标。它包括设立工作、工作关系和目标的行为。高结构特点的领导者向小组成员分派具体工作，要求员工保持一定的绩效标准，并强调工作的最后期限。

关怀维度（Consideration）是指领导者尊重和关心下属的看法和情感，更愿意建立相互信任的工作关系。高关怀特点的领导者帮助下属解决个人问题，友善而平易近人，公平对待每一个下属，并对下属的生活、健康、地位和工作满意度等问题十分关心。

以此为基础而进行的大量研究发现，高结构—高关怀的领导者常常比其他三种类型的领导者（即高结构—低关怀、低结构—高关怀、低结构—低关怀）更能使下属取得高工作绩效和高满意度，但并非总能产生效果。

二、密执安大学的研究

与俄亥俄州立大学的研究差不多同一时期，密执安大学调查研究中心进行了类似的研究。密执安大学的研究者也将领导行为划分为两个维度，分别称为员工导向和生产导向。员工导向领导（Employee-Oriented Leader）重视人际关系，他们总会考虑到下属的需要，并承认人与人之间的不同。相反，生产导向领导（Production-Oriented Leader）更强调工作的技术或任务事项，主要关心群体任务的完成情况，并把群体成员看作是达成目标的手段。[17]

密执安大学研究者的结论肯定了员工导向的领导者的有效性。他们认为，员工导向的领导者与群体的高生产率和高工作满意度成正相关关系；而生产导向的领导者则与群体的低生产率和低工作满意度联系在一起。

例证 9-6：请叫我元庆

1999—2000 年，杨元庆开始在联想集团公司实施亲情文化，以加强部门与人员之间的沟通与信任。当时电脑公司带“总”的级别有三四层，两百多位。杨元庆干脆采取“元总”称谓，“请叫我元庆”顿时成为他最著名的语录之一。

三、管理方格理论

管理方格理论（Management Grid Theory）是研究企业的领导方式及其有效性的理论，是由美国得克萨斯大学的行为科学家罗伯特·布莱克（Robert R. Blake）和简·莫顿（Jane S. Mouton）在《管理方格》[18]一书中提出的。这种理论倡导用方格图表示和研究领导方式。他们认为，在企业管理的领导工作中往往出现一些极端的方式，或者以生产为中心，或者以人为中心，或者以 X 理论为依据而强调靠监督，或者以 Y 理论为依据而强调相信人。为避免趋于极端，克服以往各种领导方式理论中的“非此即彼”的绝对化观点，他们指出：在对生产关心的领导方式和对人关心的领导方式之间，可以有使两者在不同程度上互相结合的多种领导方式。为此，他们针对企业中的领导方式问题提出了管理方格法，设计了一张纵轴和横轴各 9 等分的方格图，方格图的纵轴和横轴分别表示企业领导者对人和对生产的关心程度。第 1 格表示关心程度最小，第 9 格表示关心程度最大。全图总共 81 个小方格，分别表示“对生产的关心”和“对人的关心”这两个基本因素以不同比例结合的领导方式，如图 9-1 所示。

管理方格图中，1.1 定向表示贫乏的管理，对生产和人的关心程度都很小；9.1 定向表示任务管理，重点抓生产任务，不太注意人的因素；1.9 定向表示所谓俱乐部式管理，重点在于关心人，企业充满轻松友好气氛，不太关心生产任务；5.5 定向表示中间式或不上不下式管理，既不偏重于关心生产，也不偏重于关心人，完成任务不突出；9.9 定向表示理想型管理，对生产和对人都很关心，能使组织的目标和个人的需要最理想、最有效地结合起来。

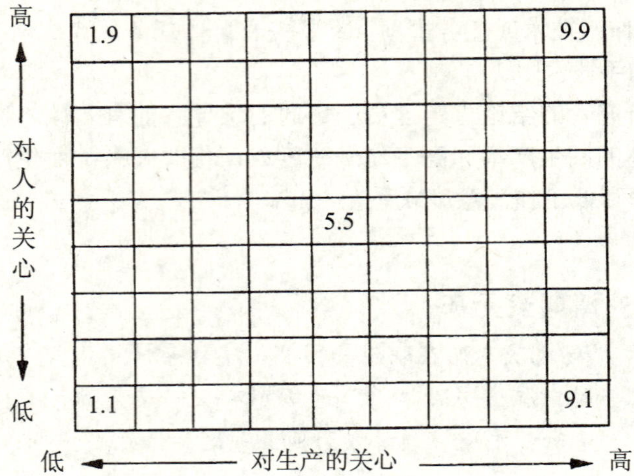

图 9-1　管理方格图

布莱克和莫顿认为，9.9 定向管理方式表明，在对生产的关心和对人的关心这两个因素之间，并没有必然的冲突。他们通过自由选择、积极参与、相互信任、开放的沟通、目标和目的、冲突的解决办法、个人责任、评论、工作活动等九个方面的比较，认为 9.9 定向方式最有利于企业的绩效。所以，企业领导者宜客观地分析企业内外的各种情况，把自己的领导方式改造成为 9.9 理想型管理方式，以达到最高的效率。

第四节　领导的权变理论

领导的权变理论认为，要找到一个适合于任何组织、工作、任务和下属的领导者特质或领导行为是不切合实际的，只能根据具体情况来确定有效的领导类型和方式。领导的有效性是领导者、被领导者、环境的函数。

一、菲德勒权变理论

美国学者菲德勒（Fred E. Fiedler）于 20 世纪 60 年代初提出了“有效领导者的权变模式”，简称菲德勒权变理论。[19]菲德勒认为，领导风格是影响领导效果的关键因素之一。每个领导者的领导风格由其人格特征决定，因而是相对稳定的，可以把“最不受欢迎的同事”问卷（Least-Preferred-Coworker，LPC；见本章末心理测试）作为测量工具加以鉴别，高 LPC 分数的领导者为工作取向型领导，而低 LPC 分数的领导者为关系取向型领导。

菲德勒认为，有效的领导行为依赖于情境对领导者是否有利。情境的有利程度由下面三种因素决定。

（1）领导者与下属的关系。关系好坏是指领导者受其团体成员喜爱、信任、乐意服从的程度。

（2）工作结构。工作结构以是否明确为指标，其内容包括：每位成员是否了解工作所需要的条件是什么，是否有实现目标的多种途径，是否有独特的处理问题的正确解决方案，是否清楚决策的正确性。

（3）领导者的职权。以强弱为指标，职权主要指领导者的职位有多少权力，有无雇佣、辞退、奖惩下属的权力，任职期限有多长，是否得到上级的支持等。在上述三种情境因素中，领导者与下属的关系最为重要。三种情境因素相互组合构成八种情境类型，如表 9-4 所示。

表 9-4　八种情境类型

情　境	1	2	3	4	5	6	7	8
领导者与下属的关系	好	好	好	好	差	差	差	差
工作结构	明确	明确	不明确	不明确	明确	明确	不明确	不明确
领导者职权	强	弱	强	弱	强	弱	强	弱
有利程度	最为有利	比较有利	比较有利	中等有利	中等有利	不太有利	不太有利	最为不利

研究表明，工作取向型领导在非常有利和非常不利的情境（情境 1、2、3、8）中，领导效果较好；关系取向型领导在中等有利的情境（如情境 4、5）中，最能发挥领导效率。

二、领导行为连续体理论

坦南鲍姆（R. Tannenbaum）和施米特（W. H. Schmidt）于 1958 年提出了领导行为连续体理论。[20]他们认为，经理们在决定何种行为（领导作风）最适合处理某一问题时常常产生困难。他们不知道是应该自己作出决定，还是授权给下属作决策。领导风格与领导者运用权威的程度和下属在作决策时享有的自由度有关。在连续体的最左端，表示的领导行为是专制的领导；在连续体的最右端表示的是将决策权授予下属的民主型的领导。在领导工作中，领导者使用的权威和下属拥有的自由度之间是一方扩大则另一方缩小的关系。坦南鲍姆和施米特将领导模式划分为高度专制、高度民主以及在高度专制和高度民主的领导风格之间的其他领导模式。

在上述各种模式中，坦南鲍姆和施米特认为，不能抽象地认为哪一种模式一定是好的，哪一种模式一定是差的。成功的领导者应该是在一定的具体条件下，善于考虑各种因素的影响，并采取最恰当行动的人。当需要果断指挥时，他应善于指挥；当需要员工参与决策时，他能适当放权。领导者应根据具体的情况，如领导者自身的能力、下属及环境状况、工作性质、工作时间等，适当选择连续体中的某种领导风格，才能达到领导行为的有效性。通常，管理者在决定采用哪种领导模式时要考虑以下三个方面的因素：（1）管理者的特征，包括管理者的背景、教育、 知识、经验、价值观、目标和期望等；（2）员工的特征，包括员工的背景、教育、知识、经验、价值观、目标和期望等；（3）环境的要求，包括环境的大小、复杂程度、目标、结构和组织氛围、技术、时间压力和工作的本质等。

根据以上这些因素，如果下属有独立作出决定并承担责任的愿望和要求，并且他们已经做好了这样的准备，他们能理解所规定的目标和任务，并有能力承担这些任务，领导者就应给下级较大的自主权力。如果这些条件不具备，领导者就不会把权力授予下级。成功的领导者应该在多数情况下能够评估各种影响环境的因素和条件，并根据这些条件和因素来确定自己的领导方式和采取相应的行动。

例证 9-7：松下幸之助的领导风格变化[21]

松下公司的创始人松下幸之助先生作为领导者，在公司脱离了生存问题进入发展期的时候，开始转变自己的领导风格，即从初创期的“笃信佛教”的家族式领导风格逐步向强化企业命运共同体建设，以“纲领、信条、七大精神”为基础的领导风格转变，这样的领导风格在管理系统中起到了不可多得的正面作用。同时，把培养人才作为重点，强调将普通人培训为有才能的人。而在20世纪30年代，松下公司已步入成熟期，其内部的管理体系得以确立，松下幸之助先生的领导风格再次转变，其积极成分构成了松下公司整体管理氛围的骨架，使其完全脱离了家族亲情式领导风格。随着企业规模的扩大，家族股权降到了3%以下，并确立了“自主自立的个人”、“建立培养专家型人才”和以“成果主义”为核心的人事制度，并配以适应经营环境变化的组织体制，领导风格最终平稳地完全过渡到制度化上，更加适应企业在未来的发展。

三、领导生命周期理论

科曼（A. K. Korman）将工作与关系两个领导行为维度与下属的成熟度结合起来提出了领导生命周期理论（Life Cycle Theory of Leadership）。[22]赫西（P. Hersey）和布兰查德(K. H. Blanchard)于 1976 年发展了该理论，提出了“情境领导理论”（Situational Leadership Theory）。[23]领导生命周期理论认为，领导类型应适应组织成员的成熟度。这里所指的成熟主要是指心理成熟。成熟度是指成就动机、承担责任的意愿（包括愿望、热情、信心）和能力（包括学识、技能和经验等），表 9-5 列出了成员不成熟和成熟的表现。随着组织成员由不成熟趋于成熟，领导行为应按以下四个步骤推移：高工作、低关系→高工作、高关系→低工作、高关系→低工作、低关系；相应的四种领导方式依次是：命令型→说服型→参与型→授权型，如图 9-2 所示。

表 9-5 成员不成熟和成熟的表现

不成熟的表现	成熟的表现
消极	积极
依赖	独立
有限的行为	多样的行为
对工作的兴趣肤浅	对工作的兴趣浓厚
目光短浅	目光长远
低的、从属的职位	高的、显要的职位
缺乏自知之明的	自我意识强的

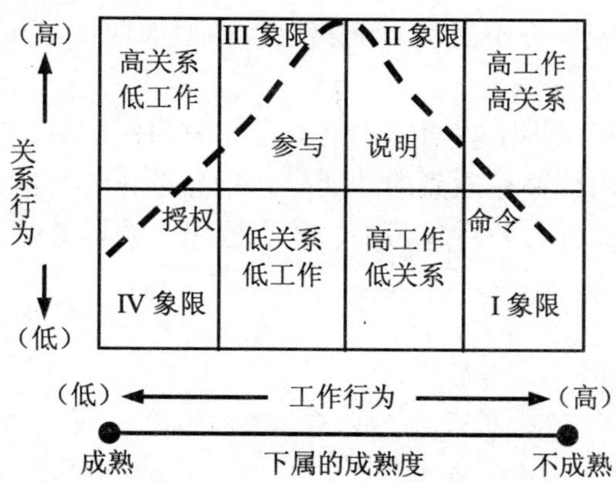

图 9-2 有效的领导方式

由图 9-2 可以看出，当下属很不成熟时，采用高工作、低关心的命令专制型领导方式最有效；当下属不太成熟时，采用高工作、高关心的说服教育型领导方式最合适；当下属比较成熟时，采用高关心、低工作的参与型领导方式最有效；当下属的成熟度相当高时，采用低工作、低关心的授权型领导方式最合适。

四、道路—目标领导理论

该理论由加拿大学者豪斯（Robert J. House）提出。[24]豪斯把期望理论与俄亥俄州立大学的领导行为理论结合起来，发展出道路—目标领导理论（Path-Goal Theories of Leadership）。豪斯等人认为，领导是激励下属的过程。领导者的责任就是通过明确指出实现工作目标的途径，来帮助下属并为下属扫清通向目标的各种障碍，从而使下属能够顺利达到目标。

根据道路—目标领导理论，领导者要激励下属，必须做到如下三点：（1）使下属认识到实现目标后所能获得的利益；（2）提高下属对实现目标的期望值，对下属做什么提出明确要求，帮助下属掌握实现目标的方法，使其明确通向目标的途径；（3）使下属的需要在实现目标的过程中得到满足，刺激他们的工作动机。为此，领导者必须根据下属的情况和环境的特点，采用不同的领导方式。以下是一些具体情境和相适宜的领导方式的例子。

例①：外控型下属（指依赖性比较强的人），对指导型领导比较满意。

例②：内控型下属（指相信自己能掌握命运的人），对参与型领导比较满意。

例③：对经验比较丰富或能力比较强的下属，授权型领导比较适合。

例④：对经验不足或能力比较差的下属，指导型领导比较适合。

例⑤：在工作性质和任务不明确，下属也不知道如何做，压力较大时，指导型领导比较适合。

例⑥：在工作性质和任务比较明确，下属也知道如何做时，支持型领导比较适合。

例⑦：当群体成员内部存在激烈的冲突时，指导型领导可能比较有效。

例⑧：组织中的正式权力关系越明确、越官僚化，领导者越应表现出支持型行为，减少指导型行为。

五、领导方式的选择

领导者的领导方式对领导有效性有着重要影响。按以任务为中心和以关系为中心两个维度，可将领导方式划分为四种，即影响型（高任务，高关系）、指导型（高任务，低关系）、合作型（低任务，高关系）、授权型（低任务，低关系），如图 9-3 所示。而影响型和指导型可归为集权型领导方式，合作型和授权型可归为民主型领导方式。在组织中采用何种领导方式最有效并无一定的规则，而应根据实际情况灵活调整，一般来说可以根据下述几种情况进行调整。

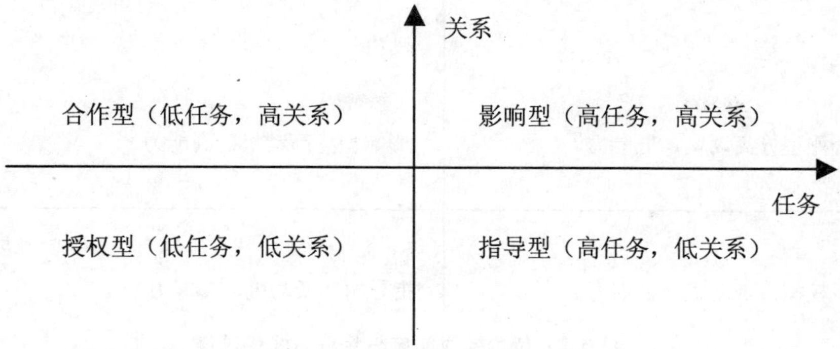

图 9-3　四种领导方式

（一）情况是否紧急

情况越是紧急（如危机处理），或者完成任务的急迫程度越高，越应采用集权型领导方式（影响型和指导型）。但这也并不尽然。如果任务复杂，非集体智慧不能解决，那就用民主型领导方式，如图 9-4 所示。

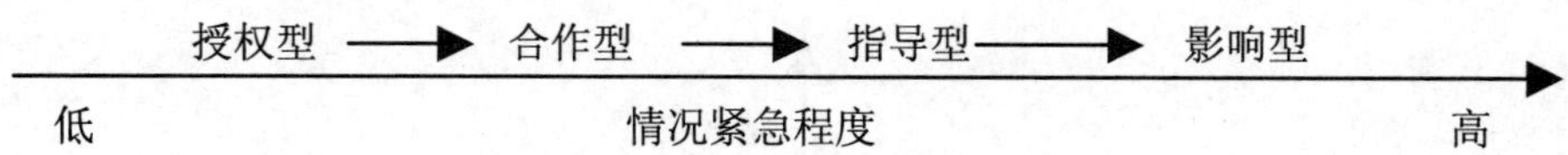

图 9-4　情况紧急程度与四种领导方式的选择

（二）任务是什么

任务越复杂、越重要、越有难度，或者任务比较明确，就应采用民主型领导方式（合作型和授权型）。这样可以集中集体智慧，增强集体战胜困难的意志力，增强预测事态变动的准确性，如图 9-5 所示。

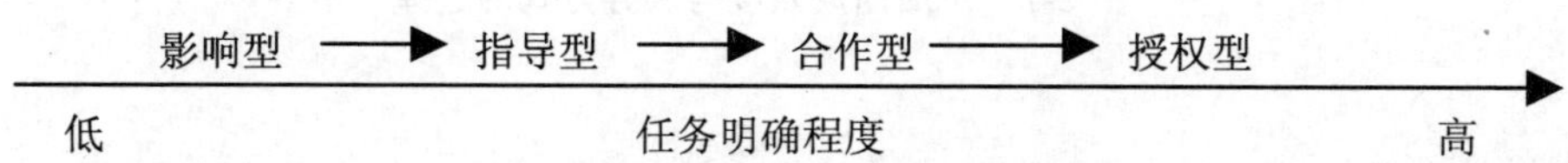

图 9-5　任务结构与四种领导方式的选择

（三）领导的成熟度

一般而言，领导能力越低，越应采用民主型领导方式（合作型和授权型）；领导能力越高，越应采用集权型领导方式（影响型和指导型）。当领导处于低动机、低能力的情况时，所谓的授权型领导实质上是变相的放任型领导，如图 9-6 所示。

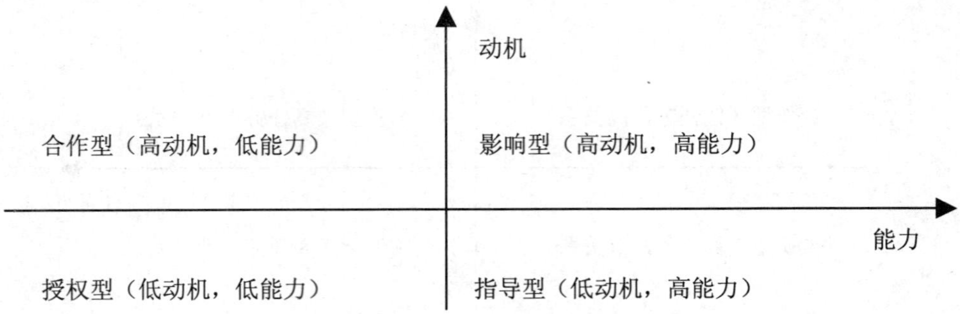

图 9-6　领导的成熟度与领导方式的选择

（四）下属的成熟度

对能力水平或任务目标的理解和熟悉程度比较高的下属，宜采用民主型领导方式（授权型和合作型）。这样可以充分调动下属的工作积极性，有效地完成任务。对于那些能力较低或习惯性地被领导的下属，宜采用集权型领导方式（影响型和指导型），然后再逐步向民主型领导方式转变，如图 9-7 所示。

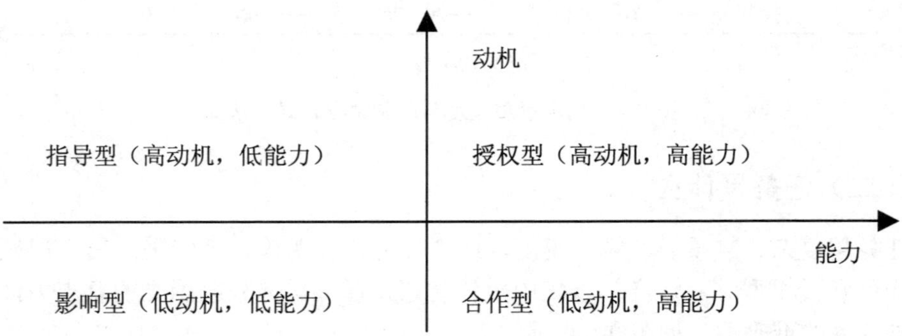

图 9-7　下属的成熟度与领导方式的选择

例证 9-8：柳传志的领导智慧[25]

柳传志认为，企业要发展，就必须争取追随者，这时领导者以身作则、身先士卒很重要。他说："创业的时候，公司的报酬低，能吸引谁呢？就只能凭着我多干、能力强、拿得少，来吸引住更多的志同道合的老同志。"

争取追随者必须做到以下三点：第一，"人行得正"。柳传志说："在公司里面，我对他们要求挺严格，大家还都信我，甚至离开公司想自己发展的人，也不会出去说联想不好。"

第二，要诚信。柳传志说：“要取信于领导，取信于用户和合作者，取信于员工。说到的事情一定要做到，要不然，你就别说。联想定的指标肯定是超额完成，谁也不敢说大话。另外，公司立的规矩一定要不管不顾地坚持。比如公司开会迟到罚站的规矩，传了十几年了，传下来不容易，因为不断地来新人，谁信这个。”

第三，用实践证明一切。柳传志说：“要部下信你，还要有具体办法，通过实践证明你的办法是对的。我跟下级交往，决定事情的时候有三个原则：（1）同事提出的想法，我自己想不清楚，在这种情况下，肯定按照人家的想法做；（2）当我和同事都有看法，分不清谁对谁错，发生争执的时候，我采取的办法是，按你说的做，但是，我要把我的忠告告诉你，最后要找后账，成功与否要有个总结。你做对了，表扬你，承认你是对的，我再反思我当初为什么要那么做；你做错了，你得给我说明白，当初为什么不按我说的做，为什么不认真考虑我的话；（3）当我把事想清楚了，我就坚决地按照我想的做。

第五节　领导理论的新进展和应用

近年来领导理论又有了新发展，主要包括领导—成员交换理论、领导替代模型、变革型领导理论。在具体实施领导的过程中，要学会选择与领导者、下属、任务、环境相适宜的领导方式。

一、领导—成员交换理论

领导—成员交换理论（Leader-Member Exchange Theory）由乔治·格里恩（George Graen）提出。[26]该理论认为，由于时间压力，领导者与下属中的小部分人建立了特殊关系。这些下属成为圈内人。一般地说，领导倾向于将个人特点（如年龄、性别、态度）与自己相似、有能力、性格外向的下属选为圈内人。他们受到信任，得到领导更多的关照，也更可能享有特权，得到的绩效评估等级更高，离职率更低，对领导更满意。而其他下属则成为圈外人，他们占用领导的时间较少，获得满意的奖励机会也较少。该理论认为，在领导者与某个下属进行相互作用的初期，领导者就暗自将其划入圈内或圈外，并且这种关系是相对固定不变的。

二、领导替代模型

科尔和杰迈尔创立的领导替代模型（Substitutes for Leadership）认为，在有些情景中，领导过程可能对下属没有产生影响，或者被其他因素替代。使领导过程失去作用的变量被称做“中和”因素。[27]例如，下属对领导者提供的报酬漠不关心会使领导者运用报酬影响下属的方法失效；领导与下属之间的物理空间距离远，容易导致下属没有太多的机会接受领导的指令与命令；领导本身缺乏权力会使下属减少对领导的依赖；组织的政策、效率太死板会使下属仅按工作准则办事而不求助于领导。使领导变得可有可无的变量被称做“替代”因素。例如，如果员工的能力强、经验丰富、知识面广，根本不需要领导告诉他们如何工作；如果工作任务明确、工作内容有趣并具有挑战性，领导的指导与鼓励便成了画蛇添足；如果工作团队凝聚力强、组织结构明晰（如标准化、正规化水平高），领导可能会成为多余人员。表 9-6 列举出了领导的一些中和因素和替代因素。

表 9-6　领导的中和与替代因素

因　　素	支持型领导	指导型领导
1．下属特征		
（1）经验与训练	替代	
（2）职业化	替代	替代
（3）对组织报酬漠不关心	中和	中和
2．任务特征		
（1）任务明确	替代	
（2）反馈直接	替代	
（3）工作任务挑战性强	替代	
3．组织特征		
（1）团队有凝聚力	替代	替代
（2）领导缺乏权力	中和	中和
（3）标准化与正规化	替代	
（4）组织缺乏灵活性	中和	
（5）领导与下属空间距离远	中和	中和

三、交易型领导与变革型领导

交易型领导者（Transactional Leader）通过明确角色和任务要求来指导和激励下属朝着既定的目标努力，根据下属表现的恰当性对下属加以奖励或约束。前面所讲的大多数理论如俄亥俄州立大学的研究、菲德勒的权变模型、道路—目标理论等谈的都是交易型领导者。

另一种类型的领导者是变革型领导者（Transformational Leader）。[28]他们鼓励下属要把组织的利益放在自身利益之上，并能够对下属产生深远而不同寻常的影响。表 9-7 描述了交易型领导者与变革型领导者各自的特点。交换型领导与变革型领导的分歧在于交换型领导者既未将员工的需求个人化，也不关注其个人成长，他强调的是“交换”，而变革型领导强调“改变”。交易型领导者通过与员工的交易而获得合作，并监督这种交易关系；而变革型领导者以魅力和预测性沟通为基础，在愿景的实现过程中同时使个体在工作能力、道德水平上得到提升和自我完善。

表 9-7　交易型领导者与变革型领导者的特征

交易型领导者	变革型领导者
• 权变奖励：努力与奖励相互交换原则，良好绩效是奖励的前提，注重成就 • 通过例外管理（主动）：监督、发现员工的不符合规范与不标准的行为，并使其改正 • 通过例外管理（被动）：等到偏差、错误出现，才进行干预，采取正确行动 • 自由放任：放弃责任，回避决策	• 领导魅力：榜样，牺牲自我，行动一致，高道德标准 • 感召力：为下属工作提供意义和挑战，热情乐观，使下属预见不同的未来，通过言行激励下属 • 智力激发：提出假设，重新定义问题，用新视角和方法处理老问题；从不公开批评下属的过失；对事不对人 • 个性化关怀：把下属当作一个完整的人，而不是仅当作雇员看待，平等对待每一个人，并根据其不同情况给予培训、指导和建议

有学者认为通用电气公司前任总裁杰克·韦尔奇就是名副其实的变革型领导，曾国藩则是典型的交易型领导。[29]有些领导虽具备变革型领导的某些特征，但并非变革型领导，有时甚至是变态的变革型领导，像希特勒、墨索里尼就是这样的例子。就变革型领导而言，领导魅力和智力激发对额外努力、领导的满意度和领导者有效性有正面的影响，个性化关怀对额外努力有正面的影响。[30]

例证 9-9：戴尔的人生目标

戴尔公司（http://www.dell.com）的总裁戴尔（Michael Dell）于 1984 年创业时仅有 1 000 美元。2003 年，戴尔公司拥有 46 000 名员工，销售额达 414 亿美元。他曾被《财富》杂志誉为全球十大杰出商业领导人之一。他为什么能够如此成功？按他自己的话来说，他 19 岁就有了人生的目标——将计算机直接卖给用户。这就是他成功的奥秘之一。

例证 9-10：张瑞敏的梦

海尔（http://haier.com.cn）最初的技术是从德国利勃海尔引进的，后来当人们问利勃海尔的老板为什么海尔能够后来居上的时候，他非常简单地回答道："因为海尔有个梦，而我们没有。"什么是"梦"？梦就是梦想，就是理想，就是远大的抱负。张瑞敏的这个梦就是"敬业报国"，就是"振兴中华"。有了这个理想，就有了远大的目标，就有了不断提升的高标准；有了这个理想，就有了激情，就有了不竭的动力；有了这个理想，就有了顽强的意志，就有了克服困难的勇气；有了这个理想，就有了处理各种矛盾的标尺，就有了良好的内外环境。

四、E-领导

E-商业（E-business）是指通过信息媒介进行买卖和办公（前台和后台），以此为导向或动力的现代商业。全球商业变化的动力经由20世纪70年代的石油禁运和贸易不平衡，80年代的敌意收购、裁员和私有化，90年代的流程再造和ERP变革，到了21世纪的E-商业。推进变革的领导必须适应这种变化，与E-商业相适应的领导方式称为E-领导（E-leadership）。E-领导面临的问题包括：如何利用知识管理策略和信息技术，快速和有效地将新的信息注入组织？如何带领跨功能团队将远景付之实践？如何创建快速和高效的组织？如何领导新型员工（如知识型员工、在家工作的员工）以及多元化员工？如何留住人才？如何克服组织变革的阻力？

奇思乐总结了E-领导应该具备的某些特征。[31]

（1）乐于面对复杂性、模糊性和不确定性。

（2）为实现目标，愿意无私奉献。

（3）强烈反思，包括自己的失败。

（4）隐藏对懈怠和官僚的过分憎恶。

（5）非常好奇，能够终身学习。

（6）经常大胆而又理性地冒险。

（7）因心中价值和不可动摇的信念而信心百倍。

（8）能够培养和留住人才。

（9）善于建立和领导组织外围的人际网络。

五、对新型员工和新生代员工的领导

（一）对新型员工的领导

由于信息技术的迅猛发展，人类社会开始进入一个全新的社会经济形态——知识经济时代。在知识经济时代，知识成为最重要的经营资源，知识管理成为企业管理的核心。知识经济的动力是掌握知识的员工，知识型员工才是企业最重要的财富资源，他们是一种新型员工。知识型员工对企业财富的贡献不限于网络企业，所有不同行业的大小企业要在知识经济时代立足，都不得不关注如何认识、培养、领导和管理知识型员工的问题。

领导知识型员工的新挑战源自知识工作的特殊性，主要包括三个方面：知识型员工的流动性、工作环境的不确定性、成果的无形性。知识型员工的领导有别于一般员工的领导，这是信息时代给领导科学提出的新课题。

此外，在家工作的员工是另一类新型员工。在家工作的员工具有自主、工作时间富有弹性、与上司见面少等特点，如何对他们实施有效的领导也是一个值得探讨的课题。

（二）对新生代员工的领导

新生代员工是指1980年以后出生的员工，与老一代员工相比较，他们更多地关心弹性的工作方式、被真诚地对待、良好的合作伙伴、学习和成长的平台、透明的激励机制以及真诚善意的引导。面对新生代员工，领导者需要改变领导方式[32]。以下是对新生代员工有效的领导方式：（1）别再教训下属，做他们的教练；（2）给予挑战而不是命令；（3）设定目标时是管理者，执行过程中是帮助者；（4）设置企业内的“游乐场”；（5）建立个人及团队成长蓝图；（6）满足新生代员工的创业梦想；（7）掌握恰当的激励技巧。

本章小结

- 领导是指领导者对下属施加影响以完成他们的目标和任务的过程，它与管理具有一定的区别。
- 领导理论的发展经历了特质理论、行为理论和权变理论三个阶段。
- 领导特质理论经历了由传统的领导特质理论向现代的领导特质理论的转变。传统的领导特质理论认为，领导者的素质是与生俱来的，而现代的领导特质理论认为领导者的大多数素质是在实践中培养和养成的。
- 领导行为理论在于了解有效领导者的行为是否具有独特之处，可以区分为员工导向行为和任务导向行为。领导行为理论的提出为领导者培训提供了广阔的天地，通过对具体行为的培训，可获得大量的有效领导者。
- 领导的权变理论认为，要找到一个适合于任何组织、工作、任务和下属的领导者特质或领导行为是不切合实际的，只能根据具体情况来确定有效的领导类型和方式。
- 领导—成员交换理论是指领导倾向于将个人特点（如年龄、性别、态度）与自己相似，有能力、性格外向的下属选为圈内人。他们受到信任，得到领导更多的关照，也更可能享有特权，得到的绩效评估等级更高，离职率更低，对领导更满意。

- ◆ 科尔和杰迈尔创立的领导替代模型认为，在有些情景中，领导过程可能对下属没有产生影响，或者被其他因素替代。
- ◆ 交易型领导者通过明确角色和任务要求来指导和激励下属朝着既定的目标努力，根据下属表现的恰当性对下属加以奖励或约束。变革型领导者鼓励下属把组织的利益放在自身利益之上，并能够对下属产生深远而不同寻常的影响。

思考练习题 9-1：简答题

1. 什么是领导？领导与管理有何区别与联系？
2. 领导理论的发展主要经历了哪三个阶段？
3. 简述领导的权变理论。

思考练习题 9-2：单项选择题

1. 对经验不足或者能力比较差的下属，下面哪种类型的领导比较合适（　　）。
   （1）参与型　　（2）授权型
   （3）指导型　　（4）支持型

2. 有学者认为，历史是由伟人创造的，这种领导的伟人论（Great Man Theory）类似于（　　）。
   （1）领导的行为理论　　（2）领导的特质理论
   （3）领导的权变理论　　（4）领导的生命周期理论

3. 以下四位名人，（　　）是真正的变革型领导。
   （1）曾国藩　　（2）杰克·韦尔奇
   （3）希特勒　　（4）墨索里尼

心理测试 9-1：“最不愿与之共事的同事”（LPC）分级表

想一想和你一起共事最难把工作干好的那个人吧。他可以是现在和你一起工作的人，也可以是你过去认识的人。他未必一定是你最不喜欢的人，却是和你一块最难把事办成的人。请你描述一下对你来说，他是什么样子的。请用图 9-8 菲德勒的 LPC 问卷中的 16 对意义截然相反的形容词来描述他。每对形容词间分成 8 个等级，除由这对形容词所代表的两种极端情况外，还有一些中间状态。请圈出最能代表你要描述的那个人的真实情况的等级数。

如果你的小计分是 64 分或更高，你就可以算是一位把处理好与人的关系放在首位的领导，小计分是 57 分或更少，你就是一位更重视完成任务的领导。本测试约需 5 分钟。

快乐 —— 8 7 6 5 4 3 2 1 ——不快乐
友善 —— 8 7 6 5 4 3 2 1 ——不友善
拒绝 —— 1 2 3 4 5 6 7 8 ——接纳
有益 —— 8 7 6 5 4 3 2 1 ——无益
冷淡 —— 1 2 3 4 5 6 7 8 ——热情
紧张 —— 1 2 3 4 5 6 7 8 ——轻松
疏远 —— 1 2 3 4 5 6 7 8 ——亲密
冷漠 —— 1 2 3 4 5 6 7 8 ——热心
合作 —— 8 7 6 5 4 3 2 1 ——不合作
助人 —— 8 7 6 5 4 3 2 1 ——敌意
无聊 —— 1 2 3 4 5 6 7 8 ——有趣
好争 —— 1 2 3 4 5 6 7 8 ——融洽
自信 —— 8 7 6 5 4 3 2 1 ——犹豫
高效 —— 8 7 6 5 4 3 2 1 ——低效
郁闷 —— 1 2 3 4 5 6 7 8 ——开朗
开放 —— 8 7 6 5 4 3 2 1 ——防备

图 9-8　菲德勒的 LPC 问卷

管理游戏 9-1：他的授权方式[33]

形式：8 人一组为最佳

时间：30 分钟

材料：眼罩 4 个，20 米长的绳子一条

适用对象：全体参加团队建设及领导力训练的学员

活动目的：让学员体会及学习，一位主管在分派任务时通常犯的错误以及改善的方法。

操作程序：

（1）教师选出一位总经理、一位总经理秘书、一位部门经理，一位部门经理秘书，四位操作人员。

（2）教师把总经理及总经理秘书带到一个看不见的角落而后给他说明游戏规则（参见书末参考答案部分）。

问题讨论：

1．如果你是操作人员，你会怎样评价你的这位主管经理？如果是你，你会怎样来分派任务？

2．如果你是部门经理，你对总经理的看法如何？对操作人员在执行过程中看法如何？

3．如果你是总经理，你对这项任务感觉如何？你认为哪些方面是可以改善的？

管理游戏 9-2：影视拓展

游戏目的：了解团队文化的形成和发展规律

材料：电视剧《亮剑》中李云龙的部分片段

时间：50 分钟

问题讨论：

1．谈谈李云龙的个性特点和独立团的文化特点。

2．团长李云龙对独立团的文化形成有何影响？谈谈你对“团队文化=老板文化”的理解。

案例分析 9-1：本田宗一郎的领导方式[34-35]

本田宗一郎于 1906 年出生在日本滨松市磐田郡光明村，家中共有兄弟姐妹 8 个孩子。作为大哥，宗一郎从小就得看护其他 7 个弟弟妹妹，但是他偏偏特别贪玩，因此没少挨骂。父亲是个铁匠，因此很看重时间，所谓“趁热打铁”就是抓住最好时机下锤，这样打出的铁才是好铁。在父亲的潜移默化的影响之下，宗一郎虽然调皮爱玩，但也逐渐养成了严守时间的习惯。1922 年，他小学毕业后，从乡下来到东京进入汽车修理厂当学徒。他对机械技术非常感兴趣，很快成为了优秀的修理工，而且在 1928 年他曾独立开办过汽车修理厂，经营得非常成功。1934 年，他关闭了修理厂成立了东海精密机械公司，并生产活塞环，产品的主要买主为丰田公司。由于宗一郎不愿永远为别人做嫁衣裳，1945 年他把公司出售给丰田公司。1946 年，他创建本田技术研究所，并开始生产摩托车。宗一郎在复杂的环境中，苦心经营，花费一生精力，终于创建出了世界一流的企业。1973 年，66 岁的宗一郎辞去董事长职务，选择退休，把公司的经营权交给了河岛喜好，一个与自己没有丝毫血缘关系的年轻人，自己过起恬淡的生活，这件事惊动了整个世界！因为宗一郎认为，企业是社会的，而不是个人所有的，所以他并不觉得这么做有何不妥。

（一）充分尊重个人，公平合理授权

早在经营东海精密机械公司时，宗一郎就能很好地与性格完全不同的人一道工作，并以此作为自己的工作信念。他认为同类型的人固然好相处，易交往，但要把一个公司办下去必须有各种类型的人才行。

为了保证权力确实能够交给有能力的人，在企业中担任领导人的亲属一律不得进入公司工作。本田变成大企业后这个原则依然保留着，中途录用者占职工人数的一半，混血主义的实施，保持了公司的创造力。

进入公司，无论是高级干部还是一般职工均以“先生”相称，而不是以职务相称。公司董事没有个人单独的办公室，而是共同使用一个大房间。

宗一郎的语录“为自己工作”是这种尊重个人精神的高度概括。他告诫职工不要考虑向公司宣誓忠诚，而是要为自己工作；在本田这种尊重人的精神到处可见，如人员安排、调动贯彻“自我申请制”就是这种精神的体现之一。

（二）避免发圣旨，公司要集思广益

即使身为创业家，本田宗一郎也没有把自己创立的企业视为个人资产，而是把先进的“公司治理”贯彻到企业的经营中。他认为“公司是属于大众的，是天下人的公器，并非一个人独占的公司”，因此绝对不能将公司当作私器，他甚至不让自己的儿子进入本田汽车。他认为给公司起名叫“本田”是他一生最大的遗憾。另一方面，身为技术天才，本田宗一郎对自己的技术有绝对的信心，但对于经营方面却没有什么概念。因此，他决定物色一位和他性格完全不同的人来共同经营事业。

在本田宗一郎的生涯中，最重要的事业搭档是藤泽武夫。1949 年，两人第一次见面就有一种看对眼的感觉，此时创立本田刚满三年的本田宗一郎 42 岁、藤泽武夫 38 岁。最开始的七年，他们每天都一起行动，同时不断地沟通，将本田汽车的企业理念彻底讨论清楚。他们讨论本田公司的未来发展远景，促膝交谈，通宵达旦，有时也讨论新宗教问题。藤泽每次见到宗一郎都会听到他充满自信的那句口头禅：“我一定要把本田公司搞成世界一流的摩托车厂，我一定要实现这个梦想。”藤泽被宗一郎的梦想征服了，并开始为实现远大理想而发愤图强。藤泽暗下決心：“我的工作是为宗一郎的梦想铺设轨道，只要架设起坚不可摧的轨道，并行驶在这条轨道上，那么梦想肯定会实现。”

有趣的是，默契建立以后，本田便充分授权给藤泽，此后两人不常见面，甚至不称彼此的姓名和职称，而以彼此居住的地方相互称呼。在藤泽武夫眼里，本田宗一郎是“一将功成万民生”的领导者，而不是“一将功成万骨枯”的独裁者。他认为“搞一言堂，就是搞独裁的开始。”公司是集思广益的地方，不是运作权力的地方。

宗一郎与副社长藤泽武夫在公司稳定之后，就选择不再参加董事会的会议。因为一参加就免不了发言，而发言又成为众人心中的圣旨，大家都不敢违背，如此一来，开会就失去意义。因此，本田宗一郎认为，不参加会议反而更能发挥集思广益的效果。

（三）用团队决策，奠定国际地位

1965年，在本田技术研究所内部，人们为汽车内燃机是采用“水冷”还是“气冷”的问题发生了激烈争论。本田是“气冷”的支持者，因为他是领导者，所以新开发出来的N360小轿车采用的都是“气冷”式内燃机。

1968年，在法国举行的一级方程式冠军赛上，一名车手驾驶本田公司的“气冷”式赛车参加比赛。在跑到第三圈时，由于速度过快，赛车失去控制，撞到了围墙上。紧接着，油箱爆炸，车手被烧死在里面。此事在社会上引起了巨大反响，本田“气冷”式N360汽车因此销量大减。

这时，本田技术研究所的技术人员要求研究“水冷”式内燃机，但却仍被本田宗一郎拒绝。一气之下，几名主要的技术人员决定辞职。本田公司的副社长藤泽意识到了事情的严重性，就打电话给本田宗一郎：“您觉得您在公司是当社长重要呢，还是当一名技术人员重要呢？

本田宗一郎在惊讶之余回答道：“当然是当社长重要啦！”

藤泽毫不留情地说：“那您就同意他们去搞冷水引擎研究吧！”

本田宗一郎这才省悟过来，毫不犹豫地说：“好吧！”

在这个重要时刻，即使本身抱持着对技术的执拗，本田宗一郎还是用简短的两句话，展现出了尊重团队的领导智慧，也使本田得以重启研发生机。而后，本田汽车在1971年成功开发低公害CVCC引擎，从此奠定了国际地位。配备CVCC引擎的喜美（Civic）问世，更成为畅销全球的明星车款。为此，这几个当初想辞职的技术人员均被本田宗一郎委以重任。

（四）应对危机，全力以赴

1954年，因为宗一郎决策失误，向银行借贷巨款，而市场的变化使得投资效益无法立即得到实现，公司负债沉重，生产资金短缺。同时，“理想”等型号摩托车的质量问题引起消费者的不断投诉，销售额直线下降。

这时的宗一郎临危不惧，他让藤泽借来大笔优惠贷款维持局面，自己则把全部精力放在改进“理想”号上，几乎到了痴迷的地步。有次做梦的时候他忽然想出了一个新的技术方案，赶忙记录下来，天不亮就去试验，结果竟真的成功了！为此他和藤泽都激动得哭了！事后，宗一郎感慨万分：“人没有刺激和压力就不会进步，困难痛苦时产生的智慧才是最可贵的！”就是在这种动力的支持下，宗一郎不顾同行的蔑视和耻笑，参加了1959年世界最高水平的摩托车TT赛，惨败却不灰心，不断地改进技术，终于在1958年的TT赛上获得了第6名，在1961年的赛事上获得了冠军。

（五）真情流露，“宗一郎之泪”

本田宗一郎是个率真的领导者，他的直率也表现在“哭”这件事情上。几次有名的“宗一郎之泪”，包括1951年完成日本第一台成功登上箱根山的机车、1961年在国际赛车锦标赛上，包办第一到第5名的殊荣等的“喜极而泣”。

1973年退休之后的本田宗一郎，其实并没有闲下来，而是带着一个男秘书巡回日本与世界各地的本田公司，只为一一向员工握手致意，感谢他们对本田的付出。

在“感恩行脚”里一场场的握手会，他的手被握肿了，有人劝本田宗一郎戴副手套。他说：“我想亲口对这些努力的人道谢。”行脚期间，他留下数不尽的感恩的眼泪，展现了真性情。本田宗一郎留给众人的一句话是：“因为大家，才有本田；因为你们，才让我有一段如此美好的人生，谢谢大家。”

相关讨论：

1．本田宗一郎的领导风格有何特点？本田宗一郎是不是一位好的领导者？

2．本田宗一郎和藤泽武夫作为高层领导团队，在领导本田公司的发展过程中他们是如何形成优势互补的？

案例分析9-2：华为总裁任正非的特质[36]

《走出华为》折射出任正非特殊的领导方式，《华为的冬天》透露出任正非始终的危机意识，《我的父亲母亲》述说着任正非的至孝至忠。这就是任正非，一个领袖式典型的中国企业的领导，一个变革型的领导，一个以自己的人生准则感性地影响员工，同时又异常重视科学管理的理性的领导者。

（一）能力

1．学习能力

任正非的学习能力相当出众，这突出表现在他求学期间自学了三门外语，从军期间做出了大量技术发明创造并两次填补了国家空白。创立华为之初，这种学习能力显得尤为重要。华为的定位是自主研发，任正非作为创立者不可避免地需要学习一些IT业的最新技术，了解当时全球IT产业的发展状况，并以此为基础确定华为的战略方向。随着华为的发展壮大，任正非更需要不断学习先进的管理思想和技术，以适应企业的发展并领导其健康稳步前进。以今天华为的发展情况来看，任正非的学习能力毋庸置疑。

2．战略眼光

华为应该继续专注于一个领域还是将触角伸向其他领域？是继续做通信网络还是发展终端产品？企业的发展方向有赖于一个具有战略眼光的领导者。任正非在这一点上也是合格的，华为做通信网络设备的选择使它得以持续发展，乃至在国际市场上占得一席之地，继而建设了3G网络。华为一步步稳扎稳打应该说是任正非在市场变化上的战略眼光的功劳。

3．发现缺点的能力

这是有效领导者必备的能力之一。在一个看似运转良好的企业中、在获益几十亿飞速发展的光环下，能够发现企业的短板，这需要领导者冷静地分析和具有自我批评的精神。任正非在这一点上做得很好，每年为员工敲警钟、提出缺点，也指出改进的方向，让企业获得了继续发展的动力。

4．人际交往能力

领导者向下属传递自己的目标并能使下属愿意追随自己为目标奋斗，这种沟通反映出人际交往的能力。任正非通过“危机管理”和个人魅力使下属认同自己的目标、跟随自己，通过严格的制度、严厉的批评和慈爱的关怀让员工坚定信念，当然，不自私的品质也让他的员工无怨无悔地为华为效力。

（二）人格

1．孝敬

《我的父亲母亲》中任正非的真情流露震撼人心。作为长子，在与父母同甘共苦的日子里，他继承了父母为人的原则，因袭了父母的优秀品质，对父母的感恩之情更是在他心中生根发芽。孝，本是人性中最原始最自然的感情，是每个人理所应当具有的品质，但处在一个金钱至上、物欲横流的大背景下，却成为了一种可贵的人格。孝敬本身与领导并无多大关系，但这种品质却是增加领导者人格魅力的砝码，从中流露出的浓浓的人情味让领导者变得可敬。

2．低调

任正非的低调早已广为人知，这或许与他早年的生活经历有关。父母在文革期间受打压，自己在部队时也因政治成分问题而得不到应得的奖励，久而久之养成低调的性格。任正非个人的低调随着他对华为的领导渗透下去，成为了华为的低调的文化。低调也不再仅是任正非的性格，而成为了一种领导风格。有很多媒体记者抱怨说任正非总是不接受采访，有点不近人情。而任正非解释说：“我为什么不见媒体，因为我有自知之明。见媒体说什么？说好恐怕言过其实；说不好别人又不相信，甚至还认为虚伪，所以还是不见为好。因此，我才耐得住寂寞，甘于平淡。我知道自己的缺点并不比优点少，并不是所谓的刻意低调。”他还说：“媒体记者总喜欢将成绩扣到企业老总一个人头上，以虚拟的方法塑造一个虚化的人，不然不生动。我不认为自己像外界传说的那样有影响力，只是很敬业、无私、能团结人而已。这些年华为能有一点成绩，是在全体员工的团结努力，以及核心管理团队的集体领导下取得的。只是整个管理团队也很谦虚，于是就把一些荣誉虚拟地加到了我的头上，其实难副。”

3．危机感

任正非的危机意识同样根植于早年生活，三年自然灾害中的艰难生存和文革期间承受的精神压力培养了他这种危机感。与低调的性格相同，危机意识也属于任正非的专利，他甚至是有意识地将危机意识应用于华为的管理中，形成独特的“危机管理”的领导方式。

4．坚定执著

任正非的坚定执著是贯穿他始终的品质。大学时能把樊映川的高等数学的习题从头到尾做两遍，这是执著；从军时能排除万难做出那么多科技创新，这是执著；创建华为时能翻越一个个高潮和低谷始终如一，这是执著。对目标、对事业的执著当属有效领导者必备的品质之一，任正非不仅自己做到了，也带动他的下属坚定不移地追求华为的不断进步。

5．责任感

任正非在《我的父亲母亲》中提到，华为不必公示社会，但须“对政府负责，对企业的有效运行负责”。大而观之，任正非有一种以天下为己任的情怀，无论是效忠军队还是要求企业履行责任，都反映了他对这个国家的责任感。细而观之，他日日呕心沥血为企业操劳，千方百计保障企业的生存发展，也体现了他对企业、对员工、对自己事业的强烈的责任感。

6．不自私

这是任正非对自己的评价。不自私的品质源于三年自然灾害时期家中严格的分配制度，这种近乎残酷的制度保全了全家 9 口人的性命，也在任正非的生命中刻下烙印。也许在他心中，不自私就等于生存。只有不自私，只有利益共享，只有保证每个人都有饭吃，整个集体才能在严酷的环境中生存，才能保证没有人掉队，才能保证集体完整。

任正非的这些优秀品质保证了他对华为的有效领导和华为的发展，但华为管理中存在的问题似乎也映射了任正非的部分人格品质与领导的需要不协调的一面。

7．过重的危机意识

激发员工的危机意识是任正非实施有效领导的一把利剑，但它也是一把双刃剑。任正非自身过重的危机意识使得华为成为一个“寄居”的企业，员工感觉不到家的温馨，更多的是处于一种恐慌状态，承受着巨大的心理压力，身心俱疲。同时，频繁的岗位甚至职位调动，使员工长期旅居他乡，时时处于陌生的环境中，这不是每个人都能适应的生活方式。从这个角度看，过重的危机意识似乎不是有效领导者应有的。

8．过于宽厚

21 世纪之初，华为就面临了人员过多的压力，甚至可称得上一次危机。任正非写的《华为的冬天》和一年一度的告员工书之类的文章中无数次提出裁员的必要性，宣传得人心惶惶，却始终未见实施（《走出华为》）。任正非的宽厚为怀的性格在其中起了极大作用。他的不自私和宁可同甘共苦、不丢一兵一卒的信念使他勒紧裤腰带也不愿赶走员工。

相关讨论：

1．通过上述案例，你认为任正非具有哪些领导特质？

2．在任正非的领导特质中，你认为哪一点对他的成功最为重要？

参考文献

[1] 刘世英．谁认识马云[M]．北京：中信出版社，2006.

[2] （美）海茵茨·韦里克，哈罗德·孔茨．管理学——全球化与创业视角[M]．北京：经济科学出版社，2008.

[3] 陈国海，张玲蕙．管理零距离：感知管理世界[M]．北京：清华大学出版社，2005.

[4] G. Yukl, C. M. Falbe. *Importance of different power sources in downward and lateral relations*[J]. Journal of Applied Psychology, 1991, 76(03), 416~423.

[5] 谭乐，宋合义，富萍萍．西方领导者特质与领导效能研究综述与展望[J]．外国经济与管理，2010，32（02）：38~44.

[6] R. M. Stogdill. *Handbook of Leadership: A Survey of Theory and Research*[M]. New York: Free Press, 1974.

[7] 刘晓．杰出的领导艺术家——杰克·韦尔奇[J]．北京成人教育，2000（07）：35~36.

[8] 林秉贤．中国古代管理心理思想[J]．社会心理科学，2004，19（02）：3~19.

[9] 林琼，方俐洛．领导人才特质调查[J]．中国人才，2002（11）：36~37.

[10] 赵国祥．185 名处级领导干部的个性特质的研究[J]．心理科学，2002，25（02）：231~232.

[11] 王蕾，车宏生，杨六琴，林晓婉．领导力人格特质的层次结构研究[J]．心理科学，2004，27（03）：677~681.

[12] 余凤．军人企业家领导特质研究——以万科集团总经理王石为例[J]．科教文汇，2011（04）：173~174.

[13] 郑立捷．众里寻他千百度——专访百度董事长兼首席执行官李彦宏[J]．经济，2009（09）：6~9.

[14] 谷文艳，王文峰．安然破产案的前因后果[J]．国际资料信息，2002（04）：23~26.

[15] 谢衡晓．诚信领导：企业可持续发展的基石[J]．商场现代化，2007（03）：150.

[16] S. R. Covey. *The 7 Habits of Highly Effective People*[M]. New York: Simon & Schuster, 2003.

[17] R. Likert. *New patterns of management*[M]. New York: McGraw-Hill Companies, 1961.

[18] R. R. Blake, J. S. Mouton. *The Managerial Grid: Key Orientation for Achieving Production Through People*[M]. Houston, Tex.: Gulf Pub. Co., 1964.

[19] F. E. Fiedler. *A Theory of Leadership Effectiveness*[M]. New York: McGraw-Hill Companies, 1967.

[20] R. Tannenbaum, W. Schmidt. *How to Choose a Leadership Pattern*[J]. Harvard Business Review, 1958(36), 95~101.

[21] （英）弗朗西斯·麦肯纳利．走出松下幸之助[M]．北京：东方出版社，2008.

[22] A. K. Korman. *Consideration, Initiating Structure, and Organizational Criteria – A Review*[J]. Personnel Psychology: A Journal of Applied Research, 1966, 19(04), 349~361.

[23] P. Hersey, K. H. Blanchard. *The Management of Organizational Behaviour*[M]. 3th edition. Upper Saddle River N. J.: Prentice Hall, 1977.

[24] R. J. House. *A path goal theory of leadership effectiveness*[J]. Administrative Science Quarterly, 1971, 16(3), 321~328.

[25] 刘雯．柳传志精彩语录[M]．北京：中国纺织出版社，2009.

[26] R. C. Liden, G. Graen. *Generalizability of the vertical dyad linkage model of leadership*[J]. Academy of Management Journal, 1980, 23 (03): 451~465.

[27] S. Kerr, J. M. Jermier. *Substitutes for leadership: Their meaning and measurement*[J]. Organizational Behavior and Human Performance, 1977(22): 375~403.

[28] N .M. Tichy, M. A. Devanna. *The transformational leader*[M]. New York: Wiley, 1986.

[29] 张抒，陈国权．从曾国藩看交易型领导风格[J]．领导科学，2004（24）：36~37.

[30] 李超平，时勘．变革型领导与领导有效性之间的研究[J]．心理科学，2003（01）：115~117.

[31] G. D. Kissler. *E-Leadership*[J]. Organizational Dynamics, 2001, 30 (02): 121~133.

[32] 陈朝益．“新生代”呼唤“新领导力”[J]．人力资源，2010（05）：42~44.

[33] 刘永中，金才兵，何乔．管理培训游戏全案[M]．广州：广东经济出版社，2008.

[34] 刘永辉，伊波美智子．论本田宗一郎的实践经营哲学[J]．对外经贸实务，2010（03）：26~28.

[35] 吴晓义，杜今锋．管理心理学[M]．第 2 版．广州：中山大学出版社，2009.

[36] 张玉清．特质理论视角下的任正非[J]．经营管理者，2009（09）：168.

第十章　组织文化

【学习目标】

① 了解组织文化的基本概念
② 掌握组织文化的结构和类型
③ 了解组织文化的作用
④ 掌握组织文化建设的方法
⑤ 了解组织公民行为的概念、特点和作用

引例：西南航空——“员工第一”[1]

在西南航空公司的组织文化中，“员工第一”的信念对于激发员工的工作积极性起着至关重要的作用。公司董事长Herb Kelleher认为信奉顾客第一的企业是老板可能对雇员做出的最大背叛之一。西南航空公司努力强调对员工个人的认同，如将员工的名字雕刻在特别设计的波音 737 上，以表彰员工对于西南航空公司的突出贡献；将员工的突出业绩刊登在公司的杂志上；访问员工等。通过这些具体的做法，让员工认为公司以拥有他们为荣。西南航空公司不仅是泛泛地强调重视员工整体，更强调对每个员工个人的关注。美国西南航空公司认为公司所拥有的最大财富就是公司的员工和他们所创造的文化，人是管理中第一位的因素。

让员工享受快乐，成为热爱和关心工作的“真正”的雇员，是西南航空公司的追求。“在美国西南航空，我们宁愿让公司充满爱，而不是敬畏。”“不仅仅是一项工作，而是一项事业。”从这一系列的口号中可以看出美国西南航空公司的组织文化的特质。在其员工培训中强调员工应该“承担责任、做主人翁”、“畅所欲言”，在组织文化中真正引导员工形成一种主人翁意识，让其认为公司的发展也就是个人的发展，促使员工愉快地投入到工作中去。

可见，每个组织都有自身的组织文化，而且组织文化对员工和企业的发展至关重要。领导对组织文化的形成和发展起到重要的影响，也有学者认为组织文化就是老板文化。组织文化是现代企业管理的一项重要内容。组织文化主要表现为一个组织中所

有成员所共享并传承给组织新成员的一整套价值观念、共同信念、共同目标和行为准则。它代表了组织中约定俗成的和可感知的部分。本章将介绍组织文化及其类型，探讨它的作用以及如何塑造良好的组织文化。

第一节　组织文化概述

组织文化分为表层文化、中层文化和深层文化三个层面，又可分为学院型、俱乐部型、棒球队型、堡垒型和学习型五种类型。它由组织的愿景、目标和价值观念、礼仪和仪式、英雄人物、故事和内部语言等要素构成。组织文化的影响因素主要包括社会文化背景、组织创业者和领导者的素质、组织成员的素质。

一、什么是组织文化

组织文化是指组织成员的共同价值观体系，为组织所有的成员所接纳，成为组织的一种群体意识，表现为组织的共同的信仰、追求和行为准则。组织文化是在企业的长期经营发展过程中逐步形成的，具有组织的经营特色，能够推动组织可持续发展的群体行为规范。它包括企业精神、经营思想、价值观、道德规范、行为规范、管理制度、历史传统、英雄故事、内部语言、产品外观、企业形象等内容。

例证 10-1：万科“一克拉文化”[2]

20 多年来，万科“一克拉文化”所体现的以人为本的管理思想逐步渗透到日常的管理工作中。万科一贯主张“健康丰盛的人生”，重视工作与生活的平衡；为员工提供可持续发展的空间和机会；倡导简单的人际关系，致力于营造能够充分发挥员工才干的工作氛围。通过不断的探索和努力，万科建立了一支富有激情、忠于职守、精于专业、勤于工作的职业经理团队，形成了追求创新、不断进取、蓬勃向上的公司氛围以及有自我特色的用人之道。实践证明，万科的“一克拉文化”所展现的用人原则是万科多年来稳步发展的动因。

培养可持续发展的职业经理队伍。万科寻找人才及其吸引人才的法宝，首推公司本身的发展所能给员工提供的众多机会，但最重要的一点是：万科充满理想主义色彩的企业文化是职业经理人难于抵挡的诱惑。

万科的人才理念是一个相当完整的体系，其中最主要的一条就是培养职业经理。对人才的基本要求都是围绕这一理念展开的。所谓“职业”就是“以此谋生，精于此业"，职业经理人自然就要以管理为生，精于管理。从初级管理层到决策管理层的全部管理人员组成了公司的职业经理队伍，职业经理承担了公司的主要管理任务。

万科的人力资源管理模式表明，职业经理是万科发展的依托。

万科认为，职业经理是现代企业生存、扩张所必需的第四种要素，即在人、财、物等资源投入基础之上的具有企业家才能的人才投入。为此，万科于1998年就提出了"职业经理年"，对职业经理进行培训和开发，以实现职业经理在万科的可持续发展，同时推动整个公司的经营能力和管理能力的提高。在管理架构上，公司致力于规范化的管理，通过合理授权等一系列措施，为将职业经理的专业素质直接转化为生产力创造了广阔空间，提供了制度保障。

万科创业者很早就完成了转化为职业经理人的定位，很早就在企业内部建立了完善的经理人制度，从而避免了许多民营企业创始合伙人之间发生的冲突和震荡，使管理团队得以长期稳定发展，并且形成了系统的经理人文化。理性的创业者和优秀的职业经理团队使万科在管理上能够集中精力，做细做深做透，不仅能在本地区积聚优势，而且建成了跨地区管理的高效体系。

二、组织文化的结构

组织文化的结构，是指组织文化的各种内容和形式之间的层次关系。如果把组织文化体系看成一个由内向外辐射的球形体的话，将其逐级解剖，组织文化大致上可以划分为如下三个层次，如图10-1所示。

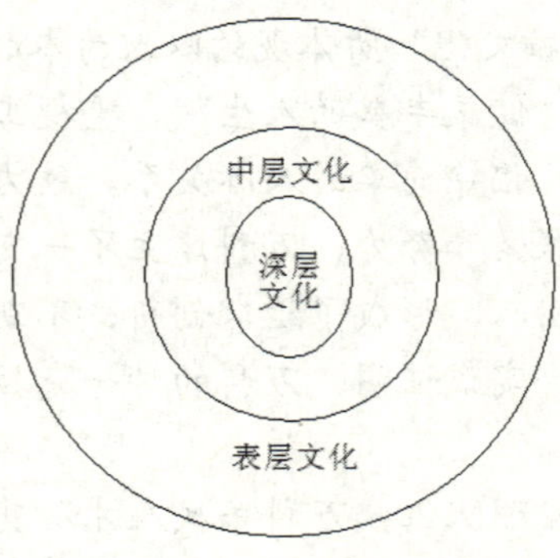

图10-1　组织文化的层次

1．表层文化

表层文化又称物质文化，是指具体、直观、外在化、形式化的组织文化中的物质文化部分，它是由企业员工创造的产品和各种物资设施等构成的。作为组织文化系统的重要组成部分，组织的表层文化通常包括产品样式和包装、设备特色、建筑风格、厂旗、厂服、厂徽、厂歌、纪念品、信笺、纪念建筑、文化娱乐设施等。

组织表层的物质文化是组织和员工的理想、价值观、精神面貌的具体反映，它集中体现了组织在社会上的外在形象。

2. 中层文化

中层文化又称制度文化，是指组织内部的各种规章制度、行为习惯、经营风格、行为规范、员工修养以及组织内部的一些特殊典礼、仪式、风俗等。这些内容以固定或者不固定的方式为组织中所有的员工在工作中所遵守。

3. 深层文化

深层文化又称精神文化，是指组织的在生产经营活动过程中形成的具有组织特征的文化观念和意识形态。深层文化是凌驾于组织文化主体（个体与群体）的分散的自主意识之上的，可以脱离表层文化而独立发展的企业经营思想、意识、价值观念的总和。它包括组织精神、组织哲学、价值观念、组织道德、组织风气、组织目标等。精神文化往往是一个组织长期积累和沉淀的结果。

例证 10-2：苹果的企业文化[3]

苹果公司（www.apple.com），成立于 1976 年，总部位于加利福尼亚的库比提诺，是世界顶级的电脑公司。苹果 Logo 的由来有两种说法。

第一种说法：乔布斯和沃兹两个人决定成立公司，在他们想给公司起什么名字的时候，牛顿定律中的那个从树上掉下来的苹果给了他们启示，最后决定起名叫苹果公司。

第二种说法：苹果公司设计这个 Logo 是为了纪念伟大的人工智能先驱者图灵。图灵是英国数学家、逻辑学家、计算机科学之父，也是人工智能先驱者。在他 42 岁的时候，一天早晨，女管家走进他的卧室，发现台灯还亮着，床上还有个苹果，只咬了一小半，以为他还在沉睡，但这一次他再也没有醒来，他服毒自尽了。苹果公司以咬了一口的苹果作为其商标图案就是为了纪念图灵。

苹果公司企业文化有以下八个特点。

（1）重视设计。苹果公司比其他任何一家公司都更加注重产品的设计，它以满足消费者需求为出发点，并努力实现这些目标。虽然设计的工作并不容易完成，但是苹果通过努力而每次都恰到好处地完成了。

（2）重视创新。在苹果，采用的是高度聚焦的产品战略、严格的过程控制、突破式的创新，这种创新体现在生产上，许多人都认为苹果是全球最具创新精神的企业。也正是苹果重视创新，才为公司注入了活力。

（3）重视人才。公司挑选最优秀的技术人员和管理人员，挑选最合适的人选。苹果公司重视人才，是苹果企业文化的表现之一。

（4）坚信自己。苹果相信自己是最优秀的公司，是世界上最强的公司，也是同行业里的公司中。有了信心，有了坚定的信念，公司就有了前进的动力。

（5）永不服输。苹果文化中，最大的特点就是永不服输。无论公司遇到什么样的风险，乔布斯都凭借自己多年的经营经验，以及正确的策略扭转局面，使公司获得了收益。苹果今天取得的巨大收益，就是苹果永不服输的结果。

（6）销售渠道。苹果企业文化的另一个特点就是，开拓销售渠道，重视销售环节，重视把自己的产品推销出去。所以，苹果在世界上很多国家都有自己的专卖商。

（7）关注细节。在生产运营环节上，苹果更加注重自己的细节。例如，谷歌的操作系统销售较好，但是用户使用一段时间后会发现与苹果相比，谷歌的操作系统要稍逊一筹，苹果的操作系统有它自己的一些闪光点。在多数情况下，苹果总要多努力一点点，正是这多努力的一点，使得苹果获得了成功，这也是苹果在关注细节上的表现。

（8）发挥特色。苹果始终以消费市场为目标，发挥自己的特色。比如 1998 年推出的 iMac 拥有半透明、果冻般圆润的蓝色机身，迅速成为一种时尚象征。这是苹果发挥自己特色的体现，也是重视企业文化的表现。

三、组织文化的类型

桑南菲尔德（J. A. Sonnenfeld，1954—）通过对不同组织结构的研究，提出了一套标签理论（学院型、俱乐部型、棒球队型、堡垒型），用于分析和认识组织文化之间的差异。彼得·圣吉在《第五项修炼》一书中提出了学习型组织的概念。[4]由此，可将组织文化分为学院型、俱乐部型、棒球队型、堡垒型和学习型等五种类型。

（一）学院型

该类型组织喜欢雇佣刚刚毕业的大学生，公司为他们提供了大量的专门培训，然后指导他们在特定的职能领域内从事各种专业化的工作。IBM 公司、宝洁公司、可口可乐公司就是典型的例子。为应对全球化和客户质量要求的挑战，IBM 公司的培训焦点从单纯的知识技能转向了与业务需要相联系的特定问题，培训方法也从传统的讲授式转变为行动学习。

（二）俱乐部型

该类型组织非常重视员工的忠诚感和承诺，在公司资历是关键因素，年龄和工作经验也非常重要，这种公司按照通才型方向培养员工。政府机构、军队、美国贝尔公司和 UPS 公司就属于这种类型。

（三）棒球队型

这种类型的公司是冒险家和创新者的天堂，公司从各种年龄和不同工作阅历的人群中寻求合适的人选，并根据员工的实际产出状况支付报酬。由于公司一般给予工作出色的员工以丰厚的报酬、较高的奖励和较大的工作自由度，员工的工作积极性发挥得比较好。在会计、法律、投资银行、咨询公司、广告公司、软件发展商等行业和领域，这种类型组织较为普遍。摩根士丹利银行和瑞士信贷第一波士顿集团就是典型例子。

（四）堡垒型

这种类型的企业由于以往大多是学院型、俱乐部型或者棒球队型的，但是后来衰退了，于是希望通过努力来尽量保存自己尚未被消蚀的财产，将工作重心放在公司的生存方面。这种类型的公司的工作安全缺乏保障，但是对于喜欢挑战的人来说，却是一个令人兴奋的工作环境。宾馆、石油天然气勘探公司、中国传统的大型零售企业如成都华联、天津劝业、汉商集团、王府井、第一百货等，均属于这种类型。

（五）学习型

这种类型的组织文化是比较理想的，因为它集中了上述四种类型的优点。英国壳牌石油公司就是这方面的典型例子。

许多企业组织不能完全归为上述五种类型中的一种。有的是一种混合文化，比如通用电气，不同的部门就有明显不同的文化；苹果电脑公司的企业文化起初为棒球队型，后变为学院型；而中国联想集团公司属于棒球队型[5]和俱乐部型的混合。

四、组织文化的影响因素

组织文化的影响因素主要包括社会文化背景、组织创业者和领导者的素质、组织成员的素质、组织特征、管理过程等五个因素。

（一）社会文化背景

任何组织都存在于特定的社会环境中，组织文化是整个社会文化的一部分，在很多方面是一脉相承的。社会上所流行的价值观、道德取向都直接反映在组织文化的内容中。比如，“金钱万能”则可能导致不择手段追求利润的经营哲学产生，从而进一步在各方面都有体现。这一点在东西方企业文化的对比中最为鲜明。

（二）组织创业者和领导者的素质

组织创业者或者现行的领导者个人素质对企业文化的形成具有相当重要的影响。

稳定的企业往往在一定程度上带有创业者的痕迹。创业者的教育背景、领导风格、处事的方式和作风决定了组织初期的组织文化。经过组织的生存和发展，组织文化不断延续到最后，并体现出各个阶段领导者的风格。

例证 10-3：联想集团组织文化的变化[6]

联想集团的创始人柳传志的基本性格和军人的做事风格、思维模式和价值观形成了主基调为严谨、高效、务实、集体主义和目标导向且相当强大的联想文化，这在联想前期的飞速发展与崛起时扮演着至关重要的角色。从杨元庆执掌联想以来，由于战略导向的改变，联想由生产型企业向服务型企业转变，提出了科技的联想、服务的联想和国际的联想的战略，并开始在强大的联想文化里渗入亲情文化。

（三）组织成员的素质

组织成员虽然是组织文化的受影响者，但反过来组织成员的素质状况也影响着组织文化的形成。组织成员的知识水平、文化素养决定了其工作的自觉程度和对参与决策的热情程度，这便形成了组织文化的重要内容。

例证 10-4：富士康与淘宝的企业文化对比

企业文化实实在在地影响着每一个员工的工作、生活，甚至生命。在2010年短短几个月时间里，富士康有13名员工跳楼自杀。富士康或许也可以理直气壮地说，员工超负荷加班是完全出于自愿。事实上，任何一家公司都能轻易做到这一点，只要把底薪降得足够低。对于所有业余时间都用来加班的员工来说，宿舍小区里的图书馆、网吧、咖啡厅和游泳池不过是摆设，与他们有什么关系？对于回到宿舍时已经累得筋疲力尽的员工来说，谁还管上铺的兄弟姓甚名谁，谁还管下铺的姐妹来自哪里，倒头睡觉最要紧。无论有意还是无意，由富士康薪酬结构引致的“自愿加班”造就了富士康这样的企业文化氛围：工作压力大，同事之间关系淡漠，员工与基层管理人员之间关系紧张。对于任何一个刚刚踏上人生道路、又是背井离乡的年轻人来说，这样的工作环境和企业文化注定会对他们产生足够的负面影响，最后那根压垮骆驼的稻草一旦出现，谁能拯救他们？

另一家企业员工的生活，恰好与富士康形成天壤之别。淘宝每天上班时间为早九点到晚九点。下班之后仍有许多员工留在办公室，原来，淘宝免费提供晚餐，但并不要求员工加班。之所以有那么多员工下了班不走，是因为办公室有他们的朋友、有快乐的氛围。他们有的确实是在加班，有的是在休息或上网，但如果加班或上晚班的朋友需要帮助，他们会毫不计较地全力支持。如今淘宝的注册用户已超过1.6亿，而淘宝员工只有两三千人，工作压力也是可以想象的，尤其是一线的客服人员。

这些年轻的员工同样需要应对较大的工作压力，同样是处于花样年华，富士康和阿里巴巴不同的企业文化让他们的生活和命运如此不同。

（资料来源：http://www.vantone.net/vantone/magazine/news_view.asp?id=550）

（四）组织特征

组织文化也受组织特征的影响，如组织的规模和复杂性等。大型组织往往倾向于高度的专业化和非个人化；复杂的组织往往雇佣更多的专业人员和专家，这会改变问题解决的一般方式。另外，大型和复杂组织还会制定出更多的制度和程序。

（五）管理过程

组织文化也会受到管理过程的影响。报酬和绩效直接挂钩的企业容易形成追求成功的组织文化；开发和自由的沟通制度容易促成参与和创造性的文化；对冲突的容忍度和处理风险的态度对团队工作有很大的影响，他们往往决定着企业的革新和发明的数量。[7]

五、组织文化的构成要素

为了准确地识别和解释组织文化的内容，需要进一步通过对组织文化的某些构成要素进行分析和推断。这些组织文化的要素可以被研究但很难准确地破解其含义。一家公司的颁奖典礼和另一公司相同却可能会有不同的意义。为了充分地了解在组织里究竟发生了什么这个谜团，就需要进行探索性的工作，或许还要有作为公司内部人员的一些经历。组织文化的一些典型、重要、可观测的构成要素是经营目标和价值观、礼仪和仪式、英雄人物、故事和语言。

（一）组织的经营目标和价值观

组织的价值观念是一个组织的共同思想和信念的集成，也是组织文化的核心。古往今来，成功的企业均有被所有员工所认同和接受并且能够履行的组织价值观。一个组织的价值观是在多年的经营活动过程中逐步形成的。组织的价值观一旦形成，组织的员工们就将其直接体现在自己的具体工作行为中，成为他们自身价值体系的一部分。此时员工一方面在组织工作，另一方面他们也在为自己的理想、价值观的实现而努力，从而产生一种成就感。

例证 10-5：华为的核心价值观[8]

华为核心价值观有以下 6 条：成就客户、艰苦奋斗、自我批判、开放进取、至诚守信、团队合作。

成就客户：为客户服务是华为存在的唯一理由，客户需求是华为发展的原动力。我们坚持以客户为中心，快速响应客户需求，持续为客户创造长期价值，进而成就客户。为客户提供有效服务，是我们工作的方向和价值评价的标尺，成就客户就是成就我们自己。

艰苦奋斗：我们没有任何稀缺的资源可以依赖，唯有艰苦奋斗才能赢得客户的尊重与信赖。奋斗体现在为客户创造价值的任何微小活动，以及在劳动的准备过程中为充实提高自己而做的努力中。我们坚持以奋斗者为本，使奋斗者得到合理的回报。

自我批判：自我批判的目的是不断进步，不断改进，而不是自我否定。只有坚持自我批判，才能倾听、扬弃和持续超越，才能更容易尊重他人和与他人合作，实现客户、公司、团队和个人的共同发展。

开放进取：为了更好地满足客户需求，我们积极进取、勇于开拓，坚持开放与创新。任何先进的技术、产品、解决方案和业务管理，只有转化为商业成功才能产生价值。我们坚持客户需求导向，并围绕客户需求持续创新。

至诚守信：我们只有内心坦荡诚恳，才能言出必行，信守承诺。诚信是我们最重要的无形资产，华为坚持以诚信赢得客户。

团队合作：胜则举杯相庆，败则拼死相救。团队合作不仅是跨文化的群体协作精神，也是打破部门墙、提升流程效率的有力保障。

（二）礼仪和仪式

礼仪和仪式是组织文化的重要表征。这是指通过精心设计并由观众参与观赏的一些特别事件。组织的文化礼仪活动一方面体现了组织对于员工的期望和要求，另一方面又以生动形象的形式向员工灌输了组织的价值观念和经营理念。组织的管理者可以通过举行礼仪和仪式来提供一个表达公司价值观的渠道。这些活动是强化特定的价值观、在分享重要理念的人与人之间建立一条纽带、塑造并祝贺那些使重要信念和行为具体化的男女英雄们的特殊机会。

经常在组织中使用的仪式有四种类型，即进阶、增进、复兴和整合，见表 10-1。进阶仪式有利于雇员向新的社会角色的转化。增进仪式会使雇员产生更强的社会认同感并提高他们的地位。复兴仪式是指那些具有改善组织功效的训练和发展活动。整合仪式则使雇员之间有了共同的纽带并培养了良好情感，增进了雇员对组织的认同。这些礼仪和仪式可以被高层管理者用来强化组织的重要文化价值观。

表 10-1　组织礼仪的类型及其社会效果

礼仪的类型	示　例	社会效果
进阶	入伍及基本训练	社会角色和地位的转化
增进	年终的颁奖晚会	增加社会认同感
复兴	组织发展活动	改善组织功能
整合	春节晚会	产生对组织的共同感

例证 10-6：玫琳凯企业文化的力量[9]

谈到强势的企业文化，谁也比不上玫琳凯化妆品公司。该公司每年都会举行足与美国小姐选举媲美的颁奖仪式，向表现优异的销售人员颁发粉红色的卡迪拉克、钻石和其他礼品。每年，成千上万名玫琳凯的销售顾问会从世界各地聚集到得克萨斯州的达拉斯，接受他们的荣誉。他们会唱玫琳凯歌曲，声泪俱下地讲述公司如何改变了他们的生活。他们会缅怀公司的创始人玫琳凯·艾施（Mary Kay Ash）。艾施于 2001 年去世，享年 83 岁。

在强势的企业文化中，公司视员工为一种宝贵的资源，每个人都是一个独特的个体。玫琳凯·艾施会为所有的销售人员送去手写的生日祝福。仪式和典礼，比如玫琳凯颁奖仪式，与对公司发展的明确认识一样，都是非常重要的。

（三）英雄人物

每一个组织都有自己的英雄人物，组织的英雄人物可以是组织的创始人或者领导人，也可以是工作出色的员工。作为组织的杰出代表，英雄人物被赋予了超乎常人的经营智慧和能力，成为组织文化的旗帜，其一举一动、思想、行动乃至语言都被组织信奉为至理名言，其本人被赋予组织行动的评判权，具有裁决他人行动的权威。

例证 10-7：沃尔玛精神[10]

山姆·沃尔顿（Sam Walton，1918—1992）是沃尔玛公司的灵魂，这是每一个人的共识。他不但亲手创造了沃尔玛，而且在将近 30 年的岁月里，一直亲自领导它的日常业务，决定着它的发展方向，并以自己的风格、个性、理念深刻地影响着它，使沃尔玛不仅创造了二战后美国零售业的最大奇迹，而且成为美国零售巨型公司中最有个性的公司。

山姆一生都在勤勉地工作。在他 60 多岁的时候，每天仍然从早上 4:30 就开始工作，直到晚上，偶然还会在某个凌晨 4:00 访问一处配送中心，与员工一起吃早点、喝咖啡。

他常自己开着飞机，从一家分店跑到另一家分店，每周至少有4天花在这类访问上，有时甚至是6天。在周末上午的经理会前，他通常3:00就到办公室准备有关文件和材料。20世纪70年代，山姆保持一年至少对每家分店访问两次，他熟悉这些分店的经理和许多员工。后来，公司太大了，不可能访遍每家分店了，但他仍在尽可能地跑。

无论人们到哪一个沃尔玛连锁店，都会发现其强烈的文化特色，而卓越的顾客服务就是沃尔玛的最大特色。山姆说过："顾客能够解雇我们公司的每一个人，他们只需要到其他地方去花钱，就可做到这一点。"在沃尔玛，只有顾客才是老板，顾客永远是对的。"要为顾客提供比满意更满意的服务"，沃尔玛公司真的做到了这一点。

尽管沃尔玛各连锁店的生意都非常好，店员非常忙碌，但当天的事情在太阳下山之前必须干完是每个店员必须达到的标准，不管是乡下的连锁店还是闹市区的连锁店，只要顾客提出要求，店员就必须在当天满足顾客。这就是沃尔玛著名的"太阳下山"规则。

沃尔玛公司还有一个著名的"三米原则"，即沃尔玛公司要求员工无论何时，只要顾客出现在三米距离范围内，必须微笑着看着顾客的眼睛，主动打招呼，鼓励他们向你咨询和求助。同时，对顾客的微笑还有量化的标准，即对顾客露出你的"八颗牙齿"。沃尔玛这些"超过期望"的服务，不仅赢得了顾客的热情称赞和滚滚财源，而且为企业赢得了价值无限的"口碑"，为企业长远发展奠定了坚实的基础。

在沃尔玛公司已拥有500多亿美元资产时，山姆率领的采购队伍仍然非常节俭，有时8个人住一个房间。于是有人问他："为什么公司还要那样精打细算？"山姆说："答案很简单，因为我们珍视每一美元的价值。我们的存在是为顾客提供价值，这意味着除了提供优质服务之外，我们还必须为他们省钱。……每当我们为顾客节约了1美元，我们自己就在竞争中领先了一步——这就是我们永远打算做的。"

（四）故事

每一个组织都有自己的故事，故事的内容大多是与组织的创业者、重大经营事件联系在一起的。通过适当的故事表达可以起到一般思想工作所无法取代的作用，同时也可以为组织的有关措施的贯彻提供一定的解释和支持。

组织内的许多故事是关于那些符合公司文化标准和价值观的榜样化、偶像式的公司英雄人物的。一些故事被认为是传奇故事，因为这些事件是历史故事，而且可能加入了一些虚构的细节；另一些故事是神话，这些神话与组织的价值观和信念是一致的，但并没有事实根据。故事使公司的基本价值观保持长久活力，并且为全体雇员提供了一种共享的理念。

例证 10-8：海尔砸冰箱：质量意识[11]

1985 年，青岛电冰箱总厂生产的瑞雪牌电冰箱（海尔的前身），在一次质量检查时，库存不多的电冰箱中有 76 台不合格，按照当时的销售行情，这些电冰箱稍加维修便可出售。但是，厂长张瑞敏当即决定，在全厂职工面前，将 76 台电冰箱全部砸毁。当时一台冰箱 800 多元钱，而职工每月平均工资只有 40 元，一台冰箱几乎等于一个工人两年的工资。当时职工们纷纷建议：便宜处理给工人。

张瑞敏对员工说："如果便宜处理给你们，就等于告诉大家可以生产这种带缺陷的冰箱。今天是 76 台，明天就可能是 760 台、7 600 台……，因此，必须解决这个问题。"

于是，张瑞敏决定砸毁这 76 台冰箱，而且由责任者自己砸毁。很多职工在砸毁冰箱时都流下了眼泪，平时浪费了多少产品，没有人心痛；但亲手砸毁冰箱时，感受到这是一笔很大的损失，都痛心疾首。通过这种非常有震撼力的场面，改变了职工对质量标准的看法。

（五）语言

语言是企业成员用来相互表达和传递意思的口头或书面符号，也是传递价值观的重要工具。语言作为企业文化的一个载体，不同于一般意义上的交流语言，指的是企业内部广泛存在的各种隐语、口号、标语和其他特殊用语等。这些语言，既可以口头相传，也可见于书面材料。大多数具有强势文化的企业，都有很多富有特色的语言。

例证 10-9：海尔的语言[12]

海尔有许多经典的语言，例如"东方亮了西方再亮"（企业营销战略的形象比喻）。这里用方位比喻产业，用"亮"比喻做好、做强、做大，具体指海尔要先把自己熟悉的行业做好、做强、做大，比如电冰箱，然后再进入相关的领域开展多元化经营，比如白色家电、黑色家电乃至家居集成等。同时，每进入一个行业之后，同样要把它做好、做强、做大，为"再亮"其他方位打基础。比如海尔进入洗衣机领域后，就把这个产品做到了全国第一。

第二节　组织文化的作用

组织文化在一个组织中发挥着重要的作用，主要表现在如下五个方面：（1）激励功能；（2）凝聚功能；（3）导向功能；（4）规范功能；（5）协调功能。

一、组织文化的激励功能

组织文化的激励功能是指组织文化本身所具有的通过各组成要素来激发员工动机与潜在能力的作用，它属于精神激励的范畴。具体来说，组织文化能够满足员工的精神需要，调动员工的精神力量，使他们产生归属感、自尊感和成就感，从而充分发挥他们的巨大潜力。组织文化能够对员工产生激励作用，其原因主要是：首先，优良的组织文化能够为员工提供一个良好的组织环境。如果一个组织拥有良好的组织文化，它的内部人际环境就比较和谐。员工能够以良好的心态进行工作，各种纠纷比较少，工作绩效自然提高。其次，优良的组织文化能够满足员工的精神需求，起到精神激励的作用。美国心理学家赫兹伯格认为，只有从人的内部进行激励才能真正调动人的积极性，恰当的精神激励比许多物质激励更有效、更持久。组织文化能够综合发挥目标激励、奖惩激励等多种激励手段的作用，从而有效激发出企业内部各部门和所有员工的积极性。

例证 10-10：惠普公司文化的激励效应[13]

惠普公司开创了独具特色的“实验器材完全开放”的政策。该政策充分允许公司的工程技术人员自由地使用实验设备，而且鼓励他们将设备带回家里自行使用。公司的主导思想是：不管工程技术人员在单位里还是在家里利用这些设备，不管设计出来的东西是否是公司要求承担的项目，他们总是能够学到些东西，于是就增强了公司对创新活动所承担的义务。

正是由于惠普公司承担义务始终如一，言行始终如一，其组织文化包含着对员工的最诚挚的信任和尊重，因此在惠普公司，无论你走到哪里，你都可以听到人们在议论产品和服务的质量，在为本部门的成就感到骄傲。惠普公司的上上下下，无不显示出一种永不枯竭的活力和热情。

二、组织文化的凝聚功能

组织文化是一种“软性”的协调力和粘合剂，能够使员工形成巨大的向心力和凝聚力。组织文化以大量微妙的方式来沟通组织内部人们的思想，使组织成员在统一的思想和价值观指导下，产生作为组织成员的“身份感”和“使命感”，产生对组织目标、道德规范、行为准则、经营观念等的“认同感”。同时，在组织氛围的作用下，使组织成员通过自身的感受，产生对于本职工作的“自豪感”和对组织的“归属感”，使组织成员乐于参与组织的事务，发挥各自的潜能，为组织目标做出贡献。因此，出色的组织文化所营造的人文环境，对员工的吸引力，是其他吸引物无法比拟的，它打动的是员工的心。正所谓“留人先留心”，要建立一支长期稳定的、有战斗力和凝聚力的团队，必须依靠组织文化战略来支撑。

例证 10-11：宜家通过平等理念和人性化管理留住人才[14]

宜家主张平等，反对等级观念和官僚制度。宜家公司的总部是一座平房，地下有一个多功能停车场。在这里，所有的同事都穿着 T 恤和牛仔裤，办公室都是敞开的。在这种氛围中，分不出谁是经理、谁是普通员工。宜家的创始人英格瓦 · 坎普拉德（Ingvar Kamprad）痛恨任何形式的等级制度。巡视商店时，他鼓励大家直呼其名，以示他和大家是平等的。在宜家，经理对员工不称“员工”而称“同事”，以体现“宜家人人都重要”的平等理念。

宜家不鼓励员工加班，因为他们认为员工工作与生活的平衡对公司很重要。公司鼓励员工在工作上提出挑战，即便偶然失误也不会受到处罚。在这样一个文化氛围里，员工们快乐地工作，并享受着工作带来的快乐。

正因为宜家能够充分重视人，合理使用人，精心培养人，全面开发人，有效激励人，所以宜家的员工流失率才比较低的。比如西雅图的宜家店，员工的流失率是 25%，而据 2001 年零售联盟的调查，专卖店的平均员工流失率为 78.4%。

三、组织文化的导向功能

组织文化作为员工的共同价值观念一旦形成，就产生一种思维定势，必然对员工具有强烈的感召力，这种感召力将员工逐步引导到组织的目标上来。企业提倡什么，抵制什么，员工的注意力也就转向什么。这种功能往往在组织文化形成的初期就已经存在，并将长期地引导员工始终不渝地为实现组织的目标而努力。

组织文化通过一系列管理行为来体现，如企业战略目标的透明性、内部分配机制的公平性等，均能反映一个企业所倡导的价值观。当组织文化在整个组织内部成为一种强势文化以后，其对员工的影响力越大，其员工的行为也就越发自然。例如闻名世界的日本松下公司，在经营活动中比较注意组织文化的导向作用，使得员工自觉地将组织文化作为企业前进的方向，引导企业不断地向着某一方向发展。

例证 10-12：玫琳凯的“金科玉律”[15]

“你愿意别人怎样对待你，你就怎样对待别人。”这是玫琳凯化妆品公司的金科玉律，也是其每一个领导做人事管理工作的准则。

公平待人意味着玫琳凯的管理人员要给予美容师相同的支持、培训，给予其充分发挥个人才能的空间，公司的组织结构也为业绩提升明显的美容师提供充分的空间。领导人员并没有权力决定下级美容师的升迁，公司制定了美容师升迁的绩效标准，这个标准就像一把标准尺，被用来衡量美容师，美容师达到这个标准就可以晋升。

玫琳凯会在为新入职员工召开的例行训练会议的午餐会中，在每一个人的盘子中放置一个特殊的纪念品——一块刻有金科玉律的大理石，餐会的主办者会详细向新进入的美容师解释这块大理石的意义——这块特别的大理石就犹如玫琳凯公司的基石。

四、组织文化的规范功能

在一个特定的组织文化氛围中，组织文化可以起到有效的规范作用。组织文化的规范功能主要体现在如下三个方面：（1）组织文化能够规范、统一组织的外部形象；（2）组织文化能规范公司的组织制度，让员工行为规范化；（3）可以让组织的全体员工产生一致的精神信仰，把个人和组织的发展目标进行有效的结合。组织文化的规范功能是通过员工自身感受而产生的认同心理过程而实现的，它不同于外部的强制机制，组织文化使员工通过内省，产生一种自律意识，从而自觉遵守组织管理的各种规定，例如厂规、厂纪等。自律意识比强制机制有优势的地方在于员工是心甘情愿地接受无形的、非正式的和不成文的行为准则，自觉地接受组织文化的规范和约束，并按照价值观念的指导进行自我管理和控制。

例证 10-13：IBM 电脑帝国的企业文化[16]

IBM（国际商用机器公司）是有明确原则和坚定信念的公司。这些原则和信念似乎很简单，很平常，但正是这些简单、平常的原则和信念构成了IBM特有的企业文化。

老托马斯·沃森在1914年创办IBM公司时设立过“行为准则”。正如每一位有野心的企业家一样，他希望他的公司财源滚滚，同时也希望能够借此反映出他个人的价值观。因此，他把这些价值观标准写出来，作为公司的基石，任何为他工作的人，都明白公司要求的是什么。

小托马斯·沃森在1956年任IBM公司的总裁，继续把老沃森的信条发扬光大。老沃森所规定的“行为准则”，由总裁至收发室，没有一个人不知晓，比如：（1）必须尊重个人；（2）必须尽可能给予顾客最好的服务；（3）必须追求优异的工作表现。

五、组织文化的协调功能

组织文化的协调功能就是指，组织文化可以强化组织成员之间的合作、信任和团结，培养亲近感、信任感和归属感，从而促进组织内部各个部门之间、个体与个体之间、个体与群体之间、群体与组织之间、员工与组织之间的有机配合。

例证 10-14：松下的玻璃式经营法[17]

松下幸之助在公司只有七八名员工的时候，就开始公开公司的盈亏：他每个月都和公司的会计结算盈亏，然后把结果向员工公开发表。这样的做法激励了员工的士气，公司的业绩愈来愈高。当经营好的时候，松下把喜讯带给员工，请大家分享成功的欢乐；当经营差的时候，他也如实地把所有的一切都讲出来，依靠大家的力量共渡难关。这种传统延续至今，公司负责人把公司的账目向松下产业工会负责人公开。工会的负责人看过账目，彻底了解公司的运营状况以后，自然不会提出无理要求。如此一来，劳资双方当然比较容易因相互信任而建立和谐的关系。

第三节 塑造完善的组织文化

美国的商业圆桌会议（由 250 家大公司的高级管理人员组成的协会）公布的报告讨论了其 100 家成员公司中组织文化的实践问题，这些公司包括施乐、波音和 HP 公司等。在被调查的公司中，人们一致认为，影响组织高层决策的最重要的因素是高层管理者在提供承诺、领导和组织价值观方面扮演的角色。CEO 和其他高级管理者必须认同特定的组织价值观且在提出和更新这些价值观方面给予组织不断的领导。组织文化的价值观可以以多种方式沟通，组织的高层领导要负责创造和维持影响每一个成员的日常生活伦理行为的文化氛围。

对于处于发展中的组织来说，如何创造良好的组织文化？如何保持已经取得的文化建设的成果？如何优化或更新本组织的文化以适应变化的环境的挑战？这些问题是人们最为关心的。

一、加强企业家的培养

随着对现代企业经营活动认识的逐步深入，人们越来越意识到企业经营活动的优劣主要取决于企业是否具有一定数量和水平的企业家队伍。因而一个企业能否在竞争激烈的市场中立于不败之地，主要在于现有管理者培养下一代企业家队伍的成效。就多数企业来说，企业的领袖特别是创始人对组织的早期文化有着巨大的影响。组织现行的惯例、传统、行为处事的一般方式，在很大程度上都是创始人以前的努力，以及这些努力所带来的成功。创业初期，创始人往往不受传统习惯做法和思想的束缚，而且新组建的企业一般规模较小，使得创始人能够用自己的思想和意识去直接影响其他成员。

企业家的成长历程就是个人追求机会，通过创新满足需求，而不顾手中现有资源的活动过程。一个优秀的企业家具有以下三个特征：（1）对成就的高度愿望；（2）对把握自己命运的强烈自信；（3）对冒险的适度节制。

企业家在自身的创业和管理活动中其原动力主要来自如下四个方面：（1）企业家在崇尚创新和创业的环境中更容易繁盛。例如中国广东潮汕地区、浙江温州地区、香港地区崇尚个人独立创业，企业家发展很快，而新加坡却没有大富豪存在；（2）父母的支持对后代的企业家倾向具有重要的影响；（3）企业家通常都有自己崇拜和试图模仿的偶像；（4）企业家以前的创业经历。

企业家之所以在企业管理中取得高效率的成就是因为他们摆脱了传统管理的各种束缚，企业家和传统的管理者在工作动机、时间的未来取向、管理方式、冒险倾向以及对待失败和错误的观念等方面存在明显的区别，见表10-2。

表10-2　企业家与传统管理者的比较

项　　目	传统管理者	企　业　家
主要动机	晋升、传统的公司奖赏	独立性、创新机会、财务收益
时间导向	实现短期目标	实现5～10年的企业成长
活动	授权和监督	直接参与
风险倾向	低	高
对失败和错误的观点	避免	接受

企业家自身的形象对企业的整体形象会产生重要影响，企业家的形象直接代表和反映他所领导的企业形象。因此，企业家有必要关注自身形象。世界微型计算机销量第一的戴尔公司的创始人麦克尔·戴尔具有很强的进取心，富有竞争精神，自制力很强，而这些特点也正是戴尔公司留给人们的印象。

组织的高层管理人员对组织文化的影响同样不可低估。这是因为高层管理者往往通过自己的所作所为，将企业精神、价值观和行为准则等渗透到组织中去。所以，要注重企业家的培养和企业家精神的培育。如果在企业前期的发展过程中，尚未产生很有影响的企业家，或是新组建的公司，那么通过如下三种途径可获得与培养其高层管理者：（1）企业家通过自我学习、探索，完善超越自我来实现，目前我国出现的企业家通过参加在职 EMBA 培训等方式提高自身素质正是这方面的体现；（2）组织为企业家的成长创造良好的环境和条件，包括在职培训、职务轮换、挑战性的工作等；（3）通过招聘的方式面向社会招纳英才，目前国内许多公司开始面向全国甚至全世界招揽精英管理人才。

例证 10-15：张瑞敏和海尔文化[18]

在 1997 年美国《家电》杂志公布的全世界范围内增长速度最快的家电企业中，海尔名列榜首。1998 年，海尔集团总裁张瑞敏应邀登上哈佛大学讲坛，“海尔文化激活休克鱼”的案例正式写进哈佛大学教材，标志着海尔真正走向了世界。1999 年的《财富》论坛，张瑞敏总裁作为唯一一名中国家电企业家与会并发表演讲。1999 年 12 月 7 日，英国《金融时报》公布了“全球 30 位最受尊重的企业家”排名，海尔集团总裁张瑞敏荣居第 26 位。海尔的成功，张瑞敏的成功，都源于在张瑞敏这位优秀企业家的带领下，实现了成功的管理，建立了较为完整的海尔文化体系。

张瑞敏是一位喜欢哲学的企业家。在哲学和宗教方面，张瑞敏似乎是一位儒家式的人物，因为他视发展海尔、振兴民族工业为己任。在给北京大学的学生演讲时，他曾说，当民族工业支撑不住的时候，海尔愿做最后一个倒下的，大有“风萧萧兮易水寒，壮士一去兮不复返”的感觉，给人以“扶大厦之将倾”的大丈夫的气概。

他给海尔浇灌的是“海尔是海”，具有吸纳百川的博大胸怀和永不停息的奋斗精神；他给员工的是“赛马不相马”，致力于将公司建成一个情深似海的大家庭，让每个人都有一种归属感，深化工作的意义和增添生活的价值；他给顾客的是“真诚到永远”，没有最好，只有更好，你的幸福就是海尔的幸福。一个响亮的名字，远传五洲四海，洁白晶莹的骄子飞向世界；从“铁锤定乾坤”到“海尔 · 中国造”走向世界，张瑞敏带领海尔艰难而稳定地从无到有，从弱到强，对海尔的起死回生起着至关重要的作用。如果没有这位儒雅而有意志，能很好经营企业又不完全陷入金钱陷阱中的企业家，海尔的历史可能会改写；他没有愧对海尔人的期望。

二、改善组织内部环境

组织文化的外壳——物质文化设施一旦设定就不会轻易变动，但是在设定之后就能反映设定者的价值观、文化品位、艺术修养等，并从中反映出一定的文化价值。它主要包括企业容貌、劳动环境和生活娱乐设施等三个方面。

1．企业容貌。这是企业文明的一种标志和象征。从厂房的建筑造型、色彩装饰到空间结构布局，从环境整洁到各种物品安排是否井然有序，都能反映出一个企业的管理水平和风格，体现企业文化的个性特点，以及企业领导人的文化品位。

2．劳动环境。劳动环境包括办公室布置、生产流水线顺序、色彩、照明、设备安排、保险装置等。一个优化的环境不仅能够提高生产效率，保证劳动安全，而且还能够相应提高员工的劳动兴趣，激发员工对企业的忠诚和责任。

3．生活娱乐设施。指文娱场所、体育设施、图书馆、职工培训中心、食堂等。选择的生活娱乐设施既应与职工需求相一致，又要与企业价值观和精神相一致。美化企业员工的生活娱乐环境，能使职工感到大家庭的和谐和温暖，增强企业的凝聚力。

例证 10-16：西门子诞生首个绿色办公室

西门子（中国）有限公司广州分公司的前身于1985年成立时仅是一间小办公室，当时只有几名的雇员。如今，西门子在广东已拥有五家运营公司、七个地区办事处和约一万名员工。为满足日益增长的业务需求，新搬迁至广州市中心商业区粤海天河城大厦的广州分公司的办公面积已扩展至三层写字楼，也是目前西门子在华最节能环保的办公场所。

申请 LEEDCI 金级认证的西门子广州办公室将在可持续发展场地、节约水资源、材料和资源、室内空气质量和设计创造性方面接受评审。在照明方面，新办公室采用了西门子的 EIB（欧洲安装总线）系统，能够更好地利用自然光，减少电灯照明，其标准甚至超出了 LEEDCI 金级认证强制要求的15%。新办公室安装的节水设备可节约用水33%。在办公室内，西门子还设立了一个对垃圾进行分类和回收的专用空间，能够对玻璃、塑料、金属、纸张和有机垃圾进行回收。

（资料来源：http://www.chinawe.net/html/xf/xfsc/20080503_9106.html）

三、提高组织的产品文化内涵

组织的产品文化是组织文化中的基本物质文化内容。组织文化的载体产品，通常被理解为具有价值和使用价值的物品，然而产品结构及产品外观的美学成分，又使产品体现出企业的文化特色。

组织的产品文化内容涉及面很广，但大体可以概括为以下十个方面：（1）组织产品一般来说分为实质层、形式层和扩展层三个层次；（2）企业产品构成的要素、零件与部件的整合方式与系统结构（主要指其物理结构）；（3）企业产品所具有的物理、化学、生物等性状与功能；（4）企业生产经营产品的造型、综合观感、包装、商标等方面的选择、组合与特色；（5）企业产品结构、产品系列的现状、未来和特征；（6）企业产品投入—产出状况、成本控制手段与特色；（7）企业产品开发和创新的能力、潜力、方向与方式；（8）企业产品成长周期（或生命周期）的形成、保持和利用；（9）企业产品的物质技术前提和工艺基础；（10）企业产品生产与消费的生态与环境影响。

组织产品文化管理就是围绕上述几个方面进行和展开的，就是要在这诸多方面，甚至于产品管理过程的每一项具体活动中都形成一种相对稳定、富有魅力又颇具特色的个性文化，以使组织的顾客和消费者只要接触和使用到公司的某种产品，就会产生一系列美好的联想，获得一种发自内心深处的愉快和舒适感。

日本的东芝公司、索尼公司和丰田公司，美国的 IBM 公司、HP 公司，德国的大众汽车公司，都只有一种中心产品或中心产品线、一个中心市场、一种中心技术。所有这些大公司全都有着一种明确的使命、一项重点，在一个领域中具有一种特长、一种市场，而且基本上是一条产品线。在英国，那些成功的公司干脆把这一点视为企业经营的制胜之道。

组织产品个性文化能否形成，一方面涉及企业的常规经营管理，另一方面又涉及组织经营的战略规划和战略管理。如果说产品质量是组织的生命线，产品的价格、品种、造型、包装、牌子等方面的优势，则是组织生产经营的基本，产品的开发创新、产品的生态性质、产品的生命周期会对企业经营、发展的未来产生影响。而企业产品生产经营过程中的成本控制、企业的产品结构与系列的建立和完善、企业产品的技术基础则直接影响着企业的日常经营。

事实上，不论经济环境、社会环境发生怎样的变动，始终坚持和维护企业已有的优良产品文化，并不断把它发扬光大，这是企业经营得以成功和立于不败之地的基本条件之一。

例证 10-17：iPhone 的魅力[19]

自从苹果公司首席执行官史蒂夫·乔布斯在 2007 年 1 月 9 日宣布推出 iPhone 系列手机之后，iPhone 的四款产品目前仅占全球手机市场份额的 5.6%，却赚得全球手机市场利润总额的近三分之二。如此强大的吸金能力着实令人敬佩。在中国，价格 4 900 元左右的 iPhone 4 出现断货的情况已不少见，手上拿着 iPhone 4 早已经是富裕的代名词。在美国，有一半的美国人在选择智能手机时会倾向于 iPhone; 在英国，甚至有一位男子为了买到最新一代的 iPhone 而提前一个多月在苹果零售店门口搭帐篷排队。

iPhone 有个杀手锏，叫 App Store。简单地说，它就是一个内置于 iPhone 的下载软件的程序。你只需轻轻点击就可以在 App Store 下载你所喜爱的程序，有些软件需要付费，但付费方式极为简单：只需将 App Store 与你的银行卡绑定，即可实现轻松下载。凭借着如此便捷的软件下载方式和 App Store 中高质量的软件，iPhone 一下子成为了全球最受欢迎的智能手机。软件开发者们可以为 iPhone 研发软件，提交苹果审核后最终放到 App Store 上供用户下载，如果下载收费，利润由苹果公司与应用开发商 3:7 分成。这不仅让那些优秀的软件开发商们赚得盆满钵满，更使得苹果公司从中赢取了相当大的一笔收入。

和 App Store 类似，iTunes 只是把 App Store 的应用程序换成了歌曲和专辑，却建造了苹果的音乐帝国，也使得众多的歌手们有了一种更酷的赚钱方式。他们在 iTunes 上销售自己的专辑和单曲，每首歌的下载只需支付 0.9 美元，既宣传了歌曲又赚到了钱，一举两得。iTunes 用户也只需在手指的轻触之间完成歌曲的购买。与此同时，iTunes 也为歌曲数字化和正版化做出了贡献，让我们看到了未来歌曲的营销模式。

iPhone 以它创新的技术和经营模式引领着手机的潮流和时尚的方向。让我们期待未来更加完美的 iPhone 吧。

四、培育优良的组织精神

组织精神是区别于物质、财富或经济价值观的组织观念体系的核心。组织精神是组织的员工群体在长期生产经营中形成的一种信念和追求，是组织基于自身的性质、任务、宗旨、时代要求和发展方向，为使组织获得更大发展，经过长期精心培育而逐步形成的。换言之，组织精神是隐藏于组织经营思想和管理哲学背后并构成它们强有力支撑的组织的最基本的信念或者信仰体系。事实上，组织的主要文化现象、文化特征、文化创新均是以此为源泉，组织的可持续发展均是以此为核心而得到实现的。组织精神是组织价值观的外化，它用简洁的语言，表现出组织在一切行为和观念中的主导意识，体现了群体的价值取向。

由于企业精神是某个特定组织的精神，它应该在本组织的特定条件下创设并形成，反映本组织的追求和一定的精神面貌。组织精神应有其个性特征，而不是千篇一律。

例证 10-18：美国 IBM 公司的企业精神

美国 IBM 公司（http://www.ibm.com）的企业精神就是服务，就是根据公司主营的计算机行业特点，并综合了企业宗旨和价值观提炼出来的。就计算机开发研制而言，软件开发、人员培训、周到维修要比单纯出售硬件设备重要得多，其竞争也更为激烈。IBM 公司正是根据这一特点，确立了以服务为内涵的企业精神，同时也确立了公司经营方向是以提供顾客满意的服务来开展所有的经营活动。近年来，IBM 公司主营业利润均来自服务而不是计算机硬件的销售。

我国一些著名的企业集团也提出了自己的组织精神口号，如青岛海尔集团根据电器行业的售后服务质量这个顾客最为关心的问题，提出了“真诚到永远”的企业精神，使顾客无后顾之忧而乐于购买其产品。

组织精神需要用简明而寓意丰富深刻的语言来表述，这种表述要符合以下五点要求：（1）具有组织个性；（2）符合时代与民族特点；（3）体现组织价值观；（4）寓意深刻；（5）便于记忆与宣传。

例证 10-19：中石油的企业精神

中石油集团企业精神：爱国、创业、求实、奉献。

爱国：爱岗敬业，产业报国，持续发展，为增强综合国力作贡献。

创业：艰苦奋斗，锐意进取，创业永恒，始终不渝地追求一流。

求实：讲求科学，实事求是，“三老四严”，不断提高管理水平和科技水平。

奉献：职工奉献企业，企业回报社会、回报客户、回报职工、回报投资者。

（资料来源：http://www.sasac.gov.cn/n1180/n1271/n6404980/n6405099/13138482.html）

企业精神形成之后，不能停留在口号上，而应让企业的每一个员工去了解、接受和履行。通常采取以下四种方法：（1）强化灌输法。如日本松下集团，每天早上上班前，员工都要站在厂门口背诵反映企业价值观的司训。也可以通过培训班的方式向员工讲解企业精神；（2）领导引导法。企业领导要将企业精神外化为日常行为，引导和感染员工。如遇到困难，就要用企业价值观去鼓励大家知难而进；员工间发生了矛盾，就要用企业精神去化解；员工犯了错误，就用企业精神去帮助他改正和克服；（3）触目可见法。把企业精神印在企业简介中、印在信封上、挂在办公室里、刻在建筑物上，使员工触目可见，形成一种企业精神无时不在、无处不在的感觉；（4）文化宣传法。举办各种文化娱乐活动，或大型的社会文化活动，如赞助文艺晚会、体育比赛、向灾区捐款、扶贫救弱、支持希望工程等方式，向全社会宣传企业的精神。把企业社会责任作为新时期企业文化整合和再造的重要内容已成为国际企业文化发展的趋势。

五、建设稳定的组织制度文化

组织的制度文化是企业制度演进、企业制度规范、企业制度内容、企业制度运转、企业制度创新等的统称。现代企业组织机构是企业为了有效地整合资源，以便达到企业既定目标而规定的上下左右的领导与协调关系。如果把企业视为一个生物有机体的话，那么企业组织机构就是这个有机体的骨骼。企业组织机构的构建除了受到领导体制的影响外，还要受到企业环境、企业目标、企业生产技术以及企业职工的思想文化素质的约束和影响。

企业制度文化体系是企业全部制度文化子系统或子集的有机集合。企业制度文化的具体方面或种类很多，但集中起来可以概括为五大子文化系统：（1）企业财产制度文化；（2）企业决策制度文化；（3）企业组织制度文化；（4）企业人事制度文化；（5）企业财会制度文化。这五大子系统之间存在着有机的内在联系，并在此基础上形成了企业制度文化体系。决策制度文化是中心，它首先决定着企业组织制度文化，其次决定着企业人事制度文化和企业财会制度文化。制度文化整合的倾向和必然结果就是制度文化的一体化，就是企业制度文化体系本身。其中，领导体制中的领导方式对组织机构的影响相当大，因为组织机构并不是一旦固定就一成不变，领导方式变换就可能导致部分机构变化以适应前者。所以从这些因素来看，一个企业组织机构的设置是一定的企业文化特质的反映。组织文化制度建设包括组织的领导体制、组织结构和管理方针与制度。组织领导体制是领导方式、领导结构和领导制度的总称。领导体制在某种意义上也是企业价值观的一种表现。领导方式有多种多样，如民主型、专制型、放任型等。管理者选择哪种方式进行管理，实际上体现了个人的价值观和偏好，反映了他的文化修养、知识结构及个性，而这与企业文化的文化氛围是一致的。当企业领导方式主要为权威与服从式时，则不会提出“和为贵”的企业价值观。

至于领导结构和领导制度，虽然它们反映了企业生产经营和管理要求，但依然会在具体的构造中反映出企业价值观、企业精神的内涵。例如，德国企业的领导结构与其他国家企业的领导结构不同，德国企业在总经理之上设有管理委员会，作为企业最高的日常领导机构，管理委员会成员中有三分之一由工人组成，这一领导结构是德国企业在长期发展中形成的，但也反映出德国文化和德国企业的价值观。

企业管理方针与制度是现代企业为达到企业目标，在生产经营管理活动中制定的各种带有强制性义务，并能保障一定权利的各项规定和条例，具体包括人力资源管理、生产管理、经营、分配等方面的一切规章制度。企业管理制度是帮助实现企业目标的有力手段，它是企业员工行为应该遵守的准则，能够使员工个人的生产经营活动符合企业要求。然而，企业管理制度并不是在所有企业中都一样，每个企业的管理制度都会因其生产领域、产品结构、生产工艺、技术特点、市场状况、员工素质等不同而不同。起初，企业管理制度的特性以及它的规范性会迫使员工遵守以符合企业要求，时间一长会使员工养成一定的行为习惯，这本身对员工行为是一种很好的引导作用。

例证 10-20：丰田的合理化建议制度[20]

合理化建议制度是一种规范化的企业内部沟通制度，它旨在鼓励广大员工能够直接参与企业管理，下情上达，让员工能与企业的管理者保持经常性的沟通。古语说得好：三个臭皮匠，顶个诸葛亮。一人智短，众人智长，如果一个公司仅靠领导是很难实现可持续发展的，这就需要充分调动广大员工的积极性，使员工以主人翁的态度全面参与到公司的管理中来，发挥集体智慧，为公司献计献策，共同管好公司。

在丰田公司，合理化建议制度被赋予了更深层次的含义。公司领导认为员工是产品改善的主要力量，他们会不断提高产品的质量和效率，因此丰田开展的是一场全民皆兵的合理化建议制度，而不是单兵作战。他们积极地鼓励全体员工不断地提出建议，改善生产流程，鼓励员工执行好自己创新的想法和建议，创造更加安全和舒适的工作环境，生产出质量更高的产品。

在一般公司，合理化建议制度的目的可能只是征求大家的意见和改善建议，增强大家的参与意识。但是丰田公司的合理化建议制度的真正目的和所体现的精神就像“好主意，好产品”的口号一样，不仅可以充分调动全体人员共同思考和共同参与来改善生产活动及其效果，提高产品质量，降低生产成本，还可以不断提高个人自身的能力，使生产现场充满生机和活力，增强全体人员对公司的忠诚感和归属感，最终为公司的发展壮大做出贡献。

丰田的合理化建议制度的意义还在于使公司的高层有机会接触一些底层的呼声，使高层的决策能够照顾到广大的基层员工，不至于忽视了他们的存在，从而获得他们更广泛的支持。为此丰田专门出台了一项制度，就是低一级员工可以绕过直接上级面向更高级别的领导提出建议，而这些建议一旦被采用，建议者都会获得表彰和奖励。通过这些措施，形成了强大的向心力和凝聚力，在这种气氛下，丰田的每一个员工都会积极地为企业的健康发展献计献策。他们每年都会提出几百万条合理化建议，这些建议的实施和应用，给丰田注入了强大的创造力，使丰田企业能够健康快速地以几何级数发展，成为全球汽车业的巨无霸。

成功企业的文化，尤其是制度文化的最大特点就是把企业员工的价值放在极其重要的地位，从充分尊重、信赖、依靠、激励他们的角度和原则出发，把通常的硬性的制度加以软化，使那些刚性的制度富有弹性，让那些强制和外在约束变成自觉和自主管理，变防范、制裁为充分信赖和不断激励。由于它们在最高境界、最高层次上展开其制度文化，因而它们的制度文化的根本法宝就是无形的精神力量，就是具有充分弹性的自我升华和自主管理。

企业制度文化一方面要保持其必要的、充分的刚性，从而保证企业文化共同体从总体上协调好其与外界大环境的关系，保证其在生存空间里能够长期地存续，保证企业员工对企业制度文化认同的简洁性和对它的信赖感。另一方面，要发挥其弹性文化的作用，充分体现其可能大的弹性，从而使企业具有足够的应变能力，可以灵活地、迅速地通过制度规范的更新，可以通过制度文化自身所具有的弹性来及时、有效地调整各种必要的关系。这样才能使企业制度文化既有坚实可靠的基础，又有足够的灵活性和创新活力。成熟的、优秀的企业文化都有一个共同的特点，那就是在其制度规范的形成和贯彻中既坚定不移、毫不含糊地坚持他们的基本准则——对那些令人信服、值得称道的思想原则、精神追求、基本宗旨的规范的形成和贯彻表现出十足的不可更改性，同时又对各种新观念、新潮流、新情况保持足够的敏感性和应变能力。这正所谓文武之道，一张一弛；刚柔并济，双管齐下。

六、通过社会化过程保存组织文化

由于组织内的新员工很难马上适应组织文化的要求，更主要的原因也可能是他们对组织文化不熟悉，因此组织中总是出现新员工干扰组织已有的价值观念和工作习惯的情况。所以组织要帮助新员工迅速适应组织文化，这个过程称做社会化过程。例如，日本三洋公司的新员工都必须经过五个月的强化训练，通过在公司集体宿舍一起生活，使得他们迅速学会三洋公司的工作方式。

组织文化的社会化过程主要包括如下三个阶段。

（1）原有状态阶段。新员工进入组织前的所有学习活动。在这一阶段，每一个员工还带有原先形成的价值观念、工作态度和期望。

（2）碰撞阶段。新员工在进入组织之后，他们可能会发现自己的期望与现实存在着不一致的情况。如果他们的期望与现实有差异，员工就必须经过社会化，使自己从以前的假设中摆脱出来，代之以另一套期望，即新的组织期望。在极端情况下，新员工可能会对他的工作现状彻底失望，甚至会辞职。有效的员工甄选过程应该尽量减少后一种情况发生的可能性。

（3）调整阶段。通过管理人员的努力，在组织文化正规化、集体化、固定化的影响下，新员工的个性和员工之间的差异越小，员工行为的标准化和可预测程度就越高。通过控制新员工的社会化过程，管理人员既可以造就循规蹈矩的顺从型员工，也可以造就富有创新精神的创造型员工。

例证 10-21：GE的文化变革[21]

完成GE改革，建立GE新文化，韦尔奇采取了两条腿走路的方法：一方面是强有力的根植新GE价值观的沟通攻势，另一方面是百无禁忌的企业整顿。根植GE价值观的攻势主要在三个方面：克罗顿维尔（Crotonville）管理学院的培训、各种媒体上的演讲、GE内部的清白检查。韦尔奇清楚，要改造企业文化，他必须使他的价值观深入人心。于是，他有效地利用每年能提供10 000名GE管理人员进修训练的克罗顿维尔训练中心，来阐述 GE 的价值观。他把克罗顿维尔办成了向 GE 管理人员灌输 GE 价值观的圣地，使其像传播福音的修道院，赋予每个在此进修的主管传播 GE 观念到整个 GE 的任务。韦尔奇亲自年复一年地到克罗顿维尔演讲和聆听，探测整个组织的脉动。他以此为据点，创造了 GE 内部现实、直接、坦率、“解决问题”的双向沟通环境，使克罗顿维尔的训练成为改造 GE 文化的重要基地。媒体是内外宣传的直接渠道，韦尔奇很会利用媒体。为了表达的一致性和增强演讲效果，他总是自己撰写演讲稿。他的演讲具有强大的说服力和激励能力。尽管承受着沉重的利润压力，韦尔奇还是强调：“损失利润胜于抄捷径或是违反规则。”1985 年，韦尔奇利用政府指控 GE 中级主管篡改一项计划的工作时间卡造成政府超额付款的丑闻，推行了他的清白检查——每个 GE 人每天面对镜子反省自己，都严格检查自己行为的正直性。从 1985 年起，严守清白就被纳入了绩效评估。直到今天，“正直”仍是 GE 的核心价值观之一。

与强大的沟通攻势相配套，使新的 GE 价值观生根发芽的是百无禁忌的企业整顿。没有强大的沟通攻势，企业文化的变革根本无法进行，因为人们会不理解、会抗拒；没有“真刀真枪”的新的价值观指导下的企业整顿和制度运行，也产生不了新的文化，因为人们不会把新的价值观化为自己的思想和行动。韦尔奇在哈佛大学的一次演讲中说：“我们用了两三年的时间发展价值观，并辛苦地实践每一个价值观，我们正在以这些价值观衡量我们的人，我们正处于转型的过程中。”

例证 10-22：华为公司的服从文化[22]

总部位于深圳市的华为集团公司是一家集通信网络软件和硬件的研究、开发、生产与销售为一体的大型公司，2004 年销售额已达 33 亿美元。其发展历史贯穿着总裁任正非的个人理想、对员工的严格要求、企业前进方向。华为招聘的大学生，到华为报到后，就要进行包括为期一个月的军事训练在内的五个月的严格的封闭式培训。负责训练的主教官是优秀的退伍军人，凡是在训练过程中遭到淘汰的员工将被辞退。员工在这个过程中就如同军人一样，要树立对上级的命令绝对服从是天职的意识。在进入岗位后，还要被不断地“洗脑”，以至于有人说华为具有将不同的人招募来之后训练成相似气质员工的神秘力量。对此，任正非并不否认——最优秀的企业最自信的就是改造人的力量。

第四节　组织公民行为

员工自愿做出的、没有任何正式的规定强制他们这样做的行为称为组织公民行为，这些行为的总和的累积效应可以为组织带来良好的效果。因此，组织要对员工的组织公民行为进行适当的教育、鼓励、支持、引导和管理。

一、组织公民行为的概念、特点和维度

（一）组织公民行为的概念和特点

卡兹和卡恩（Katz & Kahn，1966）提出“组织公民”的概念。他们认为，有效的组织应该有三种基本功能：（1）组织必须吸引并留住员工；（2）确保员工以可信赖的方式实现组织特定角色的任务；（3）员工必须有创造性和自发性行为，其行为超越角色规范，主动自发地为组织负担一些分外的事情。Berterman 等人（1988）将第三种功能和行为称之为组织公民行为（Organizational Citizenship Behavior），并把它定义为职务外行为，主要是指帮助同事和因对组织有责任感而做出的行为。本书采用 Organ（1988）的定义，即组织公民行为是在组织正式的薪酬体系中尚未得到明确的或直接的确认，但就整体而言有益于组织整体运转成效的行为总和。[23]

组织公民行为具有如下三个方面的主要特点。

（1）自愿自发

自愿自发是指其行为超越角色规范，主动自发地为组织负担一些分外的事情。组织公民行为不是由员工的角色或工作描述所强制性要求的，通常不做出这样的行为也不会受到惩罚。

（2）组织中正式的报酬系统未作明确规定

Organ 认为员工在工作职责范围内的任务上的出色表现不算组织公民行为，这是因为这些行为能够得到正式的报酬系统直接、明确的回报。当然组织公民行为并非得不到组织的回报，一个员工成熟稳定地表现出某些组织公民行为会留给上司或同事深刻的印象，从而会影响到其加薪或晋升，但是这种回报并没有得到正式的劳动合同、政策、程序等的保证，因此是一种具有可能性和不确定性的回报。

（3）行为总和的累积效应

虽然单独的一次性的组织公民行为对组织的整体绩效很难产生较大的影响，但是员工的组织公民行为跨时间的累积或者多个员工的组织公民行为的累积有助于提升组织的整体绩效。因此，单个组织公民行为的影响可能微不足道，但是这些行为的总和却可以产生很大的作用，这就是行为总和的累积效应。

（二）组织公民行为的维度

组织公民行为具有多维的结构。[24]Organ 提出了组织公民行为的五因素模型：（1）助人行为，指自发地帮助同事，预防和解决与工作相关的问题的行为；（2）公民道德，指员工作为组织中的一个“公民”应有的道德行为，包括对组织的工作感兴趣、节约组织资源、保护组织财产、愿意参加组织的各项活动、参与组织战略计划的制定、监控来自环境的威胁和机会等；（3）文明礼貌，指对别人表示尊重的礼貌举动；（4）运动员精神，指员工在非理想化的工作环境中毫无抱怨，仍然保持积极的态度，为了组织的利益而坚守岗位的一种意愿行为；（5）责任意识，指严肃认真、尽心尽力地对待工作的行为。

樊景立等人认为中国文化背景下组织公民行为可划分为十个维度：（1）对组织的认同；（2）对同事的利他行为；（3）责任意识；（4）人际和谐；（5）维护组织资源；（6）自我教育；（7）通过自学增加自身的知识和技能；（8）参加社会公益活动；（9）保持环境卫生；（10）表达意见。他们并没有发现 Organ 描述的另外两个维度（文明礼貌和运动员精神），却发现了有着中国文化渊源的两个维度（维护人际和谐和保护公司资源），体现了组织公民行为的文化独特性。他们还将组织公民行为的多种表现形式按照其发生的不同层面构建成了一个同心圆状的模型，如图 10-2 所示。[25]

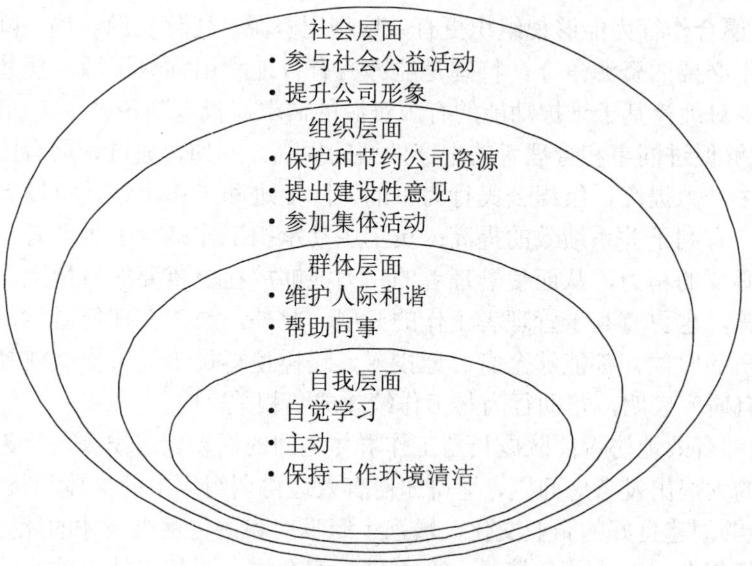

图 10-2　组织公民行为的同心圆模型

例证 10-23：李嘉诚捡硬币

有一次，李嘉诚在回办公室的路上，发现一枚硬币从眼前闪过，滚到车子下面。李嘉诚下了车，要去捡那枚硬币。在他弯腰要捡的过程中，一个门卫提前把那枚硬币捡了起来，并交给了李嘉诚。李嘉诚拿过硬币，从口袋里拿出 100 元港币奖励给这个门卫。这不禁让人感到很奇怪，别人只是帮他捡一元港币，他却给了100元港币，为什么？李嘉诚说：“如果不把这一元港币拣起来，它可能掉到水沟里面，这个社会财富就会流失掉，所以我们不能让人们已经创造出来的财富和价值流失掉。那个门卫不仅知道珍惜财富，还懂得帮助别人，应该奖励。”

二、组织公民行为的作用

组织公民行为对组织的重要性日益显著。由于组织公民行为充当了组织运行的“润滑剂”，减少了组织各个“部件”运行时的相互摩擦，从而促进整个组织效率的提高。[26] Podsakoff等人将组织公民行为对组织有效运行的作用总结为以下五个方面。

（1）作为组织运行的润滑剂，组织公民行为有助于减少人际矛盾和冲突。例如，利他和助人行为就起到了这方面的作用，主动为他人提供方便，帮助他人，维护人际和谐，从而保证了工作关系的顺畅。

（2）自愿合作行为能够使组织更有效地利用资源，优化资源结构，降低资源投入成本，减少不必要的资源争夺，特别是能够更有效地利用稀缺资源，使其更符合生产的目的，减少对纯粹基于维护功能的有限资源的需求，投入到各种生产活动中去。

（3）能够促进同事和管理者的生产效率的提高。例如，通过帮助有困难的同事就能让同事的生产力提高，组织公民行为中的人际促进和工作奉献，可以支持士气，鼓励合作精神，有利于关系绩效的提高；员工主动承担工作减少了管理者在工作分配方面耗费的不必要的精力，从而使管理者的精力能够放在更重要的事情上；员工积极为工作献计献策，也更有利于管理者工作的开展。此外，员工在任何时候，包括组织面临困难和危机的时候，都能够全身心地投入，这样使得员工的工作绩效具有一定的稳定性。但也有研究表明，帮助行为与工作绩效成负相关。[27]

（4）能够有效地协调团队成员与工作群体之间的活动。组织公民行为能够使员工能够从组织的大局出发考虑问题，懂得如何有效地协调组织中的群体利益和个体利益。

（5）能够创建良好的企业文化，增强组织吸引和留住优秀人才的能力。能够使员工做出较多组织公民行为的环境是一个充满互相合作、互相支持、愉快的环境，这样的环境对员工具有非常强的吸引力。

例证10-24：日本三菱公司的合同

日本三菱公司除了为每位员工准备了一份正式的工作合同之外，还提供了一份内隐的合同，其中以不成文的方式规定了除正式合同之外的一些内容，包括公司对员工的期望、员工应该为公司做出的贡献、公司给员工的回报等。除此之外，三菱公司还定期设立业务标兵，并为获奖者提供特殊福利。这种类似于心理契约的内容不像正式合同那样明细，但却对员工的行为有着重要影响。在内隐的合同中，企业公民行为是企业对员工的一种期望，企业通过一些信号向员工表达这种期望，让每个员工知道企业公民行为是被鼓励的。这种心理暗示的做法可以帮助企业创造一种支持性的工作环境，让员工感受到企业对他们的信任与尊重，让员工感受到自己在企业中得到了公正的对待，让员工感受到企业对自己做出的承诺能够兑现。

（资料来源：http://hi.baidu.com/baggiozuo/blog/item/80aab7f1b5b4fc5b352acc8f.html）

三、组织公民行为的影响因素

影响组织公民行为的因素主要包括个体特征、家庭环境、工作特征、组织特征、领导行为。[25]

1．个体特征

与其他年龄段相比较，25 岁以下的员工的组织公民行为表现得更多、更积极。个体的责任意识对一些组织公民行为具有预测作用。

2．家庭环境

家庭环境对员工的行为表现、组织的绩效和发展，都会产生直接或间接的影响。由于一个人的工作成就和家庭密不可分，所以要让员工在工作中得到快乐，并且快乐地工作，在社会做个好公民，在单位做个好职工，在家庭做个好成员。这种相互影响是显而易见的，在心理学上被称为行为的溢出。当家庭氛围紧张时，可能不利于产生组织公民行为，而愉悦的家庭氛围则可能有利于组织公民行为的产生。

3．工作特征

任务重要性、任务反馈、内在满意感与组织公民行为之间存在正向关系；工作任务的重复单调性与组织公民行为之间存在负向关系。

4．组织特征

国有企业员工比民营企业员工更频繁地展现出组织公民行为；组织凝聚力与组织公民行为之间存在正向关系；员工感知到的工作情景中具有的符合社会期望的价值观以及激励性的工作特性与组织公民行为之间存在正向关系；组织公正性、管理人员的支持与组织公民行为之间存在正向关系。

5．领导特征

支持性领导、变革型领导特征与组织公民行为之间存在正向关系；领导—下属交换与组织公民行为之间存在正向关系；员工的社会交换意识是组织支持感知与组织公民行为之间以及领导—下属交换与组织公民行为之间的调节变量。领导者的模范作用对下属的组织公民行为表现也具有积极的促进作用。

本章小结

- 组织文化是指组织成员的共同价值观体系，为组织所有的成员所接纳，成为组织的一种群体意识，表现为组织的共同的信仰、追求和行为准则。
- 组织文化可以划分为三个层次：表层文化、中层文化、深层文化。
- 组织文化分为学院型、俱乐部型、棒球队型、堡垒型和学习型五种类型。
- 组织文化在一个组织中发挥着重要的作用：（1）激励功能；（2）凝聚功能；（3）导向功能；（4）规范功能；（5）协调功能。
- 组织社会化过程主要包括三个阶段：（1）原有状态阶段；（2）碰撞阶段；（3）调整阶段。
- 组织公民行为是在组织正式的薪酬体系中尚未得到明确的或直接的确认，但就整体而言有益于组织整体运转成效的行为总和。
- 良好的组织文化对组织公民行为具有积极的促进作用。

思考练习题 10-1：简答题

1. 企业家对于企业文化的塑造有什么影响？
2. 什么是组织社会化过程？
3. 什么是组织公民行为？

思考练习题 10-2：单项选择题

1. 组织内部的一些特殊典礼、仪式、风俗属于组织文化的（　　）。
   （1）精神层　　（2）制度层
   （3）器物层　　（4）物质层
2. 下列有“堡垒型”组织文化的组织有（　　）。
   （1）房地产　　（2）广播电视
   （3）百货公司　　（4）保险公司
3. 属于组织公民行为的同心圆状模型的社会层面的是（　　）。
   （1）提升公司形象　　（2）保护和节约公司资源
   （3）维护人际和谐　　（4）自觉学习

管理游戏 10-1：组织文化调查表[27]

这份问卷可以帮助你辨识你的组织文化——你所在的组织（单位/学校）中的做事方式和现有的心态。它的基础是“文化网络”；凝聚组织的六类成分。

请独自完成这份调查表，再和组织中其他人的回答进行比较。

然后，在能够帮助你实现组织目标的文化元素上打勾，在妨碍组织实现目标的文化元素上打叉。

然后和你的同事/同学讨论克服这些障碍的办法，以改进你的组织文化。

成分一：仪式

仪式是不断重复的活动和行为，以致它们成为了共同的习惯。你所在的组织内部的仪式有哪些？举例说明。

仪　式	是帮助，还是障碍	变革行动

成分二：传说

在你的组织中有什么故事是传奇性的？比如，关于过去有什么说法？哪些人被谈起？在你的组织中谁是英雄？有哪些成功或失败的故事？

传　说	是帮助，还是障碍	变革行动

成分三：庆典

什么仪式是公开举行的？庆祝什么？有什么奖励是针对整个组织的？

庆　典	是帮助，还是障碍	变革行动

成分四：标识

看看你组织中的标识，比如饭堂、舞厅、设备、工作/学习场所、停车场、名称。举例说明。

标　识	是帮助，还是障碍	变 革 行 动

成分五：权力

谁在你的组织中掌权，正式的和非正式的？你怎样才有资格掌权？在组织中权力的透明度如何？谁从权力中获利？

权　力	是帮助，还是障碍	变 革 行 动

成分六：系统

描述你的组织系统。比如，什么是组织中的交流系统，正式的以及非正式的？什么系统用于解决顾客/学生需求？

系　统	是帮助，还是障碍	变 革 行 动

管理游戏10-2：影视拓展（《士兵突击》）

游戏目的：连队（团队）文化

游戏人数：不限

时间：50分钟

材料：《士兵突击》影视钢七连的连队文化的部分片段。

回顾与分享：

（1）钢七连的连队文化有何特点？

（2）谈谈钢七连的连队文化对每个战士有何影响。

案例分析10-1：联想并购IBM PC业务后的企业文化冲突[28]

2004年12月8日，联想集团正式对外宣布并购IBM的PC事业部，并购内容包括

IBM 在全球的台式和笔记本电脑领域的全部业务。通过并购，联想获得了 IBM 在个人电脑领域的全部知识产权，遍布全球 160 多个国家的销售网络、一万名员工，以及在五年内使用“IBM”和“Think”品牌的权利。并购之后，联想以中国为主要生产基地，却将总部转移到了美国纽约，同时在北京和位于美国北卡罗来纳州的罗利市设立了运营中心。

一向以优秀的企业文化享誉世界的“蓝色巨人”IBM 和只有 20 多年成长经历的本土知名企业联想集团间的巨大的文化差异是新公司文化冲突的潜在导火索。

1. 决策方式的差异

IBM 的企业文化中，上下各部门只有分工不同，老板和下属地位平等，一视同仁。在纽约州阿蒙克的 IBM 公司里，每间办公室、每张桌子上都没有任何头衔字样，洗手间也没有写明供什么长官使用，停车场也没有为长官预留位置，没有主管专用餐厅，那是一个非常民主的环境，每个人都同样受到尊敬。为了听取员工的意见，作出民主的决策，IBM 设立了四条双向沟通的通道：（1）与高层管理人员面谈；（2）员工意见调查；（3）直言不讳；（4）申诉，IBM 称其为“门户开放”政策。员工通过这四条通道对上级的决策提出意见和建议，甚至反对。IBM 这种民主的决策方式充分体现了美国的低权力差距的民族文化特征。

联想集团，初建时是一个国有企业，现在仍然有很大一部分股份由政府掌控。联想集团和政府千丝万缕的联系使企业具有权力集中的特点，这种“官本位”在联想集团的决策方式上体现为“唯上现象”：“在决策会议上，发言顺序和发言内容都很有讲究。先是与讨论的问题相关的高级副总裁、副总裁、个别助理总裁依次发言，最后是总裁定调。会上大家都要从对方的话语和语气上揣测对方的意图，如果总裁很早就对该问题有了说法，下级人员就不说什么了，即便说也是极其委婉地表达一下观点。下级在会上要摸清上级的意图，说话才能有的放矢，才不会‘跑题’。”

这种上传下达的决策方式势必让新加入联想大家庭的 IBM PC 业务部的员工们受到很大的文化冲击。1999 年，联想发展规划部曾招聘到一位曾在外企工作的员工，他每次在部门会议上总爱抢着讲话，表达他的意见和建议。不久他就离开公司了。而以“以人为本”的企业文化享誉世界的 IBM 培养出的员工恐怕比这位外企员工有过之而无不及。联想的决策方式和 IBM 的民主氛围产生了极大的冲突，这让 IBM PC 业务部的员工无法接受。所以有不少联想在美国招聘的有美国教育背景的中国员工和原 IBM 员工在为联想工作三个月后纷纷辞职，这正是这种决策方式的冲突导致的一种不良影响。

2. 管理理念的差异

首先，“以人为本”是 IBM 企业文化的精髓，这也体现了美国民族文化推崇个人主义的特点。在 IBM 公司里没有自动晋升与调薪，晋升和调薪靠工作成绩而定，和学历、工龄、职位都无关。IBM 尊重员工的个人利益，重视他们的价值和人性需要，“从不因钱而失去一位好职工，任何一位付出辛勤劳动的员工也不会因为得不到适当的物质奖励而感到失望。”其次，自由的工作环境也是IBM企业文化的一大特点，员工都习惯于美国硅谷那种灵活松散的工作作风。IBM的人才理念中指出公司需要“野鸭子”——被驯化的野鸭子就失去了它的野性。IBM 视每一位员工为公司增值的重要财产，让他们在这影响世界的公司中独当一面。IBM 就是要千方百计地避免驯化员工，给员工宽松自由的工作环境，让他们发挥个性。

联想文化中也一直强调“以人为本”的原则，但是在实际操作中却并不都是这样，联想管理理念最突出的特点是规范、标准、纪律严明。被媒体称为“教父”的联想创始人柳传志一直提倡联想的“家文化”，就是“老一代企业家像家长一样以强大的管理权威成为企业的象征和毋庸置疑的权力制高点，所有的人就像家族成员一样在感受‘慈父’关怀的同时，必须服从‘严父’的教诲和权威，不仅对成员的工作进行管理，对员工个人行为也进行细致的关注和规范。”

对新员工的培训，联想形象地称其为“入模子”。“它的原理是不管你原来是方的还是圆的，到我这儿来就用一个统一的模具，把你强行压制成一模一样的一堆坯子。”联想对员工的严格要求无孔不入，连什么时候可以换夏装，都要由公司发文决定，“一切行动听指挥”，公司没有发文，再热也要坚持制度。违者，罚款十元，还要通报批评。这种严格的量化管理可操作性强，整齐划一的要求强化了员工的集体意识，但又在一定程度上抑制了创新精神，公司工作氛围过于僵化。虽然IBM以及其他大多数外企也会对新员工进行培训，但它们主要是以技能培训为主。所以，两者又产生了极大的冲突。

3. 语言障碍

作为企业文化的重要载体，语言是不可不提的一个因素，联想和IBM PC文化融合的另一个障碍就是语言不通。IBM 是美国公司，员工的工作语言是英语，被联想收购的IBM的PC业务部门也是以英语为工作语言。而联想集团是一个只有20年历史的中国本土的民族企业，联想集团员工的工作语言是汉语。由于在收购IBM PC之前，联想的经营主要着眼于国内市场，“目前的联想高层管理人员几乎是清一色的国内毕业生，没有海外留学和生活的经历，没有在外企工作的经验。”而且，联想的大部分员工都无法用英语进行交际和沟通。2006年7月7日，联想（中国）高级人力资源总监张瑾女士曾在接受记者采访时坦言：“摆在联想HR人员面前最基本也是最直接的挑战首先是来自语言的挑战，即英语沟通能力。”确实，联想从IBM接手了10 000名外籍员工，如果联想人不能用英语进行沟通，那会直接影响新联想向全球的外籍员工传达其企业文化和发展战略，更无法实现联想集团和IBM的PC部门的文化融合。

问题讨论：

1. 组织文化差异给联想带来哪些方面的挑战？

2．联想收购 IBM 的 PC 业务部之后应当采取怎样的手段来解决企业文化冲突？

案例分析 10-2：宝洁的企业文化[29-30]

始创于 1837 年的宝洁公司，是世界最大的日用消费品公司之一。宝洁公司全球雇员超过 11 万，在全球 70 多个国家设有工厂及分公司，所经营的 300 多个品牌的产品畅销 140 多个国家和地区，其中包括洗发、护发和护肤用品、化妆品、婴儿护理产品、妇女卫生用品、医药、食品、饮料、织物、家居护理及个人清洁用品。

（一）宝洁公司的核心价值观

宝洁公司的核心价值观是：领导才能、主人翁精神、诚实正直、积极求胜和信任。

特别值得一提的是，在宝洁公司"主人翁精神"的核心价值观之下，宝洁给予员工高度的信任与自由度，不仅让员工自行安排工作内容与优先顺序，上下班还不必打卡，一切由员工自我管理，并赋予员工自主权与决策空间。因为宝洁相信员工会以对公司整体最有利的方式进行规划，这种信任员工、尊重员工的信念，也是主人翁精神核心价值观能够有效落实的关键之一。

目前宝洁采取上下班时间弹性化的管理方式，只要能够保证从上午十点到下午四点的核心工作阶段，具体上下班时间并无限制。另外，2007 年起宝洁实施了"在家工作"政策，工作超过两年的员工，在工作性质允许的情况下每周可以选择一天在家上班。"个人离开"假期也是宝洁的一大福利，即凡在公司工作一年以上的职员，可以因个人的任何理由，每三年要求一个月，或者每七年要求三个月"个人离开"。这些方针，在契合宝洁整体文化的同时，也在整个人力资源市场上领导性地创造了一种更具弹性、更自由、更容易让员工发挥创造力和想象力的氛围。

（二）宝洁公司核心文化

1．注重人才，以人为本

宝洁公司把人才视为公司最宝贵的财富。宝洁公司的一位前任董事长曾说："如果你把宝洁的资金、厂房及品牌留下，把宝洁的人带走，宝洁会垮掉，相反，如果你拿走我们的资金、厂房及品牌，而留下宝洁的人，十年内我们将重建一切。"

无论在世界哪个地方，宝洁员工每天都在展示自己的聪明才智、创新精神和工作主动性。这一切都是宝洁业务发展的动力。宝洁历来重视招聘优秀人才，每年都从各类优秀大学招聘具有强烈进取心、创造性，具备领导才能、出色分析能力、良好语言交流能力，并具有优秀合作精神的毕业生。员工进入公司后，宝洁同样重视员工的发展和培训。通过宝洁学院提供的正规培训以及工作中直接经理一对一的指导，宝洁员工得以迅速地成长。宝洁公司向员工提供世界一流水平的福利待遇。在历史上，宝洁是最早建立利润分享制度，使员工成为公司主人的先行者之一。

此外，宝洁公司多元化的文化氛围，使员工能够充分发挥个人的独特性来实现公司共同的价值观和业务目标。宝洁公司珍视多元化的员工队伍对公司的不同观点和意见，并坚信多样化能给公司带来更大的竞争优势，所以公司努力创造一种有利于集思广益的环境。

最优秀的人才加上最好的培训发展空间以及开明的工作环境，这就是宝洁成功的基础。

在中国，宝洁早在1989年——宝洁进入中国的第二年，就开始从各所优秀高等院校招聘员工了。

公司的“内部提升”政策给5 000名中国员工提供了广阔的职业发展机会。另外，中国宝洁力争向员工提供具有市场竞争力的工资和福利待遇。宝洁深信，公司的利益与员工的利益休戚相关。

2．不断创新的意识

宝洁首先是一家研究与开发公司。正如宝洁公司董事长白波先生所说的“研究与开发是公司业务的生命线。”这是其企业文化的一个重要特点。

创新是一种能力，它体现了先进技术同消费者最新需求的结合。在宝洁，研究开发部的工作是与整体业务运作紧密结合在一起的，绝不是一个孤立运作的部门。每个业务机构都设有自己的产品开发部门。研究开发部与市场部、市场研究部一起开展调研，了解消费者的需求。研究开发部的一个分支——产品开发组负责把消费者和市场部的意见同先进的技术结合在一起。研究开发部协同市场部，与公司领导层一起，共同为公司每个业务领域确立战略发展方向。

创新意味着建立全球技术科研网络。宝洁分布于全球的18个研究开发中心雇佣了超过8 300名的研究人员。他们来自600多所不同的大学及研究机构。亚洲、拉丁美洲、欧洲和北美的科学家通过这个庞大的科研网络分享最新的技术和成功的经验，不断开发品质卓越的产品。

（三）宝洁公司的用人文化

宝洁公司选择了“培养、巩固和升级”的用人策略。宝洁公司在其175年的历史中一直延续使用“内部提拔”的方式，通过教育、在职培训、轮岗、工作任命等方法来从内部培养人才，而不是立足于其他公司或者部门“购买”人才。企业的风俗习惯即文化对企业的持续发展至关重要，而同一企业的员工形成了共同的信念和价值观，从内部提拔人才这一措施铸造了深厚的企业文化。内部的人才，对企业更具有归属感，本人的价值观和企业的价值观一致，更便于企业目标的达成。

（四）宝洁文化的塑造和传承

宝洁自成立到现在的大部分时间里，一直运用灌输信仰、严密契合和精英主义等方法努力保存公司的核心理念。宝洁有些长期实施的做法，例如，仔细筛选有潜力的新进人员，雇用年轻人做基层工作，严格塑造他们遵行宝洁的思想和行为方式，清除不适合的人，中级和高层的职位只限于由忠心不二、在公司内部成长的宝洁人担任等。

宝洁的灌输程序有正式和非正式的两种，培训和引导课程是用来引导新进人员进入公司的，其后则期望他们研读公司的传记《展望明天》。公司里的人把这本书叫做“宝典”，书中描述宝洁公司是“美国历史密不可分的一部分”，具有“精神传承”和“始终稳定不变的性格”，这种性格是以创办人一再宣称的原则、伦理、道德为基础，并且已经成为持久不坠的财产。公司的内部刊物、高级经理人的谈话和正式的培训教材都强调宝洁公司的历史、价值观和传统。

宝洁新进人员，尤其是公司中心的品牌管理部门的人，几乎所有的时间都用于工作，或是和这个“家庭”里的其他人交往，向他们进一步学习宝洁的价值观和做法。

一位曾在宝洁工作过的人说得好：“你到一个陌生的城市去，本以为会很孤单，到了宝洁却发现大家整天一起工作，整晚一起写备忘录，周末又彼此相见，生活过得丰富而又多彩。”宝洁期望员工主要和其他宝洁人交往，属于同样的俱乐部，上类似的教堂，并且住在同样的地段。纵观宝洁的历史，从严格的服装规定、几乎不容许享有隐私权的办公室布置，到宝洁举世闻名意在统一沟通风格的“限定一页写完的备忘录”，宝洁一直利用复杂的有形机制推行公司所期望的行为。

宝洁要求员工密切配合公司的规定以适用于全公司，适用于每一个地方、每一个国家和世界每一种文化。一位商学院毕业后加入宝洁、在欧洲和亚洲工作过、现已离职的人说：“宝洁的文化延伸到地球的每一个角落，我被派到国外时，公司明确告诉我说，我最重要的是必须符合公司的文化，其次才是符合所在国的文化。身在宝洁就好比在一个独立国家。”宝洁 CEO 约翰·斯梅尔 1986 年在一次公司的聚会上也说过意义类似的话：“全世界的宝洁人拥有共同的锁链，虽然有文化和个性的差异，可是我们却说同样的语言。我和宝洁人会面时，不论他们是波士顿的销售人员、象牙谷技术中心的产品开发人员，还是罗马的管理委员会成员，我都觉得是和同一种人说话，是我认识、我信任的宝洁人。”

问题讨论：

1．请你简述宝洁公司组织文化的特点。

2．宝洁塑造和传承组织文化有哪些方法？

3．谈谈你对宝洁的组织文化与当地文化的关系的看法。

参考文献

[1] 刘亚洲．餐巾纸上的伟大公司[J]．东方企业文化，2012（01）：49~50.

[2] 胡八一．一克拉文化 20 家著名企业的用人之道（柏明顿管理丛书）[M]．北京：

人民邮电出版社，2008.

[3] 王会让．苹果公司的企业文化[J]．东方企业文化，2012（01）：52~55.

[4] 彼得·圣吉．第五项修炼[M]．上海：上海三联书店，2002.

[5] 管一新．联想创新型企业文化[J]．企业改革与管理，2005（02）：49~50.

[6] 尹生．柳传志就是联想文化[J]．CO. 公司，2004（04）：41~45.

[7] 毕雪阳．管理心理学[M]．上海：上海财经大学出版社，2010.

[8] 李信忠．华为非常道[M]．北京：机械工业出版社，2010.

[9] 郑欣．中美电子商务中文化差异分析及其应对策略[J]．企业技术开发，2007（03）：78~80.

[10] 周艳琼．沃尔玛与他的沃尔玛帝国[J]．国际人才交流，2002（02）：24~27.

[11] 何跃清．小问题大管理[M]．北京：地震出版社，2005.

[12] 赵子仪．张瑞敏商道真经[M]．北京：新世界出版社，2010.

[13] 卢世林．21世纪企业文化的发展态势[J]．湖北大学学报，2002（05）：68~70.

[14] 智百．宜家是一种家居文化[J]．企业文化，2010（11）：35~38.

[15] 谢爱丽，周广华．“玫琳凯”的领导艺术[J]．经贸导刊，2003（06）：38~39.

[16] 佚名．IBM的企业文化[J]．石油政工研究，2008（02）：78~79.

[17] 王成荣．企业文化教程[M]．北京：中国人民大学出版社，2008.

[18] 彭烨．企业家在企业文化中的角色[J]．化工管理，2004（05）：35.

[19] 至秦．iPhone的魅力[J]．信息化建设，2011（09）：49.

[20] 郑立鹏．丰田管理方式[J]．经营与管理，2000（11）：30~32.

[21] 李桂荣，秦立莉．企业文化变革之路——通用电器公司和戴尔公司企业文化变革的启迪[J]．企业文明，2005（07）：58~60.

[22] 孙友罡．存在与悖论——华为企业文化冷思考[J]．企业管理，2005（06）：16~21.

[23] D. W. Organ. *Organizational citizenship behavior: The good soldier syndrome* [M]. Lexington, Mass. : Lexington Books, 1988.

[24] 罗明亮．组织公民行为研究理论与实证[M]．北京：经济管理出版社，2007.

[25] Jiing-Lih Farh, P. C. Earley, Shu-Chi Lin. *Impetus for Action: A Cultural Analysis of Justice and Organizational Citizenship Behavior in Chinese Society*[M]. New York: Conell University, 1997.

[26] P. M. Podsakoff, M. Ahearne, S. B. MacKenzie. *Organizational citizenship behavior and the quantity and quality of work group performanc.*[J] Journal of Applied Psychology, 1997(82): 262~270.

[27] （英）莎拉·库克．培训的100件工具——培训师、管理者的问卷与评估表

[M]. 吴咏蓓，等，译. 上海：上海交通大学出版社，2004.

[28] 乐思伟. 从联想对 IBM PC 的收购看文化融合中的冲突与对策[J]. 广东外语外贸大学学报，2008，19（01）：88~91.

[29] 孙玉敏. 宝洁：以文化保持常青[J]. 招商周刊，2006(06)：24.

[30] 王士军. 宝洁的成功方法：透视品牌帝国经营之道[M]. 北京：中国商业出版社，2002.

第十一章　员工援助计划

【学习目标】

① 了解员工援助计划的概念和作用
② 掌握员工援助计划的内容
③ 掌握员工心理保健的方法
④ 了解员工心理咨询的概念和步骤

引例：中国移动的员工帮助计划

中国移动成立十几年来，伴随着中国移动通信事业的发展，公司也获得了高速发展，成为全球规模最大的电信运营企业。中国移动的员工在面临公司发展带来的挑战的同时，也承受着越来越激烈的竞争压力。员工的压力、满意度、心理困扰等方面存在的问题开始逐步显现，甚至可能会成为企业进一步发展的阻碍。

为此，中国移动较早地开始关注员工压力问题，并积极寻找解决方案。集团公司党群工作部以引入EAP项目为突破口，积极探索国有企业上市公司党建和思想政治工作的新内涵和新途径，帮助员工保持健康心态，增强其适应能力，提高组织绩效，促进企业健康发展。

自2003年中国移动的部分下属公司开始关注EAP，到2005年部分公司正式导入EAP，再到2006年开始由集团公司推动EAP在各公司的推广实施，至今已有10年的时间。2005年仅有两三个地市分公司实施，到2009年已有24家省级公司不同程度地开展了EAP，覆盖的中国移动员工超过10万，并已经初现成果。

中国移动广东公司是最早关注并开展EAP的公司，开始是广州、东莞、佛山等地市分公司独立开展EAP项目。2008年之后，省公司统一开展了面向全省的EAP。四川公司EAP项目在汶川地震的背景下启动。地震发生之后，常规的EAP服务迅速调整为“震后心理复健专项”，重点帮助灾区员工缓解和消除负面心理影响，尽快实现心理复健。在重大灾难面前，EAP震后心理援助的实施，发挥了员工心理健康保障的重要作用，四川公司震后无一例极端危机事件发生。

随着本地企业对员工关注的日益加强，相关的意识或理念越来越清晰，加上各类专业服务机构的推动和来自本地高校与研究单位的支持等，中国本地的 EAP 行业将变得日趋成熟，EAP 也会成为向企业员工提供的一种非常普及的服务。

（资料来源：http://www.jingxinshe.com.cn/channel.php?id=266&tid=76&dirtype=news）

身心健康对于企业员工来说是非常基本的需要。随着生活和工作节奏加快，社会竞争压力增加，员工面临的压力越来越大，所以员工需要掌握和运用各种应对压力的方法，并致力于提高自己和家庭的生活质量。员工援助计划（包括心理咨询和职业生涯规划）是企业维护和管理员工身心健康的行之有效的方法，值得在企业中推广。

第一节　员工援助计划概述

员工援助计划是（Employee Assistance Program，EAP）由企业组织为其成员设置的一项系统的、长期的服务项目，用来解决员工及其家人的心理和行为等问题，以促进员工个人成长，提高组织绩效，实现组织目标。

一、什么是员工援助计划

员工援助计划是由企业组织出资为员工及其家属设置的一套系统的、长期的福利与支持项目，是心理卫生服务的一种。它根据企业具体情况，通过专业人员对组织进行诊断，提供专业指导、培训和咨询，为企业管理者和员工提供管理以及个人心理帮助的专家解决方案，旨在帮助员工及其家庭成员解决各种职业心理健康问题和行为问题，提高员工在组织中的工作绩效、开发工作潜能以及改善组织气氛和管理。

EAP 于 20 世纪 40 年代起源于欧美国家，最初的对象是二战老兵。随后也有一些企业注意到员工的一些不良嗜好（如过度抽烟、酗酒、吸毒以及其他一些药物滥用问题）影响到员工和企业的绩效。于是，有的企业出钱聘请专家帮助员工解决这些个人问题，逐渐建立了一些项目，这就是员工援助计划的雏形。

20 世纪 60 年代，由于美国社会变动剧烈，工作压力、家庭暴力、婚姻问题、法律纠纷等问题也越来越影响到企业员工的情绪和工作表现。EAP项目日渐增多，一些项目也扩大了它们的范围，使其提供更多的帮助和服务以解决更广泛的问题。一些比较进步的组织采用了 EAP，获得了显著的效果。此后企业组织对 EAP 的兴趣更大了，EAP 的发展逐渐迈向了专业化和产业化的道路。1971 年，一个 EAP 的专业组织在美国洛杉矶成立了，即现在国际 EAP 协会的前身。这一机构的最初目标是为了帮助员工解决酗酒等不良行为问题。

“过劳死”的概念在20世纪六七十年代由日本专家提出。十多年前，随着对健康关注度的提高，日本社会对这一问题的讨论达到了顶峰。2001年，日本劳务省认定有143人“过劳死”，这是日本过劳死人员的数量“突飞猛进”的一年。此后，日本政府开始修改过劳死的标准。如从前只调查死亡之前一个星期内的工作状况，现在改为调查6个月内的情况以掌握“疲劳积蓄度”；从前身患慢性心血管病者突然死亡都被认为“身体条件不好”，现在若发病前曾长时间加班，即属过劳死。同时，政府还制定了加班时间与疾患关系图：每月加班45小时以内对身体有轻微影响，超过100小时影响就很大了。这些政策出台后，日本公司都开始为减少和根除过劳死出招。主要的办法有：（1）严格控制加班时间；（2）配备心理医生，让员工随时进行咨询；（3）增加福利运动设施，修建游泳池、网球室等；（4）定期给员工做健康检查，包括身体检查和心理健康检查；（5）部门主管要掌握员工的体检结果，与医生保持联系，调节员工工作量；（6）若有烦恼，员工或家属可以去“防止过劳死中心”咨询，这种机构遍布日本。

自20世纪80年代以来，EAP在欧美发达国家得到了蓬勃的发展和广泛的应用，并日益完善。EAP认证咨询师的出现开创了EAP咨询师这一职业。EAP被越来越多的企业实践证明是一种行之有效的解决职业心理健康的方案，对企业提高劳动生产率以及形成健康积极的企业文化产生了积极有效的作用，成为现代企业人力资源管理的重要手段。据相关资料显示，在1972年，世界财富500强中25%的企业使用了EAP，截至1994年，500强中建立了EAP项目的企业达到了90%以上。日本企业在应用EAP时创造了一种被称为“爱抚”管理的模式。一些企业设置了放松室、发泄室、茶室、咖啡室等，来缓解员工的紧张情绪；或者制订员工健康修改计划和增进健康的方案，帮助员工克服身心疾病，提高健康程度；还有企业设置了例行健康检查制度，为员工进行身体和心理检查。EAP的概念和相关活动最早是由跨国公司和心理学专家引入的。对于绝大多数的中国企业来说，EAP是一个比较新的概念。目前，只有一些跨国公司如摩托罗拉、惠普、宝洁等在中国的分支机构以及少数国内知名大企业实施了EAP项目。国内早期与EAP相关的活动，有的是某些企业与医院合作开展的，也有一些是企业寻找心理学专家进行合作开展的。目前，在我国也成立了一些专业的EAP服务机构，国内大多数企业都是通过与专业机构签订合约，将该项目委托给外部的专业机构进行的。对于中国企业来说，EAP也是用于解决压力、情绪和心理问题等员工个人问题的一种有效途径。

例证11-1：联想为员工EAP埋单[1]

2000年12月，联想员工开始的心理之旅至今没有结束。当时联想的客户服务部，主要工作是负责售后服务，要和形形色色的客户打交道，即便是在受到伤害和委屈的时候，他们仍然要保持微笑，以温和的态度对待客户。联想意识到他们受到的伤害和委屈在长时间的积聚下，会影响工作情绪。于是，联想请来了近 10 位北师大心理学专家，为联想客户服务部近千名员工的心理把脉。张西超老师主持了这个大型的帮助计划，为期一年多。

专家们首先对客户服务部的员工进行了详细的心理调查，包括心理健康、工作满意度、自我接纳与接纳他人、幸福感等，这些都是心理—生活质量的一些比较重要的指标。心理调查采用的方式除了问卷之外，还有单独的访谈和焦点座谈会。另外，为了大范围地展开宣传，还印了一批精美的小册子，讲述的内容主要包括职业心理健康是怎么回事，什么是员工帮助计划，为什么工作需要心理帮助等，通过什么途径可以获得这些帮助，发到每个人手上，联想内部网上也会有这些内容。

每个员工手里都有专家咨询热线号码，网上咨询的方式，参加面询的专家的联系方式，当有要咨询的问题时，可以直接与专家联系。在项目开始前，为打消大部分人出于隐私的顾虑，专家反复强调了“绝对保密”的原则——心理学家的首要职业道德。在双方签订的协议中，细致地规定了整个项目中一切关于个人的内容都是绝对保密的，这些信息对企业一方的管理层也同样保密。这是非常重要的前提。

晚上 6:00—10:00 是提供电话咨询的时间，每天有两位专家值班。几乎每天都有人打电话咨询，开端良好。专家们定期给联想员工们发电子邮件，预告热线的话题，比如有关情绪的专题——为什么有人会抑郁，本期的专家是谁，同时接待预约。要求来咨询的人很多，但协议中规定的名额是有限的，40 人次的咨询名额很快就全部用完了。通过员工的咨询，专家们发现，与一些著名的 IT 企业类似，员工们的心理问题比较突出的是工作压力问题，其次是个人发展问题。

二、EAP 的作用

EAP 的发展历史和实践证明，EAP 不仅能够帮助企业解决具体的、现实的员工心理和个人问题，而且是帮助企业发现和解决问题、改进生产管理、提高生产效率、改善组织气氛和企业文化的有效途径，对企业具有重要的价值。[2]

（一）个体方面

EAP 帮助解决的个人问题主要有压力、情绪、人际关系及心理困扰等。具体来说表现在如下四个方面。

（1）减轻工作压力，改善工作情绪，预防过激事件的发生，提高工作积极性。

（2）学会有效协调工作与家庭生活的关系，促进家庭和睦，提高心理健康水平。

（3）增强员工自信心，提高适应能力，并且改善沟通和人际关系。

（4）掌握解决下属个人心理困扰的实用技术。

（二）组织管理方面

EAP 对企业问题的帮助涉及裁员心理危机、灾难性事件、工作中的公平感、降低意外事故出错率、问题员工、减少缺勤率、提升满意度指标、降低离职率、协助进行绩效沟通等多个方面。具体来说主要表现在如下四个方面。

（1）建立有效的员工心理管理机制，从而降低缺勤率和病假率，增加留职率，改进生产管理，提高生产效率，降低企业运营成本。

（2）提高组织的公众形象，树立良好企业形象。提高员工士气，增强员工对企业的认同感。

（3）促进各部门、各层次员工间的沟通，改善组织气氛。

（4）提升管理者“员工心理管理”技能，实现从传统管理者向教练型管理者转变。

例证 11-2：康师傅的“职业安全”项目

台湾康师傅食品公司在企业高速扩张的过程中，曾经多次与死神相伴。而使它大难不死和愈挫愈勇的根本原因是施行了一种“永续经营”的“职业安全”项目。他们以对员工个人的知识承诺为中心，提出“成长是我们的最大收获”的理念，塑造员工的“职业安全”，而非“职务安全”。这种“职业安全”不仅包括职业生涯设计，而且向员工提供全面的就业能力保障。这种从根本上让员工放心的管理模式和组织创新设计，为员工创造的“机会”，不是暂时的权宜之计，而是使其终身受益的“全人培训”。如果由于经济不景气的影响，企业必须进行重组及缩减规模的话，康师傅的人员架构也可以从容不迫地进行。

（资料来源：http://www.818hr.cn/2011/1222/800.html）

三、EAP 的内容与实施

（一）EAP 的内容

EAP 的内容主要包括工作环境设计与改善、心理压力应对、沟通和人际关系改善、职业心理健康问题、职业生涯规划和心理危机干预等六个方面。

1. 工作环境设计与改善

工作环境设计与改善包括如下两个方面的内容：（1）通过改善工作硬环境，亦即改善工作物理环境、工作条件以及工作场所的设施或辅助工具；（2）通过组织结构变革、优化工作氛围、企业文化建设、工作轮换等手段改善工作的软环境，在企业内部建立一个舒适安全并具有支持性的工作环境，丰富员工的工作内容，发展和谐的企业文化。

2. 心理压力应对

通过压力管理、挫折应对、情感调节等一系列培训，帮助员工掌握应对压力的基本方法，改善应对方式，提高适应能力。从改变他们对于压力的看法开始，最终改变他们对工作的看法，使他们学会处理压力问题，从而增强他们对于工作压力的承受力。

3. 沟通和人际关系改善

良好的人际关系和交流不但是心理健康的表现，也是人们最基本的心理需求。一方面，通过培养和训练，让员工学会改善人际关系技巧，提高处理人际关系的能力，建立起心理支持系统；另一方面，帮助组织领导者、管理者引导组织内的人际关系朝着积极的方向发展，包括建立合理的组织结构，创造有利的群体环境和交往气氛，改善和促进上下级之间的沟通和交往，理顺组织成员之间的各种关系，为整个组织建立起系统有效的沟通渠道和沟通网络等。

4. 职业心理健康问题

由专业人员采用专业的心理健康评估方法评估员工心理生活质量现状，发现导致问题产生的原因，并提出解决方案或建议，对企业员工的一些具体个人问题，比如恋爱、婚姻、家庭、子女教育、个人心理困扰等，提供及时有效的咨询、辅导和支持帮助；通过对企业人员进行心理健康调查，根据企业的实际情况和具体要求，为企业举办各层次具有针对性的职业心理健康讲座、咨询、团体辅导（培训）以及搭建专业心理服务网络平台。

5. 职业生涯规划

对个体作出专业的诊断与详尽的评估，然后根据组织的规范，针对个体的具体情况作出合适的个性化设计（包括组织内的职业生涯设计乃至人生的规划），继之以适当地修正与持续地督导，促进个人潜能的充分开发与价值的实现，同时满足组织所要求达成的价值需求。

6. 心理危机干预

当员工的不良嗜好、身心疾患困扰、家庭或婚姻生活失败、降职或解雇、创伤性应激、暴力或自杀倾向等个人问题引发心理危机的出现时，通过个别心理咨询、小组辅导、团体训练等一系列干预方式，可以帮助员工掌握提高心理素质的基本方法，增强对心理问题的抵抗力。管理者通过咨询和训练，掌握员工心理管理的技术，能够在员工出现心理困扰，发生心理危机时，及时找到适当的处理方法。

（二）EAP 的组织实施

EAP 的组织实施流程，如图 11-1 所示。

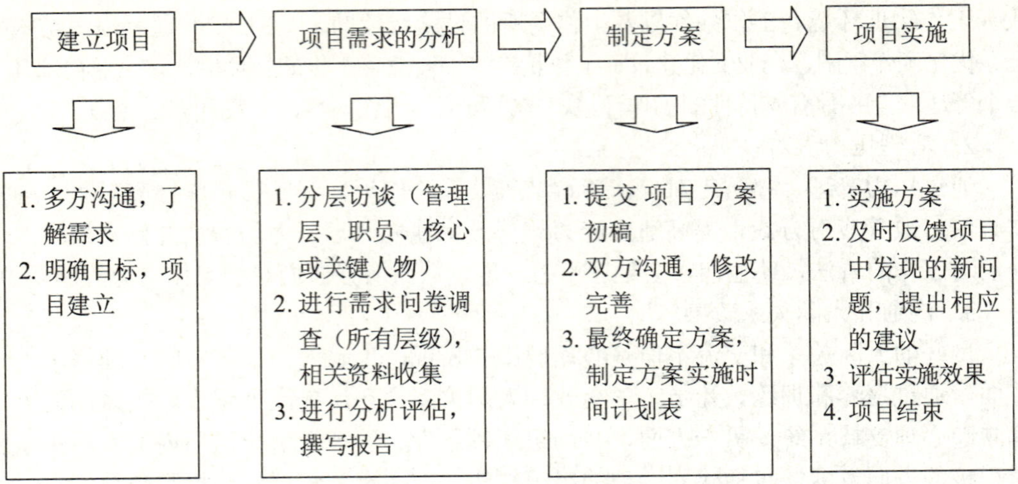

图 11-1　EAP 的组织实施流程

EAP 组织实施的具体过程包括如下四个步骤。

（1）建立 EAP 项目。首先要与目标企业的相关部门和员工进行多方面的沟通，初步了解企业的需求，明确 EAP 服务的目标，并正式建立项目。

（2）分析项目需求。首先对管理层、职员、核心或关键人物进行调查访谈，并进行需求问卷调查。通过访谈、问卷调查等方式多方面了解企业的不同部门、不同层次管理者与员工的需求，在系统分析企业员工的心理现状和导致问题产生的原因后，可以对员工进行专业分析评估。

（3）制订方案阶段。提交项目方案的初稿后，双方将作进一步的沟通，修改完善项目方案。在最终确定方案后，制定具体的时间计划。

（4）项目实施阶段。确定方案后，就可以在企业开展 EAP 了。例如员工心理咨询、员工职业生涯规划等。在实施过程中必须及时发现新问题，并提出相应的建议，与企业有关部门进行沟通协调。在 EAP 实施过程中，定期评估项目实施效果也是必要的。在整个 EAP 实施后，就可以完成整个 EAP 流程了。

例证 11-3：联想 EAP 的实施[3]

（一）项目背景

自进入 2009 年以来，企业招工日益困难，同时，客户服务中心因需要直接与客户沟通，导致客户专员承受了较大的心理压力，一系列的原因造成员工的流失率居高不下。因此，虽然联想身为知名企业，且公司的福利待遇等都略高于同行业水平，但是员工的归属感与忠诚度仍普遍不高。联想希望借助 EAP 项目，给予员工更多的关怀，塑造一个身心健康的团队，并帮助企业增强员工的忠诚度和归属感，解决和完善中层干部管理薄弱的问题，从而提高整个团队的工作绩效。

（二）调查与诊断阶段

鉴于工作负荷重，承受压力较大，人员流动较高等问题对员工产生了潜在的重要影响，而多数员工又缺乏自我调节和解决工作、生活冲突的能力，项目工作组通过展开组织心理状况调查工作，对员工的心理状况做了一个全面、直接的了解。在充分掌握了第一手资料的基础上，此次 EAP 活动更重要的目的在于：如何既能满足某客户服务部门发展的需求，又能为客服员工提供一次解决个人问题的机会，以便培养他们的心理健康意识，促进心理素质的提高与完善，掌握自我调整的训练以及沟通等心理技能。

项目组采用调查法，分为口头调查（访谈法）和书面调查（问卷法）。其中问卷调查可以分为两个部分：纸笔调查和网络调查。纸笔问卷调查实施的时间是 2009 年 1 月至 2 月，共对 300 名客服员工进行了问卷调查。工作人员当场指导员工们按照要求填写问卷，并回收所有问卷。收集的有效数据交由专门人员录入计算机，再由问卷设计者使用专业的数据分析软件SPSS进行数据分析处理，并对问卷的信度和效度进行了检验。网络调查针对调查对象每人赋予一个账号，员工登录网络系统，直接填写问卷即可。

访谈法主要有个人访谈和焦点座谈会两种方式。个人访谈主要采用半结构化访谈提纲。访谈提纲主要是以该公司关心的员工问题以及项目组想探究的方面为主要思路。同时，个人访谈也关注员工个人的情绪表达，并借此追问给员工个人带来的困扰问题。项目组会对访谈过程全程录音，然后将录音内容转录成文字，由专业人员进行编码分析，对访谈内容进行定性和定量的分析处理。此外，项目组还进行了一次焦点座谈会，邀请客服部的 8 名班组长进行了一场关于客服员工的心理状态、工作困惑、职业生涯发展的专题座谈会。历时一个多小时的座谈会全程录像、录音，随后都交由专业人士进行编码分析，从不同角度取得了关于客服员工工作现状的难得的第一手资料。

（三）制定和实施方案

1. 初级预防——宣传（小册子、电子邮件）

初级预防的目的是减少或消除任何能够导致职业心理健康问题的因素，并且更重要的是设法建立一个积极支持性的和健康的工作环境。为此，项目组专门印制了精美的 EAP 宣传小册子，散发到各个客服中心站点，同时也定时向全国客服员工个人发送特定的电子邮件，对一些基本的心理学知识和技巧进行介绍。另外，初级预防还为员工提供了简捷的 EAP 联系方式，使多数员工都有机会接触 EAP，并能对自身的心理健康和心理性质逐渐形成重视的态度和科学的认知。

2. 二级预防——培训（管理层，一线员工）

（1）客服各大区督导心理培训。2001年2月，项目组对联想各大区督导以及中层管理员工共40多人进行了“心理健康和交互作用”和“心理健康与人才发展”的专题培训。这天的培训内容丰富，形象生动，紧密联系工作与生活，受到受训员工的普遍欢迎。这些内容的培训不仅对促进中高层员工在管理工作中贯彻如自我暗示、情绪管理等技能，起到了积极的推动作用。并且促进了管理工作的全面提高，融洽了组织气氛，提高了员工的工作绩效。

（2）客服管理层健康培训。2001年3月，项目组对联想电脑公司客户服务部本部30多名中层管理员工进行了“心理健康与人才发展”的专题培训。培训课程不仅介绍了心理健康的定义和内涵，确立了心理健康的标准，而且还引导受训员工学习了自我暗示、自我控制、情绪管理、人际沟通、耐挫能力等自我调整的实际技能和技巧。这些内容对受训学员来说不仅是全新的，更是有着巨大的使用价值的。

（3）客服管理层咨询技巧培训。2001年3月，项目组先后两次对联想电脑公司客户服务本部30多名员工进行题目为“作为咨询式的管理者——亲情的专业化”的专题培训。这次培训介绍了心理咨询的基本概念、内容、理念、模式、技巧，也确立了成功的咨询者标准；同时还结合工作中可能会出现的问题进行了咨询技巧和方法的训练、评估和指导；最后更是为管理者总结了如何在实际的管理工作中推广亲情模式，贯彻人本精神，并提供了实际的指导建议。

（4）一线员工心理培训。2001年7月，项目组对联想电脑公司客服部北京中心站员工进行了题目为“工作与生活的协调”的专题培训。

第二节　员工心理保健

随着社会的进步和人民生活水平的提高，人们越来越关心自己的身心健康。企业员工也不例外，必须学会缓解压力、管理情绪、应对挫折、提升工作和生活品质，积极地进行自我心态的调节，维护心理健康。

一、心理健康的概念

人是生理与心理的统一体，生理素质和心理素质决定了人的健康程度和发展水平。世界卫生组织（WHO）对健康下的定义是：健康不仅仅指身体不虚弱或没有疾病，而必须是个体在身体上、心理上和社会适应上保持良好的状态。1986年世界心理卫生协会在年会上又发出宣言，健康还要包括良好的道德品质。由健康的定义以及现代生物—心理—社会健康模式可以推知，心理健康就是指一个人的生理、心理与社会处于相互协调的和谐状态。

根据各方面的研究结果，总结归纳起来，评判一个人心理健康状况良好，一般包括以下六个方面。[4]

1．智力正常

智力是人们利用经验、知识和阅历解决问题的综合性能力，主要包括观察力、记忆力、思维能力、想象能力与实践活动能力。一般将人的智力分为超常、正常和低下三个等级。正常的智力水平，是人们生活、学习、工作、劳动的最基本的心理条件。

2．情绪稳定和心情愉快

情绪稳定与心情愉快是心理健康的重要标志，它表明一个人的中枢神经系统处于相对的平衡状态，意味着机体功能的协调。它包括情绪的反应强度和引起情绪的刺激强度相适应，反应时间随着引起情绪的客观情境的转移而有所变化，反应的特点与年龄阶段相适应。

3．行为协调统一

一个心理健康的人，其行为受意识支配，思想与行为是统一协调的，在行动中一般有明确的目的性和较高的自觉性，并有自我控制能力。

4．自我意识客观

自我意识是对于自我以及自己与外界的关系的认知。客观的自我评价和自我接纳，既不贬低又不高估自己的能力，而且能够接受自己的缺点。适度的自信心、自尊心和自制力，一定的社会责任感和义务感是心理健康的表现。

5．人际关系和谐

人生活在社会中，就要善于与他人友好相处，人的安全、归属、爱和尊重等多种需要的满足都是靠良好的人际关系来维持的，并以此获得心理上的慰藉、支持和激励，或者给予他人关爱，体谅他人。有一个和谐持久的人际关系是心理健康的一个重要特征。

6．社会适应良好

人生活在纷繁复杂、变化多端的大千世界里，一生中会遇到多种不同的环境，因此，一个人应当具有良好的适应能力，积极处理自己遇到的问题，接受应该承担的责任、若有可能要尽量塑造好的环境，同时能够根据环境调整自己，为自己树立现实的目标。能够积极、有效地面对和应付周围环境的要求和变化，这也是心理健康的标志之一。

例证 11-4：中国企业家的心理健康状况

中国企业家调查系统秘书长李兰说，2009 年的调查显示，89.5%的企业家认为自己

“压力很大”或“压力较大”，只有9.6%认为“压力较小”，0.9%认为“没有压力”。企业家认为“压力很大”或“压力较大”的比重自2005年起均超过80%，且呈逐年上升趋势。其中，中型企业的企业家压力较大；医药、化纤、钢铁和汽车等行业的企业家压力较大，而塑料、电气机械、仪器仪表等行业的企业家压力较小。

为维护员工的心理健康，员工需要学会缓解压力、管理情绪、应对挫折、提升工作、生活品质。

二、缓解压力

任何需要去适应的情境都会构成压力（或应激）。在急剧变化的现代社会，面对市场竞争的加剧，企业员工的工作负荷也随之不断增大，来自工作、家庭和社会变革等的压力成倍增加，常常出现内心矛盾和冲突，带来不适应感、焦虑感、压抑感等消极心理体验，甚至产生心理障碍，损害身心，导致严重的后果。联合国国际劳工组织发表的一份调查报告认为：“心理压抑将成为21世纪最严重的健康问题之一。”在美国，全国的调查显示大约有 25%的员工都遇到了由应激引起的问题。压力感的影响对雇员来讲是一种严重的自我消耗，对雇主来说则是人力资源的损耗。每年因员工心理压抑给美国公司造成的经济损失高达3 050亿美元，超过500家大公司税后利润的5倍。因此，员工压力管理，已成为企业组织管理的一个重要方面。根据美国国家职业卫生健康局统计，已有将近一半以上的美国大企业提供相关的压力管理课程。比如，6%的公司利用午休时间提供按摩服务，且有 60%的员工在其中得到放松缓解。员工压力管理有利于减轻员工过重的心理压力，保持适度的、最佳的压力，从而使员工提高工作效率，进而提高整个组织的绩效，增加利润。

（一）正视压力

无论人们怎样努力减少应激事件的发生，都避免不了压力的产生。在一定的压力下工作和生活，也许是现代和未来生活的一个重要特征。生活中如果没有压力或压力不足，不管在生理、心理或社会方面，我们都无法适当地成长，使得人们百无聊赖，斗志涣散。如果工作缺乏压力，就难以保持适当的效率。适当的压力可以产生强大的动力，有积极的一面，人们可以顶着压力走向成功，如图 11-2 所示。[5]应激和绩效关系的研究结果证实，在最适合的应激水平下，操作水平（绩效）才能达到最高点。但是，如果压力太大，积极的激发力就会被疲惫所取代，我们会逐渐觉得难以应付。长期过度的压力负荷会造成筋疲力尽和最终的崩溃。过度的压力也会影响工作效率，问题频繁出现，如焦虑、失眠、烦躁、效率下降等。

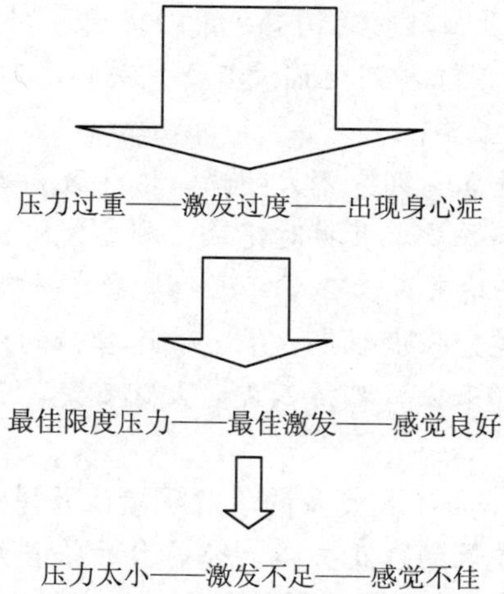

图 11-2　压力三层次与身心健康关系

国外对压力与健康关系的理论模型中，最著名的是福克曼（Folkman）和拉扎拉斯（Lazarus）的压力应对模型[6]，如图 11-3 所示。该模型认为，是人们对压力的评定而不是压力本身引发了压力反应或后果。基本假设是，当人们遭受压力时，首先对压力作出评定，然后根据评定作出情绪或行为上的不同反应。如果把压力解释为积极的，就会产生积极情绪；如果认为压力是对身体或心理的威胁，就会产生消极情绪。接着，人们根据评定来思考如何开发自身的应对能力，以减少压力事件带来的危险、破坏或损失等后果。压力知觉和应对反应是压力事件及其潜在后果的重要中介变量。其他的中介变量还有 A 型行为、控制感以及社会支持等。

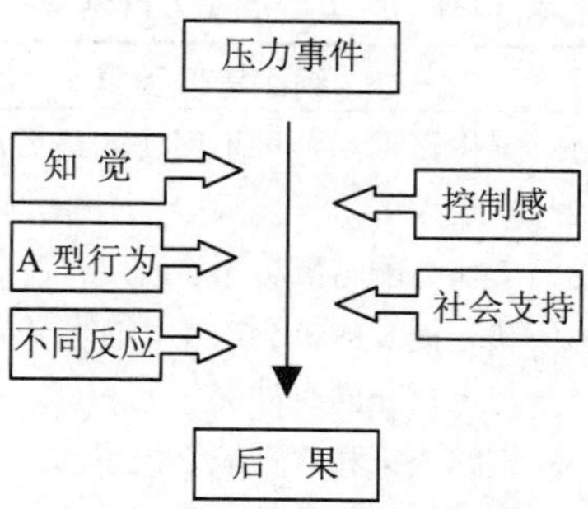

图 11-3　压力应对模型

例证 11-5：百事可乐公司员工的工作压力[7]

尽管百事可乐公司一直以发展迅速、竞争力强而自豪，但公司总裁 Andrall E.

Pearson 最近仍为公司各级员工之间的钩心斗角而忧虑。调查表明，80%的公司员工曾经因工作不顺而烦恼。许多员工抱怨他们没有得到关怀，不知道公司正在发生的事情，也没有人告诉他们工作绩效如何。

在百事可乐公司，工作职责划分不太明晰，这导致内部竞争十分激烈。管理人员常常分配给员工太多的任务并要求其按时完成。那些能够圆满完成任务的员工晋升很快，其他人则常常离职。平均来说，百事可乐的员工在一个职位上仅仅工作 18 个月。除离职率高外，管理层还过分强调短期效果。快速晋升的允诺吸引了不少有抱负的年轻人，但大多数人在百事可乐公司都待不久。大家都说，百事可乐公司有许多职位，但鲜有事业。

Pearson 要求各级主管给与下属更多的绩效反馈，并详细解释奖金分配的依据，并要求表现出对下属利益与成长的真正关心。公司今后将告知每位员工有关晋升的具体标准与途径，管理人员的晋升与工资也将部分取决于他们指导、培训下属的情况。

（二）探求压力来源，进行压力管理

美国心理学家拉扎拉斯等人从日常生活琐事层面对普通人压力的来源进行了调查和分析。[8]结果表明，在日常生活中成为生活压力的琐碎事件可归纳为家庭支出、工作职业、身心健康、时间分配、生活环境和生活保障等六个方面。这些方面相互联系和渗透，甚至是多方面相关联的，因此，在探求员工心理压力来源时，有时无法确切地指出问题出自哪个具体方面。我们大致从个人、工作和家庭三个方面来探讨员工心理压力的来源，侧重点是工作组织管理因素，见表 11-1。

表 11-1　员工心理压力的来源

个 人 因 素	组织管理因素	家 庭 因 素
1. 追求完美，过高期望 2. 缺乏安全感 3. 老是不断变换角色 4. 与人沟通不够 5. 学习新课程的紧迫 6. 外部表现与内心想法相矛盾	1. 工作繁重和各种不现实的最后期限 2. 指令太多，干扰太多 3. 工作分配与酬劳不合理 4. 缺乏提升的机会，工作前景不明朗 5. 与上司和同事冲突 6. 组织决策和管理缺乏民主 7. 恶劣的工作条件（噪声、空间和设备等方面）	1. 缺乏情感支持 2. 所背负责任太多 3. 与家人缺乏沟通 4. 被指望无所不能 5. 工作时间以外，太多工作事务侵犯私人生活

找出压力来源后，就可以着手修正或消除应激物，制定压力管理计划。该计划包括以下三个方面。

1．个体心理调节

个体心理调节主要包括如下六个要点。

（1）消除错误的认知方式（如对完美的过分追求等）。

（2）进行事前计划和时间管理。

（3）寻求外界的心理帮助（如亲友支持、心理咨询等）并帮助他人。

（4）发展健康的兴趣或爱好。

（5）制定具体的健身计划并实践。

（6）学习放松技术。

2．组织管理改善

组织管理改善主要包括如下九个要点。

（1）改变工作负荷和最后期限。

（2）重新进行工作设计，改变组织结构以消除应激物。

（3）建立畅通的工作沟通渠道。

（4）开展对时间管理、目标管理、角色分析等方面的研讨会。

（5）让员工参与对他们产生影响的组织变革。

（6）物理工作环境的改善。

（7）对员工进行职业生涯咨询和规划以及其他辅助训练。

（8）建立心理支持系统，推广心理咨询和培训。

（9）组织开展文娱和体育活动。

3．家庭协调

家庭协调主要包括如下五个要点。

（1）多花时间和家人在一起。

（2）进行有效的沟通。

（3）真诚地向家人表达感情并成为习惯。

（4）营造理解、温暖的家庭氛围。

（5）将工作和家庭分开，并采取措施使之平衡。

学会管理压力是相当重要的，因为一旦你意识到压力存在，并学会管理它，便能使压力朝有利的方向发展。“向压力要动力”，不仅仅是一种愿望，而且完全可以通过科学的手段达到这个目标。

（三）学会幽默应对

幽默是精神健康的调节剂。它是一种高尚、成熟的心理防卫机制，是人们面临困境时减轻精神和心理压力的方法之一。随着越来越多的企业意识到笑声的神奇作用，他们已将其包含在企业发展的研究项目之中。如今，在成千上万家充满活力的企业里，随处都能看到滑稽和笑声不断的雇员。这些员工正好成为应对变化和不确定因素的生命线。企业赋予他们自由的笑声，他们就带给企业健康的工作环境，还能带动其他成员团结一心，使整个集体拧成一股绳，共同面对险境。可见，如果企业员工在生活和工作中学会运用幽默，就能轻松自如地应对压力。那么，怎样培养幽默感呢？

（1）要领会幽默的内在含义。幽默已发展为中性词和包罗万象的词。它包括滑稽、讽刺、喜剧、相声、小品、笑话、黄色幽默、黑色幽默、双关语、歇后语、动漫等媒体中一切让人发笑的要素。要多用健康、积极的幽默（如善意并被接受的玩笑），少用有害、消极的幽默（如恶意的讽刺和贬低）。

（2）扩大知识面。幽默是一种智慧的表现，它必须建立在丰富知识的基础上。一个人只有具有审时度势的能力、广博的知识，才能做到谈资丰富，妙言成趣，从而展示幽默的艺术。

（3）面临困境，也能够持乐观、开朗的态度。幽默是一种宽容豁达精神的体现，要学会善于体谅他人。乐观与幽默是亲密的朋友，生活中要尝试着发现事物的光明面，积极面对挫折。

（4）要有意识地提高观察事物的能力，培养机智、敏捷的反应能力。只有迅速地捕捉事物的本质，以恰当的比喻、诙谐的语言表达出来，才能使人们产生轻松的感觉。

例证 11-6：美国西部航空公司的幽默应对[9]

西部航空公司的航班常常把飞机座舱变成了娱乐场。你可以在飞机上跳迪斯科，还可以幻想自己是在美女如云的酒吧里喝酒聊天。这种旅行方式一下子缓解了恐怖主义带来的可怕阴影。这种做法也是为了加强乘客与机组人员之间的交流，让他们真正感到乘坐飞机就像在家里一样温馨愉快，恐怖气氛荡然无存。为此，该航空公司销售大增，雇员欢欣鼓舞，他们竟把工作当作乐趣，从而为乘客提供了更加优质的服务。为了让乘客发笑，增加旅途乐趣，老板还要雇员学会创造幽默工具。

三、管理情绪

情绪和情感，是人类重要的心理活动形式。它们不仅对个体其他的心理和行为活动起着影响和调节作用，而且对社会交往和适应具有交流和协调功能。良好的情绪不仅使人精神振奋，效率提高，而且对个体身心的健康发展有着积极的促进作用；而不良的情绪则使人精神萎靡，有害于身心的正常发展。在工作中，员工的情绪也会失去控制，使其做出损害他们自己和公司利益的事。他们有时会由于情绪的原因而破坏工作，甚至离职。因此，企业组织管理部门要重视员工的情绪管理，努力使员工保持良好的心情，这样才能提高工作的效率。

（一）改变认知角度

心理学家认为，发生的事情本身不是导致情绪障碍的原因，人们对所发生的事件所持的看法、解释、信念才是引起人的情绪和反应的直接原因。

20 世纪 50 年代，美国心理学家艾利斯在美国创立了合理情绪疗法，ABC 理论是它的基本的观点。在 ABC 理论模式中，A 是指诱发性事件；B 是指个体在遇到诱发事件之后相应而生的信念，即他对这一事件的看法、解释和评价；C 是指特定情景下，个体的情绪及行为的结果。通常人们会认为，人的情绪的行为反应是直接由诱发性事件 A 引起的，即 A 引起了 C。ABC 理论则指出，诱发性事件 A 只是引起情绪及行为反应的间接原因，而人们对诱发性事件所持的信念、看法、解释 B 才是引起人的情绪及行为反应的更直接的原因。比如，两个员工一起在公司的餐厅吃饭，餐桌旁走过了他们的经理，两人都向经理微笑示意，但对方没有与他们招呼，径直走了过去。这两个人中的一个对此是这样想的："他可能正在想别的事情，没有注意到我们。即使是看到我们而没理睬，也可能有什么特殊的原因。"而另一个人却可能有不同的想法："是不是上次顶撞了他一句，他就故意不理我了，下一步可能就要给我穿小鞋了。"两种不同的想法就会导致两种不同的情绪和行为反应。前者可能觉得无所谓，该干什么继续干什么；而后者可能忧心忡忡，以致无法冷静下来干好自己的工作。从这个简单的例子中可以看出，人的情绪及行为反应与人们对事物的观念和认识有直接关系。

合理、积极的信念会引起人们对事物恰当的、适度的情绪和行为反应；而不合理、消极的信念则往往会导致不适当的情绪和行为反应。当人们坚持某些不合理的信念，长期处于不良的情绪状态之中时，最终将导致情绪障碍的产生。以下是三种典型的不合理信念。

1．绝对化要求

绝对化要求是指人们以自己的意愿为出发点，对某一事物怀有认为其必定会发生或不会发生的信念。它通常与"必须"、"应该"这类字眼连在一起。比如："我必须表现良好，并受到某重要人物的赏识"，"这项工作应该是很容易的"，"我不应该求人帮助"等。

2．过分概括化

这是一种以偏概全、以一概十的不合理思维方式的表现。就好像以一本书的封面来判定其内容的好坏一样。过分概括化的一个方面是人们对其自身的不合理的评价。以自己做的某一件事或某几件事的结果来评价自己整个人以及自己价值，其结果常常会导致自责自罪、自卑自弃的心理及焦虑和抑郁情绪的产生。过分概括化的另一个方面是对他人的不合理评价，即别人稍有差错就认为他很坏、一无是处，这会导致一味地责备他人，以致产生敌意和愤怒等情绪。

3．糟糕至极

糟糕至极即认为某事情发生了会非常可怕，是灾难性的，以至于个体陷入极端不良的情绪体验如耻辱、自责自罪、焦虑、悲观、抑郁的恶性循环之中，难以自拔。

因此，要想改变人的情绪和反应，就要改变人们对所发生的事件所持的看法、解释，调整自己所持有的不合理信念，改变认知角度，从而避免不良情绪的产生，保持良好的心境。

例证 11-7：何某的不合理信念

何某，女，28岁，汉族，大专毕业，北京××文化公司职员。由于何某是独生女，父母都很忙，从小养成独处习惯，与父母、同学、同事交流较少，喜欢看书。

个人陈述：

三年前，我来到北京××文化公司参加工作，但是不久之后就发现自己在很多方面都不适应，公司里面大部分人都是大学本科生和研究生，很多人都好优秀而且多才多艺，而自己除了能努力做一些领导交办的简单工作，再没有其他特长，也从没被领导重点提起过。因为我来自农村，与公司中很多的同事接触一段时间后发现自己在服饰、语言、动作，以至风度上都不及同事，就觉得自己没有一点优点，处处不如人。由于家庭贫困，一直坚持上班，尽可能将工作做得最好，只是工资不高，常担心同事瞧不起自己，跟领导、同事接触少，没有知心朋友。

长相一般，没有才艺，大专毕业生，所以觉得别人都不喜欢自己，而且自己不会处理人际关系，也不愿主动理会别人，对事情缺乏热情。想加倍努力工作，尽快提高能力，但是不知道从哪里做起；想改善与同事的关系，又总觉得人际关系太复杂，没有任何快乐；有点想辞职，又怕找不到更好的工作，也没有勇气面对父母。因此觉得很矛盾，不知道该怎么办。

请问何某有哪些不合理的信念？

（资料来源：http://www.xl699.com/viewnews-924.html）

（二）学会放松训练

放松技巧是通过逐渐松弛全身各部位的肌肉组织，使全身上下消除紧张的一种控制应激、促进健康的技术。放松训练简便易行，不需要花很多时间学习。它对于应付紧张、焦虑、不安、气愤的情绪与情境非常有用，可以帮助人们振作精神，恢复体力，消除疲劳，镇定情绪。放松技巧有很多，比如呼吸放松法、肌肉放松法、想象放松法、音乐放松法等。这里给大家介绍一种有效的呼吸——腹式呼吸。

一般来说，人们在感到焦虑、紧张或惊恐时，往往会呼吸过急。这是一种无用呼吸，而且它极有可能会形成一种很难打破的习惯，产生恶性循环，即：感到焦虑、紧张或惊恐——呼吸急促——产生焦虑感、紧张感或惊慌感——呼吸过急——感到更加焦虑、紧张或惊慌。而腹式呼吸则是一种有效缓解紧张或焦虑的呼吸。

首先，尽量让自己坐得舒服，让双手放松，不要折叠，这会妨碍你呼吸。一定要感到脖子是放松的，还可以闭上你的眼睛（如果这样能够帮助你感到更放松的话）。然后，轻轻地从鼻孔吸气，再轻轻地呼出。以这个放松的方式呼吸数次，确保气流的运动只发生在胸脯的下部（你的腹部区域）。要检查你是否做得正确，可以把一只手放在胸前，另一只手放在你的腹部，感觉气流的运动。如果你从腹部呼吸，胸的上部应是放松和静止的。

其次，保持呼气的时间比吸气时间稍长。在下次吸气之前，稍微屏一下气。不要着急，体会一下平静的感觉。继续从腹部轻轻地、慢慢地呼吸，有意识地体会气流的运动，直到你感到完全放松。逐渐地，它会自动完成，你不用去想它。

操练腹式呼吸的地方不限：可以是坐车时、在一次重要的测试前、在一次紧张的会议中等。

（三）疏泄不良情绪

在每个人的生活中，每天都可能遇到让自己心情不好的事情，产生一些不良情绪，比如愤怒、郁闷、焦虑、消沉甚至绝望。这时该怎么办？向亲友发怒来转移，还是默默地忍受，借酒消愁？抑制不良情绪是一种不健康的选择，它会破坏我们的生活，威胁我们的身心健康，削弱我们的意志。其实，情绪反应是人体内的一种自我保护机制，是人面对威胁时身体的一种本能反应。从心理健康的角度讲，发泄就像清除体内垃圾一样，是消除心中不快的极为有效的手段，发泄也可以减轻精神疲劳，使人变得轻松愉快，能够精力充沛地投入到今后的工作中去。但是，发泄不良情绪要注意选择恰当的方式，否则就可能导致令人不快的后果，甚至会使事情更糟。下面介绍发泄不良情绪的九种方法。

（1）进行剧烈运动，或来一次长途步行。

（2）到一个隐蔽的地方，一个你可以跺脚、尖叫、大吼、狂喊而没有人会听到的地方。

（3）大哭一场。

（4）捶坐垫或枕头；拧一条毛巾或类似物，然后再用它猛击墙壁。

（5）找一个你信得过的朋友，描述或表演让你生气的那一场景，倾诉出你想说的一切。

（6）在说出任何话前先低声数到10。这会给你足够的时间来冷静下来，以免说错话。

（7）试一下空椅子技巧，将一张空椅子放在你的面前，假装惹火你的那个人正坐在你对面，把你对那人的感觉发泄出来。

（8）与你平时最信任、最喜欢的朋友进行交谈或倾诉，将心中的委屈、压抑、担心、焦虑统统说出来。

（9）把愤怒或羞于启齿的方面写下来，过后毁掉。

例证 11-8：巧设“出气室”[10]

日本松下集团的创始人松下幸之助为减轻企业员工的精神压力，在公司中专门开辟了“出气室”。里面摆放着公司大大小小行政人员与管理人员的橡胶塑像以及木棒、铁棍，职员对某位主管不满，心有怨气，可随时对其塑像拳脚相加，棒打一顿，以解心中积郁的闷气。这种做法在一定程度上缓减了员工的心理压力。

无独有偶，《新民晚报》1997年6月一篇文章报道，淮阴市船闸设立了出气室。凡过闸船民，对船闸服务工作有气，都可以来此出气，有专人接待，并作记录，最后由值班所长接待处理，使有意见的船民来时满肚子气，走时满脸微笑。出气室使船民和船闸工作人员的关系更密切，改善了船闸的工作，并使船闸树立了良好形象，受到广泛的赞扬。

（四）掌握情绪劳动技能

Hochschild 最早提出情绪劳动（Emotional Labor/Work）的概念，并把情绪劳动界定为“管理好情绪以创造公众可以观察到的面部和肢体表情”。[11]简单地说，情绪劳动是指员工根据组织制定的情绪行为管理目标所进行的情绪调节行为。员工怎么调节自己的情绪行为呢? Zapf 提出了四种调节策略[12]：（1）自然表现。这种调节不需要意志努力，是人的自然反应。（2）表层行为。它是指员工尽量调节自己的表情以表现组织所要求的情绪，而内心的感受并不发生改变。（3）深层行为。它是指为了按照组织制定的情绪进入角色，员工尽量去体验必须产生的情绪。在这种情况下，表情行为是发自内心的。（4）蓄意失调行为。这种行为是指员工满足了制定的情绪行为要求，表达出了适当行为，但员工的内心情绪感受却保持独立。

对于服务业员工而言（如公务员、空姐、义工、餐饮业员工、护士、教师等），情绪劳动扮演的角色日益重要。情绪劳动技能如果不比认知技能更重要，起码也应该和它一样重要，这些技能要求员工管理好自己的情绪，同时也要管理好客户的情绪。那么，情绪劳动技能包括哪些内容呢？皮斯库里仕（Piskulich）和曼德尔（Mandell）提出了七项相关的技能[13]，即：（1）展示自我能力；（2）敏感观察的能力；（3）灵活表达的能力；（4）谈判沟通的能力；（5）协助他人的能力；（6）人际关系能力；

（7）团队工作能力。那么，究竟如何提高员工的情绪劳动技能呢？这是今后研究的重要现实课题。情绪劳动工作坊、戏剧工厂、沟通风格自我评估等方法都有助于提升情绪劳动技能。[14]

四、应对挫折

挫折是指人们在有目的的活动中，遇到无法克服或自以为无法克服的障碍或干扰，使其需要或动机不能得到满足而产生的消极反应。挫折的产生一般应具备以下四个条件：（1）个体有具体的目标和实现目标的动机；（2）个体有达到目标的行动和手段；（3）有挫折的情境发生；（4）个体知觉到实现目标的行为受到了阻碍并产生相应的情绪和行为反应，如焦虑、愤怒、沮丧、攻击或躲避等。

挫折会带来种种不利于工作的消极因素和消极行为，直接影响到员工的工作积极性能否充分调动，间接影响着组织的效率及员工的生活质量，因此，管理者要充分重视员工的挫折应对。

（一）挫折的来源

在现实生活中，由于主客观因素的限制，个体往往会遇到“恶者不能避，好者不能取，恨者不能除，爱者不能得”等各种不如意的事情。凡是预期目的没有达到的都会引起挫折，但挫折仅仅在超出人的挫折忍受力时才以挫折感表现出来。不同的人挫折忍受力的强弱也不相同，它和个人的生理忍受力、动机的强烈程度、受挫折的经历以及对挫折的认知和预见等方面有关。美国心理学家 Holmes 等人曾通过调查研究和测试，选定43项生活事件，按其给人的挫折感强弱排列，各项目评分标准LCU（Life Change Unit，即生活事件单位）以虽有压力但无伤害的生活事件——“结婚”为中点（给 50 分），编成了生活事件的社会再适应评定量表，如表 11-2 所示。根据表中所列的生活事件，可以发现，在日常生活中，人们随时随地都可能遇到挫折情境，因而产生不同程度的挫折感。

表 11-2　生活事件与挫折感量表[15]

顺　序	生 活 事 件	LCU	顺　序	生 活 事 件	LCU
1	配偶死亡	100	23	儿女离家	29
2	离婚	73	24	司法纠纷	29
3	夫妻分居	65	25	个人有杰出的成就	28
4	坐牢	63	26	配偶开始或停止工作	26
5	亲人死亡	63	27	入学或毕业	26

续表

顺　序	生 活 事 件	LCU	顺　序	生 活 事 件	LCU
6	个人受伤或生病	53	28	生活状况改变	25
7	结婚	50	29	个人习惯改变	24
8	解雇	47	30	和上级有矛盾	23
9	复婚	45	31	工作环境、时间的改变	20
10	退休	45	32	搬家	20
11	家人患病	44	33	转学或换学校	20
12	怀孕	40	34	改变娱乐方式	19
13	性生活问题	39	35	改变宗教活动	19
14	家庭增加新成员	39	36	改变社交活动	18
15	工作调动	39	37	少量借贷	17
16	经济状况改变	38	38	睡眠习惯改变	16
17	好友死亡	37	39	家庭成员聚会	15
18	职业性质改变	36	40	饮食习惯改变	15
19	夫妻不和睦	35	41	放假	13
20	贷款超过一年净收入	31	42	过圣诞节	12
21	抵押或贷款到期	30	43	轻微违法	11
22	工作职责改变	29			

（二）挫折的心理防御机制

在遭遇挫折、冲突和严重的生活事件时，人们都有一种摆脱困境、减轻不安、稳定情绪、重新达到心理平衡的倾向，总会有意无意地运用心理防卫方式，又称挫折防御机制。它是指个体在经受挫折后，保持情绪平衡和稳定的心理机能。

由于个人的个性特征、生活态度及所面对的情境不同，每个人所使用的防御机制也有差异，常见的自我防御机制有以下八种。

1．合理化

合理化又称为“文饰”，指既定目标未达到时，寻找各种理由或值得原谅的借口来替自己辩护或争取社会认可。合理化有以下三种常见的形式：（1）酸葡萄心理。吃不到的葡萄是酸的，得不到的东西就是坏的，达不到的目标就说是不喜欢达到或本来就没想达到；（2）甜柠檬心理。得到柠檬就说柠檬是甜的，夸大既得东西的好处，缩小不足之处，以减轻得不到自己原先想得到的东西的失望与痛苦心理；（3）援例。指引用某些事实为据，试图使自己不合理的行为合理化，不合法的行为合法化，以摆脱面临的困境，减轻自己因过失而产生的内心焦虑和愧疚感。这些理由都不是真实的理由，而且往往不合逻辑，有悖常理，但其本人却能以此安慰自己，从而得到心理上的安慰和平衡。

2．压抑

压抑是指一个人在受到挫折之后，用意志的力量压制住愤怒、焦虑的情绪反应，或者把意识所不能接受的使人感到困扰或痛苦的思想、欲望、体验等，不知不觉中自动地压抑到无意识中或通过延期来满足，使自我避免痛苦，保持心境的安宁。压抑比较常见，虽然能够暂时减轻焦虑和获得安全感，但按捺住内在的情绪纷扰，久而久之可能使人变得性情暴躁或孤僻、沉默，甚至形成心理疾病，对身心危害较大。

3．投射

投射是指以自己的想法、感受去推想别人也是如此，把自己的过失行为或内心存在的不良动机和思想观念，转移到别人身上，以此来减轻自己的内疚和焦虑，化解自己的心理困境，即“以小人之心度君子之腹”。一个对领导有成见的人，可能会散布说领导对自己有成见，有意刁难自己。

4．补偿

补偿是指个体在追求目标、理想的过程中受挫后，改变活动方向，以别的目标代替原来受阻的目标，以新的活动方式代替原来的活动方式，以弥补因失败而丧失的自尊和自信，减轻挫折造成的痛苦，起到“失之东隅，收之桑榆”的目的。

5．认同

当一个人在生活中无法获得成功感时，把别人具有的、使自己感到羡慕的品质加在自己头上，或是将自己比拟成其他成功的人，藉以在心理上分享他人的成功感，提高自己的信心和声望，从而消除因挫折而产生的痛苦。如在生活中，有的人遭遇挫折之后，通过想象自己崇拜的英雄或偶像的形象来鞭策和激励自己，走出心理困境。

6．幽默

当一个人遇到挫折，处境尴尬时，用幽默来化解困境，摆脱失衡状态，也是一种积极的心理防御机制。

7．反向

反向又称“矫枉过正”现象。个体为了防止自认为不好的动机外露，于是以相反的行为取而代之，这种内有动机与外在行为不一致的现象，称为反向。它实际上也是对个体的冲动和欲望进行压抑的一种心理表现。比如，内心过于自卑者则常常过分地炫耀、抬高自己。

8．升华

将遭遇的失败导向比较崇高的方向，转移理想到另一更有价值的事业上去，使其具有建设性并有利于本人和社会时，便是升华。比如歌德失恋后写出世界文学名著《少年维特之烦恼》；司马迁遭受凌辱，身陷囹圄，却以《史记》传世。升华不仅可以使原来的欲望得到间接宣泄而消除了焦虑感，还可以使个体获得成功的满足，所以它是一种非常积极的心理防御机制。

（三）应对挫折的方法

挫折不可避免，企业员工总会出现因心理受挫而降低工作积极性、怠工、士气低落，甚至缺勤、闹事、罢工、自杀等事故。面对挫折，如何去应对，企业管理者又该如何帮助员工进行挫折心理调适，减低负面影响，从而提高工作效率，是值得重视并付诸实践的一个问题。

克斯和夫格森（Cox & Ferguson，1991）结合应对的两种功能（针对问题和情绪）和两种形式（认知和行为），提出了较为全面和具体的应对方式[16]，如图 11-4 所示。

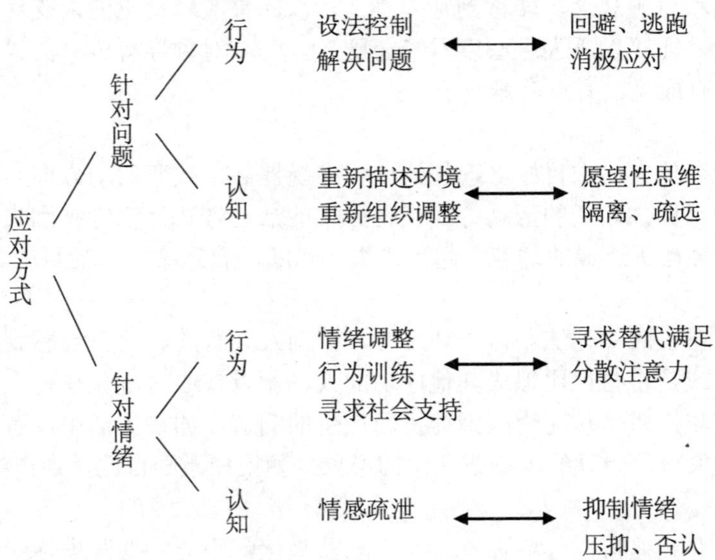

图 11-4　应对方式结构图

1．针对问题的应对方法

行为方面要设法控制、解决问题。比如正确归因，学会升华或替代；找出并排除造成挫折的根源；创造条件，改变挫折产生的情境；改善组织管理等，而不是回避、逃跑、消极应对。认知方面则要加强引导，提高认识，变换视角和出发点，正确对待挫折。比如重新描述环境、重新组织调整认知、吸取经验教训等。

2．针对情绪的应对方法

行为方面主要是进行情绪调整，行为训练，如放松训练、情境转移法等，寻求社会支持，健全社会支持系统。认知方面要正视情绪，进行情感疏泄，而不要否认、压抑情绪。企业可组织员工进行心理辅导和咨询，改善受挫心境，提高员工心理修养。

黄步琪（2001）认为员工的每一个挫折都有目标和结果两大部分，他针对员工咨询的特点，从内容角度，将挫折防御机制分成两大类：目标调整机制和结果再解释机制[17]，如图 11-5 所示。

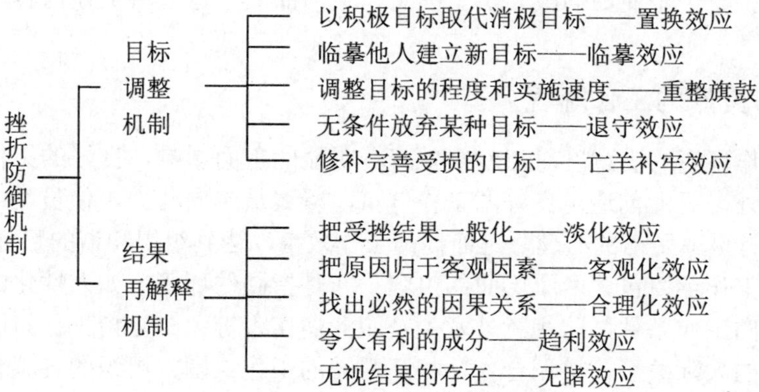

图 11-5　挫折防御机制图

两者分别针对受挫者的目标和结果，通过调整目标或对结果的重新解释，以此达到心理平衡和稳定。

相应于员工的每一种挫折，可视具体情况，采用不同的防御机制组合，消除其挫折的不良体验。比如，员工在遇到工作或学习挫折后，因为不能放弃目标而形成不良心理，可通过“重整旗鼓”将其目标调整到他能适应的程度，并通过“合理化效应”合理地解释不满意的结果。员工都不想被管理者批评或纪律处分，那些被批评、被处分的员工也是如此，所以，这些员工总有受挫心理。对此，可通过“亡羊补牢效应”重新确立目标，并通过“淡化效应”将不良后果一般化。

五、提升工作生活品质

注重员工工作生活品质（Quality of Working Life，QWL）的缘由，在于人力资源管理及组织发展学者发现，组织的目的不应该只是追求绩效的提升，也应该重视员工所共有的心态和需求，亦即重视员工的满意度，甚至是增进组织全体人员的幸福，因此，有了工作生活品质概念的提出。

根据多项调查研究的结果，工作生活品质的内涵，大致包含了下列这些方面的内容：（1）工作环境；（2）薪资、奖金与福利（个人生活适应困扰的申诉及劳资争议的协助）；（3）工作安全卫生；（4）升迁与前途发展；（5）休闲、社交活动；（6）沟通和人际关系（同事合作）；（7）教育与职业训练；（8）工时和工作量；（9）上司的领导方式（管理方式）；（10）企业形象与企业文化等。企业只有满足员工的需求，提高员工的工作生活品质，对员工做“全人关怀”，帮助其成长、提升，增加员工的快乐感受及向心力，才能调动起他们的生产积极性，进而提高组织绩效，创造出更多的财富。至于企业如何改善员工的工作生活品质，这里将上述内容归纳为以下七个方面。

（一）良好的工作环境

整体工作环境的满意度对工作绩效有着明显的正面影响。良好的工作环境除能提高工作效率外，更能创造出良好的工作气氛，凝聚员工向心力，使员工即使在较大压力下也能保持健康平衡的心理，进而提高工作效率，达到组织和谐的目标。

良好的工作环境包含两个层面的内容：一是指硬件环境，如人性化的办公设施，安全和卫生的工作条件，防止意外发生及职业病伤害等；二是指工作氛围，比如营造宽松、和谐的人际关系，协调合作、相互帮助的工作氛围。组织的各项管理功能，比如计划、领导、组织、人事、控制等都无法离开沟通。沟通被视为维系人际和谐的最基本的要素，也是组织能够持续成长的原动力，因此良好的工作环境还应包括顺畅、有效的沟通这一要素。

例证 11-9：Google的个性化工作环境[18]

Google 的总部被人们亲切地称为 Googleplex，坐落于加利福尼亚州的山景城。如今，它只是Google在全球的众多办事处之一。虽然各地的办事处不尽相同，但这些工作场所都有以下一些共同点：

（1）从布宜诺斯艾利斯的壁画到苏黎世的滑雪缆车，每个办事处里面都洋溢着浓郁的地方风情，彰显出与众不同的本土特色与个性。

（2）公司配有往返会场的自行车或踏板车、熔岩灯、按摩椅、巨大的充气气球。

（3）Google 员工都是多人共用一个工作区隔断或工作间，公司里面几乎没有单人办公室。

（4）Google 为每位员工配备了笔记本电脑，供他们随时随地进行编程、收发邮件或记录突如其来的灵感。

（5）公司提供桌上足球、台球桌、排球场、各式各样的视频游戏、钢琴、乒乓球桌，还有健身房（提供瑜伽和舞蹈训练）。

（6）Google 公司内部有员工自发形成的各种组织，如冥想班、电影俱乐部、品酒一族，以及莎莎舞俱乐部等。

（7）公司设有各种风味的餐厅，所有员工都可以享受到营养的午餐和晚餐。

（8）各楼层的茶水间摆放了各种零食和饮料，可让员工一整天都保持精力充沛。

（二）完善的薪资、奖金与福利制度

合理、科学的工资报酬福利体系关系到组织中员工队伍的稳定与否。为提升工作绩效并善用人力资源，企业组织应制定完善的薪资、奖金与福利制度，力求在提供良好的可持续平台基础上形成劳资双方对奋斗目标的一致认同，使人员的发展与组织发展紧密配合，实现企业与员工的共同发展。员工福利是社会和组织保障的一部分，是工资报酬的补充或延续。它主要包括社会福利保险制度、医疗保障制度、退休制度、上下班制度、请休假制度、教育训练制度以及各项补助等。完善的薪资、奖金与福利制度亦是满足员工安全心理需求和使员工心理产生安全感的一个重要因素。

（三）休息娱乐需要的满足

没有好的休息，就没有好的工作。从日常工作来讲，员工有三个方面的需求：工作需求、休息娱乐的需求和学习发展的需求。而休息娱乐的需求往往发生在 8 小时以外，看似不在工作管理范畴以内，故常常会被忽略。事实上，工作以外的休息和娱乐生活往往会影响 8 小时之内员工工作的质量和效益，8 小时之外的企业文化生活是为提高 8 小时之内的工作能力和情感服务的。因此，要让员工处在一个工作、生活、娱乐相结合的环境，在工作之余，公司应该提供相应的环境和设施，举办相关的社团活动，充分满足员工娱乐和学习的需求。工作的 8 小时之外的文化活动，能够使员工生活丰富多彩，身心得以休息、放松，恢复体力和脑力，调节生活。同时，通过企业组织的文化娱乐活动增强员工之间的情感沟通，有意识地培育员工的参与意识、创新精神和团结合作精神，塑造和谐的气氛，鼓舞员工去创造丰富多彩和积极的人生。如一些著名的企业，不仅有自己的娱乐活动中心、健身中心、休闲度假中心和教育基地，而且还成立了“员工生活管委会”，使员工的生活管理更加规范和全面。

例证 11-10：花旗中国

花旗在许多国家员工的满意度非常高，花旗“员工之声”全球满意度调查显示，花旗新加坡的员工满意度有时会达到 100%。在新加坡，持有花旗员工卡的人，可以在遍布全国的商业网点、酒店等获得很大优惠。而实际上，原先花旗新加坡员工的满意度很低，后来花旗新加坡负责人根据调查结果，为员工成立了俱乐部，并每年拨出专门费用为员工谋福利，结果每一名员工的兴趣与积极性都被调动起来了。仿效新加坡，

花旗中国也成立了形形色色的员工俱乐部与协会，经营开展丰富多彩的员工活动，以减轻员工工作压力，平衡好工作与生活。诸如健身、游泳等体育活动，花旗都会为员工出一半费用。

花旗员工俱乐部的负责人由每个业务部门的负责人轮流担任，负责人必须在做好本职工作的同时为员工谋福利。

（资料来源：http://www.51labour.com/show/56391-2.html）

（四）工作与家庭生活的平衡

任何一个职业人只有在工作中因获得了收入和成就感而快乐，在家庭生活因获得亲密的关系和爱而满足时，才会真正感受到人生的完满幸福；企业也会因此获得一个具备潜力、工作积极向上的员工。要做到工作与家庭的平衡，员工首先要深入认识自己，促进自我不断成长；通过自己在家庭关系中的角色探索，了解家庭对自己的影响；通过工作价值观探索，了解工作对自己带来的影响，澄清职业发展中的困惑。

怎样处理工作与家庭之间的关系呢？应积极进行工作与家庭价值观探索，分清家庭、事业在自己生活中的轻重主次，要找出事业与家庭之间的平衡点，找出可行的解决办法。比如，员工正处于专业能力提升的关键期时，可以寻求父母帮助照料孩子，将节省下来的时间用于工作和学习。另外，已婚员工的职业发展规划应该与配偶的规划紧密配合。

掌握工作与家庭冲突管理技巧也是非常必要的。员工可以通过阅读相关书籍、参加职业心理辅导等方式掌握有效地处理家庭和工作之间矛盾的办法，缓解由于工作——家庭关系失衡而造成的压力。

女性领导力中很重要的一方面就是平衡能力。尤其是升格为母亲级的女性领导者，对平衡力的要求更高。她们要平衡好工作和亲子教育需做到以下两点。[19]

1．确立不同时期的优先顺序

平衡角色责任的首要办法就是判断事情的性质，以便合理安排优先顺序。孩子成长的不可逆转性，就决定了在孩子最需要母亲的关键时期，必须把抚育孩子的责任放在第一位，否则，由此带来的损失是其他东西无法弥补的。例如，5岁之前，是孩子智力和创造性发育最快的时期，应该给予最高度的关注。

2．尽量让时间专用

跟孩子在一起的时候，要尽力把工作完全丢开。必须清楚，有了孩子而没有时间照顾他们，孩子得不到应有的母爱，让孩子受到不该有的冷落和忽视，是一件很残忍的事情。给孩子什么都不如给他们时间和爱。

（五）教育与职业训练的提供

企业要鼓励和关心员工的个人发展，帮助其制订个人发展计划，并及时进行监督和考察。这样做有利于促进组织的发展，使员工有归属感，进而激发其工作积极性和创造性，提高组织效益。在帮助员工制订其个人发展计划时，要考虑它与组织发展计划的协调性或一致性。唯有如此，人力资源管理部门才能对员工实施有效的帮助和指导，促使个人发展计划的顺利实施并取得成效。具体地说，也就是一方面要给员工提供现有工作领域的培训和相关训练课程，强化对员工队伍的管理，不断增加员工道德素质和业务素质，例如，针对主管的经营管理课程、针对工程研发人员的专业技术讲座、针对营销人员的营销技能研习等；另一方面要为员工的未来发展提升做准备，为员工积极创造进修和交流的机会，提供充分展示他们才华的平台，比如外语培训、在职进修计划、外派训练、自我发展课程等。此外，不定期举办各种生活系列讲座、科技人文讲座，也可以促进员工工作与生活的均衡发展。

（六）人性化管理方式的实施

在企业经营中，管理方式将从过去着重规章管理的传统人事管理转变为强调人力资源管理“人性化”的组织管理。人性化管理就是指在一个企业组织中，认为作为个体的人在其人格上都是平等的，尊重人性特点，即尊重人本身所具有的生理、心理、行为特点，将人作为人力资源开发与管理的出发点。在组织中，追求企业与个人“共同参与、共同发展、共同分享”是十分必要的。就员工个体来说，宜不断创新、勇于表现自己，同时积极、民主地和企业分享信息、参与决策，在组织的发展目标中找到自己适当的定位。比如，通用公司、摩托罗拉等许多企业经常举行“解决会议”、“解决计划”、“员工大会”等活动，旨在征求所有员工的意见，并尊重员工的思想、心理需求、行为等特点，制定、修改人力资源开发与管理制度，形成“人性化”的人员管理制度。人性化管理中的情感因素将会使企业的员工空前团结，成为一个极具战斗力的团队，它不仅可以使员工的喜怒哀乐等情感得到宣泄，而且直接结果是员工更加能够静心工作，从而提高企业效率。其次，通过这种情感的纽带，可以将员工的个人价值观与企业的价值观结合起来，为一个共同的目标而努力，从而使员工的努力方向和企业的发展方向达到高度统一。

人性化管理方式的两个重要方面是尊重和信任。尊重，可以使员工在工作中有更多的自豪感、自信心和责任心，从而极大地激发员工的工作积极性和主动性，挖掘他们的潜力，充分发挥他们的创造力，使他们心甘情愿地、愉快地为实现组织目标而不断地努力，为组织做出更大的贡献。信任，让企业可以赋予员工更大的工作自由与权利，这种自由与权利给员工带来的责任感，而由此产生的工作效率与被信任感比管理者督促的效果更好。人性化的管理能够让员工享受工作，享受快乐，工作效率得到提高。

例证 11-11：海底捞的人本化管理[20]

在海底捞的发展过程中，其基本经营理念是服务员都能像自己一样用心。一个家庭不可能每个人都是家长，但不妨碍大家都对这个家尽可能地做出最大的贡献，因为每个家庭成员的心都在家里。海底捞的员工住的都是正规住宅，住宅内有空调和暖气，可以免费上网，步行20分钟就可以到工作地点。不仅如此，海底捞还雇人给员工宿舍打扫卫生，换洗被单。海底捞在四川简阳建了海底捞寄宿学校，为员工解决子女的教育问题。海底捞还想到了员工的父母，优秀员工的一部分奖金，每月由公司直接寄给其在家乡的父母。这样，员工就把心放在工作上了。事实上，企业的这一系列行为不是刻意推行创新，只是努力创造让员工愿意工作的环境，海底捞的独特管理智慧和企业文化作用的成果使得员工工作时充满激情，结果创新就不断涌出来了。如何加强与员工的情感交流与沟通，从而以情感管理为基础实现“人本化管理”？正如董事长张勇所说：“答案很简单，把员工当成家里人。”

（七）企业文化的建设

企业作为一个经济组织，其成长与发展永远处于一个动态的发展过程之中，正如美国一管理学家所言：“没有凝滞的组织（organization），它永远处在形成、组织（organizing）之中。”在这一过程中，企业人力资源的物理状态和心理状态也都在处于一个不断的流变过程中。保证企业的人力资源长期有效地为企业的发展服务，而不至于随着企业的变动成长而发生人心离散的情况，这既是企业人力资源管理的目标，也是企业文化建设的价值所在。企业文化所包含的价值观念、行为准则等意识形态和物质形态均为该组织成员所共同认可。

企业需要根据自身的实际情况，发挥自己的特色优势，形成自己的企业文化。企业可以通过向员工宣传统一的企业价值观、统一的经营宗旨、统一的管理理念和公司文化环境的潜移默化，积极引导员工的生活、行为方式和价值信念，使之符合企业的发展目标。并且通过一种文化效应，让员工对企业产生一种认同感，在共同认识的基础上，增强企业的向心力和凝聚力，在企业中创设出一种奋发、进取、和谐、平等的企业氛围和精神，促使员工积极地投身于所从事的事业，为企业创造价值。

此外，良好的人际关系对于心理健康的维护非常重要，营造充满关爱的心理支持网络，可以有效地防范心理危机和疾病的产生。员工应主动学习一些社交技巧，尽量与同事建立融洽的关系，与家人建立亲密的关系，与朋友建立信任的关系。

第三节 员工心理咨询

在激烈竞争的社会中，企业员工必将承受种种心理压力，产生不同形式和程度的困惑与心理问题，心理健康水平起伏不定。能够使员工的心理减压，并正确处理心理问题，消除种种不良情绪和偏离生产轨道的行为，从而使企业能够化解生产活动中的人际冲突，增强团体凝聚力，激发员工潜能，提高生产效能的措施有多个方面。其中，一个重要的方面就是要关注员工的心理需要，从心理的角度来考虑他们在自我完善、职业发展、心理健康、人际沟通等方面存在的问题。心理咨询和员工心理援助计划在企业压力和员工心理问题的管理和干预方面是非常重要和有效的途径。早在几十年前，世界上许多国家的企业就开始为员工设置心理咨询服务机构，很多美国公司都有心理热线和法律热线，员工有问题的时候，即使是一些私人问题，也可以随时寻求帮助，而且绝对保密。近年来中国的一些企业也开始尝试在企业内部设立心理咨询室。

一、心理咨询的概念和特征

心理咨询是指受过专业训练的心理咨询人员运用心理学的理论、方法和技巧，通过良好人际关系的建立，帮助来访者找出心理问题产生的原因、探讨摆脱困境的对策，缓解心理冲突、恢复心理平衡，从而认识自我、发掘潜能，促进来访者人格成长达到自立自强的过程。

张小乔（1998）归纳出心理咨询的五个基本特征。[21]

（1）心理咨询解决的是来询者心理或精神方面存在的问题，而不是帮助他们处理生活中的具体问题（如请假）。比如，一个受到处分的员工要求咨询人员替他向主管领导说情就不是心理咨询要解决的问题。

（2）心理咨询不是一般的助人行为，它是运用心理学的知识、理论与方法从心理上为来访者提供帮助的活动，咨询人员必须是经过专业训练的职业人员。

（3）心理咨询强调良好的人际关系氛围。在来访者与咨询人员之间有了一定程度的相互理解和信任的时候，来访者才会坦述自己的问题，接受咨询员的帮助。

（4）咨询是一种学习和成长的过程，主要表现为人格或个性方面的成长。

（5）寻求心理咨询是基于来询者心理需要的自愿行为。

二、心理咨询的类型

员工心理咨询可依据咨询的目的、对象、途径来进行分类。

1．按咨询的目的划分

按咨询的目的来划分，可分为发展性咨询、适应性咨询和障碍性咨询。

发展性咨询是针对人生成长过程及心理发展中的矛盾和困惑进行的咨询，这类咨询的对象属于比较健康、无明显心理冲突，基本适应环境的员工。咨询是为了更好地认识自己、扬长避短、开发潜能、提高工作和生活质量、追求更完善的发展。

适应性咨询是针对个体与工作、生活环境相互磨合中产生的适应问题所进行的咨询。咨询是为了排解心理烦忧，减轻心理压力，提高他们解决问题和适应环境的能力。

障碍性咨询是对患有某种神经症、轻度精神症或变态心理等心理疾病，备受困扰，影响了正常的工作和生活的员工进行咨询。咨询目的是通过系统的心理治疗和矫治，克服障碍，缓解症状，恢复心理平衡。

2．按咨询的对象来划分

按咨询的对象来划分，可分为直接咨询和间接咨询。直接咨询是由心理咨询人员直接对来询者进行的心理咨询。间接咨询是由心理咨询人员对当事人的亲属或其他人员所反应的当事人的心理问题进行咨询。

3．按咨询的途径来划分

按咨询的途径来划分，可分为门诊咨询、电话咨询、信函咨询、专题咨询、现场咨询和网络咨询等。

门诊咨询是指咨询双方在专门的心理咨询机构或医院的心理咨询门诊进行的咨询。门诊咨询掌握情况全面，能够更深入地为当事人提供有效的帮助，是当事人首选而且最基本的心理咨询方式。

电话咨询是指通过电话交流的方式对当事人给予劝告、安慰或鼓励、指导，也是一种方便、快捷而且隐蔽性、保密性强的咨询方式。这种形式在国外多用于心理危机干预。

信函咨询是指通过书信的方式进行咨询。优点是可以打破空间距离的限制，缺点是受表达能力和理解方式的限制，情况了解不易深入、具体，从而影响咨询的效果。

专题咨询是指针对某一典型或公众共同的心理问题进行分析、讨论、磋商、矫治。

现场咨询是指由心理咨询人员深入到基层或其他活动现场中，为广大当事人提供多方面服务的一种咨询形式。例如，工厂发生恶性工伤事故后，工厂组织心理咨询人员到现场进行创伤性应激心理辅导等。

随着网络技术的不断提高和互联网的迅速普及，越来越多的人选择通过网络和心理咨询人员交流，进行心理咨询。网络以其极强的保密性、隐蔽性、快捷性及实时性，为心理咨询提供了极大发展的空间。

4．按咨询对象的数量来划分

按咨询对象的数量来划分，可分为个别咨询和团体（集体）咨询。

个别咨询是指心理咨询人员和来访者一对一的咨询方式。

团体（集体）咨询是由心理咨询人员根据来询者问题的相似性，组成专题小组，在咨询人员的引导下，通过团体成员的互动，共同商讨、解决成员共有心理问题的咨询方式。

三、心理咨询的原则

为了发挥心理咨询的作用，完成心理咨询的目标，获得理想的咨询效果，心理咨询应该遵循一些基本原则，这也是心理咨询人员在工作中必须遵守的基本要求。以下介绍心理咨询的六个基本原则。

1．保密性原则

这是心理咨询的最重要的原则。尊重来访者的隐私是心理咨询人员最基本的职业道德之一。心理咨询人员有责任对来访者的谈话内容予以保密，来访者的名誉和隐私，不仅受到道义上的维护而且受到法律的保护。它既是咨询双方确立相互信任的咨询关系的前提，也是咨询活动顺利开展的基础。但是，保密原则也并不是绝对的，如果发现来访者的情况显示他本人或其他人确实处在危险边缘，比如有明显自杀意图，或存在伤害性人格障碍或精神疾病，为避免发生伤害事件，应该采取一些防范措施，通知有关人员或寻求救助。

2．理解支持原则

这一原则是指在心理咨询过程中，咨询人员应从尊重信任的立场出发，对来访者的情形给予充分的理解，设身处地地体会来访者的感受，提供真诚的关怀和帮助，使他能够在精神上得到理解和支持。即使来访者表现出他人难以理解的异常言行，咨询人员也要给予充分的理解和关怀。咨询人员和来访者建立起相互信任的关系，有利于咨询工作的顺利进行，并取得圆满的咨询效果。

3．发展性原则

这一原则是指在心理咨询过程中，咨询人员要以发展变化的观点来看待来访者的问题，不仅要在问题的分析和本质的把握中善于用发展的眼光做动态考察，而且在对问题的解决和咨询结果的预测上也要具有发展的观点。

4．启发性原则

心理咨询的根本任务是助人自助，即帮助来访者使其自己解决问题，促使其自强自立，是“授人以渔”，而不是“授人以鱼”。因此在咨询过程中，咨询人员应注重启发和鼓励，帮助来访者调整看待问题的角度和方法，适时提出问题，激发来访者思考，从而使他自己找出解决问题的方法，而不是包办代替。

5．整体性原则

在咨询过程中，如果咨询人员只局限于对来访者所提出的某个局部问题进行咨询往往难以使心理咨询获得满意的效果。整体性原则是指在咨询过程中，心理咨询人员要从整体性、系统性观念出发，对来访者的心理问题进行全面考察、系统分析，既要重视心理活动诸要素的内在联系，又要考虑心理、生理及社会、家庭因素的相互制约和影响。只有这样，才能使咨询工作准确有效，防止或克服咨询工作中的片面性。

6．防治结合的原则

心理咨询人员不仅应该重视来访者心理问题或心理障碍的咨询和矫治工作，而且要重视咨询过程中对心理卫生知识的宣传和教育，注意来访者的整个心理特点并及早提醒以预防心理障碍的加深或可能出现的其他心理问题，从而提高大众对预防心理问题的认识，加强心理素质的训练，促进人们的心理健康。

四、心理咨询的基本步骤

心理咨询是一个渐进发展的过程，具有一定的步骤和阶段。一般来讲，心理咨询有如下五个步骤。

1．建立咨询关系

当事人来访，咨询人员应该热情接待，介绍咨询的性质和原则，双方交流、沟通，建立起融洽、和谐的咨询氛围和咨询双方初步的信任关系。

2．了解问题，收集信息，明确咨询目标

通过来访者自述、双方交谈、填写问卷等方式收集相关信息，掌握来访者的意图，了解来访者存在的问题，认真判断来访者真正需要解决的问题，从而确立咨询目标。

3．分析诊断

分析问题和了解问题没有严格的步骤区分，两者往往结合在一起进行。分析诊断主要是利用双方的沟通、交流来进行的，需要时可辅以心理测验。在谈话中咨询人员通过在关键问题上的深究和询问，澄清事实，不断分析，以辨明来访者问题的类型、性质和程度。

4．帮助指导，解决问题

实现咨询目标，解决问题通常包含两个阶段。第一阶段是咨询人员和来访者一起分析、探讨，共商对策，找出解决问题的方法。这时，咨询人员要坚持“帮人决策”和“替人决策”相区别的原则，尊重来访者的选择和意愿。第二阶段就是来访者对选定方案的具体实施。这一过程可简可繁、可长可短，但要依据发展性原则，根据实际情况随时调整和修正。

5．结束和展望

经过上述四个步骤，咨询已进入尾声。来访者向咨询人员反馈效果及自己的收获，咨询人员指导来询者进行下一步的计划，巩固和发展咨询成效。最后结束咨询。

咨询结束后，咨询人员进行经验总结，对效果进行评估，也可对典型案例进行追踪和反馈。若咨询效果不佳或问题没有得到解决，那么应该结束咨询，咨询人员在来访者同意的前提下，可将其转介给其他咨询机构或咨询人员。

例证 11-12：企业员工心理咨询个案

徐明是某公司人力资源部门的招聘主管。几周以来，他在工作中总是情绪不稳，动辄发怒，粗暴地对待应聘者。徐明的经理发现了这一点，与他交换了看法。当这种情况再次发生时，徐明进行了心理咨询。他的咨询师了解到他的儿子因为偷窃被学校勒令退学，他妻子和家人都指责他没有尽到父亲的责任。徐明感到愤怒、沮丧和失败，于是把这些情绪转移到了应聘者的身上。在咨询师和相关机构的帮助下，徐明的家庭问题解决了，他马上恢复了正常的工作表现。

五、解雇和离职心理管理

（一）解雇心理管理

企业变革中的组织结构调整必然会涉及员工分流问题。面对解雇（不同于因为职工个人理由的离职或开除性解雇），员工常常缺乏必要的思想准备，情绪往往会受到困扰，这不仅会给员工造成一定的精神创伤或心理挫折，使其感到难以承受，甚至会引起诸如离婚、自杀、偷盗、犯罪等社会问题。员工不只会受到裁员本身的影响，更会受到裁员方式以及公司如何对待被裁员工的影响。如果对于被裁人员安置不当，没有适当地处理裁员中产生的心理问题，则会影响留职员工的心态，可能会降低他们对企业的忠诚度，并会对组织和工作的安全感产生怀疑。因此，在企业中进行的解雇心理管理包括针对裁员的心理辅导和失业人员的心理调适两个方面的内容。

1．裁员心理辅导

（1）裁员沟通。在实行裁员时，组织管理者如何告之员工是一个重要的问题。通常的做法是由企业管理层作出决定后直接通知被解雇的员工。其实东方人的心理更加敏感和细腻，加上几十年来经济制度所养成的心理惯性，中国企业的员工一般很难接受被解雇的现实——无论是解雇的或是未被解雇的，因此，如何告诉员工公司裁员就非常关键。在这个环节当中还要注意裁员的公平性和透明度以及时间、情境的安排等。

（2）裁员和裁员环境的心理调查、培训和辅导，其中包括裁员执行者的专门培训，解雇通知的时间、地点的安排，员工反应的应对等。另外，要积极关注被解雇员工的家庭经济情况、个人心理状况和家庭关系等问题，对有需要的员工，可联合工会和社会服务机构，适时提供帮助和咨询。

（3）顾及留用员工的感受。解雇发生后，对留下来的员工要有更多耐心，以便尽快减轻他们心理上的压力和对裁员的消极情绪，努力帮助员工重新恢复积极的心态。企业可以借助与员工真诚的沟通，向员工解释裁员的目的，假如可以的话，告诉员工企业未来的计划，包括转型、技术引进或其他改进效率的计划，同时，让员工吐露他们对裁员的看法和感受，使他们自己感受到是组织的一部分，进而重建他们对企业的忠诚度，避免因裁员带来的许多负面的后果。

（4）增强员工的心理承受能力。注意培养员工的心理抗挫能力，提高他们的心理承受能力，使他们在面对外界环境的变化以及工作、生活中的突发事件时，可以泰然处之，从容应付，不至于出现心理创伤和较大的挫折感。

例证 11-13：团队活动帮助员工渡过裁员危机

2008 年，历经几个月金融风暴的洗礼，裁员潮正式到来，90%以上幸免于难的人并没有因为存活下来而松了一口气，反而陷入更大的焦虑和恐慌中。特别是目睹了同事遭受暴力裁员：不提前通知、不做离职谈话、突然就丢了工作之后，留下来的人更是心中无数，担心裁员突然降临到自己头上。广州数家提供 EAP（员工帮助计划）服务的咨询公司近来都发现，前来做团队成长的企业明显比以前多了。虽然同事之间的沟通，特别是和领导沟通，很多人不习惯这么做，但由于每个人又很需要关心和引导，所以大家都挺愿意做出努力。在团队活动和成长中发现公司的支持、同事之间的交流和关心、员工和公司相互信赖，这些感觉平时也许陌生或者并不强烈，但是经历了金融风暴之后变得熟悉而又强烈了。怪不得有人说：“成长是金融风暴给的礼物。”团队活动主要包括下面四个阶段：（1）释放恐惧；（2）通过互动游戏增加个人归属感，同事间的联系和支持；（3）员工之间的信赖训练；（4）员工和公司之间的信赖训练。

（资料来源：http://health.people.com.cn/GB/14740/21471/8606884.html）

2．失业人员心理调适

（1）正视现实，自觉调整认知方式。失业人员由在岗变成了待业，社会角色发生了变化，自我价值没有了实现的基础，产生了一些错误的认知，比如认为自己无用、无能等。失业人员要正视自身处境，自觉调整不良认知结构，认识到自己失去的是工作，而不是自身的价值。

（2）调节情绪，及时宣泄不良情绪。失业人员面对职业丧失和经济情况的改变，对新情况往往无所适从，从而产生恐惧、孤独、失落、无助、焦虑等情绪。失业人员要及时疏导这些不良情绪，通过向亲朋好友倾诉或参加一些活动和运动，进行适度宣泄和调节。

(3) 积极参加一些培训和训练，提高适应能力。培训内容可能包括再就业的技能培训、寻找工作的渠道和技巧、再就业的心理辅导。通过培训，失业人员既可以将注意力进行合理转移，又可以重新整理和提升自己。

(4) 如有需要，可以找一些心理专业人士或相关人员进行咨询和沟通，如心理咨询人员、医生、专家等。

(5) 寻求社会支持系统的帮助，积极寻找新职业。理清问题后，失业人员应重新规划个人的职业生涯，为自己拟定一份蓝图，并利用人际网络去推销自己。

（二）离职心理管理

员工自愿离职不仅会带来一系列的额外费用（如招募、培训费用等）和生产损失，而且会给留下的员工带来一定的心理反应。比如会对留下者的工作满意度、组织承诺等产生影响，从而会影响他们的离职意向。有学者研究了离职对工作满意度的影响，指出当留下者的工作条件与离开者的新工作条件比较的程度和倾向较高，在社会比较目标上认为和离开者一致或相关、且留下者自尊相对较低时，留下者报告了较低的工作满意度。这些问题如果处理不好，将会形成恶性循环，对组织整体士气和效能产生负面影响。组织要认真对待员工离职所造成的心理影响，重视对离职的心理管理，主要包括如下四个方面的工作。

(1) 进行心理疏导。运用一些方法来降低留下员工因为离职者的离开而体验到的角色应激，比如心理咨询和辅导、集体心理咨询和培训、企业恳谈会等。

(2) 积极沟通。员工产生了离职意向时，并不意味着他就会真的离开，组织应以积极、合作、真诚的态度与员工交流，通过双方的沟通和共同努力来解决问题。对通过离职面谈得到的影响雇员离职或产生离职意向的因素及时进行管理，对其中的一些弊端努力加以改善，避免再因这些问题导致员工离职。

(3) 关注员工的满意度。密切关注员工满意度的变化，并对确实存在的问题及时给予反馈：什么地方是不满意的，组织管理存在什么弊端，公司拟用什么途径和办法来解决它等。

(4) 提高员工的忠诚度。无论员工离职与否，对他们的工作都进行认可和肯定，让他们感到自己的工作是有价值的；对留在组织多年的员工（尤其是对较高绩效的员工），应适当改变一下他们的工作环境或参加提升培训，让他们接受新的挑战；对员工未来的发展作出最佳（不夸张）的承诺等。通过这些方法，建立员工的忠诚度，从而很好地降低员工离职率。

例证 11-14：如何“完美”地解雇员工[22]

在 CareGroup 医疗系统公司，CIO 约翰·哈拉姆卡就解雇员工的问题采取了他称之为“询问—告诉—询问”相结合的方法。这种交互策略旨在使雇员比较坦然地面对自己的命运。被解雇从来不是件舒服的事，但哈拉姆卡发现这方法能够保护雇员的尊严。询问—告诉—询问的方法依据的是如下这种观念：如果某人已经料到会听到坏消息，那么告诉他时他就比较容易接受。作为急诊医生、同时担任哈佛医疗学院 CIO 技术副院长的哈拉姆卡认为，这种策略尊重了人的天性。

在 CareGroup，解雇通常以这一问题开始：“从对你进行察看以来你觉得你的业绩如何？”哈拉姆卡说，大多数时候，员工都知道自己的表现不尽如人意，回答时就知道自己即将被解雇。这时，哈拉姆卡再证实这种怀疑：“是的，你想的没错，你将失去工作。”话一说完，他立刻提出另一个问题：“对此你怎么看？”接着雇员通常会表示悲伤，但不会表示愤怒，一旦他们害怕解雇，他们就更容易接受这种不可避免的事情。如果加以恰当提示，大多数人都能认识到将发生可怕的事情。出于某种原因，承认这种现实能够消除最初的痛楚。

虽然哈拉姆卡的方法旨在和婉地把员工请出门外，但钱林杰却抨击这是逃避行为。钱林杰说，询问—告诉—询问的方法不合理地将责任从经理转移给了雇员，让后者宣布自己的糟糕业绩，这会让员工承受巨大的心理打击。高科技咨询公司 SEI 采取了另一种手法，力求减轻解雇造成的心理打击。开除工作表现差的员工前，SEI 的高层主管会竭力说服他们辞职。CIO 主管罗德·鲍斯韦尔说，这种方法使雇员能够不失尊严地离职，因为决定命运的正是他们自己。被鲍斯韦尔称为“心理大全”的这种办法没有痛苦地获得了所需结果。比如，去年，由于一位年轻的程序设计员一再拒绝佩戴公司服装编号，鲍斯韦尔告诉这年轻人，如果他不先辞职，他将被公司开除。结果，那人当天就跳了槽。

本章小结

- 员工援助计划是由企业组织出资为员工及其家属设置的一套系统的、长期的福利与支持项目，是心理卫生服务的一种。
- EAP 不仅能够帮助企业解决具体的、现实的员工心理和个人问题，而且是帮助企业发现和解决问题，改进生产管理，提高生产效率，改善组织气氛和企业文化的有效途径，对企业具有重要的价值。
- EAP 的内容主要包括工作环境设计与改善、心理压力应对、沟通和人际关系改善、职业心理健康问题、职业生涯规划和心理危机干预等六个方面。

- EAP 组织实施的具体过程包括如下四个步骤：（1）建立 EAP 项目；（2）分析项目需求；（3）制订方案阶段；（4）项目实施阶段。
- 员工心理保健主要包括：缓解压力、管理情绪、应对挫折、提高工作、生活品质。
- 员工心理咨询是指心理咨询师运用心理学的理论、方法和技巧，通过良好人际关系的建立，帮助员工找出心理问题产生的原因、探讨摆脱困境的对策、缓解心理冲突、恢复心理平衡，从而认识自我、发掘潜能，促进员工的人格成长以达到自立自强的过程。

思考练习题 11-1：简答题

1．什么是员工心理援助计划（EAP）？如何组织实施？
2．什么是心理咨询？
3．员工心理保健有哪些主要方法？

思考练习题 11-2：单项选择题

1．关于工作生活品质的内涵，不包含（　　）。

（1）工作环境　　（2）休闲、社交活动
（3）教育与职业训练　　（4）超越别人的感觉

2．EAP 的内容不包括（　　）。

（1）工作环境的重新设计　　（2）生产技能培训
（3）心理咨询　　（4）员工职业生涯规划

3．员工心理保健不包含（　　）。

（1）缓解压力　　（2）管理情绪
（3）应对挫折　　（4）改善人际关系

心理测试 11-1：应对幽默量表[23-24]

本问卷调查的是有关你表达和感受幽默的方法。显而易见，因各人的看法迥异，故这些问题的答案无“对”和“错”之分。下面共有 6 项陈述。根据你对这些陈述同意或不同意的程度，请在每句开头的空白处，按下列程度等级，选择标示从 1～4 的数字。本测试约需 5 分钟。

1=完全不同意

2=中等程度不同意

3=中等程度同意

4=完全同意

（　　）1. 当我遇到问题时，我往往会失去幽默感。

（　　）2. 我经常发现，当我试图从遇到的问题中找到一些趣事时，这些问题则在很大程度上就被缓解了。

（　　）3. 当面临紧张的局面的时候，我通常会找一些滑稽的事情来说说。

（　　）4. 我经常感到，如果我处于非哭即笑的情况下，选择笑会更好。

（　　）5. 即使在艰难的时候，我都常常能找到一些东西来说笑一番。

（　　）6. 我的经验是，幽默常常是缓解压力的有效方法。

得分：将第 2、3、4、5 和 6 题的得分加起来，然后减去第 1 题的得分，再加上 10 分，即为总分。

解释：总分>25：用幽默处理压力的能力高于平均值。

总分介于 19～25：用幽默处理压力的能力处于平均水平。

总分<19：用幽默处理压力的能力低于平均水平。

对 354 名中国大学生的初步测试表明，应对幽默量表的内部一致性系数（Cronbach alpha）为 0.70。

表 11-3 是中国大学生常模测试表，供参考。

表 11-3　中国大学生常模测试表

分　类	人　数	均　值	方　差
男大学生	124	23.1	2.9
女大学生	230	22.2	3.0
总样本	354	22.5	3.0

注：经 t 检验，男女幽默应对能力在 0.01 水平上存在显著差异，男性的幽默应对能力高于女性，也就是说与女性相比较，男性更多地使用幽默来应对困难、压力和挫折。

案例分析 11-1：台积电员工援助计划

1．台积电简介

台湾集成电路制造股份有限公司（简称台积电），创立于 1987 年，坐落于新竹科学园区，是全球最大的晶圆代工企业，全球市场占有率超过 60%。现有员工 15 000 多名，分布于亚洲、欧洲和北美等地区。

过去在我国台湾地区，人们追求的是稳定，一份银行工作被认为是金饭碗。但据台湾地区“劳工委员会”的调查，台湾地区所有企业的平均寿命不超过 13 年，复杂多变的环境使人们从求稳定转为不断追求挑战。正如我国台湾集成电路制造股份有限公司董事长张忠谋所说：“当你的专业不值钱时，再学习已经来不及了。”这些变化导致高新科技企业员工的工作和生活重心发生改变。工作时间长、压力大，工作在生活中占了绝大部分，所有的人际关系可能都与工作有关，家庭生活、社群生活、心理健康慢慢被压缩。所以有人说，高科技行业的收入虽高，但那只不过是将来的医药费，因而企业要帮助员工平衡工作和生活。

2．物质与心灵并重

员工心理援助计划的目的在于通过系统的需求发掘渠道，协助员工解决其生活及工作问题，如工作适应、感情问题、法律诉讼等，帮助员工排除障碍，提高适应力，最终提高企业生产力。

台积电制定的 EAP 目标是追求物质和心灵并重，努力营造工作与生活融洽的舒适环境。比如公司设置了一个 24 小时的开放空间，员工可以在这里舒解工作压力。

表 11-4 所示为台积电员工心理援助计划工具和主要方案。

表 11-4　台积电员工心理援助计划工具和主要方案

员工服务	健康中心	福委会
全天候供应美食街	门诊服务	各类员工社团活动
驻厂洗衣服务	健康促进网站	员工季刊
员工宿舍与保全服务	健康检查	急难救助
员工交通车与厂区专车	健康促进活动	电影院与文艺节目
员工休闲活动中心	健康讲座	家庭日
阳光艺廊	办公室健康操	运动园游会
网上商城	体能活力营	员工子女夏令营
员工休息室	妇女保健教室	托儿所
咖啡吧	哺乳室	特约厂商驻厂服务
书店	心理咨询	百货公司特惠礼券
便利商店	咨询服务（法律、婚姻、家庭）	福委会网站

时间是员工最宝贵的资源之一，公司为了节省员工去同仁医院排队看病的时间，引进了健康门诊，员工可以在这里经由网络预约挂号后，按约定的时间看病而无须排队。此外，在公司举办的年终晚会上，曾请来受欢迎的明星，如张惠妹、周华健等现场表演，员工只需凭员工证就可入场欣赏演出，不像外面的演唱会需花上三天三夜去排队买票。

公司女性比例占了 52%，为了照顾女性的需要特意设置了哺乳室，这里还成了妈妈们交流照顾孩子心得的新的生活空间。

公司在新竹、台北和台南地区找了专业律师事务所，向员工提供法律咨询服务。首先由公司法律部门确认他们的专业水平，然后再介绍给员工，员工就省去了验证这些律师事务所是否具备专业资质的麻烦。公司员工可以通过电话进行免费咨询，但如果需要进一步的法律服务则要按员工优惠价格付费。

3．用心去做

台积电做员工心理援助计划不是因为公司大，而是做员工帮助不一定要花很多钱。可以不花很多钱却依然能达到很好的效果，关键在于要用心去做。

比如心理咨询，该公司早期的做法是引进专业心理咨询师，但后来发现员工更需要的是，当他们需要帮助时，可以以更隐秘的方式走进咨询室，这样才不至于有太多的压力。于是，公司和"新竹生命线员工协助中心"合作在公司外部设置了咨询中心，让员工直接打电话去预约、咨询。整个咨询过程公司都不会介入，公司只要知道有多少人次做过咨询，男性和女性的比例，主要是哪些问题就可以了。这个改变过程并没有增加额外的成本，但是效果却很好。

还有如办公室美化，都由员工自己动手布置；在公司内规划阳光艺廊，邀请一些艺术家来展出作品，员工在公司就近欣赏或购买艺术品，公司规划出艺廊空间并不需要额外出钱。还有洗衣服务，由于很多工程师不常自己洗衣服，公司就引进了这个项目，洗衣店可以到公司指定的地点收取衣服，过几天再送过来。一方面洗衣店有了生意，另一方面也帮公司的员工解决了一些生活琐事，使他们在工作上更专注。

很多大企业都办有托儿所，但和其他企业做法不同的是，台积电用网络将托儿所和员工的计算机联机。员工只要输入托儿所网址，就可以看到他的孩子在托儿所上课的情形，如此贴心的设计，让员工更加放心。

4．血浓于水

现在要提到的是1999年台湾地区的9·21大地震。9·21地震发生在凌晨1点41分，由于台积电和园区很多企业一样是24小时运作，公司有很多在工作的员工，所以首先要维护的是员工人身安全，公司立即疏散所有现场人员。需要说明的是这次紧急疏散不是临阵磨枪，工厂每个月都会进行紧急疏散演习，所以整个过程中没有人慌张，也没有人受伤。紧接着，公司马上协助员工打电话给他们的家人，向家人报平安。

地震发生后进公司的车子比出去的还多，他们都是公司的员工和管理人员。这些工程师都是担心他们负责的机器是否会受地震影响。因为一个芯片的生产需要一到两个月，做了一半停下来会报废，会影响向客户交货。可能他们自己家也受了损失，但他们却立刻回到了公司。正是有了这种以厂为家的精神，才有了后来机器在72小时内恢复营运的奇迹。当很多国外客户听说这种超高的复原效率后都难以置信，除了感动，对台积电的信赖与订单也持续增加。事后，公司也发现一些员工家里确实遭受到损失，于是立即发放了紧急急难救助金，并成立了捐款项目，以实际行动来帮助他们。

还有就是2000年10月31号的空难事件。机上恰巧有公司的一位员工，他正和新婚妻子去度蜜月。当时，这名员工曾一度被判定医治无效，后来经抢救脱离危险，但整个人的面部和脊椎受到严重损伤。于是，公司发动全体员工包括国外的厂区向他送关怀，写了很多卡片。为防止这样的关怀呈现一窝蜂式现象，公司进行了特别策划，每个星期都安排人员去探望他，让他不断感受到关怀，给予他继续走下去的毅力与勇气。因为他和他太太住在不同医院，已经一个多月没有见面了，所以圣诞节时特别为他和他太太安排了圣诞Party。他过生日时，公司也送去了蛋糕，与他的父母一起庆祝。当这位员工康复后返回工作岗位时，公司针对他的特别需要调整了工作环境与内容，还特别为他规划了一个比较方便的停车位。如今，这位员工已经顺利适应工作了。

在企业发展的各个不同阶段都可以做员工心理援助计划，在快速成长时有成长的做法，到了成熟期有成熟的做法；小企业有小的做法，大企业有大的做法。只要企业将员工的问题当作自己的问题，真正用心去做，自然会增强员工的归属感和提高员工效率。

（资料来源：周琳．企业创新的健康管理：员工援助式心理辅导[J/OB]．http://zhangwen.chinaceot.com/article-htm-type-blog-itemid-598297.html.）

问题讨论：

1．请简述台积电的员工心理援助计划的主要内容。

2．如果你于2003年上任台积电的员工关系经理，你将如何设计下一阶段员工心理援助计划的内容、实施步骤和保障措施？

3．如果你是台积电的一名新员工，你对台积电的员工心理援助计划会提出什么样的要求和建议？

案例分析11-2：以EAP为核心的“健康与幸福行动计划”

英国第二大能源供应商南苏格兰电力公司（Scottish & Southern Energy）为提升企业管理，落实社会责任，开展了以EAP为核心的“健康与幸福行动计划”（Health and Well-being Action Plan），不仅改善了员工健康与幸福度，降低了病假和事故发生率，更获得了英国“健康的工作生活铜奖”，展示了承担社会责任的积极企业形象。

1．三大动因推动“健康与幸福行动计划”

南苏格兰电力公司是英国第二大能源供应商，业务涉及电力生产、电气供应、电气/通信网络和其他能源相关服务。2009年营业收入达428亿美金，名列当年《财富》全球500强排行榜第178位，员工超过18 500人。该公司于2006年建立并开展以EAP为核心的“健康与幸福行动计划”，企业经营、社会责任、国家法律是推动该计划实施的三大动因。

（1）企业经营的要求。安全、健康、环境（简称安健环，HSE）是能源公司持续健康发展的关键。作为英国领先的能源公司，南苏格兰电力公司非常重视安健环工作，他们认为健康与幸福的员工是公司健康与安全政策的关键，更是公司成功的核心要素。此外，该公司清楚地知道提高员工的健康与幸福水平还有利于降低员工缺勤率和减少安全事故，增强员工敬业度与忠诚度。

（2）社会责任的要求。南苏格兰电力公司，与英国社会各界达成共识，认为全球化带来的竞争加剧、经济结构由制造业向服务业和知识经济的转化、新技术导入、人口老年化趋势、员工中女性增加等因素已经对员工身心健康产生不良影响。通过企业的努力提升员工的身心健康与幸福感是企业应该承担的责任，同时也是有效的方法与途径。

（3）国家法律的要求。英国 1974 年颁布的《工作健康与安全法案》明确要求雇主必须“尽可能合理地保证员工的健康、安全与福利”。因此，在工作场所提升员工的健康与幸福感，日益成为关注的焦点。

南苏格兰电力公司 2005 年进行的“员工的健康与幸福调查”结果显示，员工的身心健康与幸福感不容乐观，该公司以 EAP 为核心的“健康与幸福行动计划”由此在 2006 年拉开序幕。

2．以 EAP 为核心，兼顾身心幸福

身心健康与组织认同是项目的主要目标，也是指导思路。南苏格兰电力公司明确指出，希望通过“健康与幸福行动计划”让员工“身体精力充沛，心理幸福愉悦，与公司的感情增强且认同公司价值观”。在此指导思想下，“健康与幸福行动计划”同时开展身心两方面的活动。

（1）年度“员工健康与幸福调查”是起点

为了确定“健康与幸福行动计划”的年度工作目标与重点，南苏格兰电力公司每年都进行匿名、保密的“员工健康与幸福调查”。调查内容涵盖身体健康状况、心理幸福状态（如心理幸福感、压力症状、压力来源等）和健康行为习惯（如吸烟、饮酒、滥用药物等）。调查结果出来后，“健康与幸福行动计划”主持部门会据此了解前一年度行动计划产生的效果，并针对性地设计当年要开展的具体活动项目。

（2）EAP 提升员工心理幸福感

EAP 是“健康与幸福行动计划”的核心部分，旨在提升员工的心理幸福。包含心理健康知识宣传、压力管理项目、24 小时的免费咨询服务、滥用药物和酗酒服务。值得一提的是，他们 24 小时的免费咨询服务中，不仅包括心理咨询，还包括财务和法律方面的咨询。

（3）多种活动提升身体健康

“健康与幸福行动计划”中的身体健康重点关注预防，他们给员工提供有折扣的健身房会员证，在员工餐厅提供更健康的饮食，发起“步行走出健康”和“骑车上班活动”，并为员工提供戒烟支持和体重管理项目。其中，骑车上班活动是英国最近几年较为流行的绿色健康生活方式，南苏格兰电力公司将此结合到公司的“健康与幸福行动计划”中，既促进了员工身体健康，又加强了与社会的联结。

（4）举办“健康与幸福周”活动

2007 年 3 月，南苏格兰电力公司举办首届“健康与幸福周”，开展一系列活动：为员工和家属提供免费咨询服务，提供有折扣的健身房会员证，改善员工餐厅饮食，发起骑车上班运动等。

在整个计划开展过程中，南苏格兰电力公司都既借助专业力量的支持，同时也有效发挥内部力量的作用。比如，请职业健康心理学家开展年度“健康与幸福调查”，并指导“健康与幸福行动计划”的设计；由专业的 EAP 机构提供心理相关服务；公司相关部门发起绿色生活方式活动。

3．显著客观的收益

“健康与幸福行动计划”实施之后，南苏格兰电力公司员工身心健康与幸福意识、幸福水平得以提升，增强了对组织的认同。除了这些主观的指标得到改善外，该项目还带来客观的收益。

（1）大大降低员工因病缺勤天数。在 2006—2007 年项目实施后，平均每员工缺勤天数由之前的 6.37 天降至 6.01 天，下降率为 5.6%。按该公司 18 500 名员工计，每年因此增加的出勤天数达到 6 660 天。在此后几年内，平均每员工缺勤天数基本保持在 6.01～6.03 天。由此增加的生产力和降低的医疗成本相当惊人。

（2）获得政府奖项，企业形象提升。南苏格兰电力公司的“健康与幸福行动计划”获得政府颁布的 2007—2008 年度“健康的工作生活铜奖”。该奖项主要奖给在提升员工健康与幸福方面做出突出贡献的企业，奖项有效期到 2010 年。该奖项显然有助于展示南苏格兰电力公司对员工和社会负责的企业形象。

目前，以 EAP 为核心的“健康与幸福行动计划”已经成为南苏格兰电力公司管理中的有机组织部分，该公司年报中每年都提及并着重描述此项目，从中可以看出他们对该项目的重视。

（资料来源：http://www.cqsjy.com.cn/_d271246384.htm）

问题讨论：

1. 苏格兰电力公司的 EAP 项目主要包括哪些内容？实施这些项目内容可能遇到什么困难？

2．苏格兰电力公司的 EAP 项目给企业带来了哪些方面的好处？

3．苏格兰电力公司的 EAP 项目对中国电力企业有何启示？

讨论题 11-1：多方沟通

某生产与销售民用板式贴纸拆装家具的民营企业，其生产的产品包括卧房系列、书房系列和青少年系列。目前公司拥有中高级管理与技术人员近百人，员工 1 000 余人，企业资产达 7 000 多万元。公司产品除有 40%左右在国内大陆地区经销外，大部分产品经由某国际知名品牌商销往我国港澳台地区及中东、欧美与东南亚。近年来业务不断扩大，生产任务日益增加，员工除每月休息一天外，其余时间基本上都要加班加点，每天工作时间达 12～13 小时。虽然公司业务每年都有 30%以上的增长，但是工厂环境一直都未能有显著的改善，工人常常对食堂伙食不满，工作场所光线严重不足，周边生活设施不便，工人工资按件计酬，一般在 1 200～1 600 元，公司只给约 15%的员工（大部分是管理人员）购买了社会保险。再加上管理层采取比较强硬和单向的管理方法，工人的抱怨日益增多，离职率很高，每月达 15%以上。本月因资金周转困难，拖欠工人工资达 10 日之久，引起工人的非正式群体的极大不满，工人致电当地政府、媒体、非政府组织以及品牌商进行申诉，而且放出话说，如果厂方再不发放工资，他们将采取集体罢工。媒体就此想采访工人、资方（厂房）、政府、品牌商和非政府组织（NGO），听取各方的意见之后综合报道此事。

请将班级分为媒体组、工人组、资方组、政府组、品牌商组、非政府组织组等六组，每组 4～6 人。其中媒体组负责提问和采访，人数可多一点，如 8～12 人，再分 2～3 小组，每组分工设计问题和采访其他组。其余组按照各自的立场和利益，向媒体组介绍情况，澄清事实，提供有利证据，维护自身利益和形象，向其他各方提出自己的要求。最后在组间开展对话，特别是资方组如何积极应对其他方提出的各种问题和要求。

参考文献

[1] 张西超．员工帮助计划：中国 EAP 的理论与实践[M]．北京：中国社会科学出版社，2006.

[2] 刘勇，周琳．现代企业心理与行为创新[M]．广州：中山大学出版社，2007.

[3] 佚名．“海外员工的心理健康尤需关注”[J]．中国企业家，2008（07）：107.

[4] 陈国海．大学生心理与训练[M]．广州：中山大学出版社，2005.

[5] 岳春华．员工管理：化压力为动力[J]．人力资源，2009（07）：18~19.

[6] S. Folkman. *Personal control and stress and coping processes: A theoretical analysis* [J]. Journal of Personality & Social Psychology, 1984, 46(04), 839~852.

[7] 殷智红，叶敏．管理心理学[M]．北京：北京邮电大学出版社，2004.

[8] R. S. Lazarus, A. Delongis, S. Folkman. *Stress and adaptional measures* [J]. American Psychologist, 1985, 40(07), 770~779.

[9] （美）大卫·格兰尼瑞尔．危机管理：险境下请用幽默激发雇员[J]．中国市场，2004（01）：70．

[10] （日）石山四郎．松下的秘密[M]．武汉：湖北人民出版社，2011．

[11] A. R. Hochschild. *The managed heart*[M]. Berkeley: University of California Press, 1983.

[12] D. Zapf. Emotion work and psychological well-being: A review of the literature and some conceptual considerations[J]. *Human Resource Management Review*, 2002, 12(02): 237~268.

[13] Piskulich, Michelle, Marv Mandell. NASPAA Standards 2009[R]. Curricular Competencies: NASPAA White Paper, 2007,October.

[14] S. Mastracci, M. A. Newman, M. E. Guy. *Emotional labor: Why and how to teach it*[J]. Journal of Public Affairs Education, 2010, 16(02): 123~141.

[15] T. H. Holmes, R. H. Rahe. *Quantitative study of recall of life events*[J]. Journal of Psychomatic Research, 1967(11), 215~217.

[16] T. Cox, E. Ferguson. Individual differences, stress and coping. In: C. L. Cooper, R. Payne, (Eds), *Personality and Stress: Individual Differences in the Stress Process*[M]. Wiley, Chichester, 1991.

[17] 黄步琪．管理者心理结构[M]．杭州：浙江大学出版社，2001．

[18] 黄心悦．Google 文化亲历记[J]．企业文化，2006（09）：11~12.

[19] 胡飞雪．女性领导者如何平衡工作与家庭[EB/OL]. http://www.trainingmag.com.cn/Article/Articledetail/954822657478.aspx,2009-09-09.

[20] 胡慧萍．企业人本化管理探——以海底捞火锅店为例[J]．经营管理者，2009（22）：104.

[21] 张小乔．心理咨询的理论与操作[M]．北京：中国人民大学出版社，1998.

[22] 沈建苗．企业如何“完美”解雇员工[J]．人才资源开发，2006（06）：33~34.

[23] R. A. Martin, H. M. Lefcourt. *Sense of humor as a moderator of the relation between stressors and moods*[J]. Journal of Personality and Social Psychology, 1983(45): 1313~1324.

[24] 陈国海，R. A. Martin．应对幽默量表在 354 名中国大学生中的初步测试[J]．中国心理卫生杂志，2005（05）：307~309.

第十二章　职业生涯规划与管理

【学习目标】

① 了解职业生涯的概念
② 掌握职业生涯规划的特点
③ 了解职业生涯规划与管理的基本理论
④ 掌握职业生涯设计的方法

引例：朗讯中国的员工职业生涯规划[1]

朗讯中国公司不仅为它的员工提供一个岗位、一份工作，而且最重要的是为员工创造施展才能的机会，给他们一个充分发展的空间。在人力资源管理方面，朗讯最引以为自豪的是它的员工职业生涯规划。当一名新员工进入公司后，部门经理必定与他进行一次深入的长谈，内容包括“来到本公司后你对个人发展有什么打算；一年之内要达到什么目标，三年之内达到什么目标；为了实现这些目标，除个人努力外还需要公司提供什么样的帮助”，所有这些都要形成文字材料存档。在朗讯，这已成为一项滚动发展的制度。每到年末，部门经理都要和员工一起对照上年的规划进行检查和修订，重新制定下一年度的规划。

为了使每个员工都能实现自己的职业生涯规划，朗讯中国公司每年投入数十万美元用于员工培训。公司近 1/3 的在职员工在国外接受过培训。不久前，公司又选派 5 名高级管理人员赴美深造。这 5 名管理人员将在公司总部的与其业务或个人发展相关的部门实习 1～2 年，以便在实际工作中提高企业管理技能，为将来的更大发展积蓄能量。

可见，职业生涯规划明确了员工的发展方向。本章将介绍职业生涯规划的概念和特点，阐述职业生涯规划的理论，讲明个人和组织如何对职业生涯规划进行管理。

第一节　职业生涯规划与管理概述

职业生涯规划与管理是员工援助计划的重要项目之一。它是对个人职业发展的远景规划和资源配置。职业生涯规划与管理是指一个人对其一生职业发展道路的设想、计划与管理。职业生涯规划与管理可以使员工深入地了解自己，明确职业发展面临的种种条件与限制，最大限度地实现自己的职业生涯目标和自我价值。

一、职业生涯的概念与特点

（一）职业生涯的概念

最早期的职业生涯的概念是沙特列（Carroll L. Shartle）提出的。他认为，职业生涯是指一个人在工作生活中所经历的职业或职位的总称。[2]根据美国管理心理专家道格拉斯·霍尔的观点，职业生涯是指一个人一生工作经历中所包括的一系列活动和行为[3]。美国著名职业问题专家萨帕（Donald Super）认为，职业生涯是指一个人终生经历的所有职位的整体历程[4]，而后他又进一步指出："职业生涯是生活中各种事件的演进方向和历程，是统合人一生中的各种职业和生活角色，由此表现出个人独特的自我发展组型；它也是人自青春期以至退休之后，一连串有酬或无酬职位的综合，甚至包括了副业、家庭和公民的角色。"[5]

综上所述，职业生涯是指个体职业发展的历程，一般是指一个人终生经历的所有职业发展的整个历程。

（二）职业生涯的特点

从总体上看，人的职业生涯具有以下四个特点。

1. 独特性。每个人都有自己的职业发展条件，有自己的职业兴趣和价值观，有个人的职业机遇，从而有着独特的生涯历程。

2. 发展性。每个人的职业生涯都处于不断发展、演进的动态过程中，是贯穿一生职业历程的漫长过程。

3. 阶段性。每个人的职业生涯发展过程都有着不同的阶段，在不同的生涯阶段有着不同的目标和任务。

4. 整合性。由于每个人所从事的工作或职业，往往会决定他的生活状态，而且职业与生活两者之间又很难区别，因此，生涯应具有整合性，涵盖人生整体发展的各个层面，而不仅仅局限于工作或职位。

二、职业生涯规划的概念与特点

（一）职业生涯规划的概念

职业生涯规划（Career Planning）简称生涯规划，又叫职业生涯设计，是指人在对影响职业生涯的主观因素和客观环境进行分析的基础上，确立自己的职业生涯发展目标，选择实现这一目标的职业，以及制定相应的工作、培训和教育计划，并按照一定的时间安排，采取必要的行动措施。简单地说，就是一个人对一生的各阶段所从事的工作、职务或职业发展道路进行设计和规划。

（二）职业生涯规划的特点

职业生涯规划具有如下四个特点。

1. 可行性。规划要有事实依据，并非是美好幻想或不切实际的梦想，否则将会延误生涯良机。

2. 适时性。规划是预测未来的行动，确定将来的目标。因此，对于各项主要活动何时实施、何时完成，都应有时间和时序上的妥善安排，以作为日后检查行动的依据。

3. 可变性。规划未来的职业生涯目标，牵涉多种可变因素，因此规划应有弹性，以增加其适应性。

4. 连续性。人生每个发展阶段应能持续连贯性地衔接。

三、职业生涯管理

职业生涯管理（Career Management）是近十几年来从人力资源管理和管理心理理论与实践中发展起来的新领域。职业生涯管理包含个人和组织的职业生涯管理。个人的职业生涯管理是指以实现个人发展的成就最大化为目的的，通过对个人知识、技能、能力、兴趣、价值观和个人发展目标进行深入了解，并有效地进行个人职业生涯管理，从而实现个人的发展愿望的过程。组织的职业生涯管理的最终目的是通过帮助员工的职业发展，提高公司的人力资源质量，发挥人力资源管理效率，以求组织的持续发展，实现组织目标。组织的职业生涯管理要求管理者鼓励员工对自己的职业生涯负责，在进行个人工作反馈时提供帮助，并给员工提供有关组织工作、职业发展机会等信息，还必须帮助员工做好自我评估、培训和发展。

四、职业生涯规划与管理的意义

职业生涯规划与管理不仅对个人，而且对组织都具有相当重要的意义。

（一）职业生涯规划与管理对个人的意义

职业生涯规划与管理对个人的主要意义包括如下四个方面。[6]

1. 准确评价个人特点和强项、现有与潜在的资源优势，引导员工对自己的综合优势与劣势进行对比分析。

2. 树立明确的职业发展目标与职业理想，并且引导员工评估个人目标与现实之间的差距。

3. 引导员工将职业定位的前瞻性与实际相结合，搜索或发现新的或有潜力的职业机会。

4. 使员工学会如何运用科学的方法采取可行的措施，不断增强的职业竞争力，增加成功的机会，并且能处理好职业生活和生活其他部分的关系，如事业与家庭之间的关系。

综上所述，一份行之有效的职业生涯规划将会发掘自我潜能，增强职业竞争力，实现美好的职业目标。

例证 12-1：阿诺德·施瓦辛格[7]

四十多年前，一个十多岁的穷小子，自小生长在贫民窟里，身体非常瘦弱，却在日记里写下了长大后要做美国总统的志向。如何能实现这样宏伟的抱负呢？年纪轻轻的他，经过几天几夜的思索，拟定了这样一系列的连锁目标。

做美国总统首先要做美国州长，要竞选州长必须得到雄厚的财力后盾的支持，要获得财团的支持就一定得融入财团，要融入财团最好要娶一位豪门千金，要娶一位豪门千金必须成为名人，成为名人的快速方法就是做电影明星，做电影明星前得练好身体、练出阳刚之气。

按照这样的思路，他开始步步为营。某日，当他看到著名的体操运动主席库尔后，他相信练健美是强身健体的好方法，因而萌生了练健美的兴趣。他开始刻苦而持之以恒地练习健美，他渴望成为世界上最结实的壮汉。三年后，借着发达的肌肉，雕塑般的体魄，他开始成为健美先生。

在以后的几年中，他囊括了欧洲、世界、全球、奥林匹克的“健美先生”称号。22 岁时，他踏入了美国好莱坞。在好莱坞，他花费了十年时间，利用在体育方面的成就，一心去表现坚强不屈、百折不挠的硬汉形象。终于，他在演艺界声名鹊起。当他的电影事业如日中天时，女友的家庭在他们相恋九年后，也终于接纳了这位“黑脸庄稼人”。他的女友就是赫赫有名的肯尼迪总统的侄女。

婚姻生活恩爱地过去了十几个春秋。他与太太生育了四个孩子，建立了一个典型的“五好”家庭。2003 年，年逾五十七岁的他，告老退出了影坛，转为从政，成功地竞选成为美国加州州长。他的下一个目标就是美国总统。

他就是阿诺德·施瓦辛格。他的经历让人记住了这样一句话：思想有多远，我们就能走多远。

（二）职业生涯规划与管理对组织的意义

职业生涯管理能够提高组织的竞争力和应变能力，减少因员工流动而带来的损失。组织关心员工的职业发展，会使员工感觉到自己是组织整体计划中的一部分，从而改善员工的工作态度，激发他们的士气，提高劳动生产率，使组织变得更加有效率。良好的职业生涯管理对组织具有三个主要方面的作用。

1. 可以帮助组织了解组织内部员工的现状、需求、能力及目标，调和他们与存在于企业现实和未来的职业机会与挑战之间的矛盾。

2. 通过协调统一人力资源管理中的人员选择、工作安排和能力开发等活动，更加合理与有效地利用人力资源。

3. 可以为员工提供平等的就业机会，改善组织的企业文化，促进企业可持续发展。

综上所述，职业生涯管理是企业长盛不衰的组织保证，职业生涯管理是具有战略意义的EAP项目。

例证12-2：3M公司的职业生涯体系[8]

从20世纪80年代中期开始，3M公司的员工职业生涯咨询小组一直向个人提供职业生涯问题咨询、测试和评估，并举办个人职业生涯问题公开研讨班。3M公司设计的员工职业生涯管理的体系包括以下十个方面。

1. 职位信息系统。

2. 绩效评估与发展过程。每一位员工都会收到一份供明年使用的员工意见表。员工填入自己对工作内容的看法，指出主要的进取方向和期待值。然后员工们与自己的主管一起讨论并达成一致意见。在第二年中，这份工作表可以根据需要进行修改并作为考核依据。

3. 个人职业生涯管理手册。该手册人手一本，它概述了员工、领导和公司在员工职业生涯发展方面的责任，还明确提出了公司现有的员工职业生涯发展资源，同时提供一份员工职业生涯关注问题的表格。

4. 主管公开研讨班。有助于主管们理解自己所处的员工职业生涯管理环境，同时提高他们的领导技巧及对自己所担任的各类角色的理解。

5. 员工公开研讨班。提供个人职业生涯指导，强调自我评估、目标和行动计划，以及平级调动的好处和职位晋升的经验。

6. 一致性分析过程及人员接替规划。集团副总裁会见各个部门的副总经理，讨论其手下管理人员的业绩情况和潜能。然后管理层召开类似会议，与此同时开展人员接替规划项目。

7. 职业生涯咨询。公司鼓励员工主动去找自己的主管商谈个人职业生涯问题，也为员工提供专业的个人职业生涯咨询。

8. 职业生涯项目。作为内部顾问，员工职业生涯管理人员根据员工兴趣印发出一些项目，并将它们在全公司推广。

9. 学费补偿。报销学费和与员工当前岗位相关的费用，以及与某一工作或个人职业生涯相关的学位项目的全部学费和费用。

10. 调职。职位撤销的员工自动进入个人职业生涯过渡公开研讨班，同时还接受具体的过渡咨询。根据管理层的要求，还为解除聘用的员工提供外部新职介绍。

第二节　职业生涯规划与管理的基本理论

职业生涯规划与管理的基本理论包括职业发展阶段论、职业锚理论以及性格、兴趣、能力与职业的匹配理论。

一、职业发展阶段论

从国内外职业教育的经验和对职业发展的研究可以知道，职业生涯是一个长期实践的过程。根据萨帕的研究，人类早期的职业生涯规划可以追溯到人刚出生时，许多人终生都在进行职业生涯规划。[9]他将整个人生分为成长阶段、探索阶段、立业与发展阶段、维持阶段以及衰退阶段。其中后四个阶段为职业生涯阶段，如图 12-1 所示。在不同阶段中，人的追求也有所不同，如表 12-1 所示。

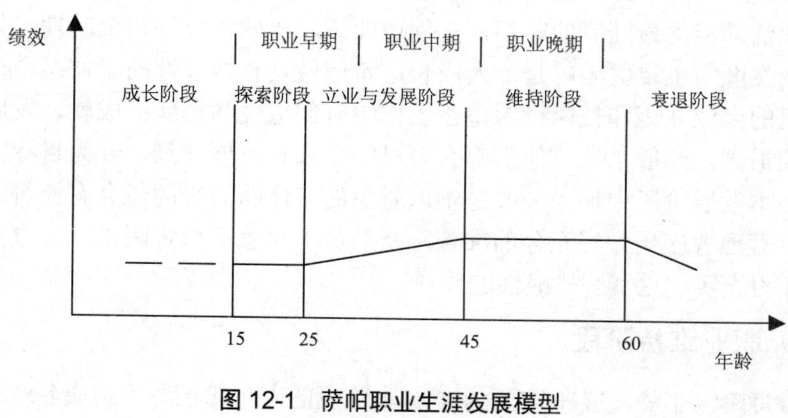

图 12-1　萨帕职业生涯发展模型

表 12-1　不同职业发展阶段的特点

职业发展阶段	对工作方面的需求	在情感方面的需求
职业探索阶段（25岁前）	1. 要求从事多种不同的工作 2. 希望自己探索	1. 进行试探性的职业选择 2. 在比较中逐渐选定自己的职业
立业与发展阶段（25～44岁）	1. 希望做具有挑战性的工作 2. 希望在某一领域发展自己的专业知识和技能	1. 希望面对各种竞争，敢于面对成败 2. 能够处理工作和人际关系矛盾 3. 希望互相支持
职业衰退阶段（60岁以后）	1. 计划好退休 2. 从掌权转向咨询和指导性工作 3. 寻找自己的接班人 4. 寻找组织外的其他活动	1. 希望把咨询看作是对他人的帮助 2. 希望能够接受和欣赏组织外的其他活动

（一）职业探索阶段

职业探索阶段年龄一般在25岁前。萨帕认为探索阶段又可以分为三个时期：（1）尝试期（15～17岁）；（2）过渡期（18～21岁）；（3）初步试验承诺期（22～24岁）。在整个探索阶段，每个择业者都有选择一份理想职业的愿望与要求，力图了解自我，作出尝试性的职业决策。对于他们来说，经常更换工作、获得有挑战性的工作机会和自我探索机会是非常重要的。通过本阶段的历练，如果青年人的能力能够得到迅速提高，职业兴趣趋于稳定，逐步形成了对未来职业生涯的合理心理预期，包括工作的性质、劳动强度、工作时间、工作方式、同事以及上下级关系；并且为职业的发展做了物质、心理、知识、技能等各方面充分的准备，就能够迅速地成为一个职业工作者。

（二）立业与发展阶段

立业与发展阶段年龄一般在25～44岁。从职业生涯发展过程来看，这一时期，是个人的职业活动能力最旺盛的时期，是创造业绩、成就事业的黄金时期。处于本阶段的人在职业生涯中主要关心的是个人成长，希望做具有挑战性的工作；希望在某一领域发展自己的专业知识和技能；希望在工作中有创造性和革新；成就、发展、晋升对他们的影响最大。一般来说，他们都有自己的成长和发展计划，并为目标的实现而全力以赴。在本发展阶段中期，失败是难以避免的，伴随而来的还会有挫折、厌倦和泄气等情绪。管理者应当做好充分的准备，帮助员工克服不稳定因素，并探索使职业变得更有趣、更充实、更富有挑战性的途径。

（三）职业维持阶段

职业维持阶段年龄一般在45～60岁。本阶段的人一般已经“功成名就”了，他们以自己多年日积月累并经过多次经历验证的判断力，以及与其他人共享其知识和经验的能力，向组织证明自身存在的价值。处于这一阶段的人需要做的最主要的工作就是最大限度地维持并巩固自己的工作成果和地位。因此，他们对工作方面的主要需求是更新技能和知识，已不再考虑变换职业。这一时期的人们可能变得对职业不再有很大的兴趣，而希望有更多的自由时间或职业压力更轻一些。

（四）职业衰退阶段

职业衰退阶段年龄一般在 60 岁以后。由于年龄或身体状况等方面的原因，人们逐渐减弱了职业活动能力与职业兴趣，从而结束职业生涯。人们需要寻求不同的工作、生活方式，以及对某些娱乐活动的兴趣爱好，以满足退休后的身心需求。对那些先前事业比较成功的人来说，本阶段的适应可能更为艰难，不过他们可以采取一些途径和方式重返职业社会，发挥余热。而对于早年事业表现一般，或已经看到自己的职业绩效在下降的人来说，这或许是一个令人心情舒畅的时期。

二、职业锚理论

职业锚的概念是由美国管理心理知名学者埃德加·施恩（Edgar H. Schein）提出的。他认为职业生涯发展实际上是一个持续不断的探索过程。[10]在这一过程中，每个人都在根据自己的天资、能力、动机、需要、态度和价值观等慢慢地形成较为明晰的与职业有关的自我概念，它体现了个体“真实的自我”。随着一个人对自己越来越了解，这个人就会越来越明显地形成一个占主要地位的职业锚。所谓职业锚就是指当一个人不得不作出选择的时候，无论如何他或她都不会放弃的职业中的那种至关重要的精神要素或价值观，即核心价值观（Schein，1985）。正如“职业锚”这一名词中“锚”的含义一样，职业锚实际上就是每个人选择和发展自己的职业时所围绕的中心，它意味着对他或她来说，到底什么东西是最重要的。

简而言之，职业锚是一种从早期工作经历中逐渐发展形成的职业自我观，它包括三个部分：（1）自省的才干和能力（以各种工作环境中的实际成功为基础）；（2）自省的动机和需要（以实际情境中的自我测试和自我诊断的机会以及他人的反馈为基础）；（3）自省的态度和价值观（以个体和组织以及工作环境的准则和价值观之间的实际遭遇为基础）。

职业锚的功能体现在指导个体未来的职业方向和决策上，可被看作是个体永不放弃的动机和价值观，即使是在被迫作出选择的时候。外部职业生涯的提升只能增长外部职业动机，而职业锚的实现带来的则是内在的愉快。因此，职业锚对个体的工作满意度和工作稳定性有着显著的影响。比如，职业锚决定个体会选择什么样的职业与什么类型的工作单位；决定个体是否会喜欢所从事的工作，是否会跳槽；决定个体在工作中是否有成就感。

发现职业锚的标志是能清晰地回答如下三个问题：要干什么？能干什么？为什么干？

例证 12-3：腾讯创始人马化腾在深圳奋斗的故事[11]

马化腾缔造了一个风靡中国的“网络神话”。他创业7年身家9亿；与软件巨擘微软争夺中国网络通信市场，被美国《时代周刊》和有线新闻网评为2004年全球最具影响力商界人士之一。当深圳商报的一位记者见到这位低调的神话创造者的时候，他的评价是，马化腾更像是一位儒雅而内敛的斯文学者。只有谈到计算机和网络时，马化腾才会不时露出开心、得意的笑容。看得出，他是一个完全沉浸在IT世界的人。“从1998年开始，我就考虑独立创业，却一直没想清楚要做什么，但创业的想法并没有起伏，我知道自己对着迷的事情完全有能力做好。我感觉可以在寻呼与网络两大资源中找到空间。”马化腾对记者说。1998年11月，27岁的马化腾创办了深圳腾讯计算机系统有限公司。1999年2月，腾讯自主开发了基于Internet的即时通信网络工具——腾讯即时通信（腾讯QQ），一个网络神话开始了。经过短短7年的发展，腾讯QQ的用户群已成为中国最大的互联网注册用户群，注册用户数量高达2.91亿，而QQ的标志——那两个憨态可掬的企鹅更是让无数年轻人着迷。

施恩根据自己多年的研究，提出了以下五种职业锚。

1. 技术型职业锚

具有较强的技术型（或功能型）职业锚的人往往不愿意选择那些带有一般管理性质的职业，而倾向于那些能够保证自己在既定的技术或功能领域中不断发展的职业，如科学研究、工程技术、财务分析、营销等。施恩在1990年指出，技术型职业锚的人更关注于工作的内在本身而不是它的背景。他们喜欢独立地完成目标，可以利用现有的资源来有效地完成任务。他们往往把成功定义为成为该领域的专家，在工作中不断地克服挑战，而不是晋升或物质奖赏。他们首要的外在动机是得到专业领域的深造和自我发展的机会。

技术型职业锚的人虽然在其技术能力领域内也会接受管理职责，但他们对管理职业并不感兴趣。例如，一个技术型职业锚的财务分析员，他希望在发挥自己财务会计专长的领域中谋求发展，其最高目标是公司的技术总监，而不在任何其他职能领域中涉足，甚至会对全面管理抱有强烈的抵触情绪。在组织的许多工作岗位上都会有技术型职业锚的人，如公司的项目经理、会计人员等。

2. 管理型职业锚

管理型职业锚的人往往具有成为管理者或权威人的强烈自信，认为自己具备提升到管理职位上必不可少的能力及价值观，通常能够承担较高职责的管理职位是这些人的最终目标。他们渴望挑战性、多样化和整合性的工作，期待着能够对组织负有责任，获得高层岗位的权利和成就。他们往往具有以下三个方面的能力：（1）分析能力（在信息不完全以及不确定的情况下发现问题、分析问题和解决问题的能力）；（2）人际沟通能力（在各种层次上影响、监督、领导、操纵以及控制他人的能力）；（3）情感能力（在情感和人际危机面前只会受到激励而不会受其困扰和削弱的能力，在较高的责任压力下不会变得无所作为的能力，以及使用权术不感到内疚或羞怯的能力）。管理型职业锚的人适合的职业领域主要是政府机构、企事业组织的主要负责人，如市长、局长和企业的经理人等。

3. 创新型职业锚

这类人大多具有企业家人力资本特性，拥有把握自己命运，要求有自主权来施展自己特殊才干的创造或创新能力。他们一般具有建立或创设某种完全属于自己的东西或杰作的行为倾向。这种职业锚具体涉及的职业类型是多种多样的。创新型职业锚的人追求建立或创设某种完全属于自己的东西——一件署着他们名字的产品或工艺、一家他们自己的公司或一批反映他们成就的个人财富等，发挥自己的技能和意志，冒险和克服障碍。创新型职业锚的人的主要职业领域是企业家、发明家、冒险性投资者和产品开发人员等。

4. 独立型职业锚

独立型职业锚的人追求一种能最大限度地摆脱组织约束，施展自己职业能力的工作情景。他们认为，组织生活是受限制的，他或她的提升、工作调动、薪金等诸多方面都难免要受别人的摆布。因此，他们喜欢更有独立性和自主性的职业。这种类型的人对于职业的自主性需要比其他任何需要都强烈，他们很少体验到错过提升机会的冲突，他们的主要需要是随心所欲地制定自己的步调、时间表、生活方式和工作习惯。其中有许多人还有着强烈的技术或功能导向。具有这种职业锚的人的主要职业领域是学者、科研人员、职业作家、个体咨询人员、手工业者和小型公司的所有者等。

5. 安全型职业锚

安全型职业锚的人极为重视职业的长期稳定和工作的保障，他们似乎比较愿意去从事这样一类职业：这些职业应当能够提供有保障的工作、体面的收入以及可预测的未来生活。这种可预测的未来生活通常是由良好的退休计划和较高的退休金来保证的。对于这些人来说，如果追求更为优越的职业，意味着将要在他们的生活中注入一种不稳定因素的话，那么他们会觉得在一个熟悉的环境中维持一种稳定的、有保障的职业更为重要。

安全型职业锚的人倾向于根据组织对他们提出的要求行事，比较容易接受组织对他们的工作安排，相信组织会根据他们的实际情况秉公办事。不论他们个人有什么样的理想和抱负，当个人目标和组织目标发生矛盾时，他们都会选择服从组织目标的要求。这种类型的人在选择职业时，往往深受其在现实生活中安全取向类型的影响。常见的两种安全取向类型的人：一种人的稳定源和安全源主要来自给定组织中稳定的成员资格，他们乐于在政府部门或大公司工作；另一种人的安全源是以地区为基础，使家庭稳定和自己融入社团的感情，这类人往往选择在家乡或已经熟悉的地方长期发展。

三、兴趣与职业的匹配

兴趣是使个体积极探索某种事物的认识倾向。兴趣使人对有兴趣的事物给与优先的注意、积极地探索，并且带有积极的情绪色彩和向往的心情。职业心理学的研究表明，如果一个人对某种工作有兴趣，他就能发挥他全部才能的 80%～90%，并且能长时间保持高效率而不感到疲劳；如果对某种工作不感兴趣，则他的才能只能发挥 20%～30%，并且容易疲劳。职业兴趣与职业环境的匹配是决定成功的最重要的因素之一。人们通常也乐于选择与自我职业兴趣类型匹配的职业环境，如具有某种职业兴趣的个体在与自己的职业兴趣类型匹配的环境中工作，可以最大限度地发挥个人的潜能。

美国心理学家、职业指导专家霍兰德（John L. Holland）经过一百多次大规模的实验研究，提出了兴趣类型与职业类型的学说。该理论从兴趣的角度出发，根据人格与环境交互作用的观点，把人分为六大类：现实型（R）、研究型（I）、艺术型（A）、社会型（S）、企业型（E）、常规型（C），职业环境也以同样的名称分为六大类，如图 12-2 所示。霍兰德逐步完善了对职业兴趣的个体差异的测量以及对职业和职业环境的研究这两方面工作，并通过“六边形”将两者紧密联系起来，形成了具有开创意义的职业兴趣六边形理论。[12]

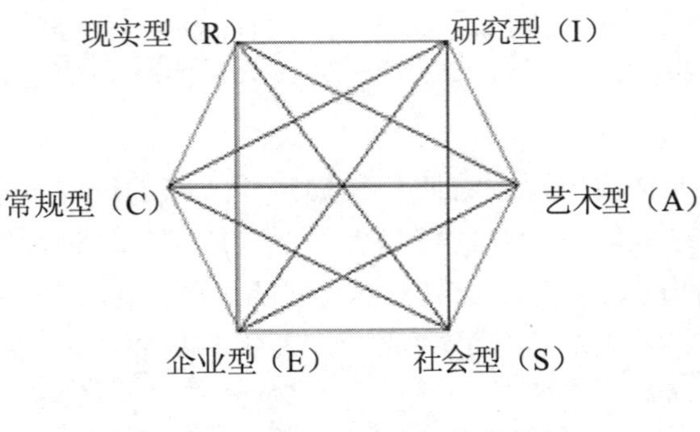

图 12-2　霍兰德职业兴趣六边形

霍兰德指出，六种职业兴趣的个体的主要特点和适应的典型职业是。

1．现实型（R）

共同特点：具有现实倾向的个体一般具有技术与运动倾向，有较强的身体技巧和机械的协调能力，对于机械和物体显示出强烈的关注。他们稳重、实际，喜欢从事规则明确的活动和技术性工作，甚至非常狂热地自己动手创造新事物，但缺乏人际交流的技巧，对人事管理和监督工作不太感兴趣。

性格特点：感觉迟钝、不讲究、谦逊、踏实稳重、诚实可靠。

典型职业：喜欢使用工具、机器，需要基本操作技能的工作。对要求具备机械方面才能、体力的工作或与物件、机器、工具、运动器材、植物、动物相关的职业有兴趣，并具备相应的能力。如技术性职业（计算机硬件人员、摄影师、制图员、机械装配工），技能性职业（木匠、厨师、技工、修理工、农民、一般劳动）。

2．研究型（I）

共同特点：具有研究倾向的个体对于抽象思维和数理统计具有浓厚的兴趣。他们倾向于通过思维分析解决复杂的问题，喜欢具有创造性、挑战性的工作。他们不会主动去做领导人员或社交工作，有明显的独立倾向。

性格特点：坚持性强、有韧性、喜欢钻研、为人好奇、独立性强。

典型职业：喜欢智力的、抽象的、分析的、独立的定向任务，以及要求具备智力或分析才能，并将其用于观察、估测、衡量、形成理论、最终解决问题的工作，并具备相应的能力。如：科学研究人员、教师、工程师、计算机编程人员、医生、系统分析员。

3．艺术型（A）

共同特点：具有艺术倾向的个体对于创造性的、想象的、能够表现个性的工作显示出明显的偏好。他们与具有研究倾向的个体的共同之处在于创造倾向明显，都比较喜欢独立行事，对操作性及程序化的工作缺乏兴趣，对于结构化程度较高的职业环境不太喜欢，不善于事务性工作。

性格特点：有创造性不传统保守、敏感、容易情绪化、较冲动、不服从指挥。

典型职业：喜欢的工作要求具备艺术修养、创造力、表达能力和直觉，并将其用于语言、行为、声音、颜色和形式的审美、思索和感受，具备相应的能力。如：艺术方面（演员、导演、艺术设计师、雕刻家、建筑师、摄影家、广告制作人），音乐方面（歌唱家、作曲家、乐队指挥），文学方面（小说家、诗人、剧作家）。

4．社会型（S）

共同特征：具有社交倾向的个体乐于从事人际交流工作。通常他们在语言能力上具有优势，乐于帮助别人，具有人道主义倾向和强烈的责任心。他们习惯于通过和别人商讨或调整人际关系来解决面临的问题，对于以机械和物品为对象的工作不感兴趣。

性格特点：为人友好、热情、善解人意、乐于助人。

典型职业：喜欢要求与人打交道的工作，能够不断结交新的朋友，从事提供信息、启迪、帮助、培训、开发或治疗等的事务，并具备相应的能力。如：教育工作者（教师、教育行政人员），社会工作者（咨询人员、公关人员）。

5．企业型（E）

共同特征：具有企业型进取倾向的个体喜欢制订新的工作计划，建立新的组织，并积极发挥组织的作用进行活动。他们喜欢影响、管理和领导他人，具有强烈的信心，喜欢冒险，喜欢支配别人，不喜欢具体精细或需要长时间集中心智的工作。

性格特点：善辩、精力旺盛、独断、乐观、自信、好交际、机敏、有支配愿望。

典型职业：喜欢要求具备经营、管理、劝服、监督和领导才能，以实现机构、政治、社会及经济目标的工作，并具备相应的能力。如：项目经理、销售人员、营销管理人员、政府官员、企业领导、法官、律师。

6．常规型（C）

共同特点：具有传统倾向的个体喜欢高度结构化、要求明晰的工作，不适应规则模糊、自由空间大的工作。他们习惯于被动服从，一般较为忠诚、可靠，偏保守。在工作中，他们会与别人保持一定的距离。他们工作仔细，有毅力，比较在意社会地位和社会评价，通常愿意在大型机构做一般性的工作。

性格特点：有责任心、依赖性强、高效率、稳重踏实、细致、有耐心。

典型职业：喜欢注重细节、精确度、有系统、有条理，具有记录、归档、据特定要求或程序组织数据和文字信息的职业，并具备相应的能力。如：秘书、办公室人员、记事员、会计、行政助理、图书馆管理员、出纳员、打字员、投资分析员。

霍兰德的理论在美国得到职业规划师的广泛使用，欧洲、非洲和亚洲的调查研究也证实了它的效用。它告诉我们，当我们就业、择业的时候，兴趣与职业环境的匹配是形成职业满意度、成就感的基础，如果能够选择到与自己兴趣爱好相符合的职业，将可以使自己在工作中找到快乐和满足感，也更容易获得成功。

然而，在实际的职业选择中，除了应该优先选择那些与自身的职业类型相匹配的职业环境外，还要考虑一些其他因素。

首先，因为个体本身常是多种职业兴趣类型的综合体，单一职业倾向显著突出的情况并不多见，因此人们在具体择业的时候，除了得分最高的职业类型外，得分第二高的职业类型中的相关工作，有时同样也可以予以考虑。

其次，在择业时，除了要考虑与自己职业兴趣有关外还要兼顾考虑获得职业成功的现实可能性。如果过于脱离客观条件，过于浪漫，往往想得好，却做不到；职业兴趣要建立在切实可行的基础之上，例如自己所学的专业、社会的职业需求等。

例证 12-4：把兴趣变为职业[13]

盖茨在青少年时代就对计算机产生了浓厚的兴趣。他在中学时免修了一些课程，将这些时间用于编程的实践中。职业心理学家 Siobhan Hamilton-Phillips 指出：“即使作为一名儿童，盖茨也能够专心地做一些特别的事情，并从中找到乐趣。因此在他成人之后，他拥有足够的情绪稳定性以支撑他的工作，并使他成功。”

盖茨在 17 岁时建立了自己的软件公司，并从一开始就梦想将自己的公司发展成为软件巨人。职业咨询师 Andrea Kay 表示：“在青年时代，盖茨花了大量时间练习技能，并寻求感兴趣的信息：如何处理问题，如何试验自己的想法。”“他是一个天才，在集中注意力方面的表现令人难以置信。”

尽管在 38 岁时就已经成为亿万富翁，盖茨并没有停止创新的努力。这是因为盖茨的目标并不仅仅是钱。盖茨对计算机行业非常痴迷，并且愿意尝试新的创意。对普通人来说，在选择职业时，需要保证所做的工作是自己感兴趣的。专家认为，你的表现永远存在提高的余地，而你也能够从中赚钱。

在整个职业生涯中，盖茨通过追求自己感兴趣的事物而获得成功，从最基础的编程一直到慈善事业，他从来不会做自己都不相信的事情。职业规划专家 Alexandra Levi 表示：“我们应当将盖茨的成功视作普通人的成功，而不应仅仅视作一个商人的成功。这是对于成功的新定义，随着普通人和专家之间的区别越来越模糊，这一点变得越来越重要。”

四、能力与职业的匹配

能力是顺利、有效地完成某种活动所必须具备的心理条件，是人格的一种心理特征。在选择一项职业时，不仅要考虑自己的兴趣，还要考虑自己是否具有从事这项职业的潜力和素质，可以称为职业能力。此处所谓的职业能力，并非从事某项工作所需要的具体技能，而是要从事某项工作所需要的一般能力和基础素质，主要包括人的体力、智力、知识和技术等方面的基本要素。例如，管理能力包括执行能力、沟通能力、谈判能力、领导能力、训练能力、问题解决能力等要素，不具备这些要素就难于从事管理活动，也就是不具备管理能力。人的职业能力可以在工作实践中，有目的、有意识地培养，不过对每个人的能力而言，发展的潜力也不尽相同。职业能力不足，或者对自己的职业能力水平不了解，是青年人遭遇求职困境和职场窘境的重要原因。因此，进行职业生涯规划时，必须考虑个人能力与职业是否匹配。

（一）能力与职业抉择相吻合的原则

1. 能力类型与职业相匹配

人的职业能力有差异。不同的职业类型因其工作的性质、内容和环境的不同对人的能力的要求也有所不同。因而应注意能力类型与职业类型、职业性质的配合。比如，从思维能力方面来说，有人擅长形象思维，有人擅长逻辑思维（抽象思维），还有人擅长具体行动思维。如果根据思维类型来考虑职业的话，属于形象思维型的人比较适合从事演员、艺术设计等工作，属于抽象思维型的人比较适合于从事法律、物理研究等理论性较强的职业和工作，而属于具体动作思维型的人则比较适合于从事机械修理等方面的工作。如果不考虑人的能力类型，而让其从事与之能力类型不同、甚至相斥的职业，效果都不会很好。不同的职业对人的语言能力要求亦不同。例如，要从事教师、营业员、服务员、护士等职业，必须具备较强的语言表达能力。

2. 能力水平要与职业层次一致

对一种职业或职业类型来说，由于所承担的责任不同，又可分为不同的层次，不同的层次对人的能力有不同的要求。因而，在根据能力类型确定了职业类型后，还应根据自己所达到或可能达到的能力水平确定相匹配的职业层次。只有这样，才能使能力与职业的匹配具体化。

3. 发挥优势能力的作用

每个人都具有一个多种能力组成的能力系统。在能力系统中，各方面能力的发展是不平衡的，常常是某方面的能力占优势，而另一些方面的能力则不太突出。对职业选择和职业指导而言，应主要考虑其最佳能力，选择最能运用其优势能力的职业。同样，在人事安排中，如能注重一个人的优势能力并分配相应的工作，则更能发挥一个人的才能。

例证 12-5：巴菲特的成功[14]

世界头号投资大师巴菲特小时候是一个内向而敏感的孩子，无论是读书成绩还是在生活中的表现，他都与一般孩子毫无区别。许多人都嘲笑他行动、思维缓慢，但他却将这一弱点转化为自己最大的优点——耐心；同时，他还发现自己对数字有天生的敏感，并对其充满了兴趣。在27岁之前，巴菲特尝试过无数的工作，但最终他结合自己的优点——耐心、对数字敏感，将自己的职业发展转向了成为一名投资家。

在明确的职业规划引导下，巴菲特拒绝了许多外来的诱惑，也忍受住了许多压力，坚定不移地按着自己的职业发展道路前进，最终取得了一番惊人成就。

（二）能力类型与职业

一个人想要顺利完成某项工作，既要一定的能力（一般能力），又要具有该项工作所要求的特殊能力，可以根据此模式来进行职业能力分析。

1. 一般能力与职业

一般能力又称为智力，它是人们认识、理解客观事物并运用知识、经验解决问题的能力。智力不是一种单一的能力，而是一种综合的整体结构，包括注意力、观察力、记忆力、思维能力和想象力等。其中，抽象思维能力是智力的核心。不同的职业对人的一般能力的要求不同，有些职业对从业者的智力水平有绝对的要求，如律师、教师、工程师、科研人员等都要求有很高的智商。智力在相当大的程度上决定着其所从事的职业类型。

2. 特殊能力与职业

特殊能力是顺利地完成某种专业活动所必备的能力，它同职业活动紧密相联。职业既有共性，也有特殊性。职业能力既与一般能力有关，也与特殊能力密不可分。要顺利完成某项工作，除要具有一般能力外，必须具有该项工作所要求的特殊能力，如从事教育、新闻媒体等工作要求有较强的言语能力；统计、会计等职业要求有较强的数理能力。通常来说，人的一般能力（主要是智力）相差不大，从事许多项职业都可以有一定的事业发展空间。但是，如果要真正具备职场竞争力，最大限度地发挥个人所长，就要根据特殊能力来作职业选择的决策。我国近代职业教育的倡导者黄炎培先生说："一个人的职业和才能相不相当，相差很大，用经济眼光看起来，要是相当，不晓得增加多少效能，要是不相当，不晓得埋没了多少人才；就个人论起来，相当，不晓得有多少快乐，不相当，不晓得有多少怨苦。"

国外职业指导师通常用多重能力倾向成套测验（GATB）进行职业能力测验。GATB是美国劳工部就业保险局自 1934 年起花了 10 年时间编制而成的。GATB 用于测验分析人的九种不同的能力因素：一般能力（其成绩是通过词汇、算术推理和三维空间三个测验的分数得出的）、语言能力、计算能力、空间判断能力、形态知觉、书写知觉、运动协调、手工灵巧、手指灵活。根据测评结果可以探索个人职业适应范围，进而为选择所希望的职业提供一份参考资料。

根据职业所需的特殊能力类型，也可以把特殊能力与职业匹配作如下划分。

（1）擅长与物打交道：如制图、勘测、建筑、机械制造等。

（2）擅长与人打交道：如记者、推销员、教师、行政管理人员等。

（3）擅长做有规律的工作：如图书管理员、文秘人员等。

（4）喜欢从事社会福利和助人的工作：如医生、律师、咨询等。

（5）具有领导和组织能力：如行政人员、企业管理人员等。

（6）擅长研究人的行为：如心理学家、政治人物、人事管理、思想政治教育等。

（7）擅长科学技术研究：如科学家、理论家等。

（8）擅长抽象、创造性的工作：如经济分析、社会调查等。

（9）擅长操作性、技术性的工作：如驾驶员、.飞行员、机械制造等。

例证 12-6：职业中的关键能力[15]

职业能力包括专业能力和关键能力。专业能力是指劳动者从事某一职业活动所必备的能力。关键能力（也称一般能力）不是针对某种具体的职业和岗位的能力，而是指可以迁移和运用到很多职业和岗位的能力。比如，解决实际问题的能力、与他人交流和合作的能力等。不同国家对关键能力也都有不同的界定。英、美、德、澳四国界定的“关键能力”内容如下。

英国：交流能力；解决问题能力；计算能力；信息技术能力；语言运用能力。

美国：分配时间的能力；制定目标和突出重点目标的能力；分配经费和准备预算的能力；确定所需要的数据并处理和保存数据的能力；作为小组成员参与活动以及与他人交流的能力；了解社会、组织和技术系统是如何运行以及操作的能力；选择技术的能力；在工作中应用技术的能力。

德国：与个人相关的能力，如求知欲、自我革新、学习能力、耐挫能力、责任感、冒险精神、独立性等；社会和组织能力，如沟通能力、使用能力、分析能力、计划能力、组织能力。

澳大利亚：收集、分析、处理意见和信息的能力；表达意见和交流信息的能力；规划和组织活动的能力；在团体中与他人合作共事的能力；运用数学思维和技巧的能力；解决问题的能力；利用新技术的能力。

五、性格与职业的匹配

性格是一个比较稳定的对现实的态度和习惯化了的行为方式，例如，性格的表现是在一个人的对现实的态度和行为方式中比较稳定的心理特征的总和，也就是个性中经常的、习惯的明显表现出来的心理特征，也是个性中最重要的心理特征，起着核心作用。

一个人的性格特征对职业选择有很大的影响，是进行职业生涯规划时必须考虑的因素。各种职业具有不同的特点，因而对从业人员的性格特点也会提出不同的要求。一般来说，开朗、活泼、热情、温和的性格，比较适合于从事营销、公关、文体、服务以及其他同人群交往多的职业；进取、果断、坚毅、自信是管理者不可缺少的性格；严谨、认真、执著的性格，比较适合做科研、审计等工作。人的事业成功与否，与性格与职业的匹配密切相关。

那么性格是怎样划分类型的呢？瑞士的心理学家荣格按照人在生活中、与人交往的过程中的性格特点，将性格分为四类：敏感型、情感型、思考型、想象型。不同性格类型的人，适合的职业也有所不同。当然，荣格也指出，在现实生活中，纯属于这四种类型的人并不多，大部分属于混合型。所以，应根据个人性格与职业的要求，具体情况具体处理。

例证 12-7：公文箱处理[16]

西方近年来建立了许多评价中心（Assessment Centre），运用多种测试方法，进行管理能力测试，以帮助企业选拔管理人才。其中有一种情景模拟法——“公文箱处理”，要求被试者作为某一级管理者，在一定时间内（20、30或65分钟）处理好10件或15件公文，包括电话记录、会议记录、电报、信件、上级指示、备忘录、请示报告、调查报告、人事档案和财务报表等。每件公文测试1～3项能力。根据被试者排序是否合理，授权是否恰当，得出被试者掌握会议的能力，分析与处理问题的能力，文字与口头表达能力等综合评分。使用该方法选拔管理人员效果良好，据统计分析，正确性可达 76%。比如，美国电话电报公司曾对几百名管理人员候选人进行测试，随后将结果密封，八年后在被直接提升的经理中核对，有 64%在预测之内，齐克洛斯公司测试一批销售经理，总共花了34万美元，而增加的收益达490万美元。

第三节　个人职业生涯规划与管理

个人职业生涯规划与管理主要包括如下五个环节：（1）自我评估；（2）环境评估；（3）设定职业目标；（4）设计职业生涯行动方案；（5）评估与反馈。此外，还要充分了解职业生涯成功的方向和标准。

一、个人职业生涯规划与管理

职业生涯规划是一个周而复始的连续过程。要做好职业生涯规划宜按照职业生涯设计的流程，认真做好每个环节。总结国内外职业生涯规划专家的看法，职业生涯设计可采取以下六个具体步骤。

（一）自我评估

职业生涯规划是一个动态过程，其最基础的工作首先是要知己，即要客观全面认清自我，充分了解自己的职业兴趣、能力结构、职业价值观、行为风格、自己的优势与劣势等，也就是要全面了解自己，进行自我评估。自我评估是职业生涯规划的基础，也是能否获得可行的规划方案的前提。只有正确地认识自己，知道自己想要干什么、能干什么，了解个人的优势与劣势、个人职业发展目标的设定及设定的原因、达到目标可能遭遇的助力与阻力、达到目标所需要的教育与培训等，才能进行准确的职业定位，才能选定适合自己发展的职业生涯路线。

要做到客观认识自我，至少需要了解以下五个方面。

（1）职业兴趣——喜欢干什么。

（2）适合干什么——个人特质，包括个人的能力、气质、性格特征。

（3）最看重什么——职业价值观，即进行职业锚类型分析。

（4）人与岗是否匹配——岗位的胜任力特征如何，与个人条件是否匹配。

（5）个人现状如何——当前个人具备的有利条件和不利条件是什么。

参考刘威（2004）的看法，可以从个人状况、当前面临的职业发展的关键问题、个人成就的关键因素等方面进行自我分析，分别如表12-2、表12-3、表12-4所示。[17]

表12-2　个人状况自我分析

个人状况	分析要点	具体指标
个人部分	健康情形	身体是否有病痛？是否有不良的生活习惯？是否有影响健康的活动？生活是否正常？有没有养生之道
	自我充实	是否有专长？经常阅读和收集资料吗？是否正在培养其他技能
	休闲管理	是否有固定的休闲活动？有助于身心和工作吗？是否有休闲计划
事业部分	财富所得	薪资多少？有储蓄吗？有动产、有价证券吗？有不动产吗？价值多少？有其他收入吗
事业部分	社会阶层	现在的职位是什么？还有升迁的机会吗？是否有升迁的准备呢？内外在的人际关系如何
	自我实现	喜欢现在的工作吗？理由是什么？有完成人生理想的准备吗
家庭部分	生活品质	居家环境如何？有没有计划换房子？家庭的布置和设备如何？有心灵或精神文化的生活吗？小孩、夫妻、父母有学习计划吗
	家庭关系	夫妻和谐吗？是否拥有共同的发展目标？是否有共同或个别的创业计划？子女与父母、与公婆、与姑叔、与岳父岳母家的关系如何是否常与家人相处、沟通、活动、旅游
	家人健康	家里有小孩吗？小孩多大？健康吗？需要托人照顾吗？配偶的健康如何？家里有老人吗？有需要你照顾的家人吗

表 12-3　当前面临的职业发展关键问题分析

关键问题	辨　析
问题发生的领域	是家庭问题、自我问题，还是工作问题；或是其中两者或三者的共同作用
问题的难度	是否学习新技能？是否需要全神贯注？是否需要个人改变态度与价值观
自己与组织的相互配合情况	自己是否做出贡献？是否学会在组织内部适合自己的职业领域中发挥专长？与其他组织人员的团结协作怎样？组织对自己的职业生涯设计和自己制定的职业生涯规划是否冲突

表 12-4　个人成就的关键因素分析

关键因素	包含要素	发展办法
人脉	家族关系、姻亲关系、同事（同学）关系、社会关系	沟通与自我推销
金脉	薪资所得、有价证券、基金、外币、定期存款、财产（动产、不动产）、信用（与为人和职位有关）	储蓄、理财有方、夫妻合作、努力工作提高自己的能力、条件与职位
知脉	知识力、技术力、资讯力、企划力、预测（洞察）力、敏锐力	做好时间管理，安排学习计划，上课、听讲座、进修、组织内轮调，多做事，反复练习，经常做笔记，做模拟计划

（二）环境评价

职业生涯规划还要充分认识与了解相关的外部环境，评估环境因素对自己职业生涯发展的影响，分析环境条件的特点、发展变化情况，把握外部环境因素的优势和限制，扬长避短，才能找到适合的发展方向。如果缺乏对外部环境的了解和分析，个人的职业生涯规划只能成为水中月和镜中花。外部环境评价主要包括社会政治环境、经济环境和组织（企业）环境的分析，即评估和分析社会的需求，本专业、本行业的地位、形势以及发展趋势，企业与组织的需求、家庭的期望，技术的发展和经济的走向，以及组织在职业生涯选择与规划等方面的员工政策等。表 12-5 所示的为环境分析。

表 12-5　环境分析

环境要素	辨　析
友伴条件	朋友是否多样化且有能力
行业条件	社会当前及未来需要的行业
企业条件	公司有改革计划吗？公司需要什么人才
地区条件	视行业和企业而定
社会	社会政治、法律、经济、社会与文化、教育及潜在的市场条件

（三）职业定位

职业定位就是要选择一种职业类型，为职业与自己的潜能以及主客观条件谋求最佳匹配。定位是自我定位和社会定位的统一，只有在了解自己和职业的基础上才能够给自己做准确定位。当你择业时，你将如何对自己的职业进行定位？成功的道路千万条，属于你的是哪一条？良好的职业定位是以自己的最佳才能、最优性格、最大兴趣、最有利的环境等信息为依据的，也就是说要充分考虑第二步的自我分析和第三步的环境评价的结果。

进行职业定位宜注意如下四个方面的事项：（1）立足现实，依据客观现实，考虑个人与社会、单位的关系；（2）树立辩证发展观，要理清当前职业与未来发展的关系，选择条件更合适、更符合自己特长、更感兴趣、经过努力能很快胜任、有发展前景的职业；（3）扬长避短，权衡个人能力，找能发挥个人所长的职业；（4）审时度势，及时调整。

（四）设定职业目标

职业生涯规划的核心是制定自己的职业目标。制定个人职业生涯规划的最终目的就是实现自己的职业目标，职业目标的选择正确与否，直接关系到人生事业的成功与失败。据统计，在选错职业目标的人当中，超过 80%的人在事业上是失败者。因此，一定要择优选择职业目标。

职业生涯规划中所确立的目标，应该是可预想到的、有一定实现可能的目标，包括终极目标、长期目标、中期目标和短期目标。目标确立的方法通常是先结合自身条件和现实环境选择最适合自己发展的终极目标和长期目标，然后通过目标分解，分化为切合职业生涯各发展阶段实际情况的中期、短期目标。终极目标和长期目标需要个人经过长期艰苦努力、不懈奋斗才有可能实现，确立时要立足现实、慎重选择、全面考虑，使之既有现实性又有前瞻性。短期目标更具体，对人的影响也更直接，也是长远目标的组成部分。

（五）设计职业生涯行动方案

有效的职业生涯设计需要有确实能够执行的生涯策略方案。没有行动，职业目标只能是一种梦想，实现它要有具体的行为措施来保证，要制定周详的行动方案。制定行动方案，是指把目标转化成具体的方案和措施。这一过程中比较重要的行动方案有职业生涯发展路线的选择，相应的工作、教育和培训计划的制定等。

职业目标确定后，向哪一条路线发展，此时要作出选择，这就是职业生涯发展路线的选择。是向行政管理路线发展，还是向专业技术路线发展，或者是向市场营销路线发展，再或者是先走技术路线，再转向行政管理路线，需要作出选择；在具体的岗位方面也需要作出选择，比如：是行政管理，市场营销，技术研发，还是服务支持？

确定职业生涯发展路线后，如何制定切实可行的行动方案呢？拿一名希望成为律师的员工来说，应该考虑这样五个问题：（1）自己需要参加哪些培训、学习、考核才能够有资格做一名律师？（2）自己在成为律师的发展路上需要排除哪些来自内部和外部的障碍？（3）如何求得自己目前的上司和同事、亲友在这方面给自己需要的帮助？（4）如何在自己所处的组织寻得有利于自己目标实现的机会？（5）一个律师应具有怎样的经验水平和年龄层次？自己怎样做才能符合这个范围？

（六）评估与反馈

职业生涯规划是一个动态的变化过程。影响职业生涯设计的因素很多，有些因素是可以预测的，有些因素是难以预见的。当今社会处于激烈的变化过程中，职业生涯规划难以预见个人发展将要遭遇的种种现实状况，因此原定职业生涯目标在策略实施过程中往往会出现偏差。成功的职业生涯规划需要时时审视内外环境的变化，在实施中去检验自己的方案，及时诊断生涯规划各个环节出现的问题，根据反馈的情况，及时反省、修正规划目标并调整规划方案。

例证 12-8：唐骏的职业发展道路

唐骏，无论是 IT 行业还是其他行业工作的人，甚至高校的学生都对他很熟悉，他没有自己的公司，没有自己的品牌，但他同样很成功很富有，我们都称他为金牌 CEO。

1962 年，出生于江苏常州；

1980 年，考入北京邮电学院应用物理系；

1985 年，赴日本留学；

1990 年，赴美国留学；

1991 年，创建美国双鹰公司、美国好莱坞娱乐影业公司及美国第一移民事务所；

1994 年，加入美国微软公司任高级程序员、高级程序开发经理；

1997 年，派遣回中国上海任技术支持中心总经理；

2002 年 3 月，出任微软中国总裁；

2004 年 2 月至今，出任盛大公司总裁；

2008 年 4 月，唐骏以身价 10 亿元跳槽至新华都集团，任集团总裁兼 CEO。

从唐骏的履历中可以看到他几次大的转型（跳槽）。从他大学毕业到留学，留学后他选择自己创业，在三年内创建了三家自己的公司，但公司运作不成功。从这段经历看出，他是一位很有想法、不甘平庸、有管理欲望和成功欲望的人。当然，我们不能为了创业去创业，创业对个人工作积累、资源等都会有要求。如果只是为了拥有自己的公司去创业，而没有自己所熟悉的领域和相当的资源的话，成功是不容易的。经过三年的努力，也经受了很多的挫折，唐骏意识到了创业、公司管理并不像他所想象的那么简单，并不是努力就能成功的，所以选择了打工。他选择了当时的朝阳行业——IT，并且进入了在行业中领先的知名国际企业微软。

在微软的三年时间里，他以自己的努力成为一名资深的研发人员。不过，在研发团队中，要成为一名研发管理者是不容易的，尤其在微软。唐骏也意识到了这一点，他凭借自己的优势，管理基础、技术基础和语言等，选择了到中国微软做一名技术支持中心经理。他的职业发展也从技术转向了技术管理。做到了技术管理职位，很多人就会感觉到职业瓶颈，会一直做下去。但唐骏能抓住机会，所以在做了 5 年技术管理职位后，他又抓住了自己职业发展的机会——中国区的总裁职位。微软（中国）其实是以技术支持和销售为主，在这职位，唐骏的管理权限、Title、个人的收入等都得到了提升，他也成为了一名知名 500 强企业的高级管理者。虽然是知名企业的高级管理职位，但由于他只是在中国微软公司，在整个微软内部，他只能算是一名中层管理者。如果只在中国微软公司工作，他已经做到了顶峰。所以，两年后，他选择了离开，出任盛大公司的总裁。虽然，盛大没有微软知名，但他的发展前景很好，而且这个职位对唐骏来说，在管理上和个人收入等都得到了极大的提升。

总结唐骏的职业发展，从创业（管理能力积累）→500 强技术→500 强技术管理→500 强分公司总裁→知名企业总裁，他的每一次跳槽，都能得到个人的提升。他也很重视纵向职业生涯和横向职业生涯的发展，使两者相互促进。

（资料来源：http://blog.chinahr.com/blog/lizhongqiu/post/99704）

二、如何评价职业生涯成功

职业生涯成功是个人实现了自己认为有意义的职业生涯目标，主要可以从职业生涯成功的方向和标准两个方面进行评价。

（一）职业生涯成功的方向

职业生涯成功的含义因人而异，具有很强的相对性，对于同样的人在不同的人生阶段也有着不同的含义。每个人都可以，也应该对自己的职业生涯成功进行明确界定，包括成功意味着什么、成功时要拥有什么、成功的时间、成功的领域、成功时拥有的权势和社会的地位等。对有些人来讲，成功可能是一个抽象的、不能数量化的概念，比如有一个和谐的工作氛围、未来非常有保障。

职业生涯成功的方向主要有如下五种。

（1）进取型：使其达到集团和系统的最高地位。

（2）安全型：追求认可、工作安全、尊敬和成为“圈内人”。

（3）自由型：在工作过程中得到最大的控制而不是被控制。

（4）攀登型：得到刺激、挑战、冒险和“擦边”的机会。

（5）平衡型：在工作、家庭关系和自我发展之间取得有意义的平衡，以使工作不至于变得太耗精力或太乏味。

表 12-6 所示可以测试职业生涯成功的方向的类型。

表 12-6　测试职业生涯成功方向类型

你目前的职业成功方向类型属于哪种类型？请填表，如果不是单一选择，请填写各种比例，总和为 100%。
进取型______%
安全型______%
自由型______%
攀登型______%
平衡型______%

（二）职业生涯成功的标准

许多研究者认为，在知识经济时代，需要采用新的职业生涯成功标准。有些学者特别注重个人心理感受的成功，认为成功的绝对标准只适用于少数人；如果继续沿用这些标准，大多数人都可能成为失败者。虽然将职业生涯成功视为心理感受有一定的个人心理价值，但毕竟缺乏客观指标。有人提出把过去已有的心理指标（主要是职业满意度）和客观指标（如劳动力市场的竞争力），作为综合的职业生涯成功指标。因此，知识经济时代衡量职业生涯成功的标准有：个人的职业满意度、在组织内部的市场竞争力和在组织外部的市场竞争力。[18]

总的来说，要对职业生涯成功进行全面的评价，必须综合考虑个人、家庭、企业、社会等各方面的因素。对于企业人员来说，按照其人际关系范围，可以将其职业生涯成功标准分为自我评价、家庭评价、企业评价和社会评价四类评价体系，如表 12-7 所示。如果一个人能够在这四类体系中都得到肯定的评价，则其职业生涯必定是成功。

表 12-7　职业生涯成功评价体系[19]

评价方式	评价者	评价内容	评价标准
自我评价	本人	1. 自己的才能是否充分施展 2. 对自己在企业发展、社会进步中所做的贡献是否满意 3. 对自己的职称、职务、工资待遇等方面的变化是否满意 4. 对处理职业生涯发展与其他人生活动的关系的结果是否满意	根据个人的价值观念、知识水平、能力

续表

评价方式	评价者	评价内容	评价标准
家庭评价	父母、配偶、子女等家庭成员	1. 是否能够理解和肯定 2. 是否能够给予支持和帮助	根据家庭文化
企业评价	上级、平级、下级	1. 是否有下级、平级同事的赞赏 2. 是否有上级的肯定和表彰 3. 是否有职称、职务的晋升或相同职务责权利范围的扩大 4. 是否有工资待遇的提高	根据企业文化及其总体经营结果
社会评价	社会舆论社会组织	1. 是否有社会舆论的支持和好评 2. 是否有社会组织的承认和奖励	根据社会文明程度、社会历史进程

本章小结

◆ 职业生涯是指个体职业发展的历程，一般是指一个人终生经历的所有职业发展的整个历程。

◆ 职业生涯规划具有四个特点：可行性、适时性、可变性、连续性。

◆ 职业生涯规划与管理的基本理论包括职业发展阶段论、职业锚理论以及性格、兴趣、能力与职业的匹配理论。

◆ 职业生涯设计通常包括以下六个具体步骤：自我评估、环境评价、职业定位、设定职业目标、设计职业生涯行动方案、评估与反馈。

◆ 对于企业人员来说，按照其人际关系范围，可以将其职业生涯成功标准分为自我评价、家庭评价、企业评价和社会评价四类评价体系。

思考练习题 12-1：简答题

1. 什么是职业生涯规划？
2. 如何评价一个人的职业生涯成功？
3. 霍兰德职业性格类型有哪六种？

思考练习题 12-2：单项选择题

1. 社会型的人适合从事哪类工作（　　）。

（1）导演　　（2）工程师　　（3）教师　　（4）项目经理

2. 追求认可、工作安全、尊敬者的职业生涯成功方向属于（　　）。

（1）进取型　　（2）安全型　　（3）自由型　　（4）攀登型

3. 对能力类型理论正确的看法是（　　）。

（1）能力类型理论对职业生涯规划没什么用处

（2）能力类型理论告诉人们必须要选择自己适合做的工作

（3）人的能力类型是无法改变的

（4）进行职业选择，应选择最能运用其优势能力的职业

心理测试 12-1：你的职业兴趣——三个圆的启示

可以通过以下测试确定自己感兴趣的职业目标。本测试约需 15 分钟。

首先要做的是画三个圆。然后，第一个圆里，写上你最喜欢做的事情；第二个圆里，写上你最适合做的事情；第三个圆里，写上你目前有能力做的事情。

你最喜欢做的事情：每个人都有自己的理想职业，这是你的兴趣所在，如果从事一项你喜欢的工作，工作本身就能给你一种满足感，你的职业生涯从此将会变得妙趣横生。

你最适合做的事情：你具备什么样的性格特点，决定了你的“职业个性”，并由此推出最擅长做什么职业。你在设计自己的职业生涯时，要注意选择最有利于发挥自己优势的职业，即择己所长。

你目前有能力做的事情：任何人都不可能在一生中掌握所有的技能。你目前具备什么能力？你置身的行业需要什么样的人才？只有在这个范围内，你的职业规划才是可行的，才是符合社会发展的。

如果你所从事的工作在这三个圆圈的交集里面，那么你是幸福的。你的工作既是你最喜欢的，也是你最适合的，更重要的是，它也是你目前有能力和有条件去做的。

表 12-8 和表 12-9 是这个测试的两个例子——三个圆圈的启示。请你也试着将自己的测试结果分别添在表 12-10 中。

表 12-8　马莉的三个圆圈

第 1 个圆圈	你最喜欢从事的职业 （你的梦想）	儿时梦想：广告设计师。 喜欢从事抽象性和创造性的工作，喜欢从事具体的工作；喜欢艺术、文学、新闻、服务、天文学这五个行业

续表

第 2 个圆圈	你最适合从事的职业 （测试的结果）	适合从事照顾人的工作，而不是影响人的工作；适合从事与言语有关的工作，而非与数据打交道的工作；适合从事设计和艺术工作
第 3 个圆圈	你所能从事的职业 （目前能有的选择）	去朋友的广告公司先做计算机图片编辑工作；去公司其他部门做“市场策划”工作；继续做客户工作。
其他能力方面	“空间判断能力倾向”差	

表 12-9　汤文的三个圆圈

第 1 个圆圈	你最喜欢从事的职业 （你的梦想）	儿时梦想：成为一名外交官。 如果不能当外交官，在外企做一个高级白领也不错；如果出国读管理方面的硕士，回国成为一名企业管理人员也不错
第 2 个圆圈	你最适合从事的职业 （测试的结果）	性格特别活跃，沟通能力强，适合从事与人打交道的职业
第 3 个圆圈	你所能从事的职业 （目前能有的选择）	先工作几年，再出国读 MBA；去叔叔的公司里任高职
其他	参加过学校的演讲比赛，获得过奖项； 担任学生干部期间，组织过几次有影响的大型活动，与合作者相处融洽，获得好评； 目前在公司做过一些策划工作，虽然没有大的成就感，但感觉还不讨厌； 身体健康，家庭状况属于小康；父母工作稳定，身体健康，暂时还不需要有人特别照顾	

表 12-10　你的圆圈

第 1 个圆圈	你最喜欢从事的职业 （你的梦想）	
第 2 个圆圈	你最适合从事的职业 （测试的结果）	
第 3 个圆圈	你所能从事的职业 （目前能有的选择）	

管理游戏 12-1：圆球游戏

游戏规则：

1. 将所有的人分成三组，每个小组约 20 人，分别配有 1、2、3 号球；

2. 将球按 1、2、3 号的顺序从发起者手里发出，最后必须按此顺序回到发起者手里。球在传递过程中，小组每个人的手都必须触及到球。计算 3 个球从发出到最后回到发起者手里所用的时间，所需时间最少的组获胜。

3. 球如果掉在地上一次需在小组所用时间里额外加 10 秒。

（教师必读请参考书末答案。）

问题讨论：

1. 为什么你会看到成绩连自己都觉得不可思议？

2. 通过此次活动，你对思维决定成功有何感想？

案例分析 12-1：西门子公司的新职业生涯计划[20]

当皮尔担任德国电器巨人西门子公司的 CEO 时，该公司正处于困境。这个有 350 个分部和 402 000 名员工，年销售额 46 亿美元的公司，可与美国通用电器公司相媲美。在 20 世纪 90 年代，西门子公司受到美国和日本电器公司日益激烈的全球性竞争的影响，50 个分部亏损，150 个分部几乎破产。皮尔的目标是扭转这种局面，以便在全球市场上进行有效的竞争。

皮尔担任 CEO 后意识到，他的主要目标应是改变西门子公司的行事方式。多年来，西门子公司也像美国的 IBM 和 GM 公司一样，高层管理者作出全部重要决策，而公司各层次中的几千名中层管理者只是执行他们的指示。结果，中层管理者普遍缺乏工作积极性。皮尔决心想出新方法来调动中层管理者的积极性，鼓励他们为公司提出更好的方法来达到目标，激励他们敢于冒风险。

为此，皮尔创造了一种新的职业生涯计划，这个计划改变了公司一些过时的办法。皮尔宣布，公司要挑选 500 名最优秀的基层管理者，让他们能快速提升到高层岗位；如果 20 至 30 岁的年轻管理者被选入新计划，而且他们以后的工作业绩优秀的话，会在 35 至 45 岁升任高级岗位（以前，升任高级岗位须到 50 至 60 岁）。他告诉年龄较大的中层管理者，如果他们想提升到高层岗位，须接受很高的业绩标准，只有符合这些标准，才能得到提升。这种新计划传达了一个信号，即要进行重大的改革。

新的职业生涯计划包括以下几个步骤：第一步，年轻管理者要接受其顶头上司的绩效评定。第二步，由高层管理者组成的团队对那些业绩优秀的年轻管理者进行绩效评定，并从中选出最有才能的人员。然后，让这些被选出的人员参加由德国黑森林西门子公司管理培训中心举办的强化培训班，在这里，年轻的管理者组成各种团队，并要通过严格的测验和评估方案。在这一方案中，公司的高层管理者和心理学家按下述维度评估候选人：创造性、知识、领导能力。第三步，在培训中心取得优异成绩和获得高度评价的年轻管理者将被选为500名快速提升的管理者。

在这一新计划中，企业给这些年轻管理者布置了许多有挑战性的任务，也为他们提供升任高级岗位的机会。高层管理者始终在评定他们的业绩，经常给他们提供工作情况的反馈信息。实际上，这种绩效评定要持续10年之久，年轻的管理者如果业绩优秀会得到奖励：从计划实施时开始，每年可增加30%的工资。这样，年轻管理者中的佼佼者在3至5年内工资的增长就相当可观了。

这种新的职业生涯计划已对西门子公司员工产生了重大影响。列入新计划的年轻管理者都得到了激励，取得了优异绩效，并提出了各种创新方法协助公司在全球市场上竞争。在协助公司达到目标的同时，这些管理者个人也得到了高薪和提升，实现了自身的价值。这一计划仍在进行，并将定期把更多的年轻管理者选入这一计划，这一计划也激励着那些未被选入计划的年轻管理者，他们也会更加努力工作，争取被选中，使自己在同事中脱颖而出。

问题讨论：

1．西门子公司的新职业生涯计划将给公司带来哪些好处？

2．运用马斯洛需要层次理论分析该计划对年轻管理者的激励作用。

3．企业应如何做好员工职业生涯计划的重新设计？你从本案例中得到什么启示？

案例分析12-2：李开复之路[21]

2009年9月初，一年多以来的传闻终于落了地，李开复亲口承认自己与Google缘分已尽，挥手告别，开始以创业者的身份面对大众。

21年的职业生涯，李开复走得相当顺利，甚至可以用一帆风顺来形容。尽管业界也有不和谐的声音，例如媒体指责他过于做秀，注重个人品牌胜过企业品牌；指责他诚信不够，从互为竞争对手的微软跳入Google……但却没有妨碍他在职业经理人的发展道路上的越来越成功。

对于了解职业生涯发展理论的人来说，李开复的跳槽其实是顺应职业发展的必然选择。职业生涯就像个人的生命一样，是一个不断发展和突破的过程。

1．20～30岁，生存下来，先安身再立命

1983—1988，22～27岁，读博士；1988—1990，27～29岁，任计算机系助理教授2年。

20～30 岁，正好是我们收入最少、支出最大的阶段。我们需要继续学习；需要谈恋爱、结婚、买房子、生孩子。每一件都是花钱的事情。这个时候最核心的任务就是“安身”。

作为博士的李开复，虽然知道商海才是他的理想，他却选择了最容易生存的方式——留在大学当教授。30 岁那年，女儿出生了。

2．30～35 岁，寻找自己的天赋

1990—1996，29～35 岁，任苹果公司互动多媒体副总裁 6 年。

如果在 35 岁之前，一个人还没有找到自己有特长的职业领域，这个人的职业发展相当堪忧。因为 30 岁以后我们已经无法通过体力取胜，而只能通过天赋与特长和虎视眈眈的年轻人 PK 了。前 HP 总裁孙振耀说的“外企中间很少有 35 岁以上的经理”，就是这个道理。

巴菲特在 32 岁第一次成立投资公司，马云在 31 岁看到互联网，张朝阳在 32 岁开始风投搜狐，都是这个阶段。李开复在这个阶段选择进入苹果，发现自己搞 IT 科技做得如鱼得水，当年开发出来的 QUICKTIME 就能够证明这一点。

3．35～45 岁，探寻职业最高点

1996—1998，35～37 岁，任 SGI 全球副总裁 2 年；1998—2005，37-44 岁，任微软公司副总裁中国研究院院长 8 年。

这个阶段是职业发展的最高峰，现在占据媒体的头条、杂志版面的人，大多都是这个阶段的 20 世纪五六十年代生的人。如果你在前两个阶段职业生涯发展顺利，到了这个年纪，要专业有专业，要人脉有人脉，要财力也有财力，你就具有了冲击职业最高峰的能力。

当你定位到自己的天赋后，你更需要的是毅力和坚持去形成你自己的“道”——其实所谓“道”，并不是地上划好的线条，而是你回首的时候自己踏出来的那条路。李开复在这段时间也很“上道”，微软公司副总裁几乎是他作为 IT 科技人士的职业顶峰。在微软工作 8 年，也是他做得最久的一份工作。

4．45～60 岁，成长为自己的样子

2005—2009，44～48 岁，谷歌中国区总裁 4 年。

这个阶段是职业生涯发展的最高境界：职业更多成为自我实现的方式，而不是外界的评价和成功。从成功的顶峰下来，他们深深感到体力下降，迫切感到该尽快为自己、为世界做些什么啦！于是他们在外界的惊叹中潇洒转身，安心地做自己去了。但事实上，能进入这个阶段的人不多，他们大多数还希望留在过去的山上，直到有一天被别人赶下来。

比尔·盖茨 53 岁开始做慈善，王石 53 岁登上了珠峰。李开复在 44 岁的时候追随我心一把，来到了谷歌，开始“做最好的自己”，4 年过去了，将近 50 岁的时候，他说要选择做自己喜欢做的事情——帮助中国年轻人创业。

每次职业转身，都因王牌在握，李开复才能真正追随我心。

王牌一：将个人价值最大化

个人职业价值在合适的时机主动寻求最大化的兑现，这也是李开复的一个职业生涯发展的原则。

1998 年李开复之所以能够加入微软，负责在中国组建研究院，使自己的职业生涯得到一个跨越式的发展，根本上讲是自身的职业价值符合当时微软的需要。当时，微软已经决定要在中国建设研究机构，最棘手的问题是找不到合适的人来领导并管理。最优秀的人不了解中国的具体情况，了解具体情况的人又并非足够优秀……而李开复具有华人身份、技术人员背景，又拥有知名企业的管理经验，无疑成为了最合适的人选。

在进入微软的过程中，李开复始终保持了主动的姿态，他让在微软研究院工作的校友兼好友黄学东极力推荐自己。在之后引来官司的加盟 Google 事件上，李开复更是延续了这样的思维：承认自己主动发送了求职信，并表示对设立中国办事处很感兴趣。试想如果不是李开复主动推销自己，即使拥有组建并管理微软中国研究院的经历，也未必能够得到后来出任 Google 中国总裁的机会。

王牌二：不将“路”走到头

李开复之所以选择离开 Google，是因为他发现自己将进入个人发展的“瓶颈”阶段。这也是李开复职业生涯中最值得学习的一点——任何一个职业阶段，不要在自己职业生涯的“瓶颈”产生恶果之后，再去采取对策。

从个人的能力角度，Google 未来 4 年的主要目标是提升中国市场份额，技术出身的李开复也清楚自己并不是此中的高手。

除去薪酬之外，Google 显然已经不能够给予李开复更多的价值。在中国，李开复已经获得了巨大的号召力和影响力，Google 平台对于李开复提升个人品牌已经不再具有更深层次的作用。另外，Google 在中国的发展策略和 Google 的企业文化一直存在悖论，正如许多业界评论家所说，李开复在 Google 的 4 年非常不容易，沟通与妥协的难度不是一般人可以应付的。

Google 对于李开复而言，显然价值上不存在着对等性。从职业生涯发展角度看，Google 对于李开复的价值定位已经被锁定在中国市场的范畴之内，李开复个人在 Google 全球的发展空间其实并不大。

王牌三：紧握业界的浪潮

从卡内基梅隆大学留校任教开始，到如今与 Google 挥手作别，在这 21 年的职业生涯中，李开复一共换了 5 份工作。在李开复成功地实现自己从学校研究者到跨国企业高管的个人职业生涯转变的背后，似乎也有着一脉相承的思维模式——通过变换工作的企业，紧紧把握住业界发展的浪潮。

1990 年，李开复离开卡内基梅隆大学进入苹果公司，此时正值 PC（个人计算机）

在全球范围内普及化的高峰阶段，作为当时 PC 行业的领军企业，苹果几乎控制着整个图形桌面操作系统的市场。1996 年，李开复转投 SGI 出任网络产品部全球副总裁，此时互联网的热潮开始在美国兴起。1998 年，李开复受命组建微软中国研究院，此时微软凭借全新的产品 Windows 98 奠定了自己在业界的霸主地位。2005 年，李开复跳槽到 Google，搜索技术在全球范围内得到空前的发展和重视。

而如今选择离开 Google，去创办一家以扶助青年创业为主的风险投资平台，李开复显然也清楚地意识到了，自己未来的事业已经无法离开中国这个大环境，创业正是中国时下的另外一股热潮。

问题讨论：

1．讨论李开复的职业生涯道路上几次重要抉择对他的事业发展产生的影响。

2．李开复的成功给了你什么启示？

3．结合本案例，谈谈你对“跳槽”的看法。

参考文献

[1] 佚名．朗讯科技：让每一个人都有机会[J]．人才瞭望，2003（11）：29．

[2] C. L. Shartle. *Occupational information: Its development and application*[M]. Englewood Cliffs, N.J.: Prentice-Hall, 1952.

[3] D. Hall. *The career is dead, long live career: A relative approach to career*[M]. San Francisco, CA.: Jossey-Bass, 1996.

[4] D. E. Super. *The Psychology of Careers*[M]. New York: Harper & Row, 1957.

[5] D. E. Super. Vocational development theory in twenty years. In J. M. Whiteley & A. Resnikoff (eds.), *Perspectives on vocational development*[M]. Washington, D.C.: American Personnel and Guidance, 1972.

[6] 唐红杰，闵根．大学生职业生涯规划中存在的问题及其对策研究[J]．商业文化，2011（07）：281~282．

[7] 潘璇．实现抱负的 A 计划[J]．躬耕，2006（04）：1．

[8] 祖天明．企业员工职业生涯管理研究[D]．长春：吉林大学，2005．

[9] 毕雪阳．管理心理学[M]．上海：上海财经大学出版社，2010．

[10] E. H. Schein. *Career anchors : Discovering your real values*[M]. San Diego, Calif.: University Associates, 1985.

[11] 刘世英，李良忠．QQ 帮主：马化腾其人[M]．北京：经济日报出版社，2010．

[12] J. L. Holland. *Making vocational choices: A theory of careers*[M]. Englewood Cliffs: Prentice-Hall, 1973.

[13] 佚名．盖茨成功七要素[J]．科学大观园，2008（21）：57.

[14] 双面胶．职场如婚姻[J]．半月选读，2010（14）：55.

[15] 郭炯．职业能力研究的文献综述[J]．高等职业教育——天津职业大学学报,2009（02）：18~20.

[16] 陈国海．组织行为学[M]．第3版．北京：清华大学出版社，2009.

[17] 刘威. 职业生涯规划与管理实操[OB]. 中国人力资源开发网，http://www.chinahrd.net/zhi_sk/jt_page.asp?articleid=21505，2004-3-17.

[18] L. T. Eby, M. Butts, A. Lockwood. *Predictors of success in the era of boundaryless careers*[J]. Journal of Organizational Behavio, 2003, 24(05): 689~708.

[19] 程社明，卜欣欣，戴洁．人生发展与职业生涯规划[M]．北京：团结出版社，2003.

[20] 卢盛忠，严进．管理心理学实用案例集粹[M]．杭州：浙江教育出版社，2003.

[21] 乐天．李开复职涯发展的“三张王牌”[J]．新前程，2009（10）：76~77.

参考答案

第一章：

思考练习题 1-2：单项选择题

答案：1．（3）；2．（1）；3．（2）。

思考练习题 1-3：是非判断题

答案：1．否；2．是；3．否；4．否；5．否；6．否；7．是；8．否；9．是。

第二章：

思考练习题 2-2：单项选择题

答案：1．（1）；2．（2）；3．（1）。

管理游戏 2-2：九点问题

答案见右图。

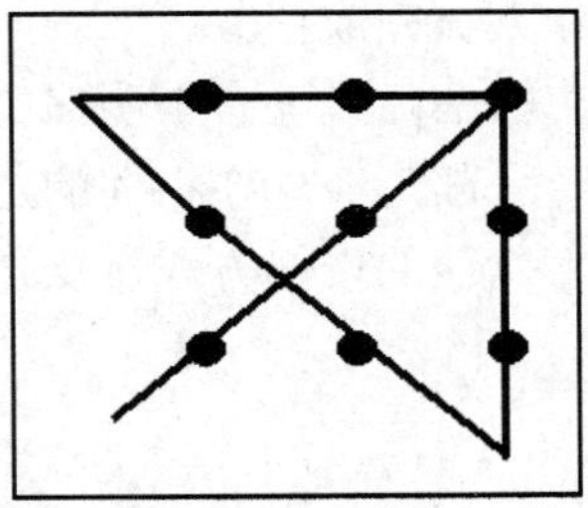

思路：先从左下角到右上角，然后从右上角水平向左到第一个点并继续向左超出第一个点大约一个点的间距，然后 45°向右下角，穿过第一列第二个点和第二列最后一个点，并达到第三列最下边一个点再往下一个点的间距，然后竖直向上，连上最后三个点。

第三章：

思考练习题 3-2：是非判断题

答案：1．是；2．否；3．否。

第四章：

思考练习题 4-2：单项选择题

答案：1．（2）；2．（1）；3．（3）。

第五章

练习思考题 5-2：是非判断题

答案：1．否；2．是；3．是。

第六章：

思考练习题 6-2：是非判断题

答案：1．是；2．否；3．是。

第七章：

思考练习题 7-2：单项选择题

答案：1．（3）；2．（2）；3．（3）。

第八章：

思考练习题 8-2：是非判断题

答案：1．是；2．是；3．否。

第九章：

思考练习题 9-2：单项选择题

答案：1．（3）；2．（2）；3．（2）。

管理游戏 9-1：他的授权方式

—总经理要让秘书给部门经理传达一项任务，该任务就是由操作人员在戴着眼罩的情况下，把一条 20 米长的绳子做成一个正方形，绳子要用尽。

—全过程不得直接指挥，一定是通过秘书将指令传给部门经理，由部门经理指挥操作人员完成任务。

—部门经理有不明白的地方也可以通过自己的秘书请示总经理。

—部门经理在指挥的过程中要与操作人员保持 5 米以上的距离。

《他的授权方式》操作指导图形：

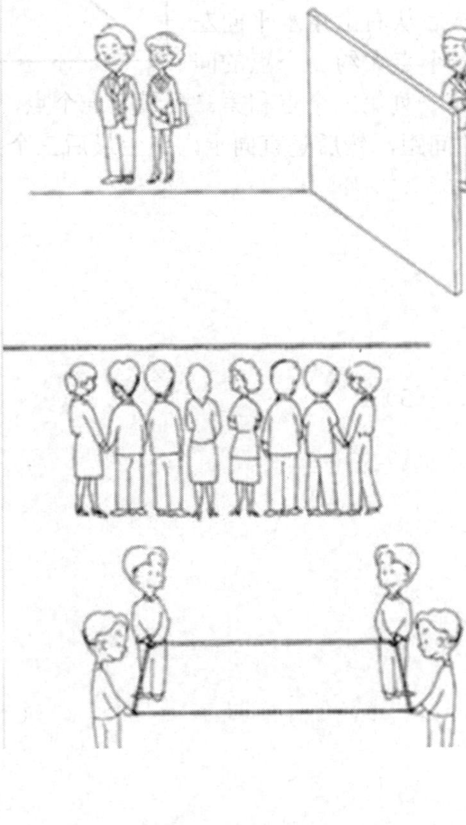

第十章：

思考练习题 10-2：单项选择题

答案：1．（2）；2．（3）；3．（1）。

第十一章：

思考练习题 11-2：单项选择题

答案：1．（4）；2．（2）；3．（4）。

第十二章：

思考练习题 12-2：单项选择题

答案：1．（4）；2．（2）；3．（4）。

管理游戏 12-1：圆球游戏

教师必读：

1．游戏开始时，三组人一般会不约而同地围成了三个圈，一个接一个地传递，计下三组的成绩，例如分别为 17 秒、18 秒和 50 秒。

2．“有没有更好的办法让时间变得短些？这个游戏的最好成绩为 8 秒。”教师可以向所有小组提出挑战。（参考思路：用手围成一个圆筒状，让三个球分别从上面滑下，所用时间仅为 4 秒！这是一个绝妙的想法！当然可能还有更快的方法，培训师需要不断启发学员去思考新的方法。）